Aspekte | Beruf

Deutsch für Berufssprachkurse

Unterrichtshandbuch **B1/B2 und B2**

von
Stephanie Mock-Haugwitz

Ernst Klett Sprachen
Stuttgart

Autorin: Stephanie Mock-Haugwitz
Redaktion: Sabine Franke, Renate Weber
Herstellung: Carolyn Brendel
Layout: Andrea Pfeifer, München
Umschlaggestaltung: Anna Wanner

Illustrationen: Sylvia Neuner, München
Satz: Reemers Publishing Services GmbH, Krefeld; Holger Müller, Satzkasten, Stuttgart
Titelbilder: Getty Images (JasonDoiy und Steven Puetzer), München

Aspekte Beruf B2	
Kurs- und Übungsbuch mit Audios	605361
Kurs- und Übungsbuch mit Audios inklusive Lizenzcode für das Kurs- und Übungsbuch mit interaktiven Übungen	605376
Digitales Kurs- und Übungsbuch mit LMS für Lernende	NP00860536101
Digitales Kurs- und Übungsbuch mit LMS für Lehrende	NP00860536191
Audio-Paket	605364
Aspekte Beruf B1/B2 – Brückenelement	
Kurs- und Übungsbuch mit Audios	605362
Aspekte Beruf B1/2 und B2	
Kurs- und Übungsbuch mit Audios	605363
Kurs- und Übungsbuch mit Audios inklusive Lizenzcode für das Kurs- und Übungsbuch mit interaktiven Übungen	607375
Digitales Kurs- und Übungsbuch mit LMS für Lernende	NP00860536301
Digitales Kurs- und Übungsbuch mit LMS für Lehrende	NP00860536391
Audiopaket	605365
Unterrichtshandbuch	605366
Digitales Unterrichtspaket zum Download	NP00860536601

Lösungen, Transkripte u.v.m. zum Download unter www.klett-sprachen.de/aspekte-beruf

1. Auflage 1 ³ ² ¹ | 2024 23 22

© Ernst Klett Sprachen GmbH, Rotebühlstraße 77, 70178 Stuttgart, 2022. Alle Rechte vorbehalten.
www.klett-sprachen.de

Das Werk und seine Teile sind urheberrechtlich geschützt. Jede Nutzung in anderen als den gesetzlich zugelassenen Fällen bedarf der vorherigen schriftlichen Einwilligung des Verlags.

Druck und Bindung: Elanders GmbH, Waiblingen

ISBN 978-3-12-605366-2

Inhalt

Abkürzungen und Piktogramme	4
Einleitung	5

Hinweise B1/B2, Kapitel 1	22	Kopiervorlagen B1/B2, Kapitel 1	174
Hinweise B1/B2, Kapitel 2	30	Kopiervorlagen B1/B2, Kapitel 2	178
Hinweise B1/B2, Kapitel 3	38	Kopiervorlagen B1/B2, Kapitel 3	182
Hinweise B1/B2, Kapitel 4	46	Kopiervorlagen B1/B2, Kapitel 4	186
Hinweise B2, Kapitel 1	54	Kopiervorlagen B2, Kapitel 1	190
Hinweise B2, Kapitel 2	66	Kopiervorlagen B2, Kapitel 2	194
Hinweise B2, Kapitel 3	76	Kopiervorlagen B2, Kapitel 3	196
Hinweise B2, Kapitel 4	88	Kopiervorlagen B2, Kapitel 4	200
Hinweise B2, Kapitel 5	98	Kopiervorlagen B2, Kapitel 5	204
Hinweise B2, Kapitel 6	110	Kopiervorlagen B2, Kapitel 6	208
Hinweise B2, Kapitel 7	121	Kopiervorlagen B2, Kapitel 7	211
Hinweise B2, Kapitel 8	131	Kopiervorlagen B2, Kapitel 8	214
Hinweise B2, Kapitel 9	141	Kopiervorlagen B2, Kapitel 9	217
Hinweise B2, Kapitel 10	152	Kopiervorlagen B2, Kapitel 10	221
Hinweise Prüfungstraining A	160	Prüfungsübersicht DTB B2	224
Hinweise Prüfungstraining B	164		
Hinweise Prüfungstraining C	166		
Hinweise Prüfungstraining D	168		
Hinweise Prüfungstraining E	171		

Abkürzungen und Piktogramme im UHB Aspekte|Beruf

A	Aufgabe im Kursbuchteil
BAMF	Bundesamt für Migration und Flüchtlinge
BSK	Berufssprachkurs
DTB	Prüfung „Deutsch-Test für den Beruf"
EA	Einzelarbeit
eGER	ergänzter Gemeinsamer Europäischer Referenzrahmen
HA	Hausaufgabe
KB	Kursbuchteil
KG	Kleingruppe(n)
KV	Kopiervorlage
LK	Lehrkraft
PA	Partnerarbeit
PL	Plenum
TN	Teilnehmende/r
Ü	Übung im Übungsbuchteil
ÜB	Übungsbuchteil
B	Vorschlag zur Binnendifferenzierung
E	Vorschlag zur Erweiterung der Aufgabe oder Übung
V	Vorschlag für eine methodische Variante
P	Hinweis zu einer Prüfungsaufgabe
▶	Hinweis auf eine Projekt- oder Rechercheaufgabe
✎	Hinweis auf ein interaktives Tafelbild

Informationen und Hinweise zu:

Arbeitsweltwissen
Interkulturelle Kompetenz
Mediation
Schlüsselkompetenzen
Strategie

Einleitung

Willkommen bei Aspekte|Beruf –
Deutsch für Berufssprachkurse

Aspekte|Beruf ist ein speziell für Berufssprachkurse (BSK) im Rahmen der bundesweiten berufsbezogenen Deutschsprachförderung (DeuFöV) entwickeltes Lehrwerk. Es basiert auf dem erfolgreichen Konzept des Mittelstufenlehrwerks Aspekte|neu, ist jedoch inhaltlich konsequent auf berufliche Kontexte ausgerichtet und folgt dem Lernzielkatalog für Basisberufssprachkurse des Bundesamtes für Migration und Flüchtlinge (BAMF).

Das Lehrwerk umfasst die Niveaustufen B2 bis C1 und bereitet in jeweils 400 UE auf die Prüfungen „Deutsch-Test für den Beruf" (DTB) B2 und C1 vor. Mithilfe des Brückenelements B1/B2 meistern auch schwächere TN in 100 UE den Übergang zu B2.

1. Die Konzeption

1.1 Grundlagen, Zielgruppe und Inhalte

Aspekte|Beruf orientiert sich an den Lernzielen für BSK sowie am ergänzten Gemeinsamen Europäischen Referenzrahmen (eGER) und verfolgt einen handlungsorientierten Ansatz. Die im Lernzielkatalog des BAMF formulierten Handlungsfelder und die damit korrespondierenden, im eGER aufgeführten Sprachhandlungen lassen sich mit Aspekte|Beruf vollständig erarbeiten.

Aspekte|Beruf richtet sich an erwachsene und jugendliche Deutschlernende,

- die eine qualifizierte berufliche Tätigkeit in Deutschland anstreben,
- die sich fit für den beruflichen Alltag in Deutschland machen wollen,
- die sich gezielt auf die Prüfung „Deutsch-Test für den Beruf" vorbereiten wollen.

Die Bände B2 und C1 sind in jeweils 10 Kapitel gegliedert; bei Bedarf können für den Übergang von der Niveaustufe B1 zu B2 die vier Kapitel des Brückenbandes B1/B2 vorgeschaltet werden. Pro Kapitel trainieren die TN in B2 und C1 in vier Modulen alle Fertigkeiten inklusive der Aussprache. Im Brückenband B1/B2 sind es drei Module, in denen ein Schwerpunkt auf der Wiederholung von Grammatik liegt. Die einzelnen Kapitel von Aspekte|Beruf sind modular angelegt, sodass ihre Abfolge im Lauf des Kurses flexibel wählbar ist. Aspekte|Beruf ist somit passgenau für jede Kursstruktur adaptierbar.

1.2 Die Komponenten

Der Kursbuchteil ...

mit zehn Kapiteln – unterteilt in Auftakt, vier Module mit Fokus auf unterschiedliche Fertigkeiten sowie je eine Seite „Kommunikation im Beruf" und Grammatik-Rückschau.
Nach jedem zweiten Kapitel gibt es ein Prüfungstraining und im Anhang eine Redemittel- und Grammatikübersicht, Verblisten sowie eine Übersicht zu den prüfungsvorbereitenden Aufgaben.

Der Übungsbuchteil ...

mit ergänzenden und vertiefenden Übungen zu jedem Kursbuchkapitel, inklusive Lerntipps, Informationen zu Arbeitsweltwissen, Ausspracheübungen, Angebote zur Selbsteinschätzung und je zwei Wortschatzseiten. Nach jedem zweiten Kapitel folgt ein Schreibtraining.

Das Brückenelement B1/B2 ...

mit vier Kurs- und Übungsbuchkapiteln – unterteilt in Auftakt, drei Module mit jeweils einem grammatischen Schwerpunktthema sowie je eine Seite „Kommunikation im Beruf" und Grammatik-Rückschau. Nach jedem zweiten Kapitel gibt es ein Sprechtraining im KB-Teil und ein Schreibtraining im ÜB-Teil.

Alle Bände als digitale Ausgabe ...

– mit LMS für Lernende
– mit LMS für Lehrende

... und als Media-Bundle

mit Kurs- und Übungsbuch inklusive Lizenzcode für das Kurs- und Übungsbuch mit interaktiven Übungen.

Aspekte | Beruf
Deutsch für Berufssprachkurse

Die Audios zum Kurs- und Übungsbuch ...
- flexibel online abrufbar
- als MP3-Dateien zum kostenlosen Download (Code im Kurs-/Übungsbuch)
- auch als Audio-CDs verfügbar

Die Homepage ...

www.klett-sprachen.de/aspekte-beruf

mit Übungs- und Begleitmaterial zum Download: Onlineübungen, Lösungen, Transkripte, Hördateien und Zwischentests.

Das Unterrichtshandbuch ...

mit einer Einführung zum Lehrwerk und methodisch-didaktischen Hinweisen zu jedem Kapitel und den Prüfungstrainings. Hier finden sich Vorschläge zur Binnendifferenzierung, zu Unterrichtsvarianten, Erweiterungen und (Recherche-)Projekten sowie pro Kapitel 3–4 Kopiervorlagen (darunter je eine Seite Portfolio). Zudem gibt es Hinweise zur Prüfung „Deutsch-Test für den Beruf (DTB)" und Infokästen zum Thema „Arbeitsweltwissen".

Das digitale Unterrichtspaket ...

mit Kurs- und Übungsbuch, Audios, Unterrichtshandbuch, interaktiven Tafelbildern, Kopiervorlagen und mehr.

Einleitung

1.3 Die Niveaustufen

Aspekte|Beruf ist ein Lehrwerk für die Niveaustufen B1/B2, B2 und C1.

Kennzeichnend für die höheren Sprachniveaus ist ein differenzierter Sprachgebrauch, der auch das Verstehen komplexer Texte und Argumentationskompetenz beinhaltet. Viele TN empfinden den Schritt von Niveaustufe B1 zu B2 als sehr anspruchsvoll, weshalb Berufssprachkurse oft auf 500 statt 400 Unterrichtsstunden ausgelegt sind. Mithilfe des Brückenelements B1/B2 werden bestehende Kenntnisse der TN zunächst aufgefrischt und gefestigt. Neues Wissen wird behutsam ergänzt. Der Fokus liegt auf dem Wiederholen, bekannte Inhalte aus dem Integrationskurs werden auf berufliche Kontexte übertragen und geübt. Anschließend können mit den Bänden B2 und C1 die Inhalte dieser Niveaustufen solide vermittelt und auf die entsprechenden Prüfungen vorbereitet werden.

In Aspekte|Beruf B2 erarbeiten sich die Kursteilnehmenden ein fortgeschrittenes Sprachniveau, mit dem die Hauptinhalte komplexer Texte zu konkreten und abstrakten Themen verstanden werden können. Deutschlernende auf B2-Niveau können Diskussionen verstehen sowie sich zu einem breiten Themenspektrum klar und detailliert ausdrücken. Sie können einen Standpunkt zu einer aktuellen Frage erläutern und die Vor- und Nachteile verschiedener Möglichkeiten angeben. Mündliche Kommunikationssituationen können sie spontan und fließend bewältigen, sodass ein alltägliches berufliches Gespräch ohne größere Anstrengung gut möglich ist.

1.4 Die Themen

Die Auswahl der zehn übergeordneten Themen in Aspekte|Beruf orientiert sich an den im Lernzielkatalog des BAMF definierten Handlungsfeldern:

Übergreifende Handlungsfelder:		Berufsbezogene Handlungsfelder:	
A	Gestaltung sozialer Kontakte am Arbeitsplatz	I	Arbeitssuche und Bewerbung
B	Umgang mit Dissens und Konflikten	II	Arbeitsantritt
C	Realisierung von Gefühlen, Haltungen und Meinungen	III	Arbeitsalltag: innerbetriebliche Kommunikation
D	Austausch von Informationen	IV	Arbeitsalltag: Außenkontakte
		V	Regularien am Arbeitsplatz
		VI	Berufliche Aus-, Fort- und Weiterbildung
		VII	Wechsel/Beendigung des Arbeitsverhältnisses

Bei der Themenauswahl und -vertiefung in den Kapiteln ist die Verzahnung von allgemein- und berufssprachlichen Aspekten ein wichtiges Anliegen. Oft sind z. B. Redemittel aus dem allgemeinsprachlichen Kontext bekannt und werden nun auf berufssprachliche Situationen übertragen. Dies kann für TN eine Entlastung darstellen – nicht alles ist neu, manches ist lediglich kontextuell neu verortet, und zwar im Arbeitsleben.

1.5 Das Arbeitsweltwissen

Neben der Vermittlung von Sprachhandlungskompetenz steht im Berufssprachkurs die Vermittlung von Arbeitsweltwissen im Fokus. TN benötigen für eine gelingende Integration ins Berufsleben Wissen über arbeitsweltliche Themen, von denen einige im Integrationskurs bereits behandelt wurden. Die Hinweise zum Arbeitsweltwissen, die sich nicht nur im Übungsbuch, sondern – in größerem Umfang – auch im UHB finden, bieten sowohl für LK als auch für TN detaillierte weiterführende Informationen. Diese Inhalte können im Unterricht je nach Bedarf und durch Einsatz verschiedener Methoden und Medien mit dem Spracherwerb verzahnt vermittelt werden (siehe auch Punkt 6 und 11).

1.6 Das Registertraining

Das Register als der jeweils spezifisch passende sprachliche Ausdruck in kommunikativen Situationen unterscheidet sich in verschiedener Hinsicht: Wortwahl, Grammatik, Intonation, Grad der Formalität usw. Maßgeblich sind die an der Kommunikation beteiligten Personen (z. B. Kollegin, Vorgesetzte, Kunde usw.) und deren Beziehung zueinander sowie die Kommunikationssituation (z. B. Meeting mit Vorgesetzten, Small Talk in der Mittagspause usw.). Das jeweils passende Register in der mündlichen und schriftlichen Kommunikation immer sicherer zu beherrschen, ist ein deutliches Zeichen für sich entwickelnde Sprachhandlungskompetenz. Im Berufsleben sind häufig Registerwechsel gefordert, die Sprachlernende vor besondere Herausforderungen stellen. Daher ist in Aspekte|Beruf Registertraining ein fester Bestandteil des Unterrichts. Ziel ist, Zwischentöne und Feinheiten im sprachlichen Ausdruck wahrzunehmen und gezielt einzusetzen, z. B. Unterschiede zwischen Umgangs-, Bildungs- und Fachsprache. Auch der oft erforderliche rasche Wechsel zwischen Sprachregistern wird geübt, z. B. durch Adressatenwechsel bei einer schriftlichen Aufgabe oder Rollenwechsel bei Aufgaben zur mündlichen Kommunikation (siehe auch Punkt 6, 7 und 11).

1.7 Mediation

Mediationsprozesse spielen im Berufsleben eine wichtige Rolle, weshalb sie im Unterricht nicht nur regelmäßig trainiert, sondern auch reflektiert werden sollten. Im Kurs- und Übungsbuch finden sich daher immer wieder Mediationsaufgaben in beruflichen Kontexten (z. B. bei einem Übergabeprotokoll oder beim Erklären beruflicher Abläufe). Auch im UHB finden sich zahlreiche Anregungen, wie TN das Übertragen von Inhalten in andere Sprachregister, Textsorten, Modalitäten und das Zusammenfassen und Weitergeben von Informationen im Unterricht miteinander üben können (siehe auch Punkt 6, 7 und 11).

1.8 Das Lernen lernen

Aspekte|Beruf greift sowohl im Kurs- als auch im Übungsbuch verschiedene Lerntechniken und Strategien auf, z. B. für das Lernen von Wortschatz, das Abrufen von grammatischen Strukturen, das Erschließen von Lese- und Hörtexten oder das Verfassen von eigenen Texten. Neben der expliziten Präsentation von Strategien und Tipps findet auch ein implizites Strategietraining statt. So sind beispielsweise in den Aufgabenstellungen Strategien integriert, wenn die TN aufgefordert werden, Wortschatz zu systematisieren oder Leitfragen zu einem Text zu formulieren. Der Begriff „Strategie" bezieht sich also nicht ausschließlich auf die Vermittlung von Lernstrategien, sondern auch generell auf ein strategisches Vorgehen beim Bearbeiten von bestimmten Aufgabentypen – wodurch auch ein strategisches Vorgehen im Hinblick aufs Berufsleben gefördert wird.

Insbesondere im Band B1/B2 und somit am Übergang zur selbstständigen Sprachverwendung wird – orientiert am Lernzielkatalog – ein besonderes Augenmerk auf die Vermittlung von Lernstrategien gelegt. Ziel ist, dass TN Verantwortung für das eigene Lernen übernehmen und sich Lerntechniken und -strategien aneignen, die ihnen ermöglichen, den eigenen Lernprozess zu reflektieren und zu verbessern. Hierzu gehört auch die Förderung von Metakommunikation im Unterricht, also das Reflektieren über eigene Stärken und Schwächen sowie über Lernhindernisse und nötige Schlüsselkompetenzen, die das Lernen (und Arbeitsleben) beeinflussen. Auch die Förderung der sogenannten Language Awareness, z. B. über metasprachliche Vergleiche von Herkunfts- und Zielsprache, zählt dazu.

Einleitung

1.9 Schlüsselkompetenzen

Der Einsatz von passenden Methoden und Medien bei der Bearbeitung von Aufgaben und der Vermittlung von Techniken und Strategien fördert neben der Sprachhandlungskompetenz auch berufsfeldübergreifende Kompetenzen wie z. B. Problemlösefähigkeit, Teamfähigkeit oder die digitale Kompetenz der TN – sogenannte Schlüsselkompetenzen. Im UHB sind Aufgaben, in denen Schlüsselkompetenzen zum Einsatz kommen oder reflektiert werden, mit entsprechenden Hinweisen versehen. Im Anschluss an die Bearbeitung von Aufgaben sollte deshalb so oft wie möglich eine Phase des Austauschs und der Nachbereitung stattfinden, um TN bewusst zu machen, welche Kompetenzen neben der sprachlichen genutzt und erweitert wurden. Auch der Transfer, welche Schlüsselkompetenzen wo und wann im Arbeits- und Berufsleben benötigt werden und zum Einsatz kommen, wird im UHB immer wieder angeregt.

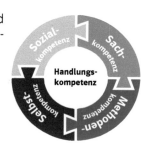

1.10 Die Grammatik

Im Brückenband B1/B2 werden in jedem Modul grammatische Strukturen aus der Grundstufe wiederholt und gefestigt, die auf dem Weg zur selbstständigen Sprachverwendung für die TN besondere Herausforderungen darstellen. Dabei werden sie an berufsbezogene Handlungsfelder gekoppelt vermittelt.

Ab Band B2 erarbeiten sich die TN neue grammatische Strukturen und deren Regeln und trainieren deren korrekte Anwendung im beruflichen Kontext. Auch wenn der Band für den modularen und flexiblen Einsatz geeignet ist, wurde die Abfolge der grammatischen Themen aufeinander aufbauend und unter Berücksichtigung zunehmender Schwierigkeit gewählt.

Grammatik wird in Aspekte|Beruf immer situativ aus dem Kontext erarbeitet und dient dem Bewältigen bestimmter Sprachhandlungen. Dabei werden die grammatischen Regeln von den TN (induktiv) erschlossen. Beispielsätze sind stets im beruflichen Kontext verortet. Im Übungsbuch können die TN mit vielfältigen Übungen die grammatischen Strukturen festigen. Zusätzlich gibt es am Ende jedes Kursbuchkapitels eine Grammatik-Rückschau der zuvor behandelten Grammatikphänomene. Das UHB bietet hierzu jeweils eine spielerische Aktivität an, die auch später immer wieder kapitelunabhängig zur Wiederholung eingesetzt werden kann.

Im Anhang befindet sich eine Grammatikübersicht über alle behandelten Themen mit Rückverweisen ins Kursbuch. Dies ermöglicht den TN ein Nachschlagen zu Hause zur Vorbereitung, zur Wiederholung oder wenn sie den Unterricht versäumt haben.

1.11 Der Wortschatz

Im Lehrwerk regen Aufgaben und Übungen fortlaufend dazu an, sich strategisch Wörter zu erschließen, einzuprägen und diese zu (re)produzieren. Darüber hinaus beginnt jedes Übungsbuchkapitel mit einer Doppelseite, auf der für das Kapitelthema wichtige Wörter und Wendungen wiederholt und vorbereitend geübt werden. Zum Schluss jedes Übungsbuchkapitels wird der Lernwortschatz auf einer Doppelseite modulweise präsentiert und durch kleine Übungen noch einmal aktiviert. Für den eigenen Beruf(swunsch) wichtige Wörter und Wendungen können ergänzt werden. Im Anhang gibt es zudem Übersichten über Verben mit Präpositionen, Verben mit Dativ, reflexive Verben und unregelmäßige Verben.

Der im Lehrwerk vermittelte Berufswortschatz ist für eine in Bezug auf Beruf und Arbeitserfahrung heterogene Lernendengruppe ausgewählt. Aus den zugrunde liegenden Handlungsfeldern ergeben sich Sprachhandlungen, die im Berufsleben fachübergreifend stattfinden. Der hierfür nötige Wortschatz wird nach und nach aufgebaut, damit TN in häufig vorkommenden Situationen mündlich und schriftlich sicher, angemessen und eindeutig kommunizieren können. Dabei finden allgemeinsprachliche, berufsbezogene und teilweise auch fachsprachliche Elemente Eingang. Die beruflich-praktische Ebene steht dabei stets im Vordergrund, um das Ziel der raschen Integration von TN in den Arbeitsmarkt oder in eine Ausbildung zu fördern.

Zudem wird durch berufsfeldübergreifende Beispiele immer wieder der Transfer bestimmter Redemittel verdeutlicht (z. B. kann die Frage „Was kann ich für Sie tun?" in verschiedenen beruflichen Kontexten gestellt werden: im

Möbelhaus, im Restaurant oder am Krankenbett). Die Bewusstmachung dieser Übertragung wird durch Portfolio-Arbeit im UHB unterstützt, bei der Kursbuch-Inhalte individuell an den jeweiligen Berufskontext der TN angepasst werden. Vorkenntnisse, Bedarfe und Interessen der TN werden auf diese Weise bei der Wortschatzarbeit berücksichtigt, was der Förderung und Motivation im Lernprozess dient.

1.12 Interkulturelles Lernen

Interkulturelles Lernen sowie Offenheit für Diversität wird in Aspekte|Beruf angeregt, indem TN Informationen aus der deutschsprachigen Lebens- und Arbeitswelt aufnehmen und sie in Beziehung zu sich selbst, zu ihrer Kultur und zu ihren persönlichen (Berufs-)Erfahrungen setzen. Ziel ist, in unserer durch Diversität geprägten Migrationsgesellschaft angemessen sprachlich handeln zu können.

Der interkulturellen Kompetenz als Schlüsselkompetenz fällt im Sprachkurs generell eine große Bedeutung zu – fürs Berufs- und Arbeitsleben sind bestimmte Themen besonders relevant, wie z. B. Bildungsbiografien, Ausbildungssysteme, Nähe und Distanz in der Kommunikation oder Umgang mit Emotionen und Konflikten. Auch Sprachvergleiche, die Gemeinsamkeiten und Unterschiede zwischen Sprachen aufdecken, haben das Ziel, interkulturelles Lernen und Sprachbewusstsein zu fördern.

Im UHB sind entsprechende Aufgaben oder Übungen gekennzeichnet und oft mit weiterführenden Hinweisen versehen, in denen interkulturelle Kompetenz eine Rolle spielt (siehe auch Punkt 6, 7 und 11). Auch die Portfolio-Kopiervorlagen dienen dem interkulturellen Lernen.

1.13 Die Prüfung

Aspekte|Beruf bereitet gezielt auf den „Deutsch-Test für den Beruf" vor. Der DTB ist ein Kursabschlusstest, dessen Zielkompetenzen den Beschreibungen des eGER entsprechen. Neben der Vermittlung von Deutschkenntnissen geht es um Schlüsselkompetenzen wie z. B. Problemlösekompetenz und Informationsverarbeitungskompetenz. Auch die Förderung von Sprachbewusstsein und Wissen über Sprachverwendung am Arbeitsplatz spielen eine wichtige Rolle. Im Mittelpunkt steht die sprachlich-kommunikative Handlungskompetenz, für die die Registerwahl von Bedeutung ist und für die ein entsprechendes Repertoire an Redemitteln notwendig ist. Grundlage hierfür bietet der Lernzielkatalog.

Wichtig ist, dass es nicht um fach-, sondern um berufsorientierte Sprache geht, mit dem Ziel, die Heterogenität der Zielgruppe zu berücksichtigen und berufsfeldübergreifend Sprachhandlungskompetenz für die Integration in die deutsche Arbeitswelt auszubauen. Deshalb bieten sogenannte authentische Standardsituationen am Arbeitsplatz die Grundlage für schriftliche und mündliche Aufgabenstellungen. Dabei wird auf allgemein bekannte Berufsfelder fokussiert und Fachwortschatz nur kontrolliert verwendet.

Die im Lernzielkatalog zusätzlich aufgeführten Aspekte „strategische Kompetenz" und „außersprachliches Wissen" finden Berücksichtigung, indem Sprache angemessen eingesetzt und Wissen über die Berufs- und Arbeitswelt genutzt und erweitert wird. Die Thematisierung beider Bereiche spielt in BSK eine wichtige Rolle und findet sich im DTB in der Vielfalt an Situationen und der entsprechenden Sprachverwendung wieder.

Im DTB kommen die Fertigkeiten Rezeption, Interaktion, Produktion und Mediation jeweils mündlich und schriftlich vor. In der Durchführung des Tests sind die Fertigkeiten in den herkömmlichen Kategorien bezeichnet: Lesen, Hören, Schreiben und Sprechen, wobei direkt nach dem Subtest *Lesen* der Teil *Lesen und Schreiben* folgt, der diese beiden Fähigkeiten kombiniert prüft. Vergleichbar damit schließt sich an den Subtest *Hören* die Kombination *Hören und Schreiben* an.

Auf S. 224 gibt es eine Übersicht über die Testkomponenten und Aufgaben des DTB B2. Weiterführende Informationen finden sich im „Prüfungshandbuch BAMF" (im Internet als Download verfügbar).

Einleitung

2 Der Kursbuchteil

Jedes der zehn Kapitel des Kursbuchteils in B2 besteht aus 14 Seiten, die vier Kapitel in B1/B2 aus 10 Seiten.

B2
Auftakt (zwei Seiten)
Modul 1 (zwei Seiten)
Modul 2 (zwei Seiten)
Modul 3 (zwei Seiten)
Modul 4 (vier Seiten)
Kommunikation im Beruf (eine Seite) / Grammatik-Rückschau (eine Seite)
Prüfungsvorbereitung nach jedem zweiten Kapitel (vier Seiten)

B1/B2
Auftakt (zwei Seiten)
Modul 1 (zwei Seiten)
Modul 2 (zwei Seiten)
Modul 3 (zwei Seiten)
Kommunikation im Beruf (eine Seite) / Grammatik-Rückschau (eine Seite)
Sprechtraining nach jedem zweiten Kapitel (vier Seiten)

2.1 Die Auftaktseiten

Die erste Doppelseite bietet einen motivierenden Einstieg in das Kapitelthema. Die TN beginnen mit kommunikativen und kreativen Aufgaben und werden dabei von visuellen Impulsen gelenkt, wie z. B. Anzeigen, Fotos, einem Quiz, Cartoons oder Zitaten. Eine Übersicht der Lernziele und Grammatikthemen mit Angabe des jeweiligen Moduls gibt Orientierung im Kapitel.

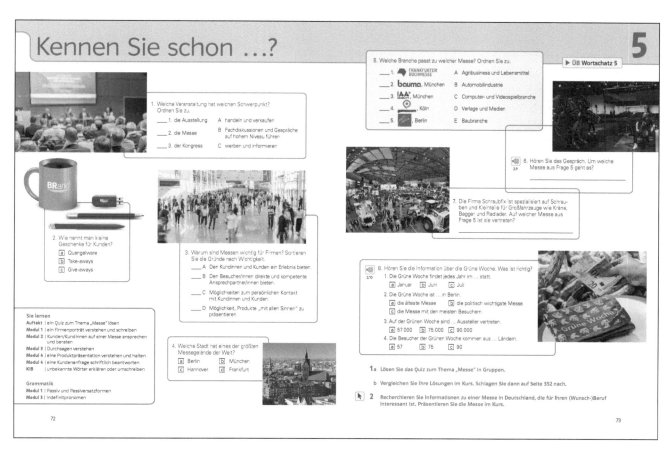

2.2 Die Module

Modul 1 und **Modul 3** umfassen je eine Doppelseite, die **eine Fertigkeit** mit entsprechenden Aufgaben und Texten fokussiert und diese mit einer weiteren Fertigkeit verknüpft, so, wie es im authentischen Sprachgebrauch normalerweise auch vorkommt. In diesen Modulen wird jeweils ein **Grammatikthema** behandelt, das sich aus den Texten oder Sprachhandlungen ergibt.

Modul 2 mit einer Doppelseite stellt die intensive Beschäftigung mit **einer Fertigkeit** in den Mittelpunkt der Spracharbeit. Dabei werden auch hier die Fertigkeiten nicht künstlich voneinander getrennt, sondern immer in ihrem natürlichen Zusammenspiel bearbeitet. Die Schwerpunktsetzung beispielsweise auf das Sprechen entsteht durch die Intensität der Aufgaben, die sich auf die Vorbereitung und das Sprechen selbst beziehen. Grundlage für das Sprechen kann ein Lese- oder Hörtext sein oder umgekehrt das Sprechen zum Schreiben führen, beispielsweise in einem Protokoll oder einer Mail.

Modul 4 umfasst zwei Doppelseiten und integriert alle **vier Fertigkeiten**. So kann der Einstieg ein Lese- oder Hörtext sein, der über ein Gespräch im Kursraum zu einer sich anschließenden Schreibaufgabe führt. Auf diese Weise werden die Fertigkeiten integrativ ausgeübt, d. h., sie werden so behandelt, wie sie in einer realen Kommunikationssituation gebraucht werden. Dadurch, dass sich die Aufgaben thematisch aufeinander beziehen, erhalten sie Szenario-Charakter: Sprache ist Mittel zum Zweck; die Kommunikation steht im Vordergrund der beruflichen Sprachhandlungssituation.

In jedem Kapitel werden Strategien zum Lernen, zur Aufgabenbewältigung oder zu einzelnen Fertigkeiten präsentiert. „Sprache im Beruf" stellt häufig vorkommende Phänomene und Besonderheiten der gesprochenen und geschriebenen Sprache im beruflichen Kontext vor. Im UHB gibt es Anregungen, wie mit den Strategien und dem Kasten „Sprache im Beruf" umgegangen werden kann.

Jedes Kursbuchkapitel enthält mindestens eine Projekt- oder Rechercheaufgabe, die durch ▶ gekennzeichnet ist.

STRATEGIE — **Informationen in Mindmaps sammeln**
In Mindmaps können Sie Informationen übersichtlich und nach Unterthemen geordnet sammeln. Das hilft bei der Strukturierung von Präsentationen und Texten.

SPRACHE IM BERUF
Denkpausen füllen
Warten Sie, da muss ich kurz nachdenken.
Moment, wie war das noch mal?
Entschuldigung, jetzt war ich gerade abgelenkt.
Das ist eine gute Frage.

2.3 Kommunikation im Beruf

Die Seite „Kommunikation im Beruf" am Ende eines jeden Kursbuchkapitels sensibilisiert anhand verschiedener beruflich relevanter Themenbereiche und Situationen für die Wahl des angemessenen Registers und übt passende Redemittel ein.

2.4 Die Grammatik-Rückschau

Die Grammatik-Rückschau fasst auf der letzten Kapitelseite noch einmal die Regeln zu den beiden Grammatikthemen aus Modul 1 und Modul 3 übersichtlich und mit Beispielsätzen zusammen.

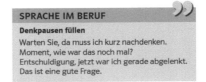

Einleitung

2.5 Die interaktiven Tafelbilder

Zu jedem Kapitel gibt es im Digitalen Unterrichtspaket ein interaktives Tafelbild, das durch ✏ angezeigt wird. Hier erhalten LK eine weitere Möglichkeit, ein Thema spielerisch und kommunikativ mit TN zu üben und zu vertiefen.

2.6 Die Prüfungstrainings

Die fünf Prüfungstrainings (jeweils vier Seiten nach jedem zweiten Kapitel) bieten eine Vorbereitung auf den DTB (siehe auch Punkt 1.13). Die einzelnen Formate und Prüfungsteile werden im Detail vorgestellt und die erfolgreiche Lösung mit Strategien und Tipps angeleitet.

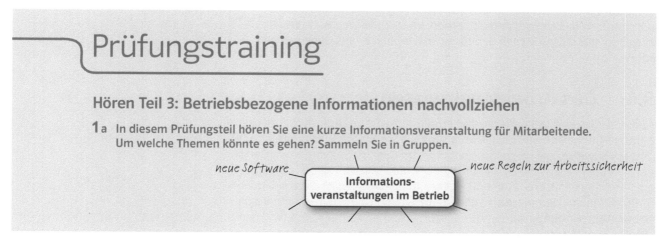

Im Kurs- und Übungsbuchteil findet sich zudem immer wieder am Rand das Piktogramm [P]. Dieses kennzeichnet Aufgaben und Übungen, die den Formaten aus der Prüfung entsprechen und sich deshalb zur Prüfungsvorbereitung eignen. Daneben gibt es das Piktogramm auch in der Variante: [P]Thema. Diese Aufgaben bereiten auf die acht Themen vor, die im Prüfungsteil *Sprechen Teil 1A* vorkommen können.
Eine Übersicht über alle prüfungsvorbereitenden Aufgaben findet sich im Anhang des Kurs-/Übungsbuchs auf S. 350.

3 Der Übungsbuchteil

Im Übungsbuchteil werden Inhalte der Kursbuchkapitel durch weitere Übungen und Texte ergänzt, gefestigt und vertieft. Die meisten Übungen lassen sich selbstständig von den TN bearbeiten. Einzelne Übungen sind, da sie interaktiv oder sehr offen angelegt sind, für den Einsatz im Unterricht konzipiert. Verweise an den Aufgaben im Kursbuchteil zeigen, an welcher Stelle sich die Übungen einsetzen lassen. ◄Ü4 Zeigt der Pfeil nach links, sollte die Übung vorbereitend zur Aufgabe im Kursbuch eingesetzt werden. ►Ü5 Zeigt der Pfeil nach rechts, sollte die Übung nach der Aufgabe im Kursbuch eingesetzt werden.

3.1 Die Wortschatzdoppelseiten

Jedes Übungsbuchkapitel beginnt mit einer Doppelseite, auf der relevanter Wortschatz zu den Themen des Kapitels aktiviert und wiederholt wird. Die Übungen können vor dem Start in das Kursbuchkapitel bearbeitet werden oder nachdem die Auftaktseiten behandelt worden sind.

3.2 Die Übungen zu den Modulen

Zu allen Modulen stehen im Übungsbuchteil ein bis drei Übungsseiten zur Verfügung. Die Übungen beziehen sich auf alle sprachlichen Bereiche und ergänzen die Themen des Kursbuchteils. Die Übungstypen reichen von geschlossenen, reproduktiven bis hin zu offenen, produktiven Sprachaktivitäten. Vor allem im Bereich Grammatik findet eine Vertiefung und Festigung der im Kursbuch erarbeiteten Strukturen statt. Je nach individuellem Leistungsstand können Sie oder die TN aus zahlreichen Übungen des Übungsbuchs auswählen.

3.3 Die Lerntipps

Tipps zur Unterstützung und Gestaltung des eigenen Lernprozesses unterstützen das selbstständige Lernen. Im UHB werden Anregungen gegeben, wie diese Tipps in den Unterrichtsablauf einbezogen werden können.

> **TIPP**: Bei Fremdwörtern kann der Wortakzent bei Nomen, Verben und Adjektiven unterschiedlich sein. Für die Aussprache lernt man die Wörter aus einer Wortfamilie am besten zusammen.

3.4 Das Arbeitsweltwissen

Passend zu den jeweiligen Inhalten erhalten die TN im Übungsbuchteil kurzgefasste Informationen, die wichtiges Arbeitsweltwissen vermitteln. Im UHB gibt es Hinweise, wie diese Informationen im Unterricht genutzt werden können. Darüber hinaus bietet das UHB (in den Kapiteltexten grau unterlegt) ausführlichere Hintergründe und weitere Informationen zu diesen und weiteren Themen aus dem Bereich "Arbeitsweltwissen", die im Unterricht vermittelt werden können.

> **INFO**: häufige Abkürzungen für Geschäftsformen
> die GmbH = die Gesellschaft mit beschränkter Haftung
> die AG = die Aktiengesellschaft
> die oHG = die offene Handelsgesellschaft
> die KG = die Kommanditgesellschaft
> die GbR = die Gesellschaft bürgerlichen Rechts

3.5 Die Aussprache

Nach Modul 4 werden wichtige Aussprachethemen herausgegriffen, die an das Gelernte aus der Grundstufe anknüpfen, aber darüber hinausgehen. Die Übungen sind zur Sensibilisierung für Aussprachethemen auf der Laut-, Wort- oder Satzebene im Kurs gedacht. Einige Übungen sind für die Partnerarbeit angelegt, andere aber auch für die Einzelarbeit und damit auch für das Üben zu Hause geeignet.

Aussprache: Fremdwörter ändern sich

4.22 **1a** Hören Sie zu und markieren Sie den Wortakzent. Wo liegt der Akzent?
1. die Fabrik 3. die Installation 5. das Interesse
2. die Technologie 4. das Training 6. die Präsentation

3.6 Die Selbsteinschätzung

Am Ende eines Kapitels erhalten die TN die Möglichkeit, ihren eigenen Lernstand einzuschätzen. In einer Übersicht wird – nach Modulen geordnet – das sprachliche Können beschrieben, das in den Kapiteln erreicht werden sollte. Die Aussagen spiegeln die Lernziele der BSK auf dem Niveau B2 bzw. B1/B2 im Brückenband wider.

Die Kann-Beschreibungen beziehen sich auf die rezeptiven, produktiven und interaktiven Sprachhandlungen des Kapitels und korrespondieren mit den Lernzielen auf den Auftaktseiten im Kursbuchteil. Die Aufgabe oder Übung, in der das Lernziel erarbeitet wird, wird direkt im Anschluss der Beschreibung genannt:

▶ M2, A2 bedeutet, dass sich die Beschreibung auf das Kursbuch, Modul 2, Aufgabe 2 bezieht;

▶ ÜB M4, Ü3a bedeutet, dass sich die Beschreibung auf das Übungsbuch, Modul 4, Übung 3a bezieht.

Die TN lesen die Aussagen und bewerten individuell ihr Können:

+ : Ja, das kann ich. Ich bin zufrieden mit meiner Leistung.
○ : Im Prinzip kann ich das, aber ich mache noch Fehler.
− : Nein, das kann ich noch nicht. Ich mache noch zu viele Fehler.

Einleitung

Wer „0" oder „-" ankreuzt, kann die entsprechenden Aufgaben und Übungen individuell noch einmal wiederholen. Zudem finden TN auf der Lehrwerk-Webseite Online-Übungen zu Wortschatz und Grammatik.

Entscheidend ist, dass die TN zu einer möglichst realistischen Einschätzung befähigt werden und bei Lernschwierigkeiten selbstständig Lösungsansätze entwickeln. Ein großer Vorteil der Selbsteinschätzung liegt in der Motivation. Auf dem Sprachniveau B1/B2 fällt es TN oft noch schwer, den eigenen Fortschritt zu erkennen. Aber durch das kontinuierliche Bearbeiten der Selbsteinschätzung wird der Lernfortschritt bewusst gemacht, was motivierende Erfolgserlebnisse mit sich bringt. Die Selbsteinschätzung folgt dem Portfolio-Gedanken und bietet neben der Einschätzung der eigenen Leistung auch Raum für die Dokumentation der Lernaktivitäten und Fortschritte, die für das eigene Berufsfeld besonders wichtig sind.

3.7 Der Wortschatz

Den Abschluss jedes Kapitels bildet eine Doppelseite Wortschatz, geordnet nach Modulen (max. 70–80 Wörter pro Kapitel). Gelernt werden Ausdrücke, Begriffe, Phrasen und feste Wendungen aus dem Kapitel, die auch berufsübergreifend frequent und relevant sind. (Für eine nicht-lineare Bearbeitung des Lehrwerks ist zu beachten, dass sich der Wortschatz auf diesen Seiten nicht doppelt. Wichtige Wörter zu einem Thema können sich also auf den Wortschatz-Seiten vorhergehender Kapitel befinden.) Die TN können diesen Wortschatz in ihre Sprache übersetzen und somit ein kleines Glossar zu den Kapiteln anlegen. Die Doppelseite endet mit kleinen Übungen, mit denen Lernstrategien für Wortschatz vermittelt, gefestigt und in eine Lernroutine überführt werden können. Die letzte Übung ist jeweils eine Wortschatzsammlung in Form einer Mindmap. Fordern Sie die TN aktiv dazu auf, diese Mindmaps immer wieder zu ergänzen, ggf. auch als Teil ihrer Portfolio-Arbeit (siehe Punkt 11).

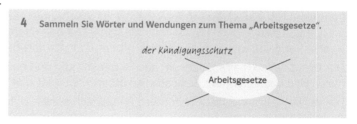

3.8 Das Schreibtraining

Nach jedem zweiten Kapitel gibt es das Angebot, die Fertigkeit Schreiben zielgerichtet zu trainieren. Am Beispiel einer Textsorte (z. B. Anfrage, Protokoll, Telefonnotiz) aus den beiden Kapiteln zuvor werden folgende Aspekte des Schreibprozesses erarbeitet:

- Was gilt es vor, beim und nach dem Schreiben zu beachten?
- Welche Schritte innerhalb eines Schreibplans sind hilfreich?
- Welche Merkmale hat die behandelte Textsorte?
- Was ist in Bezug auf den/die Adressaten und das entsprechende Register zu beachten?

Im DTB werden verschiedene Gesichtspunkte von Schreibkompetenz geprüft. Neben der inhaltlichen Angemessenheit und der damit verbundenen kommunikativen Aufgabenbewältigung liegt der Fokus bei der sprachlichen Angemessenheit nicht auf bildungssprachlichem Ausdruck, sondern vielmehr auf den Kriterien „Lesbarkeit" (durch klare, präzise Ausdrucksweise und die Produktion eines zusammenhängenden Textes) und „adressatengerechtes Schreiben", d. h. der Wahl des angemessenen Registers. Hierfür werden auf den Schreibtrainingsseiten verschiedene Übungen angeboten, die die einzelnen Aspekte oder kombinierte Varianten trainieren und den Schreibprozess begleiten. Die Übungen werden ergänzt durch Tipps und Checklisten zur jeweiligen Textsorte, die Selbstreflexion sowie Metakommunikation während des Schreibprozesses initiieren und fördern.

Generell und über die Schreibtrainingsseiten hinaus sollten Sie als LK die schriftsprachliche Kompetenz der TN stets im Blick haben. Im BSK spielt die Fertigkeit Schreiben eine wichtige Rolle, da die Arbeitswelt entsprechend komplexe Herausforderungen bietet, aber auch im Bereich Ausbildung sowie Fort- und Weiterbildung entsprechende Schreibkompetenz vorausgesetzt wird.

4 Der Anhang

Der Anhang bietet die Möglichkeit zum Nachschlagen und zur individuellen Wiederholung:
- eine nach Sprechabsichten geordnete Redemittelsammlung mit Hinweisen auf die Kapitel bzw. Module, in denen die Redemittel erarbeitet werden,
- eine Grammatik-Übersicht der behandelten Themen mit Regeln und Beispielen sowie Hinweisen auf die entsprechenden Kapitel,
- eine Übersicht unregelmäßiger Verben,
- eine Übersicht über Verben, Nomen und Adjektive mit Präposition,
- eine Übersicht wichtiger Nomen-Verb-Verbindungen,
- eine Übersicht über Aufgaben und Übungen im Kurs- und Übungsbuch, die auf den DTB vorbereiten, sowie
- eine Übersicht über die möglichen Themen im Prüfungsteil *Sprechen – Teil 1A*.

5 Die Hörmaterialien

Sämtliche Hörmaterialien zu Aspekte|Beruf sind online und über den Link www.klett-sprachen.de/aspekte-beruf/medienB2 bzw. www.klett-sprachen.de/aspekte-beruf/medienB1-B2 zugänglich. Der Code findet sich auf Seite 2 im Kurs- und Übungsbuch. Zusätzlich gibt es das Hörmaterial auch auf CD.

Die TN haben so die Möglichkeit, auch eigenständig und außerhalb des Unterrichts die Audiomaterialien anzuhören und nach eigenem Ermessen so oft wie nötig zu wiederholen.

Die Verweise auf die Track-Nummern finden sich jeweils beim Lautsprecher-Symbol neben den betreffenden Aufgaben oder Übungen. Es werden verschiedene Textsorten wie z. B. Gespräch, Besprechung, Diskussion, Interview, Statement präsentiert und mit entsprechenden Aufgaben bearbeitet.

6 Das Unterrichtshandbuch

Das UHB bietet **didaktische Hinweise** zu **Aufgaben und Übungen** im KB und ÜB und schlägt mögliche Einstiege in die Kapitel vor. Da sich das UHB an didaktisch ausgebildete LK im BSK richtet, wird nicht jede Aufgabe kommentiert. Vielmehr liegt der Fokus darauf, punktuell ergänzende oder alternative Aktivitäten sowie Möglichkeiten der Binnendifferenzierung anzubieten, mit denen der Unterricht auf die Bedürfnisse der jeweiligen Lernendengruppe zugeschnitten werden kann. Vertiefende Informationen zum Arbeitsweltwissen, Hinweise zur Kompetenz- und Strategieentwicklung und zur Mediation setzen wichtige Schwerpunkte in der Unterrichtsvorbereitung und helfen den TN über den Kurs hinaus bei der Integration in den deutschen Arbeitsmarkt.

Das UHB unterstützt LK zudem dadurch, dass an entsprechenden Stellen Verweise oder Rückbezüge z. B. zu anderen Kapiteln, Modulen, Aufgaben, Hinweisen, Prüfungstrainings, Inhalten des Anhangs usw. zu finden sind.
Die **Lösungen** zu den Aufgaben und Übungen finden sich als Download auf www.klett-sprachen.de/aspekte-beruf

Zu Beginn gibt eine **Übersicht** Auskunft über die Themen und Inhalte sowie die Lernziele des Kapitels. Daran schließen sich die Hinweise zur Auftaktseite, den Modulen, der Seite „Kommunikation im Beruf", den Aussprache-Übungen (im ÜB) und der Grammatik-Rückschau an.

In der Randspalte finden sich neben den Aufgaben- und Übungsnummern, zu denen es didaktische Kommentare gibt, auch **Piktogramme und Hinweise** auf wiederkehrende Elemente des Lehrwerks sowie auf die Kopiervorlagen:

Binnendifferenzierung: B weist auf Möglichkeiten und Umsetzungsideen hin, wie der Unterricht mit Aspekte|Beruf auf die heterogenen Voraussetzungen und Bedürfnissen der TN im BSK angepasst werden kann. Dabei spielen nicht nur unterschiedliche Berufe (oder Berufswünsche) und Berufserfahrungen eine große Rolle, sondern auch andere Aspekte wie sprachliche Vorkenntnisse, Lerngeschwindigkeit, Medienkompetenz usw. Durch Binnendifferenzierung im Unterricht wird das eigenständige Arbeiten und Lernen gefördert, indem TN häufig Alternativen

Einleitung

zur Auswahl angeboten bekommen, z. B. beim Umfang einer Hausaufgabe oder bei der Wahl der Sozialform. TN reflektieren auf diese Weise ihren Lernstand, treffen Entscheidungen und evaluieren anschließend ihren individuellen Lernprozess. Dabei wird der diversitätssensible Umgang in der Lerngruppe trainiert – eine wichtige Schlüsselkompetenz fürs Berufsleben. Insbesondere im Band B1/B2 ist Binnendifferenzierung im Unterricht sehr wichtig, da hier TN oft stark variierende Voraussetzungen und Lernniveaus mitbringen.

Erweiterungen und Varianten: Neben dem vorgesehenen Ablauf von Aufgaben und Übungen werden im UHB an zahlreichen Stellen Vorschläge gemacht, die die Aktivitäten um einen zusätzlichen Schritt erweitern E oder Variation V in den Ablauf bringen. So lässt sich der Unterricht passgenau und abwechslungsreich gestalten.

Interaktive Tafelbilder: Wie im KB ist auch im UHB markiert, zu welchen Aufgaben im Kursbuch interaktive Tafelbilder aus dem Digitalen Unterrichtspaket genutzt werden können.

Projekt- und Rechercheaufgaben: Wie im KB sind Projekt- und Rechercheaufgaben im UHB mit ausgezeichnet. In den Hinweisen finden sich meist Vorschläge in Form von Links für die Recherche oder sonstige Hilfestellungen.

Prüfung: P macht deutlich, welche Aufgaben und Übungen einem Format des DTB entsprechen. Im UHB finden sich zudem Querverweise zwischen Aufgaben bzw. Übungen und den Prüfungstrainingsseiten.

Kopiervorlagen (KV): Zu jedem Kapitel gibt es 3 bis 4 Kopiervorlagen im Anhang, die in den didaktischen Hinweisen an passender Stelle beschrieben sind. Mit den KV lassen sich ausgewählte Unterrichtsinhalte vertiefen oder noch ausbauen. Eine Besonderheit sind die **Portfolio-KV** in Band B2 (meist eine KV pro Kapitel). Diese dienen dem Wissenstransfer von Inhalten aus dem Unterricht in die persönlichen (Wunsch-)Berufe der TN und der vertiefenden Beschäftigung mit erlernten oder angestrebten Berufen oder Berufsfeldern in Deutschland.

Arbeitsweltwissen: Die Hinweise zum *Arbeitsweltwissen* enthalten detailliertere Informationen zu einem Thema, Begriffen oder Fakten, die im KB oder ÜB direkt oder indirekt vorkommen. Weitere Informationsquellen werden benannt, die von LK und TN für eine weiterführende Recherche genutzt werden können. Die Hinweise können sich auf ein Thema (z. B. Bewerbung), eine Organisation (z. B. Agentur für Arbeit), einen Sachverhalt (z. B. gesetzliche Unfallversicherung in Deutschland) oder einen Begriff (z. B. Organigramm) beziehen. Während im ÜB sehr knappe Info-Einträge zu diesem Thema zu finden sind, gibt es im UHB ausführliche Info-Kästen (siehe auch Punkt 1.5).

Interkulturelle Kompetenz: In der Randspalte des UHB werden Aufgaben und Übungen mit dem Schwerpunkt *interkulturelle Kompetenz* ausgewiesen. Das ist beispielsweise dann der Fall, wenn es um die Sensibilisierung von potenziellen Gemeinsamkeiten und Unterschieden zwischen Herkunfts- und Zielland geht. Bereits im Integrationskurs spielen die Themen „Diversität" und „interkulturelle Kommunikation" eine wichtige Rolle. Kommunikative Situationen am Arbeitsplatz fordern häufig Sensibilität für kulturelle Unterschiede, weshalb im Unterricht immer wieder Erfahrungsaustausch angeregt und interkulturelle Aspekte beleuchtet werden sollten (siehe auch Punkt 1.12).

Mediation: Aufgaben und Übungen, in denen *Mediation* eine Rolle spielt, sind in der Randspalte des UHB ausgewiesen. Mediationsprozesse spielen im Berufsleben eine wichtige Rolle (z. B. bei der Übergabe von Informationen oder bei der „Übersetzung" betrieblicher Inhalte für Kunden und Kundinnen), daher sollten sie im Unterricht nicht nur trainiert, sondern auch reflektiert werden. Im UHB finden sich Anregungen, wie TN Sprachmittlung, das Übertragen von Inhalten in andere Sprachregister und das Zusammenfassen von Informationen im Unterricht miteinander üben können. Hierfür werden verschiedene Sozialformen und Methoden genutzt, die sich gegenseitig ergänzen (siehe auch Punkt 1.7).

Registertraining: Aufgaben und Übungen, in denen es um *Registertraining* (siehe Punkt 1.6) geht oder an die sich ein solches anschließen lässt, sind im UHB in der Randspalte gekennzeichnet.

Schlüsselkompetenzen: Wenn bei Aufgaben und Übungen berufsübergreifende *Schlüsselkompetenzen* (wie z. B. Recherche- oder Medienkompetenz) trainiert oder thematisiert werden und dies möglichst auch für TN transparent gemacht werden sollte, findet sich im UHB in der Randspalte ein Hinweis (siehe auch Punkt 1.9).

7   Online-Übungen

Zu jedem Kapitel finden die TN vier zusätzliche Übungen online auf www.klett-sprachen.de/aspekte-beruf. Diese wiederholen und vertiefen spielerisch Wortschatz, Redemittel und Grammatik oder üben das Hör- und Leseverstehen.

8   Die Zwischentests

Auf www.klett-sprachen.de/aspekte-beruf finden sich Tests, die Sie für Ihre TN ausdrucken können. Jeder Test prüft das vorhandene Wissen der TN nach jeweils zwei Kapiteln ab und fokussiert auf die vier Fertigkeiten Hören, Lesen, Schreiben und Sprechen. In einem kleineren Anteil werden auch Wortschatz, Redemittel und Grammatik abgefragt. Die Gesamt-Punktzahl liegt bei 30. Der Test sollte als bestanden gelten, wenn mindestens 60 % der Gesamt-Punktzahl, also 18 Punkte erreicht sind.

9   Das digitale Unterrichtspaket

Mit dem digitalen Unterrichtspaket können Sie im Unterricht das Kurs- und Übungsbuch per Whiteboard oder Beamer zeigen, alle Hördateien direkt abspielen und Transkripte zuschalten sowie die interaktiven Tafelbilder ansteuern. Zudem lassen sich die Lösungen einblenden. Mit einem Klick können Sie zwischen Kursbuch- und Übungsbuchteil wechseln. Außerdem steht Ihnen eine Menüleiste mit vielen Werkzeugen zur Verfügung: Vergrößern Sie Bilder oder Übungen für Ihre TN, verdecken oder beschriften Sie Bereiche einer Seite oder markieren Sie wichtige Textpassagen.

Zu Hause können Sie mit dem digitalen Unterrichtspaket den Unterricht bequem am PC vorbereiten und passende Kopiervorlagen direkt ausdrucken. Im Kurs- und Übungsbuchteil können Sie eigene Notizen ergänzen und Screenshots für die nächste Unterrichtsstunde speichern.

10   Die Homepage

Auf www.klett-sprachen.de/aspekte-beruf finden Sie neben einer allgemeinen Übersicht über das Lehrwerk und seine Komponenten Lösungen, Audiodateien, Transkripte, Online-Übungen sowie Zwischen- und Einstufungstests.

Einleitung

11 Praktische Hinweise zur Arbeit mit Aspekte|Beruf

Anrede: Um TN auf die Kommunikation im Arbeitsleben vorzubereiten, spricht das Lehrwerk TN in der Sie-Form an. Besprechen Sie zu Beginn des Kurses, wie Sie und die TN es mit der Anrede untereinander handhaben wollen. Für das Siezen zumindest zwischen LK und TN spricht, dass die höfliche Anredeform dann während des Unterrichts ausreichend geübt wird. Da man sich am Arbeitsplatz aber auch häufig duzt, spricht nichts dagegen, wenn TN sich untereinander duzen möchten und auf diese Weise beide Anredeformen (bzw. den raschen Wechsel zwischen beiden) im Unterrichtsgeschehen trainieren können. Besprechen Sie im Kurs, welche Anredeform gewählt werden soll und warum.

Kennenlernen: Sowohl im Brückenband B1/B2 als auch in Band B2 wird auf die Kennenlernsituation im Kurs eingegangen. Im UHB gibt es für beide Kursniveaus Anregungen bzw. für B2 Hinweise, wie der Einstieg ggf. angepasst werden kann, sollten TN sich bereits kennen.

Geschlechtersensible Sprache: In Aspekte|Beruf wird darauf geachtet, TN und LK möglichst präzise anzusprechen und zu repräsentieren. Daher finden sich in der Regel alternative grammatische Formen mit Querstrichangabe (z. B. *Ihr Partner / Ihre Partnerin, jede/r*). Andere Kennzeichnungen wie Unterstrich, Sternchen, Binnen-I oder Doppelpunkt erscheinen in den Lesetexten und es gibt Texte, in denen gezielt nicht gegendert wird. Es geht hierbei darum, das gesamte Spektrum abzubilden, dem TN im beruflichen Alltag begegnen können, und TN mit verschiedenen Formen des Sprachgebrauchs vertraut zu machen.

Tafel/Whiteboard: Da mit der unterschiedlichen Ausstattung von Unterrichtsräumen und unterschiedlichen persönlichen Präferenzen zu rechnen ist, ist im UHB für das Präsentieren von Inhalten meist von der „Tafel" die Rede. Je nachdem, was zum Einsatz kommt, ist darunter die Kreidetafel, das klassische Whiteboard oder das interaktive Whiteboard gemeint.

Anhang: Nehmen Sie sich zu Beginn des Kurses Zeit für eine Einführung zur Arbeit mit dem Anhang. Sehen Sie sich gemeinsam die Bestandteile an und besprechen Sie mit TN, welche Elemente wofür hilfreich sind und wie man sie nutzen kann. Erinnern Sie an passenden Stellen im Unterricht TN immer wieder daran, den Anhang eigenständig zu nutzen, z. B. bei den Hausaufgaben oder Rollenspielen. Nach und nach sollte das Nachschlagen für TN zur Routine werden.

Lernstrategien: Die vorgestellten Lernstrategien sind ein Angebot für TN, denn so individuell Lernwege sind, so vielfältig sind die Strategien, die diese unterstützen. Weisen Sie darauf hin, dass Lernstrategien häufiger ausprobiert werden müssen, bevor sie für nützlich befunden werden können.

Lernroutinen: Wiederholung ist elementar für das Lernen und Lernroutinen können auch im Berufsleben eine wichtige Strategie darstellen. Prüfen Sie daher, wann Sie (z. B. beliebte oder gut funktionierende) Aktivitäten wiederholt verwenden können. Im UHB finden sich Hinweise, wenn sich ein Aufgaben- oder Übungstyp wiederholt einsetzen lässt und zu einer Routine während des Lernprozesses werden kann. Ein Beispiel: Im Anschluss an die Bearbeitung einer Aufgabe, bei der ein Text und das Leseverständnis im Vordergrund steht, wird der berufsbezogene Wortschatz im Text oder einem Textabschnitt von TN identifiziert und wiederholt, z. B. indem Wortfamilien zusammengestellt und eine Auswahl der Ergebnisse ins Portfolio übernommen werden.

Grammatikwiederholung: Zu den Grammatik-Rückschauseiten gibt es im UHB jeweils eine spielerische Übung, mit der die grammatischen Themen auch zwischendurch flexibel immer wieder „hochgeholt" und aktuell gehalten werden können. Sie können diese Übungen wie kleine Module für die stetige Wiederholung nutzen, z. B. am Beginn oder Ende jeder Stunde.

Grammatik-Rückschau

→ KV 9–2 Teilen Sie die KV aus. TN arbeiten zu dritt und entwerfen Dialoge. Während TN die Dialoge schreiben, gehen Sie als LK von KG zu KG und unterstützen TN bzw. kontrollieren, ob die Sätze mit den Modalpartikeln korrekt kontextualisiert werden. Die Dialoge werden im PL vorgelesen oder – je nach Zutrauen der TN – vorgespielt.

Wortschatzarbeit: Achten Sie im Unterricht auf vielfältige und abwechslungsreiche Formen der Wortschatzarbeit. Sie können z. B. immer ein „Wort des Tages" im Kursraum aufhängen oder TN selbst Worträtsel, Lückentexte oder zerschnittene Wörter zum Zusammensetzen für andere TN herstellen lassen oder mit Visualisierungen z. B. in Form von Pantomimespielen oder dem Spiel „Montagsmaler" arbeiten.

Die ÜB-Übungen zum Kapitelwortschatz helfen, Wörterlerntechniken wie Mindmap, Synonym-/Antonym-Sammlung, Worterklärungen, Kompositabildung, Erschließung über Wortfamilien/Wortfelder usw. bei TN zu etablieren.

Auch die Verblisten sowie die Redemittelsammlung im Anhang können für die Wiederholung von Wortschatz genutzt werden, z. B. können im Portfolio Inhalte daraus individuell ausgewählt, erweitert oder thematisch neu zusammengestellt werden. Machen Sie TN dabei immer wieder klar, dass das Schreiben mit der Hand beim Memorieren der Wörter bzw. der korrekten Schreibung hilft.

Da die Wortschatzarbeit berufsfeldübergreifend stattfindet, zugleich in den Kapiteln aber beispielhaft spezifische Berufsfelder herangezogen werden, sollten TN immer wieder dabei gefördert werden, aus verschiedenen Kontexten den für sie wichtigen Wortschatz zu ermitteln und in für sie relevante Zusammenhänge zu übertragen.

Aussprache: Es bietet sich an, über die Ausspracheübungen im ÜB hinaus auch sonst immer wieder die Aussprache von Wörtern oder die Intonation von Sätzen zu thematisieren und zu üben. Achten Sie bei den Ausspracheübungen darauf, einzelne TN dabei nicht unfreiwillig zu exponieren, da viele TN sich scheuen, vor anderen laut und evtl. mit Fehlern zu sprechen. Aussprache und Intonation lässt sich sehr gut in Form des chorischen Sprechens üben, am besten in Kombination mit Bewegung (z. B. Armbewegung für steigende Intonation, Klopfen für Betonung, Schritt vor oder zurück bei bestimmten Lauten). So können Sie TN ihre Unsicherheit nehmen, die Kursatmosphäre wird aufgelockert und alle TN kommen tatsächlich zum Sprechen.

Hörtexte: Weisen Sie TN zu Beginn des Kurses auf die Möglichkeit hin, alle Hörtexte online nach Bedarf eigenständig und wiederholt anzuhören. Erinnern Sie TN während des Kurses immer wieder daran, da das der Nachbereitung des Unterrichts als HA oder auch der Binnendifferenzierung dienen kann.

Rollenspiele: In vielen Aufgaben werden Sprachhandlungen in Form eines Rollenspiels angewandt. Es gibt immer mindestens zwei Situationen, damit bewusst die Rollen/Perspektiven getauscht werden können. Entscheiden Sie dies je nach Kurs und Fähigkeiten der TN. Planen Sie genügend Zeit für TN ein, sich auf die Rollenspiele vorzubereiten, sich ggf. Notizen zu machen, wichtige Stellen im Text zu markieren, Wortschatz zu klären usw.

Schreiben: Das Schreibtraining im Übungsbuchteil fördert einen strukturiert aufgebauten, kontinuierlichen Schreiblernprozess. Einzelne Teile der Trainings lassen sich jedoch auch flexibel an passender Stelle in den Unterrichtsablauf einbauen (so kann z. B. das Protokoll in Training B dem Protokollschreiben in Kapitel 4 vorgeschaltet werden). Wie im Lehrwerk bereits angelegt und im UHB immer wieder angeregt, sollten sowohl analoge wie auch digitale Formen des Schreibens abwechselnd eingesetzt und trainiert werden, da beide Kompetenzen im Berufsleben erforderlich sind. Außerdem sollte das Schreiben von Hand geübt werden, das für manche TN ungewohnt ist. Auch kann je nach Muttersprache der TN das Schreibsystem und die Schreibschrift TN noch nicht gut genug vertraut sein. Eigenhändiges Schreiben wird von TN nicht nur in der Prüfung verlangt, sondern hilft TN auch beim Memorieren von Wörtern und der korrekten Rechtschreibung.

Korrektur: Es ist wichtig, dass Sie TN durch Ihre Korrekturen im Lernprozess (punktuell) unterstützen. Dabei können Sie Fortschritte und Schwierigkeiten Ihrer TN einschätzen und ggf. gezielt z. B. grammatische Strukturen oder häufige Formulierungsfehler in der folgenden Unterrichtsstunde wiederholen. Lassen Sie TN Texte jedoch auch gegenseitig korrigieren. Dafür gibt es verschiedene Möglichkeiten (z. B. Austausch von Texten in PA; „Schreibkonferenz" in KG, wobei jede/r TN rundum nur einen Aspekt korrigiert usw.). Sie können die gegenseitige Korrektur als regelmäßige Unterrichtsroutine im Kurs etablieren, da auch durch das Korrigieren verschiedene Kompetenzen der TN weiterentwickelt werden.

Arbeitsweltwissen: Da der Umfang bereits vorhandenen Arbeitsweltwissens in den Kursen variiert und TN teilweise über (noch) keine oder kaum Berufserfahrung verfügen, ist es oft wichtig, zunächst einen allgemeinsprachlichen Zugang zu Arbeitsthemen zu wählen. Im UHB werden deshalb häufig Vorschläge für die Übertragung auf andere Lebensbereiche angeboten. Sie können so weniger erfahrenen TN bei Arbeitsaufträgen, in denen es um Berufs- oder Arbeitserfahrung geht, immer auch Situationen und Handlungsfelder aufzeigen, die an deren direkte Lebenswelt anknüpfen, z. B. aus Alltag, Haushalt, Familie oder Freizeit.

Einleitung

Portfolio-Arbeit: Im Anhang des UHB findet sich neben den regulären Kopiervorlagen zu B2 zu jedem Kapitel auch eine sogenannte Portfolio-KV, mit der in der Regel fachübergreifende berufssprachliche Lerninhalte aus dem Kapitel auf den jeweils persönlichen beruflichen Kontext übertragen werden. TN wählen dabei Lernstoff selbst nach individuell befundener Wichtigkeit aus und ergänzen ihn eigenständig. Sie werden dadurch dazu angeregt, sich schon während des BSK ganz konkret den eigenen beruflichen Bedarfen und Interessen zu widmen.

— KV 1–3 Portfolio — **1**

Meine Kompetenzen

Selbstkompetenz	+++	++	+	–
Ich treffe eigene Entscheidungen.				
Ich übernehme Verantwortung für meine Entscheidungen.				
Ich übernehme selbstständig Aufgaben.				
Ich kann nachfragen und um Hilfe bitten.				
Ich kann gut mit neuen Situationen umgehen.				
Ich kann mehrere Aufgaben parallel erledigen.				
Ich finde neue Ideen gut.				
Ich kann schnell von einer Aufgabe zu einer anderen wechseln.				
Ich finde Lösungen für Probleme.				
Ich kann mir selbst helfen.				
Ich probiere neue Wege aus.				
Ich habe oft neue Ideen.				
Sozialkompetenz				
Ich kann mich mündlich und schriftlich gut ausdrücken.				
Ich frage nach, wenn ich etwas nicht verstanden habe.				

Manche Portfolio-KV bieten auch grundlegende Inhalte für das spätere Berufs- und Arbeitsleben, so z. B. die Portfolio-KV zu Kapitel 4, die eine Methode für konstruktive Gespräche in Konfliktsituationen präsentiert, welche von TN an einem konkreten Beispiel durchgespielt wird.

Für die Portfolio-Arbeit können sich TN einen eigenen Hefter zulegen, in dem diese KV, aber auch andere Materialien, die über das Unterrichtsgeschehen hinaus beruflich relevant sind, gesammelt werden. Auch die Mindmaps der Wortschatzseite aus dem Übungsbuch können dort abgelegt und kontinuierlich mit passendem Vokabular und Redemitteln ergänzt werden. Das Anfertigen der Materialsammlung und deren Verwendung kann über die Kursdauer hinaus eigenständig verfolgt werden.

Mit dem Portfolio soll der individuelle Lernprozess angeregt und dokumentiert werden. Die TN bringen sich im Rahmen der Portfolio-Arbeit beim Lernen aktiv ein und übernehmen Verantwortung im Lehr-Lern-Geschehen.

Während der Kursdauer ist es wichtig, immer wieder konsequent Raum für die Portfolio-Arbeit zu geben, um die selbstständige Beschäftigung der TN mit speziellen Inhalten möglichst zur Routine werden zu lassen. Auch zu den acht Themen, die im Prüfungsteil *Sprechen Teil 1A* vorkommen (siehe Übersicht im KB/ÜB auf S. 350) können TN ein Portfolio anlegen. Regen Sie TN an, dieses ständig zu erweitern, sobald im KB oder ÜB oder darüber hinaus im Kursgespräch etwas vorkommt, das hinzugefügt werden kann.

Selbsteinschätzung: Die Selbsteinschätzungsseite (siehe Punkt 3.6) wird im UHB nicht weiter kommentiert. Sie sollten TN jedoch darauf hinweisen, dass sie ebenfalls ein Element der Selbstlernkompetenz und der eigenen Lernroutine darstellen kann. Gehen Sie daher in einer der ersten Stunden auf diese Möglichkeit am Beispiel einer solchen Seite genauer ein.

Prüfungsvorbereitung: Nehmen Sie sich zu Beginn des Kurses Zeit, auf die Modalitäten des „Deutsch-Test für den Beruf" einzugehen und TN zu erläutern, dass sie mit der Bearbeitung des Lehrwerks alle möglichen Prüfungsformate durchlaufen und trainieren werden (siehe auch Punkte 1.13 und 2.6). Sie können dafür die Übersicht auf S. 224 des UHB nutzen sowie die Übersichten auf Seite 350 des KB/ÜB. Weisen Sie in diesem Zusammenhang auch auf das im Internet erhältliche Trainingstestmaterial des BAMF hin und machen Sie TN mit dem Antwortbogen für die Prüfung vertraut. Bearbeiten Sie mit TN die Prüfungsvorbereitungsseiten, die ausführliche Schritt-für-Schritt-Anleitungen und Tipps für die Bewältigung der verschiedenen Aufgabenformate bieten. Sie können dabei modular vorgehen, indem Sie immer von der jeweiligen Prüfungsaufgabe im Kapitel den betreffenden Teil des Prüfungstrainings mit bearbeiten, oder im Unterrichtsablauf Zeit einplanen, in der Sie systematisch die einzelnen Trainingsplattformen mit TN durcharbeiten.

Und was machst du so?

Themen Das erste Kapitel des Brückenbands *Aspekte Beruf B1/B2* dient dem Kennenlernen der TN untereinander sowie der Vorstellung verschiedener Berufe und Tätigkeiten.
  Auftakt Hier stellen Menschen sich und ihre Berufsbiografien vor.
  Modul 1 In diesem Modul geht es um die Darstellung von Stationen und Tätigkeiten in Lebensläufen.
  Modul 2 TN betrachten und beschreiben verschiedene Berufstypen, Fähigkeiten und berufliche Wünsche.
  Modul 3 Hier geht es um Vor- und Nachteile sowie Vorlieben und Abneigungen in Bezug auf bestimmte berufliche Tätigkeiten.
  KiB TN trainieren das Telefonieren und das Einholen von Informationen zum Thema „Weiterbildung".

Lernziele
  Auftakt | Informationen über Personen verstehen und sich vorstellen
  Modul 1 | einen tabellarischen Lebenslauf schreiben
  Modul 2 | in einem Beratungsgespräch berufliche Interessen herausfinden
  Modul 3 | aus Anzeigen und Weiterbildungsangeboten wichtige Informationen entnehmen
  KiB | am Telefon ein Anliegen nennen und um Rückruf bitten
  Aussprache | Satzmelodie im Aussage- und Fragesatz (im ÜB)

  Grammatik
    Modul 1 | Tempusformen: über Vergangenes berichten
    Modul 2 | Zukünftiges ausdrücken (Präsens/Futur I)
    Modul 3 | Verben und Ergänzungen

Auftakt

A1a TN sehen sich in PA zunächst nur die Fotos an und beschreiben, was sie sehen (bzw. den Bildern entnehmen und erraten) können. Stellen Sie sicher, dass jedes TN-Paar mindestens zwei oder drei Fragen an die jeweilige Person notiert.

A1b Sie können anregen, dass TN die den Texten entnommenen Informationen über die vorgestellten Personen zunächst stichwortartig (vergleichbar einem Steckbrief) notieren.

A1c Hier geht es um Oberbegriffe. Nachdem TN diese in der KG gesammelt haben, können Sie eine/n TN bitten, die Themen bzw. Oberbegriffe an der Tafel aufzulisten, die im PL genannt werden.
TN übertragen die Oberbegriffe in ihre Hefte.

A1d Bitten Sie TN, sich in EA (mindestens) vier Punkte aus der Liste der Oberbegriffe auszusuchen und eine kleine persönliche Vorstellung vorzubereiten.

A2 Nehmen Sie als LK am Klassenspaziergang teil und stellen auch Sie sich vor. Suchen auch Sie gemeinsam mit TN Gemeinsamkeiten. Anschließend tauschen sich alle im PL über die gefundenen Gemeinsamkeiten aus. Sie können die Gemeinsamkeiten, die TN während des Klassenspaziergangs herausgefunden haben, auch an der Tafel festhalten, um so die Verbindungen innerhalb des Kurses zu visualisieren, z. B. anhand einer Visualisierung mit einer Mindmap: In der Mitte steht die Kursbezeichnung, von dort ausgehend stehen an den einzelnen Ästen Gemeinsamkeiten und ganz außen um die Äste herum die Namen der TN.

→ KV 1–1 (B1/B2) Sie können zur Visualisierung der Vorstellungsrunde (sofern noch nicht bei der Bearbeitung von A2 geschehen) die KV austeilen. TN füllen diese aus und hängen anschließend ihre Mindmaps im Kursraum auf. Dabei können Sie bereits das Wort *die Mindmap* einführen und diese Methode erklären: Sie dient der Gedankenfindung, der Organisation von Material und der Visualisierung von Strukturen.
Weisen Sie TN vor dem Ausfüllen der KV darauf hin, dass es hierbei kein Richtig oder Falsch gibt und TN auch bei der Kategorie „Wünsche" ganz frei assoziieren können. Sie können auch Beispiele vorgeben, um

das freie Assoziieren anzuregen. Sagen Sie beispielsweise: „Wünsche sind ganz persönlich. Sie können für den Moment oder auch für die Zukunft gelten. Also im Moment wünsche ich mir einen Tee. Und Sie? Und für den Sommer wünsche ich mir viel Sonne. Und Gesundheit wünsche ich mir auch!"

Ü1a Diese Zuordnungsübung können TN auch in PA machen, um sich besser kennenzulernen.

Ü1b Nach der Ergänzung (ggf. auch in PA) listen Sie ergänzte/neue Ausdrücke an der Tafel auf. TN übertragen die Ergänzungen in ihre Hefte.

Ü1c Diese Übung eignet sich nach dem Bearbeiten von Ü1a+b auch gut als HA. Lassen Sie TN am nächsten Kurstag ihre Sätze vorlesen, sodass auch hier die Möglichkeit für alle TN besteht, ihre Mitlernenden noch besser kennenzulernen.

Ü2 Nach dem Identifizieren der einzelnen Wörter und dem Schreiben der Wörter samt Pluralform können Sie eine mündliche Übung anschließen, indem TN ganze Sätze mit dem jeweiligen Nomen bilden oder als HA individuell fünf (oder sieben) Nomen auswählen und mit diesen jeweils einen Satz formulieren und verschriftlichen.

Ü3 Der Abgleich der Lösung kann folgendermaßen erfolgen: Jeweils ein/e TN liest eine vollständige Frage vor und ein/e andere/r TN beantwortet die Frage wahrheitsgemäß. Dann liest ein/e andere/r TN die nächste Frage vor usw.

Ü4a TN können in EA oder in PA arbeiten. Bieten Sie beide Optionen an.

Ü4b TN schreiben in EA Sätze über sich. Die Sätze können entweder laut im PL vorgelesen werden oder aber in KG zu dritt ausgetauscht und gelesen werden.

Modul 1 Das bin ich

A1 TN können hier gut die auf den Kapitelauftaktseiten in A1c gesammelten Oberbegriffe als Grundlage nehmen, auswählen und ergänzen.

A2a Geben Sie TN ausreichend Zeit zum Lesen, damit sie in EA die Abschnitte des Textes ordnen können. Anschließend gleichen TN die Reihenfolge in PA ab. Sollte Unsicherheit herrschen, klären Sie diese im PL. Falls an dieser Stelle Fragen zum Wortschatz kommen, sagen Sie, dass diese nach Teilaufgabe A2b geklärt werden.
Sollten KTN ausgehend vom Text Themen wie „Krieg" oder „Flucht" ansprechen, gehen Sie entsprechend sensibel damit um (zumal TN sich noch nicht lange kennen). Eventuell spielt das Thema auch beim Lebenslauf in A4 für TN eine Rolle; besprechen Sie dann im Kurs, ob (und, wenn ja, wie) mit der Unterbrechung bzw. dem Abbruch einer Ausbildung oder einer Lücke im Lebenslauf umgegangen werden kann – auch wenn es sich letztlich um individuell zu treffende Entscheidungen handelt. Achten Sie daher darauf, dass unterschiedliche Haltungen dazu (offener Umgang mit Brüchen im Lebenslauf vs. Nicht-Thematisieren-Wollen) im Unterricht gleichwertig behandelt werden.

A2b Lesen Sie im PL zuerst gemeinsam die „Strategie", sich an W-Fragen zu orientieren und so Themen aus einem Text herauszuarbeiten. TN gehen dann entsprechend der vorgestellten Strategie in EA vor und gleichen anschließend die markierten Stellen in PA ab.

TN sammeln berufsbezogenen Wortschatz aus dem Text und ein/e TN schreibt diesen an die Tafel in eine Tabelle. Wiederholen Sie bei Nomen den Artikel und die Pluralform. TN können den neuen/ wiederholten Wortschatz in ihr Heft übertragen, z. B.
Verben: *tätig sein, schaffen, abschließen*
Nomen: *das Fach, das Studium, die Grundschule, das Gymnasium, die Abschlussprüfung, das Abitur, der Nachweis, die Ausbildung, der/die Assistent/in, der/die Ausbilder/in, die (feste) Stelle, das Bewerbungstraining, der (Berufs-)Sprachkurs, das Praktikum*
Adjektive: *anspruchsvoll, aushilfsweise, bestehen*

Und was machst du so?

Wenn von TN viele Wörter aufgelistet werden, können Sie auch anregen, dass jede/r TN sich 5–10 für ihn/sie relevante Wörter aussucht, die er/sie ins Heft überträgt. Sprechen Sie über das Kriterium „Brauchbarkeit" in Bezug auf Wortschatz und weisen Sie TN darauf hin, dass Wörter am ehesten dann gut lern- und vor allem erinnerbar sind, wenn der persönliche Nutzen deutlich ist.

Ü1 Diese Übung kann (vor allem wenn die vorher beschriebene Wortschatzübung zu A2b durchgeführt wurde) gut als HA erledigt werden.

A3a Ⓑ Wenn Sie den Eindruck haben, dass TN dies zum Einstieg und zur Erinnerung benötigen, lassen Sie zunächst aus dem PL jeweils ein Beispiel für Präteritum und Perfekt nennen und schreiben Sie diese an die Tafel.
Falls TN Schwierigkeiten dabei haben, Sätze aus dem Text den Zeitformen zuzuordnen, können Sie TN auch PA anbieten.

A3b Ⓑ Wenn alle TN je einen Satz in die Tabelle zu A3a eingetragen haben, können im PL weitere Beispiele aus dem Text aus A2a genannt und zugeordnet werden. Sollen Sie den Eindruck haben, dass (für manche TN) mehr Wiederholung/Übung notwendig ist, können sämtliche Zeitformen aus dem Text in die Tabelle eingeordnet werden. Anschließend wird die Grammatikregel (A3b) ergänzt und im PL abgeglichen. Ggf. erfolgt eine Wiederholung der Zeitformen im PL. Verweisen Sie TN auch auf die Grammatikübersicht im Anhang (S. 113) und fordern Sie TN auf, diesen immer wieder eigenständig bei HA oder zur Wiederholung von Grammatik zu nutzen.
Sie können je nach zeitlicher Kapazität auch Ü2 zur Wiederholung im Unterricht nutzen.

Ü2 Ü2 (alle Teilaufgaben 2a–c oder ein Teil davon) eignet sich auch als HA. Die Korrektur kann gut in PA (und ggf. mithilfe eines Wörterbuchs) erfolgen.

Ü2b TN können die Verbformen (je nachdem, ob regelmäßig oder unregelmäßig) farbig markieren oder in zwei Sektionen aufschreiben.

Ü2c Ein oder zwei TN lesen den Text im Ganzen (bzw. zur Hälfte) mit den eingesetzten Verbformen laut im PL vor. Achten Sie auf Aussprache und Betonung. Ggf. lassen Sie den Text anschließend noch einmal vorlesen (von anderen TN).

Ü3a Wenn diese Aufgabe im Kurs gemacht wird, achten Sie auf Ruhe, damit TN beim Schreiben die nötige Konzentration aufbringen und dabei Formen zugleich lernen/wiederholen.

Ü3b TN können die ergänzten Verben/Formen anhand eines (Online-)Wörterbuchs selbst auf Richtigkeit überprüfen.

Ü3c Weisen Sie TN darauf hin, dass es nicht genügt, die Satzteile zu nummerieren, sondern dass ganze Sätze geschrieben werden sollen. Ggf. als HA aufgeben und die Sätze am nächsten Kurstag vorlesen oder in PA austauschen, lesen und korrigieren lassen.

Ü4 Fragen Sie TN: „Welche Zeitform steht in den ersten Sätzen?" (*Perfekt oder Präteritum*) Weisen Sie TN dann darauf hin, dass das Plusquamperfekt nach beiden Zeitformen stehen kann, da manche TN evtl. zunächst gelernt haben, dass das Plusquamperfekt (in Sätzen, die mit *nachdem* oder *als* gebildet werden) in Kombination mit dem Präteritum steht.

Ü5b Ⓔ *Mediation* Weisen Sie auf den „Tipp" hin und bilden Sie ggf. im PL Beispiele mit Modalverben.
Weisen Sie TN darauf hin, dass die Fertigkeit „Mediation" im Unterricht immer wieder trainiert wird, da sie auch in der Prüfung DTB gefragt ist: Es gilt eine Nachricht, also Informationen, die man bekommen hat, in eigenen Worten wiederzugeben. Lassen Sie daher TN im Anschluss an die im Präteritum geschriebene Nachricht die Bücher zuklappen und ein Telefonat spielen. Marek ruft nach der Arbeit seine Freundin an und berichtet, was heute los war: „*Stell dir vor, heute sollte doch das Vorstellungsgespräch stattfinden. Ich hab dir das doch erzählt. Wir waren alle im Besprechungsraum, aber der Typ kam nicht! …*" usw.

Ü6a

Schreiben Sie die folgenden Wörter aus dem Text an die Tafel und lassen Sie TN diese im Anschluss an die Bearbeitung der Übung erklären (ggf. lassen Sie die Bedeutung zunächst raten). Fragen Sie: „Was kann beim Verstehen dieser Wörter helfen?" (die sogenannten *Komposita* können in Einzelwörter zerlegt werden; ggf. gibt es ein Fugen-n oder Fugen-s als Verbindungselement).

populärwissenschaftlich	der Leistungskurs	die Uniklinik
die Kirchenbücherei	der Jahrgangsbeste	die Krebstherapie
das Gastarbeiterkind	die Fernuniversität	

Ü6b

Das Ausdenken einer Biografie kann für TN evtl. eine größere Herausforderung darstellen. Weisen Sie daher TN explizit darauf hin, dass auch die (anonyme) Biografie einer ihnen bekannten Person geschrieben werden kann, z. B. eines Familienmitglieds oder eines/einer Bekannten.

A3c

Falls 5 Sätze an dieser Stelle zu viel Zeit in Anspruch nehmen sollten, können Sie die Anzahl der Sätze im Unterricht auch auf 3 pro Zettel reduzieren und TN als HA noch weitere Sätze im Präteritum (und dann auch Perfekt) schreiben lassen. Oder TN bereiten Zettel mit Präteritum-Sätzen als HA vor und geben am nächsten Kurstag die Zettel anderen TN, die die Sätze dann in Perfekt-Sätze umformen.

A4a

Der Lebenslauf mit Formularcharakter stellt eine Hilfe für TN dar. Dennoch sollten Sie TN darauf hinweisen, dass Lebensläufe unterschiedlich gestaltet sein können. Sie können auch zur Veranschaulichung noch andere Lebensläufe (mit anders benannten Rubriken) zeigen. In A4b wird anschließend aber lediglich ein so schlichter Lebenslauf erwartet wie hier als Schema vorgegeben; das Verfassen eines Lebenslaufes wird in Band B2 ausführlicher thematisiert. TN können zusätzlich im Kurs darüber sprechen, welche verschiedenen Möglichkeiten es dabei gibt, einen Lebenslauf am PC zu schreiben: Daten auf einer Webseite eingeben; eine vorgefertigte Vorlage nutzen; selbst eine Vorlage erstellen. Weisen Sie auch auf Beratungs- und Unterstützungsangebote, z. B. im BIZ (Berufsinformationszentrum), hin, die TN (ggf. kostenfrei) nutzen können.

A4b

Die Aufgabe kann für manche TN eine größere Herausforderung darstellen, sei es durch Übersetzungshürden (z. B. bei Bezeichnungen von Schulen, Abschlüssen oder speziellen Berufsbezeichnungen), sei es durch ihnen noch fehlende Informationen (z. B. zur Anerkennung ihrer Qualifikationen). Sagen Sie deshalb, dass es hier zunächst um eine formale Übung geht, bei der die Stationen des Lebenslaufs in eine Ordnung und Form gebracht werden. TN können sich an dem (schlichten) Beispiel in Ü4a orientieren. Die eingehendere Beschäftigung mit Lebenslauf und Bewerbung erfolgt in Aspekte Beruf B2, Kapitel 2: „Mein Weg in den Beruf". (Siehe auch Hinweis zu A2a.)

→ KV 1–2 (B1/B2)

Sie können zur Binnendifferenzierung auch mit der auf der KV abgedruckten Vorlage arbeiten. Dabei handelt es sich für die TN dann um eine reproduktiv-produktive Schreibleistung, da hier zunächst mit einem „Formular" gearbeitet wird, das es „nur" auszufüllen gilt. Lernenden, die sich mit dem ganz freien Schreiben schwertun, können Sie so eine Unterstützung bieten. Um jedoch das Mitdenken beim Schreiben zu fördern, sind die Rubriken auf der KV nicht dieselben wie im Lebenslauf von Rana Adi im KB.

Modul 2 Welcher Beruf passt zu mir?

vor A1a

Fragen Sie TN: „Was ist eine Fähigkeit?" (*etwas, das jemand kann / gut beherrscht*) und fragen Sie: „Haben Sie besondere Fähigkeiten? Wissen Sie von besonderen Fähigkeiten anderer hier im Kurs?", und sprechen Sie im PL.

Sammeln Sie Wortschatz zu Fähigkeiten an der Tafel, ggf. in drei Spalten nach Wortarten (Nomen, Verben, Adjektiven) sortiert. Führen Sie auch den Ausdruck *fähig sein* bzw. *ein/e fähige/r (Kantinenchef, Baustellenleiterin, …) sein* und das häufig synonym gebrauchte *kompetent sein* ein bzw. wiederholen Sie es.

Und was machst du so?

Ü1 — Lassen Sie TN auch mögliche Berufsbezeichnungen zu den Bildern nennen.

A1b 🗒 — Lassen Sie TN Synonyme zu folgenden Wörtern aus dem Text sammeln:
Z. 5: *exakt (genau, präzise, sorgfältig)*
Z. 7: *einfallsreich (kreativ, ideenreich)*
Z. 8: *das Talent (die Begabung)*
Z. 8: *verständlich (klar, eindeutig, begreifbar)*
Z. 15: *die Voraussetzung (die Bedingung, die Kondition)*
Z. 16: *der Zusammenhang (der Kontext)*
Z. 17: *anstrengend (mühsam, aufwendig, kraftraubend)*
Z. 20: *ausdrücken (mitteilen, kommunizieren, äußern)*

🗒 — TN sammeln Informationen zu Berufsfeldern in Deutschland. Für die Recherche bieten sich die Seiten www.arbeitsagentur.de und www.planet-beruf.de an. TN versuchen in KG, ihnen bekannte Berufe den Berufsfeldern zuzuordnen.

Ü2 — Diese Sammlung erweitert ggf. die Nomen-Sammlung aus A1.

A1c 🗒 *Mediation* — Sie können im Anschluss an die Gespräche in den KG jeweils eine/n TN bitten, die in der KG genannten Informationen über die Berufstypen der Gruppenmitglieder zusammenzufassen und im PL vorzustellen.

A1d — TN sollten das Internet nutzen, um aktuelle Berufsbezeichnungen, aber auch Tätigkeitsbeschreibungen zu recherchieren. Sie können auch zuvor ein Raster für die zu sammelnden Informationen im PL erarbeiten. Kategorien könnten z. B. sein: *Ausbildung, Tätigkeitsbereiche, Tätigkeiten, Arbeitsplatz, Aufstiegschancen, Gehalt …* Als Quellen könnten z. B. genutzt werden: https://berufenet.arbeitsagentur.de und https://planet-beruf.de/schuelerinnen/berufe-finden/a-z

A2a — Lesen Sie nach dem Hören gemeinsam im PL „Sprache im Beruf". Fragen Sie TN, ob sie weitere Redemittel kennen, mit denen man sich entschuldigen kann.

🗒 *Interkulturelle Kompetenz* — Fragen Sie im Anschluss: „Wie entschuldigt man sich in Ihrer Muttersprache, wenn man etwas z. B. missverstanden oder falsch notiert hat? Gibt es etwas, das man beachten sollte?", und gehen Sie in den Austausch darüber, in welchen Situationen Entschuldigungen in welcher Form gebräuchlich sind.

A2b — Nach dem Hören Abgleich der Lösungen in PA.

Ü3 — Die Übung eignet sich gut als HA, einschließlich des Lesens des Texts mit der „Info". Abgleich der Lösungen am nächsten Kurstag in PA. Anschließend können Sie ein oder zwei TN bitten, den Inhalt der „Info" in eigenen Worten wiederzugeben.

Arbeitswelt-wissen
> Neben der Bundesagentur für Arbeit gibt es natürlich auch andere Stellen, die eine *Berufsberatung* durchführen, z. B. die Handwerkskammern, kommunale Bildungsträger oder Anbieter auf Jobmessen. Die Beratung bei der Bundesagentur für Arbeit ist kostenlos, die Beratung durch private, kommerzielle Anbieter in der Regel kostenpflichtig. Zur Zielgruppe zählen Menschen im Jungend- und Erwachsenenalter: z. B. Schüler/innen, Student/innen, Schul- oder Studienabbrecher/innen, Arbeitslose oder Berufstätige mit Wunsch nach Weiterbildung/-qualifizierung.
> Das BiZ (*Berufsinformationszentrum*) gehört zur Bundesagentur für Arbeit. Dort können Interessierte mit Hilfe verschiedener Medien und Angebote auch ohne persönlichen Beratungstermin eigenständig zu Berufen und Ausbildungsmöglichkeiten recherchieren oder sich für Informationsveranstaltungen anmelden. Auch Unterstützung beim Erstellen der eigenen Bewerbung können Interessierte hier erhalten.
> https://www.arbeitsagentur.de/bildung/berufsinformationszentrum-biz

A2c — Achten Sie beim Spekulieren und Begründen der TN auf den korrekten Satzbau der Kausalsätze.

A3a	TN ergänzen den Grammatikkasten in EA und gleichen in PA die Grammatikregel ab.
A3b	Bevor TN in PA Sätze bilden und umformen, gehen Sie im PL einige Beispiele durch, um sicherzustellen, dass das Futur I richtig gebildet wird und das Vorgehen klar ist.
Ü5a	TN können diese Übung in PA machen: TN A schreibt Sätze 1–3 im Futur, TN B die Sätze 4–6. Anschließend tauschen TN die Sätze und korrigieren die Sätze des/der anderen.
Ü5b	Ü5b kann gut als HA aufgegeben werden, sodass TN in Ruhe auf Ideen kommen können. Weisen Sie TN darauf hin, dass sie zwei bis drei Sätze zu jedem Bild schreiben sollten.
A4a	Ermutigen Sie TN, sich auf spielerische Art mit dieser Aufgabe auseinanderzusetzen. Ansonsten könnten manche TN frustrierenden Druck empfinden, was die Berufsplanung angeht. Steigen Sie mit Leichtigkeit in die Aufgabenstellung ein, indem Sie sagen: „Heute spielt Geld und Zeit keine Rolle! Sie dürfen Ihren beruflichen Traum heute ausleben, egal, wie er aussieht ..." Sie eröffnen TN damit die Wahlmöglichkeit, entweder einen tatsächlichen Berufstraum oder aber eine unrealistische Karriere-Fantasie, z. B. als Profi-Fußballer/in oder Popstar, zu notieren.

Modul 3 Was nun?

A1a *Interkulturelle Kompetenz*	Sie können zusätzlich fragen: „Kennen Sie andere Berufe, die Ihnen gefährlich erscheinen? Welche Berufe würden Sie niemals ausüben wollen? Warum nicht?" Dies dient auch der Vorbereitung von Ü1. (Möglicherweise assoziieren TN mit der Abbildung aber auch Berufe/Tätigkeiten, die wenig beliebt sind, da sie von ihnen oder anderen als sozial niedrigstehend bewertet werden, wie Putzen oder Bedienen). Ggf. können Sie auch erfragen, ob TN aus Herkunftsländern andere (gefährliche, ungewöhnliche, weniger angesehene) berufliche Tätigkeiten kennen, die im deutschsprachigen Raum vielleicht weniger bekannt sind (z. B. *Hochseefischer/in, Soldat/in, Waldarbeiter/in, Ranger/in*).
A1b B	Sie können TN im Kurs durchzählen lassen (1–3), sodass jede/r TN Informationen nur zu einem der drei Aspekte aus dem Text heraussucht. Anschließend Abgleich aller Informationen im PL.
Ü1	TN können hier in Form eines Forumsbeitrags die in A1a genannten Tätigkeiten und Gründe verschriftlichen.
A2a E	Fragen Sie zur Verdeutlichung der Aufgabenstellung zusätzlich: „Wer hat die Anzeigen geschaltet? Was wird in der Anzeige angeboten?" Sie können nach dem Bestimmen der Texte (A: *Fortbildungsangebot*, B: *Stellenanzeige*) TN in zwei Gruppen arbeiten lassen, die sich jeweils mit einem der Texte befassen. Jede Gruppe formuliert Fragen zum eigenen Text. Anschließend stellen die Gruppen sich gegenseitig Fragen wie z. B. (zu Text A): *Für wen ist das Seminar? Wie lange dauert die Weiterbildung? Wo findet die Weiterbildung statt?* usw. Die jeweils andere Gruppe sucht die Antworten aus dem ihr noch nicht bekannten Text.
A2b	Die Ergebnisse können Sie über eine kleine Online-Umfrage (z. B. mithilfe von www.mentimeter.com oder www.surveymonkey.de) abfragen. Welches Angebot bekommt mehr Stimmen?
A2c	Die Gespräche können unter Zuhilfenahme der Redemittel gut in KG geführt werden. Evtl. lassen Sie im Anschluss im PL noch ein, zwei TN die Ergebnisse aus den KG zusammenfassen.
Ü2	Kann gut als HA bearbeitet werden.
A3a	TN sollten versuchen, die Aufgabe in EA zu lösen, und nur bei Schwierigkeiten mit dem Sitznachbarn / der Sitznachbarin kooperieren.
A3b	TN können die Plakate in KG erstellen: pro Verbart eine KG. Achten Sie aber darauf, dass alle Plakate im Anschluss gelesen, Unklarheiten durchgesprochen und ggf. Korrekturen vorgenommen werden. Die Plakate können Sie im Kursraum für ein oder zwei Wochen hängen lassen. Anschließend abnehmen oder austauschen und ggf. zu einem späteren Zeitpunkt erneut aufhängen.

Und was machst du so?

Ü3a Weisen Sie TN darauf hin, dass nach dem Einzeichnen der Wortgrenzen in EA zunächst die korrekten Wortgrenzen in PA abgeglichen werden sollen. Die Einordnung der Verben in die Tabelle kann ebenfalls in PA erfolgen.

Ü3b
Diese Übung kann als HA erweitert werden, indem weitere 3 Verben ausgewählt und Sätze dazu geschrieben werden.

Ü4 Nach Bearbeitung der Aufgabe (ohne Wörterbuch!) können drei TN einen der kleinen Texte (1–3) vorlesen. Die anderen TN korrigieren. Sollte Unstimmigkeit bestehen, lassen Sie TN so lange sprechen, bis die richtige Lösung gefunden wurde. Ziel ist, dass TN sich gegenseitig erklären, warum an einer bestimmten Stelle der Akkusativ oder der Dativ verwendet werden muss.

Ü5 TN können diese Übung in PA und mit Wettbewerbscharakter durchführen, indem Sie eine bestimmte Zeit vorgeben: Schafft ein Team alle Sätze fehlerfrei bzw. welches Team hat die wenigsten Fehler gemacht?

Ü6 Die Übung sollte in EA gemacht werden. Machen Sie den Abgleich im PL mithilfe der Tabelle an der Tafel, damit sich bei TN keine Fehler in die Tabelle einschleichen bzw. stehen bleiben. Vorlesen allein wäre ungünstig, da z. B. *wen* und *wem* beim Hören leicht zu verwechseln ist.

Ü7 Bevor TN sich den Übungssätzen zuwenden, sollten Sie den „Tipp" gemeinsam im PL durchsprechen, um sicherzustellen, dass die Aufgabenstellung richtig verstanden wurde. Für die Korrektur kann es praktisch sein, wenn Sie 1–2 TN bitten, die Sätze an der Tafel zu lösen, um danach gemeinsam auf die (korrigierte) Lösung schauen zu können. TN können die eigenen Sätze dann ggf. anhand der Vorlage an der Tafel entsprechend berichtigen.

Ü8a–c Die Übung 8 kann relativ viel Zeit beanspruchen. Deshalb bietet sie sich als HA an, sodass TN konzentriert an dieser Übung arbeiten können und möglichst Fehler vermeiden. Sie können aber gut als Vorarbeit Ü8a im Kurs gemeinsam lösen und korrigieren, sodass TN die Teilübungen Ü8b+c mit den korrekten Verben bzw. Präpositionen und Kasus in EA (zu Hause) erledigen können.

A4a+b Weisen Sie darauf hin, dass irgendein beliebiger Beruf beschrieben werden soll (damit nicht immer wieder der eigene Wunschberuf Thema ist). Um auf Ideen zu kommen, können TN im Internet recherchieren.

TN arbeiten in Teams, sodass immer zwei Paare gegeneinander in der KG antreten und sich gegenseitig zu zweit Berufe beschreiben. Sie können die Rateübung auch am Folgetag wiederholen, indem Sie die Gruppen neu zusammensetzen bzw. neue Berufe beschreiben und raten lassen.

Das interaktive Tafelbild bietet eine Möglichkeit zur weiteren Vertiefung des Themas.

→ KV 1–3 (B1/B2) *Erweiterung*
Kopieren Sie die KV, schneiden Sie die Tabelle aus. TN arbeiten in PA und erhalten zu zweit einen Satz der auseinandergeschnittenen Tabelle. TN sortieren die Berufe zu den passenden Beschreibungen. Sagen Sie TN, dass sie die Aufgabe ohne Zuhilfenahme eines Wörterbuchs lösen sollen. Halten Sie sich bei Fragen zum Wortschatz zurück. Weisen Sie darauf hin, dass es sich um eine Art Quiz handelt und der Wortschatz aus dem Kontext erraten werden kann. Gleichen Sie die Ergebnisse dann mit TN im PL ab, indem Sie TN die Beschreibungen vorlesen lassen.
Stellen Sie im Anschluss die Frage „Und Sie? Haben Sie einen Beruf gelernt? Wie würden Sie ihn in einem Satz beschreiben?". TN formulieren nun in EA eine eigene Beschreibung. Sollten TN selbst (noch) keinen Beruf erlernt haben, können diese auch den Beruf eines Freundes / einer Freundin oder eines Familienmitglieds beschreiben. Sammeln Sie die Ergebnisse anschließend wieder im PL.

Aussprache

Ü1b Lassen Sie TN den/die Partner/in wechseln und die Dialoge so mehrfach und mit unterschiedlichen Partnern und Partnerinnen üben.

Ü2a Lesen Sie im PL den „Tipp" und gehen Sie ihn schrittweise (1–3) anhand von Beispielsätzen durch. Erläutern Sie den Begriff „schwebend" (in Punkt 3).

Ü2b Die Dialoge können in weiteren Runden gut mit den Namen der TN und dem Buchstabieren der eigenen Namen geübt werden.

Kommunikation im Beruf

A1b Stellen Sie den TN zur Auswahl, ob das Gespräch (zunächst) vorgelesen oder gleich frei gespielt werden soll. Berücksichtigen Sie die Bedürfnisse und Wünsche der TN. Der nächste Schritt wird dann in A2a angeleitet, wo lediglich Rollenkarten, die die Situation beschreiben, genutzt werden und TN das Gespräch frei, d. h. mit eigens gewählten Redemitteln selbst gestalten.

Schlüsselkompetenzen Verweisen Sie auf die Schlüsselkompetenz „Selbsteinschätzung" (vgl. Selbsteinschätzungsseiten im ÜB) und verdeutlichen Sie TN die Wichtigkeit, sich mit dem eigenen Lernstand, aber auch ggf. (noch) vorhandener Unsicherheit in Bezug auf das freie Sprechen zu beschäftigen.

A2a Klären Sie mit TN die Begriffe *Industrie- und Handelskammer* und *Objektleiter* (→ Arbeitsweltwissen).

Arbeitsweltwissen
> Die *Industrie- und Handelskammer (IHK)* vertritt die Interessen der gewerbetreibenden Unternehmen in Deutschland und fördert die gewerbliche Wirtschaft in einer Region des Landes. Wird ein Gewerbe in Deutschland angemeldet, wird es automatisch Mitglied der IHK. Unternehmen, die zu den Handwerkskammern gehören, vertritt die IHK nicht. Die IHK ist zuständig für die kaufmännische und regionale Berufsausbildung, indem sie z. B. Lehrinhalte vorgibt und Prüfungen durchführt, die zu den sogenannten „IHK-Abschlüssen" führen können. Auch berät die IHK bei der Existenzgründung.
>
> *Objektleiter/innen* befassen sich mit der Reinigung, Wartung und Instandhaltung von Gebäuden und Gebäudekomplexen. Die Tätigkeiten beziehen sich sowohl auf Innen- als auch Außenräume. Zudem koordinieren und kontrollieren sie Reinigungspersonal und überwachen die Reinigungsarbeiten.

A2b TN lesen die Aufgabenstellung. Fragen Sie dann: „Warum sollen Sie Rücken an Rücken sitzen?" (*bei einem echten Telefongespräch sieht man sich auch nicht*), und: „Was ist anders, wenn man sich bei einem Gespräch nicht sehen kann?" (*man hat keine Mimik und Gestik, die beim Verstehen unterstützt, z. B., wenn das Gesprochene akustisch nicht gut verständlich ist*). Sie können TN auch tatsächlich telefonieren lassen. Entscheiden Sie sich für die zu Kursraum und Gruppengröße passende Variante.
Im Anschluss an die simulierten Gespräche sollten Sie die Aufgabe im PL noch einmal gemeinsam reflektieren. Folgende Leitfragen können helfen:

> *Was finden Sie (besonders) schwierig?*
> *Was sollten wir im Kurs trainieren/wiederholen?*
> *Was hilft Ihnen in so einer Situation?*

Grammatik-Rückschau

→ KV 1–4 (B1/B2) TN üben zu dritt in KG. Stellen Sie jeweils drei Stühle nebeneinander auf. Achten Sie auf genügend Abstand zwischen den Dreier-Stuhlgruppen, damit sich die Gruppenmitglieder untereinander gut hören und verstehen können, andererseits aber nicht zu sehr von anderen Gruppen abgelenkt werden. Jede KG erhält eine Kopie der KV, schneidet die Streifen aus und verteilt sie in der KG so, dass jede/r TN fünf Sätze in einer Zeitform erhält (TN A = Präsens, TN B = Perfekt, TN C = Futur I). TN nehmen nebeneinander auf den Stühlen Platz, sodass der/die TN mit den Sätzen im Präsens in der Mitte sitzt. Daneben nehmen die TN für Perfekt und Futur I Platz. Nacheinander liest nun immer 1 TN einen seiner/ihrer Sätze vor; es beginnt der/die fürs Präsens zuständige TN. Die anderen beiden TN formen den vorgelesenen Satz in „ihre" Zeitform um. Wer zuletzt mit der Umformung dran war, liest dann den nächsten Satz aus seinem/ihrem Fundus vor. Usw.
Anschließend können die „Zeit-Stühle" und die Streifen mit den Sätzen getauscht werden. Zuletzt können weitere Runden mit selbst gebildeten Sätzen durchgeführt werden.

Ich freue mich auf Ihre Zusage

Themen Im zweiten Kapitel geht es um verschiedene Rahmenbedingungen von Arbeitsverhältnissen: Arbeitsorte, -zeiten, -mittel, die Bezahlung und Vertragsarten.

Auftakt Für wen ist welche Arbeit interessant? Wo liegen Vorlieben und Abneigungen der TN?

Modul 1 TN befassen sich hier mit Möglichkeiten, wie Tätigkeitsbereiche kennengelernt und ausprobiert werden können, z. B. mittels Praktika oder Zeitarbeit. Zudem werden Sie an das Ausfüllen einer Online-Bewerbung herangeführt.

Modul 2 Es geht um Redemittel und Aspekte, die beim Vorstellungsgespräch oder einem ersten Infogespräch eine Rolle spielen: Verfügbarkeit, Arbeitsbedingungen, Arbeiten auf Probe.

Modul 3 Am Beispiel eines Firmenwikis lernen TN diverse Unternehmensbereiche und weitere Arbeitsbedingungen wie z. B. die Zeiterfassung kennen.

KiB TN üben mit Redemitteln das Lesen, Beschreiben und Zusammenfassen von Informationen aus Grafiken.

Lernziele
- **Auftakt** | über berufliche Vorlieben sprechen
- **Modul 1** | Jobangebote verstehen und ein Formular ausfüllen
- **Modul 2** | ein kurzes Vorstellungsgespräch führen
- **Modul 3** | einem Firmenwiki und einem Stundenzettel Informationen entnehmen
- **KiB** | Grafiken beschreiben
- **Aussprache** | lange und kurze Vokale (im ÜB)

Grammatik
- **Modul 1** | Adjektivdeklination, Komparativ und Superlativ
- **Modul 2** | reflexive Verben
- **Modul 3** | Konnektoren: Kausal-, Konzessiv- und Konsekutivsätze

Auftakt

A1a Weisen Sie TN darauf hin, tatsächlich (mit Bleistift) im Buch die Vorlieben und Abneigungen anzukreuzen, damit die Bücher anschließend getauscht (A1b) werden können und gelesen werden kann, was andere angekreuzt haben.

A1b TN können hier auf informelle Weise über die Berufswahl sprechen, nachfragen und Ideen austauschen. Achten Sie darauf, dass der Austausch auf wertschätzende und konstruktive Weise stattfindet, da der Umfang der Berufserfahrung der TN stark variieren kann.

A2 Die Aufgabe kann gut im Kurs vorbereitet werden, indem Fragen gesammelt und ggf. korrigiert werden. Als HA interviewen TN dann eine Person ihrer Wahl zu ihrer beruflichen Tätigkeit. Interviews können (je nach Möglichkeit) auch im direkten Umfeld, also z. B. in der Sprachschule durchgeführt werden (Lehrer/in, Sekretär/in, Leiter/in, Cafeteria-Mitarbeiter/in …), wobei TN diese dann selbstverständlich, anders als in den Beispielen im KB, siezen.
Die Informationen können in einem Steckbrief dargestellt und im Kursraum aufgehängt oder aber in digitaler Form in z. B. einem Padlet gesammelt und präsentiert werden, ggf. mit Bild. An dieser Stelle bietet sich eine Gelegenheit, TN ganz grundsätzlich auf Datenschutz beim Fotografieren hinzuweisen (→ *Arbeitsweltwissen*). Für Abbildungen von Arbeitsmitteln und -orten können auch gut frei verfügbare Fotos gewählt werden, zu finden beispielsweise unter: https://pixabay.com/de/ oder https://www.pexels.com/de-de/.

Arbeitsweltwissen
In Bezug auf das *Fotografieren anderer Personen* ist zu beachten, dass Abbildungen von natürlichen Personen zu personenbezogenen Daten gehören. Deshalb gelten für deren Nutzung, Verarbeitung und Speicherung die Bestimmungen der geltenden Datenschutzgesetze. Es ist grundsätzlich gestattet, andere Personen auch ohne deren ausdrückliche Genehmigung abzulichten, wenn die Bilder ausschließlich für den privaten Gebrauch sind (z. B. Urlaubsfotos) und der/die Abgebildete nicht eindeutig widerspricht. Die Veröffentlichung und Verbreitung

aber (zum Beispiel das Teilen der Fotos in den Sozialen Medien, das Hochladen auf eine Website, der Abdruck in einer Broschüre usw.) ist nur zulässig, sofern die Abgebildeten zugestimmt haben. Dieser Schutz resultiert aus dem Recht einer jeden Person am eigenen Bild. Bei Verstößen gegen die geltenden Datenschutzbestimmungen und das Bundesdatenschutzgesetz drohen strafrechtliche Konsequenzen von Bußgeld bis Freiheitsstrafe.

Ü1a Im Unterricht oder als HA können TN aus A1a (Punkt 2) und Ü1a 5–7 für sie relevante Verben heraussuchen und ins Heft übertragen. Erinnern Sie an das Kriterium „Brauchbarkeit" (→ Hinweis zu Kapitel 1, Modul 1, A2b) und sammeln/wiederholen Sie im PL Gründe dafür, warum die Auswahl und Reduktion von Wörtern aus einer größeren Menge sinnvoll ist (*zu viele Wörter auf einmal kann man sich nicht merken, manche Verben sind individuell brauchbarer als andere, manche Wörter kann man sich leichter merken usw.*)

Ü1b
E
Als HA schreiben TN 6 ganze Sätze. Sie wählen dazu aus den 12 Verben bzw. Nomen je 3 Verben und Nomen aus.

Ü2b Diese Übung kann gut als HA mit ausreichend Überlegungszeit schriftlich gemacht und die Ergebnisse dann im Unterricht in KG (zu dritt) mündlich ausgetauscht werden.

Ü3a Klären Sie zunächst im PL das Wort das *Arbeitsmittel*. Erklären Sie dabei auch, dass *Arbeitsmittel* eher ein abstrakter Oberbegriff ist, der z. B. bei der Steuererklärung oder in der Verwaltung verwendet wird; Vertreter der einzelnen Berufe würden diese eher konkret benennen, z. B. würde ein Handwerker nicht fragen „Hast du deine Arbeitsmittel dabei?", sondern „Hast du dein Werkzeug dabei?". TN können selbst zunächst Beispiele nennen (ggf. aus ihrem Berufsfeld) und dann in EA möglichst viele Arbeitsmittel im Rätsel finden. Gleichen Sie nach einer bestimmten Zeit (z. B. 10 Minuten) die gefundenen Wörter in PA ab und lassen Sie ggf. Fehlendes ergänzen.

Ü3b
E
Nach Abgleich der Lösung und ggf. Korrektur der hinzugefügten Arbeitsmittel übertragen TN die für sie wichtigen/interessanten Wörter ins Heft. Dies kann zugleich als Vorbereitung für Ü3c dienen.

Ü3c
Strategie
Lesen Sie im PL den Tipp und bitten Sie TN, Sie als LK zu erinnern: Wenn neue Wörter isoliert eingeführt werden, sollte immer auch eine Kontextualisierung stattfinden und das neue Wort in einen ganzen Satz eingebettet werden. Sie können vereinbaren, dass TN im Kurs dann jeweils als Erinnerungshilfe für Sie z. B. „Ganzer Satz!" oder „Einsames Wort!" einwerfen, wenn ein Wort „allein" steht. Daraus kann eine Routine für den Kurs werden, sodass die Lernstrategie „Kontextualisierung" trainiert und verinnerlicht wird.

Ü4 Diese kleinen Wortsammlungen sind auch grafisch wertvoll und sollten im Kursraum aufgehängt werden, sodass TN auch die anderen Ergebnisse sehen und lesen können. Sie können hierfür auch z. B. verschiedene farbige DIN-A5-Blätter verteilen oder TN ermuntern, in verschiedenen Farben zu schreiben.

Modul 1   Neues ausprobieren

A1
Mediation
Je nach Berufserfahrung der TN sollten möglichst KG gebildet werden, in denen mindestens eine Person von ihren Erfahrungen berichten kann, sodass die anderen nachfragen können. Anschließend berichtet ein/e andere/r TN im PL, was die entsprechende Person berichtet hat und andere Personen der KG gesagt haben.

A2a
E
Zu den Texten in dieser Aufgabe bietet sich Wortschatzarbeit an: Teilen Sie TN in drei Gruppen und lassen Sie diese zunächst in der Gruppe berufsbezogene Wörter zu einer Wortart sammeln (Gruppe A: Verben, Gruppe B: Adjektive, Gruppe C: Nomen). Anschließend schreibt je ein/e Vertreter/in aus der jeweiligen Gruppe die gesammelten Wörter in die entsprechende Spalte einer Tabelle an der Tafel. Neuer Wortschatz wird im PL geklärt. Dann übertragen TN die für sie relevanten Wörter ins Heft. Dies dient auch der Vorarbeit für A4a.

Ich freue mich auf Ihre Zusage

Ü1 Nach dem Bearbeiten der Übung sammeln TN Synonyme für die folgenden Wörter:

maximal:	*höchstens*	*unterschiedliche:*	*verschiedene, diverse*
die Summe:	*der Betrag, das Ergebnis*	*der Zeitraum:*	*die Dauer*
die Tätigkeit:	*die Arbeit, die Beschäftigung*	*befristet:*	*beschränkt, begrenzt*
unterstützen:	*helfen*		

Schlüsselkompetenz Arbeitsweltwissen

Zur „Info" können Sie TN in PA zum Thema „Zeitarbeit" recherchieren und Argumente für und gegen Zeitarbeit sammeln lassen. Dies trainiert die Recherchekompetenz und übt strukturiertes Suchen im Internet. Geeignete Seiten hierfür sind z. B.: www.zeitarbeit.de, https://www.arbeitsagentur.de/arbeitslos-arbeit-finden/zeitarbeit

A2b Achten Sie darauf, dass TN begründen, warum sie was angekreuzt haben, und ggf. anderen TN zeigen, wo die entsprechende Information im Text zu finden ist.

Ü2
Arbeitsweltwissen

In Deutschland gibt es seit 2015 einen allgemeinen *gesetzlichen Mindestlohn*. Dieser soll Arbeitnehmer/innen vor zu niedrigen Löhnen schützen, den Wettbewerb zwischen Unternehmen angemessen stattfinden lassen und soziale Sicherungssysteme unterstützen. Das Mindestlohngesetz regelt den Mindestlohn, der für alle Arbeitnehmer/innen über 18 Jahre gilt. Bezahlte Praktika werden oft nach Mindestlohn bezahlt; der Mindestlohn gilt für einige Gruppen jedoch nicht, wie z. B. Auszubildende, ehrenamtlich Tätige, Selbstständige oder Jugendliche unter 18 Jahren ohne abgeschlossene Berufsausbildung.
Die aktuelle Höhe des Mindestlohns und weitere Informationen können hier recherchiert werden: https://www.bmas.de/DE/Arbeit/Arbeitsrecht/Mindestlohn/mindestlohn.html
Mehr Informationen zu Praktika (und Mindestlohn) finden sich hier:
https://www.arbeitsagentur.de/bildung/zwischenzeit/praktikum-machen
https://www.bmas.de/DE/Arbeit/Arbeitsrecht/Mindestlohn/mindestlohn.html

In der folgenden Broschüre finden sich zahlreiche Informationen zum Thema „Mindestlohn": https://www.bmas.de/SharedDocs/Downloads/DE/Publikationen/a640-ml-broschuere-pdf.pdf?__blob=publicationFile&v=8

→ **KV 2–1 (B1/B2)** Teilen Sie TN in KG ein und geben Sie die KV aus, die mithilfe der genannten Broschüre gelöst werden soll. Lösungshinweise zur KV:
Zu 1.: 1 Bundesministerium für Arbeit und Soziales. 2 „Der Mindestlohn wirkt. Nicht geschenkt. Sondern verdient." 4 (Siehe Arbeitsweltwissen oben.) 5 Ja, der Mindestlohn gilt unabhängig vom Beschäftigungsumfang. 6 Wenn der Mindestlohn höher ist als die tarifvertragliche Regelung, gilt der Mindestlohn. 7 Die Kontrolle über die Bezahlung obliegt den Behörden der Zollverwaltung. (Hier kann bei der Antwort auch auf die Dokumentationspflicht hingewiesen werden.) 8 Geldbußen (sowie Ausschluss von der Vergabe öffentlicher Aufträge).
Zu 3.: Tätigkeiten, die oft nach Mindestlohn bezahlt werden: Küchenhilfen (und andere Tätigkeiten in der Gastronomie), Fahrer/innen, Verkäufer/innen im Einzelhandel, Haushaltshilfen und Reinigungskräfte, Pflegekräfte, Paketzusteller/innen.
Zu 5.: Beispiele: der (Stunden-)Lohn, Löhne; das (Monats-/Jahres-)Gehalt, Gehälter; bezahlen, zahlen, erhalten; die Bezahlung; der Abzug, die Abzüge; die Steuer, -n; brutto, netto; der Bonus, Boni; das Urlaubs-/Weihnachtsgeld

A3a Falls Begrifflichkeiten aus dem Formular hier Schwierigkeiten bereiten, klären Sie diese im PL. Lassen Sie TN Synonyme nennen oder erklären, z. B. *„frühestmöglicher Antrittstermin" = Wann können Sie / kannst du anfangen? Sofort oder erst später?* Usw. Ergebnisse werden in PA abgeglichen. Thematisieren Sie jeweils, warum manches nicht adäquat ist: zu salopp, zu ungenau, umgangssprachlich …

A3c Für diese Teilaufgabe können TN auch zunächst in PA im Internet recherchieren und Informationen sammeln, die dann im PL zusammengetragen werden. Als Suchbegriffe können Sie „Online-Bewerbung" und „Beispiele", „Vorlagen" oder „Tipps" vorgeben.

A4a	Bitten Sie zwei TN an die Tafel, damit diese dort die Adjektive sammeln und alle TN die gefundenen Adjektive abgleichen können.
A4b *Strategie*	Lesen Sie zunächst im PL die „Strategie". Überlegen Sie gemeinsam: Was spricht für Lernplakate? – *Visualisierung in einfacher, klarer Form* – *Inhalte müssen vor dem Notieren verstanden und ggf. auf das Wesentliche reduziert werden* – *Inhalte sind im Raum präsent, wenn man sie braucht („Spickzettel")* – *Inhalte, die man dauernd sieht, können besser behalten werden* – *Plakaterstellung in Gruppenarbeit fördert Schlüsselkompetenzen wie Team- und Kooperationsfähigkeit, Zeitmanagement und Gestaltungskompetenz* – *…* Sie können auch sammeln, ob aus Sicht der TN etwas gegen Lernplakate spricht, mit dem Ziel, entsprechende kontraproduktive Anwendungen im Kurs zu vermeiden. (Genannt werden könnten z. B.: *„Betriebsblindheit": nach einer Weile „sieht" man das Plakat nicht mehr; es gibt viele wichtige Themen, aber zu viele Plakate im Raum bringen nichts; manchmal reicht die reduzierte Darstellung nicht aus; gute Plakate gelingen nicht leicht, brauchen Übung; nicht alle Handschriften sind gut lesbar; Fehleranfälligkeit; …*)
→ **KV 2–2** (B1/B2)	Teilen Sie die KV aus. TN arbeiten in EA, anschließend Besprechung der Ergebnisse im PL. Erläutern Sie den Unterschied zwischen Schreib- und Blockschrift, indem Sie ihn beispielhaft an der Tafel demonstrieren.
▽	Je nach TN-Zahl können Sie TN für A4b auch in mehrere Gruppen einteilen, sodass verschiedene Plakate und damit Darstellungen entstehen, die sich dann vergleichen und auf Brauchbarkeit hin reflektieren lassen. Sie können im PL gemeinsam entscheiden, welche Plakate im Kursraum aufgehängt werden (die anderen Plakate können TN dann z. B. zu Hause aufhängen).
✎	Mit dem interaktiven Tafelbild können Sie das Thema noch weiter mit den TN üben.
Ü3a	TN können nach Markieren in EA ihre Ergebnisse in PA abgleichen.
Ü3b	Die Tabelle am besten an die Tafel projizieren, damit TN am Ende alle korrekten Endungen in ihrer jeweiligen Tabelle stehen haben. Verweisen Sie TN auch auf den Grammatikanhang (→ S. 116), den TN für die selbstständige Wiederholung und bei Unsicherheit nutzen können.
Ü4	Wenn TN die Übung bearbeitet haben und die Ergebnisse kontrolliert sind, lassen Sie mehrere TN die ganzen Sätze mit den korrekten Endungen laut vorlesen. Sie können auch im Chor lesen: *Das sind interessante Stellenanzeigen. Das ist ein spannendes Praktikum. Das sind gute Karrierechancen.* Usw.
Ü5a	Wenn Sie diese Übung als HA geben, bitten Sie TN, die Lösung anhand einer Grammatik / eines Wörterbuches eigenständig zu kontrollieren.
Ü5b 𝔼	Nach dem Besprechen des „Tipps" und der richtigen Lösungen der Aufgabe können TN eigene Beispiele bilden. Fragen Sie: „Und Sie? Was wünschen Sie sich? Wovon träumen Sie?" Schreiben Sie einzelne Beispielsätze der TN an die Tafel. TN übertragen die Sätze in ins Heft. Ggf. weitere Sätze als HA formulieren lassen.
Ü6	Lassen Sie TN nach Bearbeiten der Übung den Dialog mehrmals laut vorlesen und auf die Betonung achten.
Ü8	Diese Übung eignet sich gut als Vorbereitung auf A5.
A5	Machen Sie eingangs kurz noch einmal den Unterschied von *Stellenanzeige/-angebot* und *Stellengesuch* klar. Das Stellengesuch können Sie TN auf Zetteln (wie für einen Aushang im Supermarkt) oder digital erstellen lassen (und dann z. B. auf einem Padlet sammeln). Schwächere TN sollten die Redemittel und die Struktur aus Ü8 nutzen. Die Aufgabe eignet sich auch gut als HA. Was die Verwendung von Adjektiven betrifft, können Sie die Aufgabenstellung auch konkretisieren, indem Sie TN sagen, dass jedes Stellengesuch mindestens drei Adjektive beinhalten soll. Wichtig ist,

Ich freue mich auf Ihre Zusage

dass die Besonderheit der Textsorte verstanden wird: ein einfacher, klarer Aushang mit dem Angebot einer Dienstleistung.

TN lesen die Gesuche der anderen TN und formulieren dann in PA mindestens eine Frage, die sie der/dem anderen TN zu ihrem/seinem Gesuch stellen.

Modul 2 Wann wären Sie verfügbar?

A1a Fragen Sie zum Einstieg: „Hatten Sie schon mal ein Vorstellungsgespräch auf Deutsch? War das Gespräch persönlich, telefonisch oder online?" Lassen Sie TN erzählen und fragen Sie dann: „Waren Sie vor dem Gespräch nervös? Warum?", und leiten Sie dann über zur „Strategie". Lesen Sie die „Strategie" im PL und sprechen Sie über diese und ggf. andere Tipps in Vorbereitung auf Vorstellungsgespräche. Lassen Sie TN anschließend in PA Hypothesen zum Vorstellungsgespräch von Frau Perit bilden.

A1b Nach dem Hören können sich TN kurz in PA über ihre Hypothesen und das Gespräch austauschen. Zusammentragen der Ergebnisse im PL. Thematisieren Sie, falls nicht von TN angesprochen, die Arbeitsbedingungen, die tendenziell weniger gut sind. Gehen Sie auch auf Besonderheiten von Vorstellungsgesprächen ein, die online stattfinden, und thematisieren Sie Aspekte wie Technik-Check vorab, technische Schwierigkeiten während des Gesprächs, Kameraposition, Hintergrund, Kleidung, deutliche Aussprache usw.

A1c+d TN bearbeiten die beiden Teilaufgaben in EA. Abgleich anschließend im PL. Gehen Sie im PL auch auf „Sprache im Beruf" ein und fragen Sie TN, welche Grammatik hier im Vordergrund steht (Konjunktiv II). Erarbeiten Sie im PL, dass diese Fragesätze zusätzlich zur eigentlichen Frage genutzt werden und durch das indirekte Fragen die Höflichkeit noch gesteigert werden kann. Sie können das auch an einem Beispiel der „Steigerung" an der Tafel demonstrieren:

> 1. Wo findet das Gespräch statt?
> 2. Sagen Sie mir bitte, wo das Gespräch stattfindet.
> 3. Können Sie mir sagen, wo das Gespräch stattfindet?
> 4. Könnten Sie mir sagen, wo das Gespräch stattfindet?
> 5. Ich hätte dazu noch eine Frage: Könn(t)en Sie mir sagen, wo das Gespräch stattfindet.

Lassen Sie TN zusätzlich ganze Beispielsätze formulieren, die besonders höfliches (Nach-)Fragen beinhalten. Als Hilfestellung können Sie folgende oder ähnliche Situationen für den Kontext vorgeben:
- Raumnummer für Vorstellungsgespräch vergessen
- Termin muss verschoben werden
- Namen der Ansprechpartnerin buchstabieren lassen

Ⓑ Sollten Sie den Eindruck haben, dass einzelne TN eine Wiederholung benötigen, um den Konjunktiv II bilden und/oder von Konjunktiv I abgrenzen zu können, bietet sich hierfür die Übersicht im Anhang auf S. 114 an.

A2a Wenn die Aufgabe schriftlich erledigt ist, können verschiedene TN einzelne Sätze laut vorlesen und die Betonung üben, um das Verständnis der Sätze zu festigen und ihre Anwendung zu trainieren. Achten sie auf eine natürliche Intonation und den Unterschied zwischen Aussage- und Fragesätzen. Sie können die Sätze auch zunächst selbst einmal vorlesen und TN zuhören lassen.

Ü1a Mehrere TN lesen im Anschluss die (korrekten) Minidialoge zum Üben der Betonung laut vor.

Ü1b TN, die im Schreiben nicht sehr geübt sind, schreiben die vollständigen Sätze als HA ins Heft ab.
Ⓑ

A2b Weisen Sie TN darauf hin, besonders auf einen höflichen Ausdruck zu achten und den Konjunktiv (→ „Sprache im Beruf"-Kasten in A1) zu üben. Tauschen Sie die Rollen und Gesprächspartner/innen. Mehrfaches Wiederholen lässt TN lockerer und sicherer werden.

V	Je nach räumlichen Kapazitäten können TN die Gespräche mit einer Konferenzsoftware online führen und auf diese Weise die in A1b angesprochenen Besonderheiten berücksichtigen. Räumen Sie dafür entsprechend Zeit im Unterricht oder als HA ein und planen Sie eine ausführliche Nachbereitung ein, bei der Sie Besonderheiten und ggf. Schwierigkeiten besprechen, die sich ggf. aus der Online-Situation ergeben haben.
A3a	TN können als HA 3 weitere Sätze schreiben und reflexive Verben üben.
A3b	Sollten TN sich schwertun und ihnen spontan keine oder wenige reflexive Verben einfallen, können sie auch einige der folgenden Verben vorgeben: *sich ärgern, sich ausruhen, sich bedanken, sich beeilen, sich entscheiden, sich entschuldigen, sich erinnern, sich gewöhnen, sich informieren, sich konzentrieren, sich kümmern, sich langweilen, sich streiten, sich treffen, sich umsehen, sich unterhalten, sich verabschieden, sich vorstellen, sich wohlfühlen* Sie können TN als Hilfestellung auch fragen: „Denken Sie mal nach: Was tun Sie normalerweise morgens im Bad?" (*sich duschen, sich waschen, sich kämmen, sich rasieren, sich schminken …*) Hinweis: In A4 werden noch weitere reflexive Verben genannt. Sollten TN reziproke Verben (z. B. *sich streiten*) nennen (und diese in der Grammtikübersicht im KB nicht zuordnen können), gehen Sie kurz darauf ein, dass die Pronomen hier im Gegensatz zu den reflexiven Pronomen nicht ein rückbezügliches, sondern ein wechselseitiges Verhältnis ausdrücken.
A3c	Diese Grammatik-Teilaufgabe können TN gut in PA bearbeiten. Anschließend im PL abgleichen und ggf. Erklärungen ergänzen.
Ü2	Schreiben Sie die Tabelle an die Tafel und lassen Sie eine/n TN diese ausfüllen. Die anderen TN gleichen die von ihnen ausgefüllten Tabellen ab und korrigieren ggf. Hinweis: Sie können die Tabelle evtl. für A4 an der Tafel stehen lassen.
Ü3	Sie können TN darauf hinweisen, dass diese Übung möglichst intuitiv erfolgen soll und es deshalb förderlich ist, wenn TN die Sätze lesen und sich relativ rasch für eine Variante entscheiden. Anschließend Korrektur im PL und lautes Vorlesen der Lösungen. Ggf. schreiben TN als HA die Sätze mit den richtigen Pronomen ins Heft ab.
Ü4 B	TN, die vor anderen mit der Übung fertig sind, schreiben noch 1–2 eigene Sätze mit reflexiven Verben und lesen diese nach der Übung im PL vor.
Ü5 E	Die Übung eignet sich gut als HA. Nach dem Abgleich der Lösungen können Sie eine kleine Diskussionsrunde anschließen: „Was halten Sie von Fernbeziehungen? Was finden Sie gut, was ist nicht so gut?"
A4 B E	Schwächere TN können, falls Sie die Tabelle aus Ü2 an der Tafel stehen gelassen haben, diese für die Lösung der Aufgabe nutzen, alternativ die Tabelle in ihrem Heft oder aber die im Anhang auf S. 115. Als HA können TN ihre Geschichte schriftlich festhalten. Am nächsten Kurstag tauschen zunächst die Partner/innen ihre Geschichten aus und lesen diese. Fragen Sie: „Sind Ihre Geschichten, die Sie gestern erzählt haben, schriftlich unterschiedlich oder sehr ähnlich ausgefallen?" TN lesen einzelne Geschichten im PL vor. Bei der Korrektur sollten die reflexiven Verben im Vordergrund stehen. Kommunizieren Sie den TN, dass Sie andere Korrekturen bei dieser Aufgabe bewusst vernachlässigen.

Modul 3 Das Firmenwiki

vor A1a	TN lassen die Bücher geschlossen. Schreiben Sie das Wort „Wiki" an die Tafel. Fragen Sie: „Können Sie erklären, was ein Wiki ist?" (*Das Wort kommt aus dem Hawaiischen, wo es „schnell" bedeutet, und wird allgemein für eine Internetseite benutzt, die nicht nur gelesen, sondern von Webseitenbesuchern anhand einer Wiki-Software auch selbst bearbeitet werden kann. Das bekannteste Wiki ist sicher die Online-Enzyklopädie „Wikipedia – Die freie Enzyklopädie". Ziel eines Wikis ist, gemeinschaftlich*

Ich freue mich auf Ihre Zusage

Wissen zu bündeln und zu dokumentieren, also auch ständig zu aktualisieren.) Leiten Sie dann über zu dem Begriff „Firmenwiki" (für A1a), also Wikis von Unternehmen, die als Wissensmanagementsysteme genutzt werden. Fragen Sie TN: „Was denken Sie: Was kann man in einem Firmenwiki finden? Wofür werden Firmenwikis genutzt?", sammeln Sie Ideen und gehen Sie dann über A1a.

A2a Falls von TN Fragen zum Begriff „Zeiterfassung" kommen, lassen Sie (zunächst) andere TN den Begriff so gut wie möglich erklären.

vor A2b Bitten Sie TN, die sich in dieser Thematik sicher fühlen, zur Wiederholung und Auffrischung für
B unsichere TN den Satzbau mit Haupt- und Nebensätzen und die entsprechende Verbposition noch einmal zu erklären.

A2b–c Fordern Sie TN auf, die Aufgabe in EA zu lösen. Korrektur im PL. Fordern Sie TN dann auf, sich der Teilaufgabe A2c zuzuwenden und diese in PA zu ergänzen.

Ü2 Die Übung kann im Unterricht oder als HA bearbeitet werden. Abgleich im PL. Anschließend können
E TN noch jeweils 1 oder 2 eigene Sätze mit *deshalb* und *trotzdem* schreiben.

Ü3 Achten Sie bezüglich der Übungsanweisung darauf, dass TN die Reihenfolge verstanden haben. Sie können zur Sicherheit auch nachfragen: „Warum sollen Sie zunächst das Verb markieren und dann den Konnektor ankreuzen?" *(Weil die Verbstellung Information über den Konnektor gibt: Bei einem Hauptsatz muss eine Konjunktion stehen, bei einem Nebensatz eine Subjunktion.)*

Ü4 Diese Übung kann gut als HA erledigt werden. TN lesen am nächsten Kurstag die Sätze im Ganzen laut im PL vor.

A3a TN arbeiten in EA. Vergleich der Sätze anschließend in PA. Abschließend Korrektur im PL, indem einzelne TN die Sätze laut vorlesen.

A3b Schwächere TN, die sich mit der spontanen Satzbildung noch schwertun, können auch zunächst
B zwei, drei Satzanfänge notieren und dann ablesen.

Ü5a Sie können hier Wortschatzarbeit anbieten, indem Sie die Wörter aus der Gehaltsabrechnung an die
E Tafel schreiben und TN die Artikel ergänzen lassen. Außerdem sollen TN kurz erklären, was die Begriffe bedeuten, z. B.:
- Die „Steuerklasse" ist eine Kategorie, die über die Höhe der Lohnsteuer entscheidet.
- Die „Konfession" sagt, zu welcher Glaubensgemeinschaft man gehört.
- „Zulagen" sind Zusatzzahlungen zum vereinbarten Lohn.

Arbeitsweltwissen
> Die *Sozialversicherung* besteht in Deutschland aus fünf vom Gesetz vorgeschriebenen Versicherungen (Krankenversicherung, Pflegeversicherung, Unfallversicherung, Rentenversicherung, Arbeitslosenversicherung). Der Leitgedanke der Sozialversicherungen ist, dass die Gesellschaft für jede/n Einzelne/n, der/die in Not gerät, einspringt. Für Arbeitnehmer ist es deshalb gesetzliche Pflicht, monatlich in diese Versicherungen einkommensabhängig einzuzahlen, weshalb es auch „Pflichtversicherung" heißt. Die Arbeitgeber/innen bezahlen einen weiteren Anteil an der Sozialversicherung. Beamte und Beamtinnen sowie Selbstständige sind nicht in der gesetzlichen Sozialversicherung versichert. Geschichtlich interessant ist, dass es in Deutschland früher als in anderen Ländern Sozialversicherungen gab, so z. B. bereits 1883 die Krankenversicherung.

A4c TN können hier von eigenen Erfahrungen oder den Erfahrungen/Schilderungen von Eltern, Partner/-innen oder Bekannten berichten. Sie können hier auch auf Unterschiede eingehen, die sich aus verschiedenen Rahmenbedingungen ergeben, z. B. längere Mittagspause in südlichen Regionen, andere Arbeitszeiten aufgrund von Saisonarbeit oder Termindruck, Kurzarbeit, verschiedene Möglichkeiten der Zeiterfassung *(Stundenzettel, per Intranet, per Smartphone von unterwegs, per Barcode-Scanner in der Werkstatt)* … Sie können auch fragen: „Wie sieht es mit Zeiterfassung und Pausenzeiten bei Selbstständigen aus?", und damit eine Anschlussdiskussion einleiten.

Aussprache

Ü1c TN, die schneller fertig sind als andere TN, können weitere Beispiele für die jeweilige
ⓑ Aussprachekategorie suchen, notieren und später den anderen vorstellen.

Ü1d TN sprechen nach dem Hören und Notieren alle gelisteten Wörter noch einmal laut aus. Sie können das gut in PA tun: TN A liest ein Wort, TN B prüft die Aussprache und wiederholt das vorgelesene Wort (oder korrigiert ggf.).

Kommunikation im Beruf

A1a+b Für TN, die nicht (oft) mit dem Lesen und Beschreiben von Grafiken zu tun haben, ist diese Aufgabe
ⓑ sicher herausfordernd. Zum einen will das Herauslesen von Informationen aus einer Grafik gelernt und geübt sein. Zum anderen sind die Redemittel für das Beschreiben von Schaubildern manchen TN u. U. auch in der Herkunftssprache nicht geläufig.
Sie können an dieser Stelle eingangs fragen, in welchen Berufen man viel mit Grafiken und Schaubildern zu tun hat. Gibt es TN, die beruflich oder privat Statistiken lesen? Wenn ja, zu welchen Themenbereichen? Woher kennen die anderen TN eventuell Grafiken und Statistiken (z. B. aus der Presse, Darstellung von Wahlergebnissen, Aktienkursen, Temperaturkurven usw.). Führen Sie, wenn Sie es für angebracht halten, die Bezeichnungen *Kurven-/Liniendiagramm* (1b: B), *Balken-/Säulendiagramm* (1b: A) und *Tortendiagramm* (hier ohne Abbildung) für die verschiedenen Schaubildarten ein. Als Oberbegriff sind *Grafik*, *Schaubild* oder *Diagramm* für alle drei Arten möglich.

ⓑ Wenn TN im Umgang mit Grafiken ungeübt sind, können Sie diese lediglich A1a lösen lassen, geübtere TN auch A1b. Während stärkere TN die Abbildungen (A1b) dann im PL beschreiben, können Sie einige Beispielsätze an die Tafel schreiben, die im Anschluss alle TN ins Heft abschreiben können.

A2a+b Nachdem Teilaufgabe A2b von TN gelöst wurde, lassen Sie die Sätze mehrfach von verschiedenen TN vorlesen, um die Formulierungen einzuschleifen.

→ KV 2–3 Teilen Sie die KV mit den Grafiken aus. TN arbeiten in PA und sammeln Informationen, die sie
(B1/B2) 1–2 ausgewählten Grafiken entnehmen können. Anschließend tun sich zwei Paare zusammen und
Mediation sprechen in der KG zu viert über die abgebildeten Grafiken. Gehen Sie als LK von Gruppe zu Gruppe und unterstützen Sie die TN (z. B. beim Erschließen des Untertitels der ersten Grafik: „Anteil an den Jobbesetzungen" und „Neueinstellungen mit Schwierigkeiten" gehören als Wortgruppen zusammen). Als HA können TN die zu einer Grafik erarbeiteten Informationen schriftlich zusammenfassen. Ggf. können Sie anbieten, die Texte einzusammeln und korrigiert zurückzugeben, oder Sie lassen am nächsten Kurstag zur Wiederholung einzelne TN ihre Zusammenfassung im PL vorlesen, sodass alle TN die Redemittel zur Beschreibung von Grafiken erneut hören. Sie können in diesem Zusammenhang noch erwähnen, dass man immer die übergeordnete Frage bzw. das Thema und möglichst auch die Quelle der Grafik mit angibt.

Grammatik-Rückschau

→ KV 2–4 Kopieren Sie die KV; das Spielfeld kann auch vergrößert kopiert werden. TN spielen zu viert (bei
(B1/B2) wenigen TN zu zweit), d. h. zwei Teams treten gegeneinander an. Jede Vierergruppe benötigt einen Satz Konnektoren-Kärtchen (die ausgeschnitten umgedreht auf einem Stapel liegen), ein Spielfeld, einen Würfel und Spielsteine. TN ziehen mit ihren Spielsteinen (abwechselnd die Teams und abwechselnd innerhalb der Teams die TN) je nach angezeigter Augenzahl auf dem Würfel auf ein Feld, ziehen dann ein Kärtchen vom Konnektoren-Stapel und ergänzen den jeweiligen Satzanfang mit dem Konnektor, den sie gezogen haben. Wird der Joker gezogen, darf ein Konnektor frei gewählt werden. Wer keinen Satz bilden kann, darf das Kärtchen an seine/n Partner/in (im Team) abgeben. Wenn diese/r auch keinen Satz bilden kann, muss das Team einmal aussetzen. Das Team, das als Erstes das Ziel erreicht, hat gewonnen.

Das ist erledigt

Themen Im dritten Kapitel werden verschiedene Branchen betrachtet und Arbeitsabläufe beschrieben. Zudem geht es um die Themen „Krankmeldung" und „Krankenversicherung".

- **Auftakt** TN sprechen über bekannte und vielleicht weniger bekannte Branchen und Firmen.
- **Modul 1** TN lernen, Arbeitsabläufe zu verstehen und worauf zu achten ist, wenn man Arbeitsabläufe und ihren jeweiligen Zweck beschreibt.
- **Modul 2** Wie teilt man jemandem mit, was zu tun ist? Welche Unterschiede gibt es dabei in der formellen und informellen Kommunikation?
- **Modul 3** In diesem Modul lernen TN wichtige Regelungen für den Krankheitsfall kennen, recherchieren dazu, geben Regeln wieder und sichern durch Nachfragen das Verständnis..
- **KiB** Am Beispiel einer Krankmeldung aufgrund eines Unfalls üben TN die Kommunikation mit der Krankenversicherung.

Lernziele
- **Auftakt** | über Branchen sprechen
- **Modul 1** | Abläufe verstehen und erklären
- **Modul 2** | Anweisungen und Aufträge verstehen und darauf reagieren
- **Modul 3** | Regelungen zu Krankmeldungen verstehen
- **KiB** | sich bei einer Versicherung informieren
- **Aussprache** | begeistert und ablehnend (im ÜB)

Grammatik
- **Modul 1** | Finalsätze
- **Modul 2** | temporale Präpositionen
- **Modul 3** | Pluralbildung der Nomen

Auftakt

vor A1a TN lassen ihre Bücher noch geschlossen. Schreiben Sie *die Branche* an die Tafel. Klären Sie ggf. im PL zunächst den Begriff (ggf. über ähnliche Begriffe wie *Sparte, (Fach-)Bereich, (Fach-)Gebiet, (Berufs-)Zweig*; möglich ist auch ein Sprachvergleich z. B. mit engl. *branch*). Anschließend können TN brainstormen, welche Branchen ihnen einfallen. Notieren Sie die Branchen an der Tafel. Gehen Sie dann über zum Auftakt und ergänzen Sie die Branchen aus dem Auftakt an der Tafel, falls diese dort noch nicht stehen.

Arbeitsweltwissen

> Als *Branche* bezeichnet man Unternehmen, die gleiche bzw. ähnliche Dienstleistungen oder Produkte herstellen bzw. anbieten, wobei als weitere Unterscheidungskriterien z. B. Herstellungsverfahren, verwendete Materialien oder auch eine bestimmte Zielgruppe gelten können. Brancheneinteilungen werden von verschiedenen Ämtern erstellt und variieren teilweise. Der Begriff *Branche* dient z. B. in der Statistik dazu, von einzelnen Unternehmen unabhängige Entwicklungen betrachten und untersuchen zu können. Für eine Übersicht über diverse Branchen:
> https://de.statista.com/statistik/kategorien/
> https://www.destatis.de/DE/Themen/Branchen-Unternehmen/_inhalt.html

A1a TN sammeln in KG Firmen und Produkte, dann tauschen je 2 KG sich darüber aus. Weisen Sie TN vorab auf die Vernetzung und fließenden Übergänge zwischen den Branchen hin; insbesondere Unternehmensgruppen und Konzerne sind meist nicht nur einer Branche zuzuordnen. Bereiten Sie für jede der Branchen Beispiele vor, falls TN sich schwertun, Firmen oder Produkte zu nennen, auch im Hinblick auf landeskundliches Wissen und weitere Einblicke in die Breite und Ausdifferenziertheit des Arbeitsmarktes. Genannt werden könnten z. B. (ggf. auch mit Wortschatzerklärungen):
A: Maschinen- und Anlagenbau (starke Überschneidungen mit der Elektronikbranche!)
- *Siemens Healthineers AG: Medizintechnik, z. B. Magnetresonanztomografen*
- *Siemens Mobility: Transportsysteme, z. B. Skytrain Bangkok oder Velaro in Spanien*
- *KION Group AG: Gabelstapler und Lagertechnik*
- *Robert Bosch GmbH (Bosch-Gruppe): Automobiltechnik, Elektrowerkzeuge (z. B. Bohrmaschinen), Industrietechnik, Haushaltsgeräte, Energie- und Gebäudetechnik*

B: Elektronikbranche
- *Robert Bosch GmbH (Bosch-Gruppe): (siehe unter A) z. B. Geschirrspüler*
- *Stiebel Eltron GmbH & Co. KG: Heiz- und Kühltechnik*
- *Carl Schenck AG: Mess- und Regeltechnik*

C: Logistikbranche
- *Deutsche Post DHL Group: Kurier-, Paket- und Brief-Express-Dienste, Luft- und Seefrachtgeschäft, Landverkehr-Speditionsgeschäft, Lieferketten- und Kontraktlogistik*
- *Schenker Deutschland AG: Warenverkehr (Land-, Luft- und Seeweg), Kontraktlogistik*
- *KION Group AG: Logistiksysteme für Lagertechnik; Automatisierungstechnik, Software und Dienstleistungen zur Optimierung von Lieferketten*

D: Textilbranche
- *Trigema: Sport- und Freizeitbekleidung*
- *Hugo Boss AG: Bekleidung, Lederwaren und Accessoires*
- *Gerry Weber International AG: Damenoberbekleidung*
- *Bierbaum Unternehmensgruppe GmbH & Co. KG: Heimtextilien und technische Textilien für Filter und Autobau*

E: Chemisch-pharmazeutische Branche
- *Henkel AG & Co. KGaA: Wasch-/Reinigungsmittel, Schönheitspflege, Klebstoffe*
- *BASF („Badische Anilin- und Sodafabrik"): Kunststoffe und Basischemikalien, z. B. Weichmacher, Dämmstoffe, Waschmittel, Farben und Lacke; Inhaltsstoffe für Nahrungsmittel (Aromen, Omega-3-Fettsäuren, Enzyme), Pharmazeutika (Ibuprofen, Dexpanthenol) und Pflegeprodukte*
- *MERCK KGaA: Medikamente, Consumer-Health-Produkte, Laborausrüstung, Materialien für Photovoltaik und Beleuchtungsindustrie, Pigmente für Lacke, Druckanwendungen, Kunststoffe, Lebensmittel*
- *Bayer AG: Medikamente, Consumer-Health-Produkte, Saatgut, Pflanzenschutzprodukte, Chemie und Kunststoffe*

F: Automobilbranche
- *VW AG („Volkswagen AG"):*
- *BMW („Bayerische Motoren Werke"): Automobil- und Motorradhersteller*
- *Mercedes-Benz-Group: Personenkraftwagen und Nutzfahrzeuge*
- *Continental AG: Automobilzulieferer, z. B. Reifen*
- *Schaeffler Group: Automobilzulieferer für Kupplungssysteme, Getriebeteile, Nockenwellenversteller, Lager und Lineartechnik-Komponenten*

G: Lebensmittelbranche
- *Aldi Nord/Süd: Lebensmitteleinzelhandel, Handelskette*
- *Südzucker AG: weltgrößter Zuckerproduzent; Nahrungsmittelkonzern (auch Hersteller von Bioethanol)*
- *Dr. Oetker GmbH: Backwaren und Backbedarf, Alkohol und alkoholfreie Getränke*
- *Haribo-Holding GmbH & Co. KG: Süßwarenkonzern (v. a. Gummibärchen)*

A1b Spielen Sie den Hörtext ggf. zweimal ab, damit TN alle Branchen benennen können. Ergänzen Sie ggf. den Tafelanschrieb.

A1d Diese Aufgabe kann gut in EA oder in KG (nach gemeinsamen Herkunftsländern) vorbereitet werden. Im PL werden anschließend die jeweils wichtigsten Branchen gesammelt (bzw. jede KG nennt die 3 wichtigsten, die im Austausch zur Sprache kamen).

Sie können TN zusätzlich im Internet recherchieren und die Informationen übersichtlich auf Plakaten darstellen lassen, die anschließend im PL präsentiert werden können.

A2a+b Diese Aufgabe kann zunächst in gemischten KG (unabhängig von der eigenen Branche) bearbeitet werden. Sie können TN für die Teilaufgabe A2b dann in neue KG einteilen, sodass TN weiteren Wortschatz zu der jeweiligen Branche sammeln, in der sie bereits Berufserfahrung gesammelt haben oder für die sie sich interessieren.

Das ist erledigt

A2c
🔑
Schlüsselkompetenz

Diese Aufgabe kann als Projekt auch über einen etwas längeren Zeitraum laufen, sodass mit der Frage nach Fachkräftemangel auch eine allgemeine Recherche und Information über den deutschen Arbeitsmarkt erfolgen kann. Zu einem gemeinsam verabredeten Zeitpunkt präsentieren und vergleichen TN dann ihre Rechercheergebnisse. Hierbei können Sie Redemittel zum Beschreiben von Entwicklungen und zum Vergleich von Daten wiederholen, z. B. *(sich) erhöhen, ansteigen, zunehmen, sich verringern, abnehmen, fallen, sinken, senken, vermindern, reduzieren, im Vergleich zu …, im Gegensatz/im Unterschied zu …, gegenüber 2021 haben/waren weniger/mehr Menschen als … usw.* Sie können auch auf die → KiB-Seite von Kapitel 2 im Band B1/B2 verweisen. Für die Recherche können TN z. B. die folgenden Links nutzen:
https://www.bmwk.de/Redaktion/DE/Dossier/fachkraeftesicherung.html
https://statistik.arbeitsagentur.de/DE/Navigation/Statistiken/Themen-im-Fokus/Fachkraeftebedarf/Fachkraeftebedarf-Nav.html

Ü1a Die Übung kann gut in KG erledigt werden oder als HA in EA.

Ü1b
B
Diese Aufgabe kann für manche TN herausfordernd sein, sodass Sie TN anbieten können, diese in PA zu lösen.

Ü1c
E
TN schreiben mit jeweils einem Begriff aus jedem Begriffspaar einen vollständigen Satz. Kann auch gut als HA aufgegeben werden.

Ü2
E
TN lösen die Aufgabe in Einzelarbeit und vergleichen anschließend in PA, ob alle Begriffe (korrekt) gebildet werden konnten.
Als HA können mit den Verben eigene vollständige Sätze im Perfekt geschrieben werden. So können die Verben einschließlich der Partizipbildung wiederholt werden.

Ü4
E
Fordern Sie TN auf, im Sinne individueller Wortschatzarbeit in EA fünf (für sie wichtige/brauchbare) Wörter aus der Übung auszuwählen und diese (ggf. mit Artikel, Pluralform, Synonym, Übersetzung …) in ihr Heft zu übertragen.

Modul 1 Wir machen das so, damit …

A1a
V
Sie können dieses Brainstorming auch mit Wettbewerbscharakter in KG machen: Welche KG findet in drei Minuten die meisten Berufe? Lassen Sie die KG evtl. auf (Flipchart-)Plakate schreiben, die Sie dann nebeneinanderhängen können.

A1b
E
Anschließend können Sie TN entweder an der Tafel im PL oder z. B. über ein Etherpad kollaborativ eine Anleitung verschriftlichen lassen. Dies kann TN auch (falls nötig) als Vorlage für die im Folgenden vorgeschlagene KV dienen.

A2a
Gehen Sie nach der Bearbeitung der Aufgabe im PL auf „Sprache im Beruf" ein und überlegen Sie gemeinsam weitere Beispiele, wie Verständnis verbal signalisiert werden kann (auch etwas wortreichere wie *Das habe ich verstanden.; Jetzt ist alles klar.; Das verstehe ich.; Das kann ich gern tun.; Ich wiederhole zur Sicherheit: …;* usw.). Thematisieren Sie auch nonverbale Signale (*Blickkontakt, Nicken*).
Sie können anschließend auch wiederholen, wie Nichtverstehen situationsgerecht geäußert werden kann (*Können Sie das bitte wiederholen?; Tut mir leid, ich habe das (noch) nicht verstanden.; Mir ist noch nicht (ganz) klar, …*)

Ü1b
V
Zur Auflockerung können Sie TN auffordern, ihr Lieblingsprodukt aus der Bäckerei zu nennen: „Was kaufen Sie in einer Bäckerei am liebsten?" In der Regel können TN hier sehr spezifische Namen nennen (wie z. B. *Mehrkornbrötchen, Schusterjunge, Amerikaner* usw.). Sie können auch zum Einstieg selbst ein Backprodukt mit ausgefallenem/lustigem Namen nennen. Wenn für andere TN unbekannte Bezeichnungen auftauchen, fordern Sie den/die jeweilige/n TN zur Beschreibung des Produkts auf.

A2b	In Bezug auf die „Strategie" können Sie fragen: „Haben Sie diese Strategie in Ihrer beruflichen Tätigkeit eingesetzt? Wobei?", und lassen Sie TN berichten und Beispiele nennen. Nennen Sie eventuell zuerst ein eigenes Beispiel, z. B. eine Schulkonferenz oder ein Meeting, wo Sie wichtige Infos in Gruppen notieren (wie Anwesenheit/Fehlzeiten, Noten, Hospitation, Mitarbeitendengespräch usw.)
A2c E	Als HA können TN ihre (ergänzten) Notizen in einem Fließtext verschriftlichen. Bieten Sie ggf. Korrekturen an.
Ü2a	TN machen die Übung in EA und gleichen in PA ab.
Ü2b+c B	Fragen Sie TN danach, ob sie sich Ü2 in EA zutrauen oder lieber in PA arbeiten wollen. Wichtig ist, dass nach A2b die Reihenfolge der Schritte kontrolliert wird, bevor in A2c der Ablauf komplett beschrieben wird.
A3b	Sie können zunächst kurz auf den Begriff *Finalsatz* eingehen, indem Sie den Internationalismus *final* nutzen, der einigen TN bekannt sein dürfte. Fragen Sie, in welchem Kontext das Wort *Finale* oder *final* auftaucht (Sport, Wettbewerbe, Musik) und stellen Sie die Verbindung zur Bedeutung *Ziel, Zweck* her. Dann können Sie zum Grammatikkasten übergehen.
Ü3a+b	TN bearbeiten die Übung in EA. Damit möglichst konzentriert gearbeitet wird und wenige Fehler gemacht werden, sorgen Sie für Ruhe im Raum. Sollten Sie feststellen, dass TN sehr viel Zeit für die Übung brauchen oder sich zeitlich unter Druck gesetzt fühlen, können Sie anbieten, dass sie die Übung als HA beenden. Die Korrektur kann dann am nächsten Tag gemeinsam im PL erfolgen.
Ü4a	TN machen die Übung in EA und gleichen die markierten Subjekte in PA ab.
Ü4b	Ü4b kann je nach Übungsbedarf gemeinsam im PL oder in EA in HA erledigt werden.
Ü5	Damit TN genug Zeit für kreative Ergänzungen haben, sollten Sie diese Aufgabe als HA aufgeben und am nächsten Kurstag einzelne TN einige Sätze vorlesen lassen.
Ü6	TN können nach Bearbeiten der Übung die Nomen mit Artikel in ihr Heft übertragen.
A4b	Um das Vorgehen klarzumachen, sollten Sie nach dem Lesen des „Tipps" ein paar Beispiele, sowohl mit *um … zu* als auch mit *damit* im PL durchführen oder ein starkes TN-Paar die Übung exemplarisch im PL vorführen lassen.
	Die Finalsätze lassen sich darüber hinaus mit dem interaktiven Tafelbild weiter üben.
Ü7a	Fragen Sie zum Einstieg, welche Branchen zu den Arbeitsorten passen (*Logistikbranche, chemisch-pharmazeutische Branche*).
Ü7b	Sollten TN keine Berufserfahrung haben und sich mit der Berufswahl schwertun, können sie auch Arbeitsabläufe aus dem Haushalt/Alltag beschreiben (*Fahrradreifen flicken, Umzug, Paket versenden* usw.). Diese Übung dient in EA der Vorbereitung auf A5.
A5 V	Der Schwerpunkt liegt hier (im Gegensatz zu Ü7b) auf dem gemeinsamen Arbeiten in den KG, z. B. dem Einigen auf Formulierungen.
	Falls Sie mit TN lieber im bisherigen Kontext des Moduls bleiben wollen, könnten Sie auch folgende Abläufe zum Arbeitsplatz „in der Bäckerei" verwenden:

im Verkaufsraum der Bäckerei	in der Backstube der Bäckerei
Lieferung der Backwaren	Brotteig-Rezept ansehen
Einsortieren in die Regale	Zutaten aus dem Lager holen
Preise anbringen	Mehl abwiegen
belegte Brötchen vorbereiten	in die Maschine geben
Kaffee kochen	Maschine knetet
Wechselgeld in die Kasse legen	Teig portionieren und formen
Laden öffnen	Teig ruhen lassen
die Ware verkaufen	in den Backofen schieben

Das ist erledigt

→ KV 3-1 (B1/B2)	Die KV kann dazu dienen, einen weiteren Arbeitsablauf zu beschreiben, der für TN zunächst vielleicht etwas ungewöhnlich anmutet (Beschreibung des Unterrichtsablaufs). Sie dient neben der Beschreibung von routinierten Schritten während des Unterrichtsgeschehens auch der Reflexion des Ablaufs von Lernprozessen. Die KV können Sie auch statt zu diesem zu einem späteren Zeitpunkt im Unterrichtsablauf einsetzen, um die Beschreibung eines Ablaufs erneut zu trainieren.
Ü8	Notieren Sie, um mögliche Fehler auszuschließen bzw. korrigieren zu können, die ergänzten Teilsätze an der Tafel und heben Sie *um … zu* und *damit* farblich hervor.
E	Für TN, die Übung im Schreiben benötigen, können Sie den Text oder einen Teil des Textes zum Abschreiben als HA aufgeben.

Modul 2 Könnten Sie bitte …?

A1a E *Registertraining*	Neben dem Inhalt der Nachrichten kann hier auch gut über den Ton gesprochen werden, in dem diese formuliert sind. TN können zur jeweiligen Nachricht Adjektive sammeln, die den Sprachgebrauch näher beschreiben, z. B. *A: persönlich, umgangssprachlich, freundlich, locker …; B: höflich, freundlich, konkret, auffordernd, ernst …* usw. Bitten Sie TN auch zu benennen, was an der Sprache sie zur der jeweiligen Einschätzung bringt, z. B. *Emojis = umgangssprachliche, lockere Kommunikation; Konjunktiv = höflich; Ausrufezeichen = dringend, wichtig,* usw. Dies kann als Vorübung für A2b dienen, wo es explizit um den Unterschied zwischen formeller und informeller Kommunikation geht.
A1b	Die Ausdrücke zu sammeln und einzuordnen, kann gut in PA erledigt werden. Beispielsätze sollten dann im Anschluss in EA formuliert werden. Korrigieren Sie einige Beispielsätze im PL.
Ü1a	Nach dem Bearbeiten der Aufgabe kann je ein/e TN einen Satz mit der gewählten Lösung im PL vorlesen. Achten Sie auch auf die Aussprache und korrigieren Sie ggf.
Ü1b	Sprechen Sie im PL über den „Tipp" und fragen Sie TN: „Wie lernen Sie Präpositionen? So, wie es hier beschrieben ist, oder anders?", und verdeutlichen Sie, dass verschiedene Lernwege erfolgreich sein können.
Ü1c	Kann gut als HA aufgegeben werden.
A1c V	Da in größeren Lerngruppen die Lautstärke bei PA für Konzentrationsabnahme sorgen könnte, kann diese Übung auch als Kettenübung durchgeführt werden: TN A formuliert einen Satz mit temporaler Präposition, TN B reagiert und bildet einen neuen Satz mit Präposition, TN C reagiert und bildet einen neuen Satz usw.
Ü2	Bei großen Gruppen können evtl. nicht alle TN ihre individuelle Lösung vorstellen. Lassen Sie dann einige Antworten im PL vorlesen und ggf. noch TN ihre Antworten in PA lesen und bei Unsicherheiten nachfragen.
A2a E *Mediation*	Nach der Übung in der KG können Sie drei TN bitten, im PL noch einmal die jeweilige gesamte Kommunikation zusammenzufassen, d. h. Ausgangsnachricht und Reaktion darauf.
Ü3b+c E	TN können als HA eine Anleitung (in ganzen Sätzen, als Fließtext) unter Benutzung der richtigen Hinweise verfassen. Empfehlen Sie im Vorfeld, dabei den Imperativ (*Formulieren Sie …!*) und den Konjunktiv (*Sie sollten …*) zu nutzen.
Ü4a+b	Kann gut als HA bearbeitet und am nächsten Tag in PA korrigiert werden.
A2b	Hier geht es explizit um den Unterschied zwischen formeller und informeller Kommunikation. Es können ruhig Aspekte aus A1a wiederholt genannt werden.
Ü5a	TN können hier mehrere Anlässe notieren.

Ü5b	Die Mail kann auch in PA verfasst werden, sodass zunächst ein Austausch über angemessene Formulierungen stattfinden kann. Weisen Sie auf den „Tipp" hin und stellen Sie sicher, dass alle TN verstehen, was gemeint ist.
A3a	Weisen Sie TN darauf hin, die Nachricht auf ein Papier zu schreiben, das sie im Anschluss gut austauschen können und auf dem ggf. korrigiert werden kann.
A3b	Gehen Sie in der Austauschphase umher und bieten Sie Unterstützung bei Fragen zur Angemessenheit und Korrektheit an. Sammeln bzw. wiederholen Sie anschließend im PL noch einmal wertvolle Tipps.

Modul 3   Im Krankheitsfall

vor A1a	TN lassen die Bücher geschlossen. Als Wortschatzübung und zur Vorentlastung des Moduls schreiben Sie *krank* in die Mitte der Tafel und lassen TN einen Wortigel mit Wörtern an die Tafel schreiben, die den Wortteil *krank* beinhalten (z. B. *Krankheit, Krankenhaus, Krankschreibung, krankschreiben, krank sein, erkranken, sich krankmelden, krankfeiern, an etwas kranken, …*). Der Wortigel kann nach dem Lesen des Textes in A1b ergänzt werden um (neue) Wörter, die noch nicht an der Tafel stehen (*Krankheitsfall, Krankmeldung, Krankenschein, Krankheitstag, Krankenkasse, Erkrankung*).
A1a *Interkulturelle Kompetenz*	Achten Sie beim Austausch auf wertschätzenden Umgang der TN untereinander. Es sollen hier verschiedene Varianten kennengelernt werden und es soll über Vor- und Nachteile gesprochen werden. Regen Sie an, über Gründe für bestimmte Vorgaben/Regelungen zu sprechen, um besser verstehen zu können, warum Bestimmungen unterschiedlich ausfallen.
A1b	TN lesen in EA und ordnen die Abschnitte zu. Der Abgleich erfolgt im PL.
Ü1a	Die Übung kann gut zur Festigung des Wortschatzes als Nachbereitung zum Text in A1 als HA aufgegeben werden.
Ü1b	TN formulieren mit jedem Ausdruck (1–4) einen vollständigen Satz.
A1c *Mediation*	Nach der Mediationsübung in KG fasst jeweils ein/e TN einen Abschnitt noch einmal im PL zusammen.
Ü2	Eignet sich als HA, die Korrektur kann in PA erfolgen.
Ü3a *Mediation Registertraining*	Nach Bearbeiten der Übung lesen TN die „Info" und formulieren den Inhalt in eigenen Worten um, indem sie eine Mail oder Kurznachricht verfassen. Geben Sie für diese Übung (und zugleich als Registertraining) verschiedene Adressat/innen vor, wie gute Freund/in, neue/r Kollege/Kollegin, Sohn/Tochter.
Ü3b	Hierfür können Sie ein Online-Forum simulieren/vorbereiten, z. B. indem TN auf einem Padlet ihre Nachrichten posten. Dadurch ergibt sich die Möglichkeit, dass als Anschlussübung TN die Beiträge anderer wiederum kommentieren können.
A2a	TN suchen in EA die Formen aus dem Text und schreiben sie in die Tabelle. Abgleich in PA.
A2b	Diese Aufgabe lässt sich lebendig gestalten, indem TN sie in PA erledigen: TN A liest einen Begriff vor, TN B sagt den Plural, TN A stimmt zu oder widerspricht. Bei Unstimmigkeiten wird in der Tabelle und ggf. im Wörterbuch nachgesehen und kontrolliert. Anschließend werden die Pluralformen in die Tabelle eingeordnet. Machen Sie mit TN einen letzten Abgleich im PL.
→ KV 3–2 (B1/B2)	Teilen Sie die KV aus, die TN auch als HA bearbeiten können. TN recherchieren und notieren Nomen (inkl. Pluralformen) zu den verschiedenen Bereichen auf der KV im Singular und Plural. Regen Sie TN an, zu überlegen, welche Nomen sie in Bezug auf ihren (Wunsch-)Beruf in ihrer Muttersprache als relevant erachten, um diese nachzuschlagen, zu notieren und dann zu lernen. Gehen Sie auf die

Das ist erledigt

Abkürzung „u. a." (und anderes) ein und erklären Sie, dass hier weitere Nomen aufgelistet werden können, die nicht in eine der anderen Kategorien passen.
Wichtig ist, dass Sie sich während des Unterrichts Zeit für die Nachbereitung der KV nehmen, um mit TN z. B. auch die korrekte Aussprache der Nomen zu üben. Unterstützen Sie TN ggf. bei der Wortfindung, z. B. wenn jemand bei mehreren Bedeutungsangaben im Wörterbuch unsicher ist, welche die gesuchte ist.

Ü4a Zum „Tipp": Sehen Sie im Kurs gemeinsam nach, wo in verschiedenen Wörterbüchern die
E Pluralformen zu finden sind und wie diese dargestellt werden.

Ü5a TN schreiben eine Tabelle mit den Formen in ihr Heft. Fragen Sie, ob TN andere Wörter der n-Deklination kennen (TN sollen z. B. an Tiernamen, Personenbezeichnungen oder Nationalitäten denken), und ergänzen Sie diese. Erinnern Sie TN daran, dass Nomen der n-Deklination immer maskulin sind; viele enden auf *-and*, *-ant*, *-ent*, *-oge*, *-ad*, *-at* oder *-ist*.

Ü5b Weisen Sie TN darauf hin, vor der Bearbeitung den „Tipp" unter der Übung zu lesen.

A3a+b Es werden hier in leicht modifizierter Form die beiden Themen, die im Text in A1b am Ende angekündigt sind, wiederaufgenommen: *1. Was müssen Sie tun, wenn die Kinder krank sind?*
2. Was passiert, wenn man im Urlaub krank wird? Sollten TN das nicht selbst bemerken, weisen Sie auf die beiden ähnlichen Themen-Formulierungen hin. Überlegen Sie gemeinsam mit TN, mit welchen Suchbegriffen man recherchieren könnte (z. B. *Arbeitnehmer/in + Kind krank; krank im Urlaub + Arbeitsrecht*) und welche Webseiten bei solchen Fragen als verlässlich zu bewerten sind (z. B. die von Krankenkassen, staatlichen Institutionen usw.).
Mögliche Quellen für die Recherche zu Thema 1:
https://www.bmfsfj.de (Suchbegriff: *Kinderkrankentage*)
https://familienportal.de/familienportal/lebenslagen/ausbildung-beruf/kinderbetreuung/wer-hilft-wenn-mein-kind-krank-ist--125524
https://www.kindergesundheit-info.de/themen/krankes-kind/recht/berufstaetigkeit/
Zu Thema 2:
https://www.tk.de/firmenkunden/service/gesund-arbeiten/betriebliche-gesundheitsfoerderung/krank-im-urlaub-was-rechtlich-gilt-2068296
https://www.aerzteblatt.de/archiv/124667/Arbeitsrecht-Krank-im-Urlaub-strenge-Regeln
https://www.haufe.de/personal/arbeitsrecht/krank-im-urlaub_76_493850.html

B Bei der Bearbeitung von A3a können schwächere TN auch statt allein in PA recherchieren. A3b kann dann in PA oder in Teams erfolgen.

E Nach der Recherche können Regelungen und weiterführende Informationen zum jeweiligen Thema im PL zusammengetragen und ergänzt werden. Eine Verschriftlichung der wichtigsten Punkte kann z. B. auf einem Plakat oder in einem gemeinsamen Dokument, das sich digital versenden lässt, erfolgen und allen TN zur Verfügung gestellt werden.

→ **KV 3–3** Teilen Sie die KV aus und weisen Sie TN darauf hin, dass in die Lücken Wörter oder Wortgruppen
(B1/B2) eingefügt werden sollen. Es handelt sich um eine Lückenaufgabe, die keine konkrete Lösung vorgibt, sondern frei und sinnstiftend ausgefüllt werden soll. Im Anschluss tauschen TN ihre Ergebnisse und lesen Alternativen. Gehen Sie umher und leisten Sie Untestützung, wenn nötig.

Aussprache

Ü1a Nach dem Markieren vergleichen TN in PA.

Ü1b+c Sollten TN im Kurs noch Hemmungen haben, frei vor den anderen zu sprechen, lassen Sie die Sätze
B im Chor nachsprechen.

Ü1c TN können 2 bis 3 Sätze aussuchen und für einen Klassenspaziergang auf einen Zettel schreiben.
E TN, die sich begegnen, sprechen jeweils nacheinander einen ihrer Sätze laut aus. So hören TN die Betonung von verschiedenen TN in unterschiedlicher Aussprache.

Ü1d Gehen Sie durch den Raum und kontrollieren bzw. verbessern Sie die Aussprache der TN, indem Sie die von TN formulierten Sätze ebenfalls ablesen und vorsprechen.

Kommunikation im Beruf

A1a
Arbeitsweltwissen

Es handelt sich um einen sogenannten *Wegeunfall*. Wegeunfälle sind Unfälle, die auf dem direkten Weg zur Arbeit oder von der Arbeit passieren; der eingetretene Gesundheitsschaden ist Folge dieses Unfalls. In bestimmten Fällen sind Umwege ebenfalls versichert, z. B. wenn Kinder auf dem Weg zur Arbeit zum Kindergarten gebracht werden oder wegen einer Umleitung. Wer den direkten Weg aus privaten Gründen kurz unterbricht, ist für diese Dauer nicht versichert. Führt der Unfall zu einer Arbeitsunfähigkeit, muss ein sogenannter *D-Arzt (Durchgangsarzt)* aufgesucht werden.

A1b

Erwähnen Sie, dass eine erste, grundsätzliche Kontaktaufnahme mit der Krankenkasse schon bei der Einlieferung durch das Klinikpersonal über die Versichertenkarte hergestellt wurde.

E Sie können nach der Textarbeit eine schnelle Anschlussübung zur Pluralbildung machen: TN arbeiten in PA. TN A nennt ein Nomen aus dem Gesprächstext (z. B. *die Versicherungsnummer*), TN B nennt den Plural (*die Versicherungsnummern*).

A2 Führen Sie zwei Beispiele vor, bevor TN in PA spielen. Gehen Sie von Paar zu Paar und unterstützen Sie, wenn nötig.

E TN führen in PA kleine Interviews zum Thema „Krankenversicherung". Hierfür werden zunächst im PL mögliche Fragen gesammelt und an die Tafel geschrieben, z. B.:

> *Bei welcher Krankenkasse bist du versichert?*
> *Wie hast du deine Versicherung gefunden?*
> *Hast du schon mal mit deiner Krankenversicherung telefoniert?*
> *Weißt du, wo sich deine Krankenversicherung befindet, und warst du schon mal dort?*
> *Hast du deine Krankenversichertenkarte immer dabei?*

Grammatik-Rückschau

→ **KV 3–4**
(B1/B2)

TN spielen in KG zu dritt. Kopieren Sie die KV einmal pro Gruppe, schneiden Sie die Kärtchen aus und mischen Sie sie, bevor Sie jeder Gruppe einen Kartensatz geben. Sorgen Sie dafür, dass TN den Tisch freiräumen, sodass Platz für eine Wörterschlange vorhanden ist. Geben Sie eine Zeit (z. B. 5 Minuten) vor. Sagen Sie, dass die Länge der Schlange von der Zahl der fehlerfreien Aneinanderreihungen bestimmt wird (TN sollen dabei darauf achten, dass *morgen* kein Nomen ist; *vor dem / zum morgen* wäre also falsch). Sollte eine Karte falsch angelegt sein, endet die Schlange an dieser Stelle. Welche Gruppe kann die längste Schlange bilden?
Es können mehrere Runden gespielt werden, die Karten lassen unterschiedliche Aneinanderreihungen zu. Heben Sie die Karten auf und spielen Sie das Spiel an anderen Unterrichtstagen erneut und in anderen KG-Konstellationen.

Immer für Sie da

Themen Das vierte Kapitel widmet sich Formalitäten und verschiedenen Formen der (Kunden-)Kommunikation. Außerdem geht es um technische Probleme und deren Behebung.

Auftakt TN lernen verschiedene Beleg-Arten und die Bedeutung von Belegen im Arbeitsleben kennen.

Modul 1 Am Beispiel der Kursraumgestaltung geht es in diesem Modul um das Stellen von Anfragen und Angeboten.

Modul 2 Was braucht man für die Arbeit im Büro? TN lernen, welche Aspekte es beim Bestellen von Produkten zu beachten gilt und wie man eine telefonische Bestellung aufgibt.

Modul 3 In diesem Modul geht es um Bewertungen, wie man sie knapp zusammenfasst und darum, wie man angemessen und professionell auf Beschwerden reagiert.

KiB TN üben das Beschreiben von technischen Problemen sowie das Nachfragen und Vorschlagen von Lösungswegen.

Lernziele
- **Auftakt** | Relevanz von Belegen einschätzen
- **Modul 1** | eine Anfrage entgegennehmen und Kunden/Kundinnen informieren
- **Modul 2** | eine Bestellung aufgeben und Nachfragen stellen
- **Modul 3** | Beschwerden einordnen und darauf reagieren
- **KiB** | ein technisches Problem beschreiben und Hinweise geben
- **Aussprache** | Satzakzent (im ÜB)

Grammatik
- **Modul 1** | lokale Präpositionen (mit Wechselpräpositionen)
- **Modul 2** | Konjunktiv II
- **Modul 3** | Konnektoren: Temporalsätze

Auftakt

vor A1a
Arbeitsweltwissen

Der Begriff *Beleg* (auch *Buchungsbeleg*) ist hier als Oberbegriff weit gefasst. In der Regel sind Belege Schriftstücke, die über Geldgeschäfte Auskunft geben. Als Belege gelten Kassenbons, Rechnungen und Quittungen, d. h. schriftliche Nachweise für eine geschäftliche Einnahme oder Ausgabe. Belege sind von rechtlicher Relevanz, da sie einen bestimmten „aufzeichnungspflichtigen" Vorgang im Unternehmen dokumentieren, der in der Buchhaltung festgehalten werden muss. So ist, wer etwas im geschäftlichen Rahmen verkauft oder leistet, zur Ausstellung eines Belegs mit allen notwendigen Angaben (z. B. zur enthaltenen Mehrwertsteuer, Lieferdatum usw.) verpflichtet.
Ein Beleg dient als Grundlage für eine Buchung. Belege sind Beweismittel und sollten daher geordnet abgelegt oder auf einem Datenträger gespeichert werden („ordnungsgemäße Buchführung"). Benötigt werden sie z. B. für die Arbeit des Steuerberaters oder Wirtschaftsprüfers sowie der Finanzbehörden. Es bestehen eine Aufbewahrungspflicht und festgelegte Aufbewahrungsfristen für Belege. In Deutschland sind Eingangs- und Ausgangsrechnungen, Buchungsbelege, Inventare, Bilanzen und Lageberichte 10 Jahre lang aufzubewahren.

A1a Vor der Frage, wann man diese Belege im Beruf braucht, können Sie allgemeiner fragen: „Welche dieser Belege kennen/brauchen Sie? Wo bekommt man sie?", „Sind das Belege, die Sie aufheben oder wegwerfen? Warum?" usw.

A1c+A2 Sollte hier zusätzlicher Wortschatz zum Thema nötig sein oder aufkommen, notieren Sie diesen während des Ergebnisabgleichs bzw. der Gesprächsphase an der Tafel, z. B. *Originalbeleg, aufbewahren, Online-Ticket,* usw.

Ü1a+b Die Übung kann als HA gut als Nachbereitung und Wiederholung des Wortschatzes aus dem Unterricht erledigt werden. Lassen Sie TN bei der Korrektur von Ü1b alles laut vorlesen, nicht nur das Lösungswort, und verbessern Sie ggf. die Aussprache.

Ü2
E
B

Um den Wortschatz und zugleich das Schreiben zu trainieren (besonders für im Schreiben schwächere TN), können TN die Ausdrücke zusätzlich ins Heft übertragen.

Sie können TN an dieser Stelle die typische Abfolge des kaufmännischen Schriftverkehrs vereinfacht darstellen bzw. verdeutlichen, indem Sie folgende Schritte an die Tafel schreiben, die TN ins Heft übertragen können:

| 1. Anfrage | 3. Bestellung | 5. Lieferschein |
| 2. Angebot | 4. evtl. Auftragsbestätigung | 6. Rechnung |

Gehen Sie die einzelnen Schritte durch. Zusätzliche Informationen können die Informationen aus dem Hinweis zum → *Arbeitsweltwissen* sein:

Arbeitsweltwissen

Eine *Anfrage* dient der Einholung von Angeboten. Anfragen sind rechtlich nicht bindend, d. h. der/die Anfragende muss auf das anschließend eingehende Angebot hin keine Bestellung tätigen. Anfragen erfolgen formlos. Anfragen können allgemein (Anfrage nach keiner bestimmten Ware, z. B. nach einem Katalog oder Prospekt) und bestimmt sein (Anfrage nach einem bestimmten Produkt / einer bestimmten Dienstleistung).
Das *Angebot* ist die Reaktion der/des Anbietenden auf die Anfrage. Darin wird mit konkreten Preis- und Mehrwertsteuerangaben angeboten, Waren oder Dienstleistung zu bestimmten Konditionen zu liefern. Es gibt bindende, unverbindliche und befristete Angebote. Ein Angebot ohne Bindungsdauer ist allerdings nicht endlos gültig. Ein Angebot ist rechtsverbindlich. Nach Zusage, Annahme oder Bestellung durch den Anfragesteller gilt das Angebot als Kaufvertrag.
Eine *Bestellung* ist ein Auftrag an z. B. ein Unternehmen, ein bestimmtes Produkt zu liefern. Sie ist zugleich eine verbindliche Erklärung des Käufers / der Käuferin, ein Produkt zu bestimmten Bedingungen käuflich zu erwerben. Die Bestellung ist rechtlich bindend, kann aber formlos erfolgen (als Annahme oder Auftrag).
Eine *Auftragsbestätigung* ist vor allem dann nötig, wenn eine Bestellung modifiziert oder verspätet getätigt wird oder wenn der Kunde / die Kundin vorher kein Angebot erhalten hat. Sie ist ebenfalls formlos.
Der *Lieferschein* (auch *Warenbegleitschein*) ist ein Formular, das zusammen mit der Ware beim Kunden / bei der Kundin eintrifft. Er dient zum Abgleich von Lieferschein, gelieferter Ware und Lieferumfang. Im Gegensatz zur Rechnung muss nicht zwingend ein Lieferschein ausgestellt werden.
Lieferschein, Angebot und Rechnung sind Dokumente, die aufbewahrt werden müssen.

Ü3
V

Diese Übung können Sie gut (parallel zum Ausfüllen der Tabelle im ÜB) an der Tafel im PL oder in KG auf Plakaten bearbeiten lassen. Bei der Variante im PL können zwei TN an der Tafel die zugerufenen Ausdrücke in die Tabelle schreiben (ein/e TN pro Spalte). Anschließend übertragen alle die Ausdrücke in die Tabelle im ÜB.

Ü4b
E

Zusätzlich zu den ergänzten Sätzen schreiben TN zu jedem der Verben noch einen eigenen Satz. Weisen Sie TN darauf hin, dass beim Verb *versenden* beide Partizipien korrekt sind: *versendet* und *versandt*.

Ü5

Diese Übung können TN in PA machen. Regen Sie TN an, weitere Aspekte, die ihnen einfallen, in Sätzen zu ergänzen. Anschließend tauschen jeweils zwei Paare ihre Sätze, lesen und korrigieren. Bei Rückfragen und Unsicherheiten unterstützen Sie.

→ KV 4–1 (B1/B2)

Teilen Sie die KV aus. Die Recherche kann in PA oder KG über einen längeren Zeitraum als Projekt laufen. Überlegen Sie gemeinsam im Kurs, wie Sie die Ergebnisse am Ende präsentieren wollen: auf Plakaten, im digitalen Format, in Kurzvorträgen … Sie können den Kurs über die Präsentationsform abstimmen lassen.

Immer für Sie da

Folgende Quellen können z. B. für die Recherche genutzt werden:
https://gruenderplattform.de/geschaeftsideen/onlineshop-eroeffnen
https://www.fuer-gruender.de/wissen/geschaeftsidee-finden/geschaeftsidee-beispiele/onlineshop-eroeffnen/
https://www.gruenderlexikon.de/checkliste/informieren/selbstaendigkeit-internet/onlineshop-geld-verdienen/

Modul 1 Der neue Kursraum

A1 Sie können die Aufgabe mit Wettbewerbscharakter durchführen, indem Sie einen Timer stellen. Wer findet die meisten Wörter? Sind die Artikel korrekt? Es zählen nur die Wörter mit korrekten Artikeln.

Ü1 Ü1 können TN gut als HA lösen und später in PA abgleichen.

A2a Bitten Sie TN, nach dem Hören in eigenen Worten zu versuchen, den Unterschied zwischen *Bestellung* und *Anfrage* zu erklären.

A2b Spielen Sie den Text ggf. nochmals ab. Gehen Sie nach dem Hören mit TN kurz in den Austausch, ob es ihnen leicht- oder schwergefallen ist, die detaillierten Informationen aus dem Gespräch herauszuhören, und ggf. warum.

A2c Die Aufgabe lösen TN zunächst in EA. Lassen Sie TN ihre Ergebnisse anschließend in PA abgleichen und ergänzen. Spielen Sie dann den dritten Teil des Gesprächs noch einmal ab, sodass TN die Gelegenheit haben, ihre Lösung nochmals zu kontrollieren. Der letzte Abgleich erfolgt gemeinsam im PL.

Zur Binnendifferenzierung können TN auch in PA vorgehen, sodass jede/r nur die To-dos für nur eine Person notiert.

Ü2 Diese Übung kann gut im Unterricht in PA gelöst werden. TN sollten auch die Aussprache der Sätze trainieren, d. h. sich die verschiedenen Lösungen gegenseitig vorlesen.

Ü3 Diese Übung dient der Vorentlastung von A3 im KB. TN sollen sich zunächst an die Präpositionen und anschließend an das Thema „Wechselpräpositionen" erinnern.

Ü4a Hier geht es kurz um die Wiederholung eines wichtigen mit den Wechselpositionen verbundenen Themas, nämlich um Positions- und Richtungsverben. Sie können zur Einführung demonstrativ zeigen, wie Sie sich auf einen Stuhl setzen: „Ich setze mich auf den Stuhl." Und dann sagen „Ich sitze auf dem Stuhl." Die Übung können TN anschließend in PA machen. Achten Sie bei der Korrektur darauf, diese sehr sorgfältig durchzuführen, da hier viele Fehlerquellen lauern (z. B. durch unsaubere Aussprache die Verwechslung von *liegt* und *legt*). TN sollten sich genügend Zeit nehmen, ihre Lösung genau zu kontrollieren.
Fragen Sie anschließend auch nach den Vergangenheitsformen der Verben und weisen Sie darauf hin, dass hier besonders bei *hängen* häufig Fehler durch Verwechslung gemacht werden.

Ü4b Lassen Sie diese Übung in EA bearbeiten, sodass TN, die zuvor in PA gearbeitet haben, sich vergewissern können, wie sicher sie beim Thema „Positions- und Richtungsverben" nun sind. Kontrolle durch den/die Partner/in aus Ü4a.

A3a Falls TN es nicht von selbst merken, weisen Sie darauf hin, dass die Lösung für den Grammatikkasten in den Sätzen in A2b zu finden ist.

Ü5 Diese Übung ist gut als HA geeignet, um konzentriert und in EA die wiederholten Wechselpräpositionen anzuwenden.

A3b Am besten projizieren oder schreiben Sie die Tabelle an die Tafel und gleichen im PL die Lösung ab. TN können Beispiele aus KB und ÜB zu Hilfe nehmen.

Ü6		Diese Übung ist gut als HA geeignet, damit TN konzentriert und in EA die wiederholten Wechselpräpositionen anwenden.
	E	Zum „Tipp": Die Bilder und Beschreibungen können gut im Kursraum aufgehängt oder auf einem Padlet gepostet werden, sodass alle TN möglichst viele Bilder sehen und Beschreibungen lesen können. Weisen Sie ggf. auf Fehler hin, korrigieren Sie gemeinsam.
A3c		Die Ergebnisse können TN entweder digital oder auf einem Plakat darstellen und dann im PL vorstellen. Sie können auch den besten Verbesserungsvorschlag prämieren. Kündigen Sie dies dann vorher an, um die Motivation zu steigern. Sie können TN auch den Begriff *Klassenraumgestaltung* vorschlagen, mit dem sie im Internet Ideen recherchieren können.
In jedem Fall sollten Sie nach der Präsentation die vorgeschlagenen Ideen aufnehmen und gemeinsam besprechen, welche der Vorschläge sich (wie) realisieren lassen. Sie können dafür eine To-do-Liste erstellen, aus der TN verschiedene Aufgaben übernehmen. Classroom-Management ist eine Aufgabe, die alle angeht: Beim gemeinsamen Schaffen einer angenehmen Lernatmosphäre kann Verantwortung übertragen werden und die Lerngruppe wird gestärkt. Ein angenehmeres Lernumfeld kann für verbesserte Lernerfolge sorgen.
	E	Sollte sich einer der Vorschläge als realisierbar erweisen, können TN bei Anbietern recherchieren, was die Maßnahme kosten würde, und ggf. eine Anfrage stellen.
A4a		TN bearbeiten die Aufgabe in EA und gleichen die Zuordnungen in PA ab.
Ü7		Die Übung dient der Vorbereitung bzw. als Muster für die Textproduktion in A4b. TN, die ihre Schreibroutine verbessern möchten, können den Text (oder einen Teil davon) ins Heft abschreiben. (Dies dient auch der Vorbereitung auf A4b.) Weisen Sie immer wieder darauf hin, dass solche Abschreibübungen sehr wertvoll sind und nicht nur das korrekte Abschreiben fördern, sondern beim Abschreiben der Lernstoff wiederholt, die Rechtschreibung memoriert und zugleich auch das Schreibtempo trainiert wird.
Weisen Sie TN – da sie dies ggf. auch in A4b für einen korrekten Text benötigen – darauf hin, wie hier die Farben wiedergegeben sind: *Regale in Dunkelgrau, Schwarz oder Weiß*; *im Farbton Silbergrau*. Erklären Sie, dass nach *in* hier die Großschreibung angewandt wird, weil die Farbe im Satz die Funktion eines Nomens hat. Sie können TN versichern, dass auch Muttersprachler bei der korrekten Schreibung von Farben manchmal unsicher sind und diese nachschlagen müssen. Geben sie ihnen den Tipp, dass Beispiele für die korrekte Schreibung von Farben in den gängigen Rechtschreibwörterbüchern unter dem Farbadjektiv *blau* bzw. *das Blau* zu finden sind (da dies im Alphabet als Erstes der häufigen Farbadjektive erscheint).
A4b		Je nach Kapazität können Sie TN bei dieser Aufgabe anbieten, die Texte einzusammeln, schriftlich zu korrigieren und anschließend an TN zurückzugeben.
	B	TN, die sich noch nicht so sicher fühlen, schreiben das Begleitschreiben in PA. Weisen Sie darauf hin, dass bei Stichpunkten der Genitiv oft verkürzt notiert wird: *Installation Whiteboard* und *Aufbau Möbel* – und dass solche Stellen in einem Begleitschreiben korrekt aufgelöst sein müssen. Sie können TN vorab fragen, wie die beiden Stellen dann lauten (*die Installation des/der Whiteboards, der Aufbau der Möbel*).

Modul 2 Alles fürs Büro

A1a E		Unterstützen Sie TN, wenn diese Wörter benötigen, die sie noch nicht kennen oder vergessen haben. Um Bewegung in den Kurs zu bringen, bitten Sie alle TN aufzustehen und sich in einer Schlange vor die Tafel zu stellen. Nacheinander schreibt jede/r TN ein Nomen mit Artikel an die Tafel. Korrigieren Sie, wenn nötig. TN, die einen Begriff geschrieben haben, stellen sich wieder hinten in der Schlange an. Beenden Sie die Aktivität, wenn die Tafel voll ist, niemandem mehr etwas einfällt oder wenn eine zuvor vereinbarte Zeit abgelaufen ist.
Ü1		Gut als HA zur Wiederholung geeignet.

Immer für Sie da

A1b	TN sprechen in PA. Weisen Sie darauf hin, dass sie auch den neben A2a abgedruckten Kasten „Sprache im Beruf" nutzen sollen und klären Sie die Abkürzungen. Erfragen Sie von TN zudem die Artikel der im Kasten und in der Aufgabe vorkommenden Nomen (z. B. *die Packungsgröße, der Preis*).
A2a+b	TN gleichen ihre Markierungen in PA ab.
A2c	Sie können die Tabelle an die Tafel übertragen oder projizieren und eine/n TN dort die Artikel eintragen lassen, sodass die anderen TN ihre Einträge vergleichen können.
Ü2 E	Als Schreibübung kann die Mail ins Heft abgeschrieben werden (als HA). Thematisieren Sie im PL, warum das in der „Info" genannte Vorgehen empfohlen wird (*zur freundlichen Kommunikation gehört eine persönliche Ansprache; die Verantwortlichkeit/Zuständigkeit muss geklärt und gepflegt werden; auch im direkten Kontakt würde man dem anderen nicht bloß wortlos den Bestellzettel in die Hand drücken; …*). Erinnern Sie TN daran, dass bei nicht bekannter Ansprechperson die Anrede *Sehr geehrte Damen und Herren* (oder in weniger förmlichen Kontexten z. B. *Liebes Team bei Büro-Hero*) genutzt werden kann. Das Thema „freundlicher Umgang" eignet sich auch gut als Überleitung zu A3a.
A3a	Abgleich zunächst in PA, dann im PL. Weisen Sie TN darauf hin, dass bei Satz 2 auch *könnte* stehen könnte, die Vermutung mit *dürfte* aber klarer/eindeutiger ist als mit *könnte*. So können Sie in A3c beim Redemittelkasten daran anknüpfen: Dort passt in der letzten Lücke durch die Verneinung nur *dürfte*, um eine Vermutung auszudrücken (mit *könnte* wäre es eine verneinte Möglichkeit und keine Vermutung: z. B. wie in *Das könnte kein Problem sein, wenn er nicht eines daraus machen würde*).
A3b B	Bevor TN die Regel ergänzen, können Sie sie auffordern, zur Bewusstmachung der kompletten Verbform in A3a die Verben zu unterstreichen oder zu markieren. Nach der Ergänzung des Grammatikkastens liest ein/e TN die Grammatikregel laut vor.
Ü3a	Weisen Sie TN darauf hin, dass sie die Sätze komplett ins Heft abschreiben sollen.
Ü3c	Nachdem die Lösungen ergänzt und im PL kontrolliert wurden, lesen mehrere TN in Paaren den Dialog vor. Achten Sie auf korrekte Aussprache und sinnvolle Betonung. Sie können den Dialog auch zunächst einmal vorlesen, um TN ein Gefühl für die natürliche Betonung zu vermitteln.
A3c	Zur letzten Lücke siehe Hinweis zu → A3a. Nach dem Ausfüllen lesen zwei TN die Sätze vor (TN A liest Kunde/Kundin, TN B liest Lieferant/in).
Ü4b	Weisen Sie TN darauf hin, dass beim Spielen des Gesprächs nicht der exakte Wortlaut aus dem Text genutzt, sondern das freie Sprechen (also die sinngemäße Wiedergabe in eigenen Worten) trainiert werden soll.
A4 B → KV 4–2 (B1/B2)	Auf der KV finden sich die beiden Katalog-Ausschnitte (alt/neu) zum Ausschneiden. Auf diese Weise können zwei TN beim Gespräch jeweils auf „ihre" Katalogversion schauen, ohne die Daten der anderen Seite vor Augen zu haben und abgleichen zu können. So wird das Gespräch etwas anspruchsvoller und realistischer.
Ü5a	Besprechen Sie die „Info" vor dem Bearbeiten der Übung, damit TN in jedem Fall klar ist, wofür die DIN-Angaben stehen.
Arbeitswelt-wissen	DIN bedeutet *Deutsches Institut für Normung e. V.*, eine unabhängige Einrichtung, die 1917 gegründet wurde und bis heute (auf nationaler Ebene) für die Festlegung marktgerechter Normen und Standards zuständig ist. Bei der Einführung einer Norm geht es neben der Einheitlichkeit auch um Sicherheitsstandards, die Rationalisierung von Herstellungsprozessen, um Qualitätssicherung und allgemein den Schutz der Gesellschaft und Umwelt. Es gibt derzeit ca. 34.000 DIN-Normen. Die DIN-Formate für Papier sind ein Beispiel, das praktisch jeder in Deutschland kennt: Sie sorgen unter anderem dafür, dass Papier in jeden Drucker, Kopierer oder Hefter passt. Auf europäischer Ebene entspricht dem DIN das CEN (Europäisches Komitee für

> Normung); darüber hinaus gibt es noch die ISO-Norm der Internationalen Organisation für Normung. Die Anwendung von DIN-Normen ist keine Pflicht, allerdings kann sie z. B. in Handelsverträgen vereinbart werden oder in bestimmten Fällen vom Gesetzgeber vorgeschrieben werden (z. B. wenn es um Produktsicherheit geht). Die Aktualität von DIN-Normen wird überwacht und mindestens alle fünf Jahre überprüft. Sollte die Norm dann nicht mehr dem Stand der Technik entsprechen, wird sie überarbeitet oder gänzlich zurückgezogen.

TN arbeiten in PA und stellen eine Liste für den Kurs zusammen: Welche Schreibwaren werden benötigt?
TN recherchieren anschließend in einem Online-Büroshop und stellen einen Warenkorb/Einkaufswagen zusammen. Anschließend vergleichen jeweils zwei Paare ihre Einkaufslisten und Warenkörbe. Welche Unterschiede gibt es und warum? Wie sieht es mit Preisvergleichen aus? Wer hat die besseren Lieferkonditionen? Usw.

Ü5b
Mediation
→ **KV 4–3**
(B1/B2)

Da heutzutage viele Bestellungen online getätigt werden bzw. Bestellsysteme digital verwaltet werden, wird auch der Vorgang des Stornierens häufig nötig. Teilen Sie die KV aus und besprechen Sie die Aufgabenstellung im Ganzen im PL, bevor TN den Text lesen.
TN sollen anhand der Kopiervorlage zwar schon auch mit den Begrifflichkeiten vertraut(er) werden, der Schwerpunkt liegt jedoch auf dem Ausführen der Mediationsaufgabe.

Interkulturelle Kompetenz

Fragen Sie TN: „Anfragen, Bestellungen, Stornierungen usw.: Wer arbeitet damit in welchen Berufen?" und „Wie ist das anderswo / in Ihren Herkunftsländern? Sind die Abläufe dort anders und wenn ja, wie?" Je nachdem, ob bzw. wie viele TN dazu etwas berichten können, kann der Austausch im PL oder in KG erfolgen.

Modul 3   Beschwerden

vor A1   Sie können für den Einstieg ins Thema ein Bewertungsportal (z. B. von einem großen Dienstleister oder Online-Shop) an die Tafel projizieren und fragen: „Was ist das? Wo findet man das? Was kann man hier tun?" So können Sie Wortschatz vorentlasten oder wiederholen, z. B.

bewerten – die Bewertung
beurteilen – die Beurteilung
sich beschweren – die Beschwerde
Feedback geben
(un-)zufrieden sein – die (Un-)Zufriedenheit
loben – das Lob
(nicht) funktionieren / funktionstüchtig sein
mangeln an – der Mangel
fehlen – der Fehler

das Problem schildern
etwas reklamieren – die Reklamation
reparieren – die Reparatur
etwas umtauschen – der Umtausch
bitten um – die Bitte
den Wunsch äußern (+ zu)
seinem Ärger Ausdruck geben
echt ↔ gefakt

Gehen Sie dann weiter zu A1.

A2   In schwächeren Lerngruppen können Sie bereits an dieser Stelle (als Vorbereitung auf A2c) im PL sammeln, was in der jeweiligen Bewertung negativ beurteilt wird:
1. aufwendige Registrierung, 2. Änderung des Lieferzeitpunktes, 3. begrenzte Auswahl, 4. mangelhafte Lieferung, Wartezeit bei Rückzahlung, 5. lange Lieferzeiten, 6. kurzes Verfallsdatum der Lebensmittel

Ü1   Als HA zur Wiederholung geeignet.

A2c   Nutzen Sie ggf. die Sammlung der negativen Punkte aus A2.
Mediation   In Bezug auf die im KB vorgestellte „Strategie" ist es sinnvoll, nach Bearbeitung der Aufgabe zu kontrollieren, ob 1. die Abfolge der Punkte beachtet wurde und 2. Beispiele eingefügt wurden.

Ü2a   Weisen Sie TN darauf hin, dass hier die Strategie aus A2c angewandt wird.

A3a   Die Aufgabe kann gut in PA bearbeitet werden, sodass zugleich ein Austausch über die Regel stattfinden kann. Erwähnen Sie, dass der Begriff „Konnektor" allgemein Wörter für die Verbindung

Immer für Sie da

B von Sätzen bezeichnet, die Konnektoren speziell für Nebensätze aber auch unter dem Begriff *Subjunktion* in den Grammatiken zu finden sind und für Hauptsätze unter dem Begriff *Konjunktion*. Stellen Sie sicher, dass TN klar ist, was mit „Geschehen im Hauptsatz (bzw. Nebensatz)" gemeint ist; arbeiten Sie ggf. mit einem Zeitstrahl an der Tafel, auf dem das Geschehen eingetragen und positioniert werden kann, um die abstrakten Grammatikerklärungen anschaulich zu machen. Spielen Sie am Zeitstrahl insbesondere auch Beispiele mit *bevor* und *nachdem* durch, bei denen Sie den Nebensatz einmal als vorangestellten und einmal als hintangestellten Satzteil zeigen (z. B. *Nachdem sie den Code eingegeben hatte, öffnete sich die Tür. / Die Tür öffnete sich, nachdem sie den Code eingegeben hatte.*), um zu zeigen, dass in der im Grammatikasten dargestellten Regel mit „Nebensatz vor Hauptsatz" und „Nebensatz nach Hauptsatz" nicht die syntaktische Stellung gemeint ist, sondern die Abfolge des in den Sätzen ausgedrückten Geschehens. Bedenken Sie dabei, dass manche TN den Einsatz der Subjunktion *bevor* genau in dem Satz, dessen Geschehen danach passiert (bzw. der Subjunktion *nachdem* genau in dem Satz, dessen Geschehen davor passiert) zunächst ungewöhnlich oder unlogisch finden.

Ü3 Wiederholen Sie ggf. mit TN den Unterschied der Verwendung von *wenn* und *als*. Die Subjunktion *als* verwendet man für eine einmalige Handlung in der Vergangenheit: *Als ich meine erste Deutschstunde hatte, war ich ... Jahre alt.* Die Subjunktion *wenn* wird verwendet für eine gleichzeitige Handlung in Gegenwart und Zukunft *(Wenn wir Deutsch können, brauchen wir keine Vokabelkärtchen mehr.)* sowie für wiederholte Handlungen in der Vergangenheit: *(Immer) wenn ich einen Grammatikfehler gemacht habe, hat mich mein Lehrer korrigiert.* Hilfestellung, um zu prüfen, ob eine Wiederholung gemeint ist: Kann man *immer wenn* statt *wenn* sagen?. Bestenfalls können TN die Regel anderen TN erklären.
Die Übung sollte in EA erledigt werden. Abgleich im PL.

Ü4 Ermuntern Sie TN, die Übersicht und Regeln im KB zu Hilfe zu nehmen. Auch hier bietet es sich an, TN wieder in eigenen Worten den Unterschied bei der Verwendung von *während* und *solange* erklären zu lassen. (Für beide gilt: Gleichzeitigkeit zweier Handlungen, aber *während* lässt sich durch *solange* ersetzen, wenn die Handlungen im Haupt- und Nebensatz einen gemeinsamen Anfangs- und Endpunkt haben, d. h. im gesamten benannten Zeitraum parallel verlaufen. Der Nebensatz mit *während* in einer temporalen Satzverbindung beschreibt eine andauernde Handlung ohne spezifischen Anfangs- und Endpunkt.)
Weisen Sie TN zudem darauf hin, dass die Subjunktion *solange* immer zusammengeschrieben wird, im Gegensatz zur Getrenntschreibung bei Sätzen wie z. B. *Jetzt kennen wir uns schon so lange und trotzdem weißt du meinen Geburtstag nicht!* oder *Wir warten hier so lange, bis der Zug kommt.* (Sie können fragen, woran man im Zweifelsfall erkennt, ob *solange* in einem Satz eine Subjunktion ist oder nicht: Das Verb muss hinten stehen, weil eine Subjunktion einen Nebensatz einleitet.)

Ü5a Weisen Sie vor der Übung nochmals auf den Grammatikkasten im KB hin bzw. auf den in der letzten Zeile stehenden Hinweis zu *nachdem*, der sich auf den Zeitenwechsel bezieht.

Ü5b Nehmen Sie sich Zeit für das Vorlesen und die Korrektur verschiedener Varianten, sodass TN viele verschiedene Sätze mit Konnektoren hören.

A3b TN bilden nach Ergänzen der Regel einige Beispielsätze.

Ü6 TN können die Übung in EA oder PA machen. Abgleich und Korrektur im PL.
B

A4 Ggf. können Sie vor der Aufgabe noch einmal temporale Konnektoren an der Tafel sammeln, sodass TN für die Aufgabe eine Auswahl zur Verfügung steht. Oder TN schreiben sich in EA einige Konnektoren in Vorbereitung auf die Aufgabe aus dem Buch ab.

Ü7 Die Übung kann im Kurs oder als HA bearbeitet werden. Der Text bietet sich aber in jedem Fall an, um bei der Korrekturrunde zusammenhängend laut vorgelesen zu werden. Achten Sie auf die Betonung der TN und unterstützen Sie sie. Ggf. lesen Sie den Text auch zunächst einmal selbst

	zusammenhängend vor, bevor TN vorlesen. Gehen Sie die Lücken, die ggf. fehlerhaft ausgefüllt wurden, noch einmal durch, indem Sie die Regeln wiederholen.
A5a	Die Zuordnung kann in PA vorgenommen werden. Wiederholen Sie je nach Bedarf Wortschatz wie *die Entschädigung, belehren, das Bedauern, bedauerlich, die Gutschrift, der Gutschein*.
	Das interaktive Tafelbild bietet weitere Möglichkeiten zum Üben des Grammatikthemas.
Ü8 *Registertraining*	Lassen Sie nicht nur verschiedene TN verschiedene Antwortvarianten vorlesen, sondern sprechen Sie im PL auch darüber, warum TN die eine oder andere Formulierung besonders gefällt, sie angemessen ist oder besonders höflich usw. Fordern Sie TN auf, sich Varianten als Formulierungshilfen zu notieren.
A5b	TN schreiben Antworten in EA und tauschen danach mit anderen TN ihre Unternehmensantworten aus, sodass jede/r TN mindestens zwei andere Antworten liest.

Aussprache

Ü1c	In einer zweiten Runde können TN auch folgendermaßen vorgehen: TN A stellt eine Frage, TN B antwortet (frei) mit einer bestimmten Betonung, TN A spiegelt, wie die Antwort bei ihm/ihr angekommen ist, indem er/sie wiederum darauf reagiert. Beispiel:
	TN A: *Haben Sie die Kopien schon gemacht?*
	TN B: *Nein, aber ich kann sie jetzt machen!*
	TN A: *Ach, das ist super, dann kann ich sie gleich mitnehmen!*

Kommunikation im Beruf

A1a+b	Fragen Sie zum Einstieg: „Kennen Sie diese Situation? Wie fühlen Sie sich in dieser Situation?" (*genervt, erschrocken, irritiert, hilflos* …) TN sprechen dann in KG über ähnliche Erfahrungen. Sollten Sie den Eindruck haben, dass TN entsprechender Wortschatz fehlt, ziehen Sie A1b vor. Führen Sie je nach Bedarf Wortschatz ein wie *die Fehlermeldung, der Absturz, das Passwort, zurücksetzen* … und ergänzen Sie so die Ausdrücke in A1b.
A1d	TN notieren und gleichen ihre Notizen anschließend mit ihrem/ihrer Nebensitzer/in ab. Danach kurze Zusammenfassung im PL.
A2a	Gehen Sie während der Bearbeitung der Aufgabe herum und unterstützen Sie TN individuell beim Verfassen des Dialogs. Regen Sie sie an, Wortschatz aus A1b zu nutzen. Achten Sie auch auf ein angemessenes Sprachregister und weisen Sie bei unangemessenen Formulierungen darauf hin, dass etwas zu persönlich/unfreundlich/knapp usw. ausgedrückt ist. Helfen Sie beim Finden von alternativen Formulierungen.
A2b	Führen Sie diese Aufgabe im Kurs konsequent mit den TN durch und weisen Sie sie darauf hin, dass die Einhaltung der einzelnen Schritte wichtig ist, um ein Gefühl dafür zu bekommen, was beim freien Sprechen am Ende (schon) möglich ist, z. B. eine (leicht) modifizierte Antwort zu geben, wenn man aus dem Konzept gekommen ist.

Grammatik-Rückschau

→ **KV 4-4** (B1/B2)	Kopieren Sie die KV und teilen Sie sie aus. TN suchen in PA nach kreativen Vorschlägen im Konjunktiv II. Anschließend tauschen immer zwei Paare ihre Antworten und lesen die Antworten der des anderen Paars. Lassen Sie am Ende die schönsten Vorschläge im PL vorlesen und darüber hinaus Vorschläge weiterdenken und mehr Formulierungen im Konjunktiv bilden, z. B. in einer Kettenübung: *Wenn sie … hätte, dann müsste sie aber auch …; Sie dürfte nicht …* usw.

Mein Beruf

Themen   Willkommen im ersten Kapitel von *Aspekte Beruf B2*. Im Verlauf des Kapitels lernen TN sich besser kennen, indem sie sich vorstellen und über ihre Berufserfahrung sowie Berufswünsche sprechen. Je nachdem, ob 400 oder 500 Unterrichtseinheiten für den Berufssprachkurs zur Verfügung stehen, wurde der Brückenband *Aspekte Beruf B1/B2* im Kurs evtl. bereits bearbeitet. In diesem Fall kennen sich TN bereits, sodass Sie als LK diejenigen Elemente, in denen es ums Kennenlernen geht, anpassen oder ggf. weglassen können.

    Auftakt   Hier geht es um verschiedene Menschen, ihre Berufe, Tätigkeiten und Arbeitsplätze.
    Modul 1   Würden TN für eine Stelle umziehen oder lieber täglich einen längeren Weg zur Arbeit in Kauf nehmen? In diesem Modul werden die Vor- und Nachteile behandelt.
    Modul 2   TN erfahren, wie man vorgehen kann, wenn man eine Arbeitsstelle sucht. Wie können Jobcenter und Agentur für Arbeit dabei helfen?
    Modul 3   Hier geht es um die eigenen Kompetenzen und darum, welche Eigenschaften für welche beruflichen Tätigkeiten wichtig sind.
    Modul 4   Thema dieses Moduls ist die Anerkennung ausländischer Berufsabschlüsse. Wie kommt man an die dafür nötigen Informationen?
    KiB   Hier gibt es Tipps zur Höflichkeit für Gespräche im beruflichen Kontext.

Lernziele

> **Auftakt** | sich und seinen (Wunsch-)Beruf vorstellen
> **Modul 1** | einen Beitrag im Betriebsforum schreiben
> **Modul 2** | ein Telefongespräch mit der Agentur für Arbeit führen
> **Modul 3** | über Schlüsselqualifikationen im Beruf sprechen
> **Modul 4** | Informationen zur Anerkennung ausländischer Abschlüsse erfragen und verstehen; über die berufliche Zukunft berichten
> **KiB** | höflich um Informationen bitten
> **Aussprache** | Fremdwörter (im ÜB)
>
> **Grammatik**
> **Modul 1** | Wortstellung im Satz
> **Modul 3** | Negation

Auftakt

Hinweis   Sollten TN bereits gemeinsam den Brückenkurs besucht haben und sich schon kennen, können Sie zum Einstieg an die Kennenlernsituation im Band *Aspekte Beruf B1/B2* erinnern. Dort hatten TN bei einem Kursspaziergang nach Gemeinsamkeiten gesucht. Fragen Sie: „Erinnern Sie sich, welche Gemeinsamkeiten Sie damals gefunden haben?" Fragen Sie auch allgemein: „Erinnern Sie sich an unsere erste gemeinsame Unterrichtsstunde? Woran erinnern Sie sich, als Sie sich zum ersten Mal begegnet sind?" TN erzählen und sprechen ggf. darüber, was sie bisher miteinander erlebt und gelernt haben.
    Sollten TN sich noch nicht kennen, können Sie eine Aktivität wie in *Aspekte Beruf B1/B2* vorschalten: TN gehen im Kurs umher und stellen sich einander vor. Schreiben Sie dafür vorab Gesprächsimpulse an die Tafel *(Name, Sprachen, Herkunftsland, Hobbys, Beruf, Familie …)*. Weisen Sie aber vor dem Kursspaziergang ausdrücklich darauf hin, dass jede/r selbst entscheidet, was er/sie von sich erzählen möchte. Dies kann auch der Vorbereitung auf die Arbeit mit → KV 1–1 dienen (siehe A1), auf der die mündlichen Informationen verschriftlicht werden. Wie in der Kennenlernsituation in Band B1/B2 können TN untereinander auch nach (drei) Gemeinsamkeiten suchen.
    Anschließend können Sie – unabhängig davon, ob TN sich bereits kannten oder gerade erst kennengelernt haben – übergehen zur nächsten Aktivität.

vor A1   Schreiben Sie als Einstieg das Wort *Erfahrung* an die Tafel und darunter nebeneinander die beiden Wörter *Lebenserfahrung* und *Berufserfahrung*. Fragen Sie: „Was ist Lebenserfahrung? Was ist Berufserfahrung?" Notieren Sie die von TN genannten Stichwörter in Spalten:

Lebenserfahrung:	Berufserfahrung:
z. B. Schule, Jugend, Sport, Beziehungen, Kinder, Umzug, Reisen, Alter, Verluste	z. B. Ausbildungszeit, Beruf, Firma und Branche, Tätigkeit, Stellenwechsel, Beschäftigungsdauer <u>TN, die (noch) nicht im Berufsleben stehen:</u> Ferienjob, Praktikum, Ehrenamt, Vereinsarbeit usw.

Sie können an dieser Stelle auch zusätzlich folgende Begriffe (oder eine Auswahl) wiederholen/einführen: *der (berufliche) Werdegang, der Lebenslauf, die Biografie, die Vita.*

A1
→ KV 1–1

Teilen Sie nach dem Bearbeiten der Aufgabe die KV aus. TN schreiben ihren Steckbrief.
Weisen Sie darauf hin, dass bei „Erfahrungen" ganz Unterschiedliches genannt werden kann, und verweisen Sie noch einmal auf die Sammlung von Stichpunkten zu Lebens- und Berufserfahrung an der Tafel. Unterstützen Sie TN, die noch keine Berufsausbildung oder -erfahrung haben, mit dem Tipp, stattdessen Erfahrungen und Kompetenzen zu nennen, die für einen Beruf wichtig sein könnten (z. B. *Teamfähigkeit, Computerkenntnisse, Führerschein, Erste-Hilfe-Kurs*).
Die Steckbriefe werden im Raum aufgehängt. TN gehen durch den Raum und lesen die Steckbriefe. Fordern Sie zu Fragen und kurzen Gesprächen untereinander auf, evtl. kombinieren Sie dies mit A2.

A2

Weisen Sie TN darauf hin, dass nicht unbedingt zu allen Punkten aus A1b etwas gesagt werden muss (damit sich niemand gedrängt fühlt). Achten Sie zudem darauf, dass TN ohne Berufserfahrung bzw. ohne Ausbildung/Abschluss am Austausch teilnehmen. Beziehen Sie diese durch Fragen ein, z. B.: „Haben Sie einen Berufswunsch für die Zukunft?", „Haben Sie Familie?", „Was machen Sie gern?" usw.

Modul 1 Pendeln oder umziehen?

vor A1a

Regen Sie, da im Folgenden von „neuen" bzw. „guten Arbeitsstellen" die Rede ist, ein Brainstorming über verschiedene Prioritäten bei der Berufswahl an. Schreiben Sie „Was ist eine gute Stelle?" an die Tafel und sammeln Sie die Wortmeldungen der TN. Eine „gute Stelle" kann sich z. B. auszeichnen durch *ein hohes Gehalt, regelmäßiges Einkommen, ein angenehmes Team, unbefristete Anstellung, Kinderbetreuung, wenig Leistungsdruck, Renommee, viele Urlaubstage, regelmäßige Arbeitszeiten, keine Nachtschichten, keine Wochenendarbeit, ein veganes Mittagessen* oder *einen Fußballplatz in der Nähe* usw. Falls der Aspekt „Entfernung zum Arbeitsort" nicht genannt wird, ergänzen Sie ihn und leiten Sie damit über zum Thema des Moduls „Pendeln oder umziehen?".
Für viele Menschen spielt die Entfernung bzw. der Weg zur Arbeit (künftig) eine wichtige Rolle. Klären Sie unbekanntes Vokabular. Sie können das Verb *pendeln* einführen, indem Sie einen Schlüsselbund o. Ä. hin- und herschwingen und TN die Bedeutung auf den Kontext des Arbeitswegs übertragen lassen. Gehen Sie ggf. auch auf den Ausdruck *etwas in Kauf nehmen* ein und erklären Sie das Wort *Homeoffice*. TN bearbeiten anschließend A1a.

A1b

Für die Auswertung der meistgenannten Antworten bitten Sie eine/n TN, die Nennungen an der Tafel für alle sichtbar zu notieren (Strichliste). Um alle Antworten zu erfahren, können Sie eine Kettenübung einleiten: TN A teilt mit, was er/sie angekreuzt hat, und fragt dann TN B. Geben Sie ggf. passende Redemittel vor: „Was würden Sie / würdest du tun?" oder „Was haben Sie / hast du angekreuzt?". Fragen Sie TN auch nach den Gründen für die Entscheidung: „Warum haben Sie / hast du das angekreuzt?"

A2a–b

Regen Sie TN an, Argumente in den Texten zu unterstreichen oder zu markieren, um sie anschließend leichter wiederfinden zu können. Greifen Sie auch das ggf. neu eingeführte Verb *pendeln* auf und fragen Sie nach dem Lesen: „Wer pendelt?" (Lösung: *Fiffi5*)

A2c

Auch hier können TN die Ausdrücke zuerst markieren (aber in einer anderen Farbe als in A2b).

Mein Beruf

Ü1 Die Korrektur kann als Kettenübung erfolgen: TN A liest den ersten Halbsatz vor, TN B den zweiten, TN C den nächsten Halbsatz usw.

A2
E Auf www.statista.com finden sich Statistiken/Grafiken zum Thema „Pendeln" (z. B. durchschnittliche tägliche Dauer des Pendelns von Arbeitnehmenden). Zeigen Sie TN ab und zu als Sprechanlass eine Statistik oder eine Grafik zum aktuellen KB-Thema. Hierbei wird die für den beruflichen Kontext wichtige Kompetenz „eine Statistik lesen können" (→ Band B1/B2, Kapitel 1, KiB) trainiert und passende Redemittel werden eingeübt, z. B. *Das Thema der Grafik ist …, Die Statistik liefert Informationen über …, Die Daten stammen von … aus dem Jahr …, Die Werte sind angegeben in …, Aus dem Schaubild geht hervor, dass …, … ist gestiegen/gesunken von … auf …, … hat um … zugenommen/abgenommen, … hat sich vergrößert/verkleinert um …*

A2d Den Anforderungen im Berufsleben entsprechend, sollten TN einen Beitrag online schreiben/posten können. Deshalb sollte diese Schreibaufgabe möglichst authentisch online bearbeitet werden. Bereiten Sie für die Forumsbeiträge eine Online-Plattform (z. B. Etherpad oder Padlet) vor, auf der TN in EA ihre Beiträge zu Thema A oder Thema B posten und zugleich die Beiträge der anderen TN lesen können. Anschließend gehen Sie im PL ins Gespräch über die Stellungnahmen. Bei anonymen Posts: TN erfragen gegenseitig, wer was geschrieben hat.

B TN, denen die Aufgabe schwerfällt, können die Forumsbeiträge in A2a als Vorlagen nehmen.
P Weisen Sie zudem auf die Textbausteine in Ü1 und auf die „Strategie" in Ü2b hin (siehe unten); weitere Hinweise zu diesem Aufgabentyp → KB, Prüfungstraining A, S. 39.
E TN verfassen online schriftliche Kommentare/Erwiderungen zu den Forumsbeiträgen anderer TN (ggf. als HA). Geben Sie TN anschließend genügend Zeit, die Beiträge der anderen zu lesen. Besprechen Sie im PL, ob gravierende Fehler aufgefallen sind, die das Verständnis von Beitrag oder Kommentar beeinträchtigen. Unterstützen Sie TN bei der Korrektur. Weisen Sie aber auch darauf hin, dass hier eine individuelle Meinungsäußerung (und damit Teilhabe an wichtigen betrieblichen Themen) unter Umständen relevanter ist als sprachliche Perfektion.

Ü2b
Strategie Besprechen Sie, dass es sich um eine nonlineare Methode der Notizensammlung handelt, die Übersichtlichkeit bietet und Zeit spart. Man kann die Notizen unkompliziert erweitern und ergänzen. Weisen Sie darauf hin, dass der „Tipp" für die Erstellung von Visualisierungen, etwa in Form von Assoziogrammen wie Mindmaps oder Wortigeln, auch in anderen Kontexten hilfreich sein kann. Fragen Sie TN: „In welchen beruflichen Situationen kann ein Assoziogramm helfen?" (z. B. *Vorbereitung eines Meetings, Sammlung von Informationen für eine Präsentation, Bewältigung von Projekten*).
E TN gestalten eine Online-Mindmap, z. B. mit https://mind-map-online.de, www.mindomo.com oder www.mindmeister.com.

Ü3
P Weitere Übungen und Hinweise zur Prüfungsaufgabe *Sprachbausteine Teil 2* finden Sie unter → KB, Prüfungstraining C, S. 103.

A3 Weisen Sie bei der Besprechung der Grammatik darauf hin, dass „te-ka-mo-lo" die unbetonte Satzstellung ist und andere Satzstellungen meist nicht falsch sind, sich durch eine Änderung der Satzstellung aber die Gewichtung der Informationen im Satz ändert. Zeigen Sie dies z. B. an folgendem Beispiel und finden Sie mit TN Gründe für die jeweilige Satzstellung.

> 1. <u>Die Krankmeldung</u> muss wegen der Versicherung bis spätestens Mittwochmorgen dem Abteilungsleiter vorliegen.
> 2. <u>Bis spätestens Mittwochmorgen</u> muss die Krankmeldung wegen der Versicherung dem Abteilungsleiter vorliegen.
> 3. <u>Dem Abteilungsleiter</u> muss die Krankmeldung wegen der Versicherung bis spätestens Mittwochmorgen vorliegen.
> 4. <u>Wegen der Versicherung</u> muss die Krankmeldung dem Abteilungsleiter bis spätestens Mittwochmorgen vorliegen.

Gründe für die jeweiligen Satzstellungen: *1. Es gibt eine Krankmeldung, und was mit ihr passieren soll, steht im Vordergrund (z. B. dass überhaupt eine Krankmeldung eingeholt und abgegeben werden muss). 2. Der Termin als Abgabezeitpunkt steht im Vordergrund (weil z. B. die Krankmeldung bei verspäteter Abgabe nicht mehr akzeptiert werden kann). 3. Es ist wichtig, wem die Krankmeldung bis zu einem bestimmten Zeitpunkt vorliegen soll (nämlich dem Abteilungsleiter und nicht z. B. der Personalabteilung). 4. Der Grund für die Abgabe steht im Vordergrund (dieser wird z. B. betont, damit Mitarbeitende verstehen, warum ein Termin strikt eingehalten werden muss).*

A4
→ KV 1–2

Initiieren Sie weitere Runden mit anderen Sätzen in PA, z. B. mit der KV.
TN prüfen die Sätze auf der KV zunächst dahingehend, ob die (Faust-)Regel aus dem KB (A3b) zutrifft. TN trennen dazu die Satzglieder mit Bleistift in den vorgegebenen Sätzen ab. Erinnern Sie ggf. daran, dass Satzglieder aus mehreren Wörtern bestehen können. Beispiel:
Ich | arbeite | seit drei Jahren | aus gesundheitlichen Gründen | selbstständig | zu Hause. Abgleich im PL, indem jeweils ein/e TN einen Satz mit Trennlinien an die Tafel schreibt und die anderen TN den Satz mit ihrer Version abgleichen. Halten Sie sich als LK so weit wie möglich aus dem Korrekturprozess heraus und unterstützen Sie TN nur, wenn Fehler nicht aufgelöst werden können.
Anschließend können TN die Sätze anhand der eingezeichneten Satzglieder zerschneiden. Achtung: Weisen Sie zuvor darauf hin, dass nicht alle Teile gemischt werden, sondern Satzglieder eines Satzes beisammen liegen bleiben sollen. Weiter geht es in PA: Partner/in A legt das Satzglied eines Satzes, welches betont werden soll, und bildet so den Satzanfang. Partner/in B ergänzt den Rest der Satzglieder zu einem vollständigen, korrekten Satz.
TN lesen ihre Satzvarianten im PL vor. Wenn alle Sätze fehlerfrei sind, schreiben TN drei (oder fünf) ihrer Sätze korrekt ab. Achten Sie (stichprobenartig) darauf, ob das Abschreiben gewissenhaft und fehlerfrei erfolgt. Weisen Sie darauf hin, das Abschreiben als wertvolle Konzentrationsübung zu nutzen. Vor allem TN , die mit der deutschen (Hand-)Schrift noch nicht lange vertraut sind, sollten Sie immer wieder Möglichkeiten hierzu anbieten. Sorgen Sie in der Zeit des Abschreibens für Ruhe im Raum.

E

Um das Bewusstsein für die einzelnen Satzglieder zu schärfen, können TN diese auf der KV (vor oder nach dem Ausschneiden) zur Unterstützung farblich kennzeichnen. Hierzu werden die Satzglieder mit Buntstiften (ggf. bereithalten) nach „te-ka-mo-lo" markiert. Beispiel: *temporal – gelb, kausal – grün, modal – blau, lokal – rot.* Legen Sie die Farben gemeinsam und einheitlich im Kurs fest.

V

In KG wird jeweils ein Beispielsatz erarbeitet. TN schreiben die Satzglieder auf DIN-A4-Blätter (farbig) und hängen ihre fertigen Sätze anschließend an den Klassenraumwänden auf (Klebeband bereithalten). Andere TN lesen und korrigieren ggf., indem sie Satzglieder umhängen.

B

Sollten TN mit der Aufgabe der Erweiterung (farbliche Grundierung von Satzgliedern) früher als andere TN fertig sein, können diese ein Merk-Plakat für den Gruppenraum anfertigen. Weisen Sie darauf hin, dass dieselben Farben wie zuvor genutzt werden sollen und dass Sie diese auch künftig konsequent im Unterricht verwenden werden.

Auch über das interaktive Tafelbild kann das Thema „Ergänzungen und Angaben im Mittelfeld" spielerisch weiter geübt werden.

Ü7
E

Sammeln Sie nach Bearbeitung von Ü7 die Verben mit Präpositionen aus der Übung an der Tafel. TN bilden anschließend eigene Sätze damit:

7a		7b	
träumen von	*einladen zu*	*sich kümmern um*	*sich bedanken bei*
sich bewerben um	*sich freuen auf*	*helfen bei*	*einladen zu*
warten auf	*sich gewöhnen an*	*sich beklagen über*	*sich freuen über*

TN können die Sammlung um weitere Verben mit Präpositionen ergänzen, wie z. B. *sich verabreden mit, sich unterhalten über, zählen zu, sich ärgern über, verzichten auf, sich einstellen auf, nachdenken über, sich überzeugen lassen von.* Verweisen Sie auch auf die Verbsammlung im Anhang → KB, S. 343–345.

Mein Beruf

Modul 2 Bei der Agentur für Arbeit

A1
Interkulturelle Kompetenz

Achten Sie darauf, auch Wortmeldungen wertzuschätzen, die andere Institutionen bzw. Ansprechpartner/innen nennen als Behörden, z. B. *Familie, Kontakte, Karriere-Netzwerke, Organisationen*.

Ggf. thematisieren Sie den im beruflichen Kontext genutzten umgangssprachlichen Begriff *Vitamin B* für Beziehungen (z. B. zu potenziellen Kollegen/Kolleginnen oder Vorgesetzten), die jemandem helfen, eine Arbeitsstelle zu finden bzw. Aufträge zu bekommen. Weisen Sie darauf hin, dass *Vitamin B* einen nicht offiziellen Weg darstellt, da im öffentlichen Sektor die Besetzung einer Stelle mit z. B. einem Familienmitglied als *Vetternwirtschaft* missbilligt wird und sogar (in Behörden, in der Politik usw.) verboten ist. Dem gegenüber können Sie den positiv konnotierten Begriff *netzwerken* bzw. *das Netzwerken* (und *Networking* als Internationalismus) erläutern.

Ü1

Schreiben Sie Wörter aus dem Text, die berufssprachlich relevant sind, an die Tafel und sammeln Sie im PL kontextuell passende Synonyme/Erklärungen:

> der Wiedereinstieg (der Neuanfang z. B. nach einer Schwangerschaft, das Comeback)
> die Qualifizierung (die Ausbildung, die Weiterbildung, die Fortbildung)
> die Dienstleistung (der Service, das Angebot)
> bundesweit (in ganz Deutschland, flächendeckend)
> die Geschäftsstelle (die Filiale, die Außenstelle)
> vermitteln (geben, weitergeben, unterrichten)
> fördern (unterstützen)
> die Eingliederung (die Integration, die Aufnahme)
> die Leistung (die Zahlung)
> lokal (örtlich, vor Ort)
> beziehen (bekommen, erhalten)

Strategie

Diese Strategie sollten Sie so häufig wie möglich im Unterricht praktizieren, um Wortschatzarbeit kontinuierlich in den Lernalltag zu integrieren. Verdeutlichen Sie TN, dass sie mit einem größeren Wortschatz die Kompensationsstrategie „Umschreiben" besser nutzen und ihre Sprachhandlungskompetenz erweitern können.

Arbeitsweltwissen

> Für Zuständigkeiten und Aufgaben von *Jobcenter* und *Agentur für Arbeit* siehe auch Hinweis zu A4. Wichtig für TN ist u. U. die Information, dass es Unterstützung für den Kontakt zum *Jobcenter / zur Agentur für Arbeit* gibt. Hierfür existieren Beratungsstellen, Migrationsdienste, Integrationsmanager und -lotsen (regional unterschiedliche Begrifflichkeiten). Diese können dabei helfen, zunächst die entsprechende Zuständigkeit zu klären (Agentur für Arbeit = Bundesbehörde; Jobcenter = gemeinsame Einrichtung der Bundesagentur für Arbeit und eines kommunalen Trägers, also z. B. der Stadt) und auch, die folgerichtigen Schritte bei z. B. der Suche nach Arbeit oder dem Beantragen von Arbeitslosengeld oder psychosozialer Betreuung zu unternehmen.

A2a

Fragen Sie zur Vorentlastung, wer schon einmal bei der Agentur für Arbeit oder dem Jobcenter angerufen hat und worum es dabei ging.

A2c 🇪

Sammeln Sie nach der Zuordnung im PL weitere passende Redemittel für berufliche Telefonate und schreiben Sie diese in Rubriken an die Tafel (→ Redemittelsammlung, KB S. 325).

A2d
Registertraining

Fordern Sie TN auf, verschiedene Redemittel auszuprobieren, und besprechen Sie anschließend im PL, welche Redemittel besonders praktikabel sind oder TN besonders zusagen.

Zur Auflockerung können Sie – falls es TN nicht selbst tun – auch unpassende Redemittel einstreuen, um den Unterschied zwischen den Registern zu verdeutlichen, z. B. *Was?* statt *Wie bitte?* oder unfreundliche Äußerungen wie *Keine Ahnung!*, *Weiß ich doch nicht!* oder *Wer ist da?* statt *Mit wem spreche ich, bitte?*

Ü3
Strategie
Mediation
E

Die Notizzettel können als Grundlage für ein Rollenspiel verwendet werden. Um die „Strategie" (A2c) zu trainieren, sollte bei diesem, aber auch bei später simulierten Telefongesprächen immer wieder darauf geachtet werden, dass – im Sinne von Mediationstraining – eine Zusammenfassung wichtiger Informationen erfolgt. Auch eine schriftliche Zusammenfassung der erhaltenen Informationen nach einem Telefonat ist eine gute Übung und kann als Gedächtnisstütze dienen (oder fehlende Informationen aufdecken).

A3a
Strategie

Bitten Sie TN vor dem Markieren der Textsorte (A3a), wichtige von (zunächst) weniger wichtigen Informationen zu unterscheiden, indem sie wichtige Stellen in dem Behördenbrief unterstreichen. Weisen Sie darauf hin, dass sich diese Strategie als erster Arbeitsschritt zur Ermittlung von Hauptinformationen eignet. Nach dem Markieren der Hauptinformationen in EA gleichen TN in PA ab, ob sie dieselben Informationen hervorgehoben haben.
Thematisieren Sie anschließend, warum es trotz Hervorhebungen von besonders relevanten Informationen immer wichtig ist, den Gesamttext im Auge zu behalten: *Sprachregister, Aufbau, Wiedererkennungseffekt der Textsorte*. Weisen Sie auf die „Strategie" hin: Bestimmte Textsorten weisen bestimmte Kennzeichen wie z. B. Aufzählungen und Fettungen auf.
Besprechen Sie abschließend: Was sagt die Textform über einen Text aus? Geben bestimmte Textsorten Auskunft über den Inhalt eines Textes? (Z. B. die Textsorte „Einladung" bzw. „Termininformation" oder auch eine Chat-/Textnachricht mit Emojis.)

Arbeitswelt-wissen

> Erläutern Sie den Begriff *Amtsdeutsch* (auch *Behördendeutsch* genannt) und weisen Sie darauf hin, dass manche sprachlichen Ausdrücke in Behördenschreiben oft auch Muttersprachlern nicht geläufig sind und erfragt/recherchiert werden müssen. Bestärken Sie TN, Spezialbegriffe (wie z. B. in A3a *Regelbedarf*) zu markieren und sich zu informieren bzw. gezielt nachzufragen.

E

Schreiben Sie folgende Wortteile an die Tafel und lassen Sie TN im Brieftext nach den dort vorkommenden Wortverbindungen suchen (Beispiel: *Termin-* = *Termindaten*; *-zeit* = *Uhrzeit*).

Termin-	Personal-	-nummer	Regel-
-zeit	-pass	-lauf	-kosten
Warte-	Melde-	-gesetzbuch	-berater
-suchend	Aufenthalts-	Arbeitslosen-	

Strategie

Weisen Sie TN auf das strategische Vorgehen hin, Komposita in ihre Bestandteile zu zerlegen, um deren Bedeutung leichter herauszufinden.

A3b–c
P

TN können in EA oder in PA arbeiten.
Weisen Sie TN darauf hin, dass die Verben *sollen* und *müssen* in diesen Kontexten austauschbar sind. Es handelt sich hierbei um Aufforderungen, die von einer Person ausgehen, aber auch aus Normen oder Vorschriften hervorgehen können. Dies ist in Bezug auf Prüfungsaufgaben relevant, wenn z. B. in einer Aufgaben-/Fragestellung *müssen* steht, in passenden Antwortmöglichkeiten hingegen *sollen* – oder umgekehrt.

Interkulturelle Kompetenz

In Deutschland typische Textsorten (hier: Geschäftsbrief/Behördenschreiben) und deren formale Gestaltungskriterien können Sie gut durch den Einsatz authentischen Materials verdeutlichen. Zeigen Sie TN verschiedene Arten von Geschäftskorrespondenz und wiederholen Sie den Wortschatz für Elemente des Briefaufbaus (*der/die Absender/in, der/die Empfänger/in / der/die Adressat/in, das Datum, der Betreff – das Aktenzeichen, die Kundennummer, die Rechnungsnummer … – der Inhalt, die Grußformel, die Unterschrift, die Anlage / der Anhang*).

A4
Arbeitswelt-wissen

> Weisen Sie TN darauf hin, dass die Bezeichnung *Arbeitsamt* veraltet ist, im allgemeinen Sprachgebrauch aber noch verwendet wird. Regen Sie TN dazu an, die korrekte Bezeichnung *Agentur für Arbeit* bzw. *Arbeitsagentur* zu nutzen. Informationen zu Zuständigkeiten, Aufgaben und Unterschieden von Jobcentern und Arbeitsagenturen unter:
> https://www.jobcenter-ge.de; https://www.arbeitsagentur.de; https://www.perspektiven-schaffen.de/; https://www.youtube.com/watch?v=tgpxVnfsymM

Mein Beruf

Ermuntern Sie TN, sich selbstständig mit dem Thema zu beschäftigen, und weisen Sie auch auf das Angebot in *Leichter Sprache* hin: Im Sinne der Barrierefreiheit sollen wichtige Informationen für alle Menschen gleichermaßen zugänglich sein: https://www.jobcenter-ge.de/DE/Service/LeichteSprache/EzB/barrierefreiheit.html
Weisen Sie auch auf Veröffentlichungen in *Einfacher Sprache* hin, die sich an Menschen mit geringeren Sprachkenntnissen bzw. Zweit- und Fremdsprachenlernende wenden. Im Gegensatz zur *Leichten Sprache* gibt es hierfür kein striktes Regelwerk, aber Richtlinien wie einfachen Satzbau, kurze Sätze, Aktiv statt Passiv, wenige Fremdwörter und Abkürzungen.
Viele Informationen werden inzwischen in leichter oder einfacher Sprache angeboten, so z. B. Broschüren und Texte der Agentur für Arbeit: https://www.arbeitsagentur.de/leichte-sprache/themen/arbeitslos

Ü4
Arbeitswelt-wissen

Weisen Sie TN darauf hin, dass *Termine* beim Jobcenter bzw. der Agentur für Arbeit bei Verhinderung abgesagt werden müssen und gut vorbereitet sein sollten:
„Melden Sie sich rechtzeitig bei Ihrem Jobcenter, wenn Sie den Termin verlegen müssen. Begründen Sie Ihre Terminabsage und reichen Sie zeitnah einen Nachweis ein (zum Beispiel eine Krankschreibung). Bringen Sie zu jedem Gespräch im Jobcenter Ihren Personalausweis, Reisepass oder als Passersatz die Bescheinigung der Ausländerbehörde mit.
Tipp: Lassen Sie sich per SMS an Ihren Termin erinnern. Wenden Sie sich an Ihr Jobcenter, wenn Sie diesen Service nutzen möchten."
Quelle: ©BUNDESAGENTUR FÜR ARBEIT (BA), 2022, Informationen für Termine beim Jobcenter – Bundesagentur für Arbeit (arbeitsagentur.de), Stand 21.10.2022
Weisen Sie darauf hin, dass die Bezeichnungen für Ansprechpartner/innen im Jobcenter bzw. bei der Agentur für Arbeit variieren können: *Betreuer/in; Vermittler/in; Berater/in; Sachbearbeiter/in*.

Modul 3 Das kann ich gut

vor A1a

Bücher geschlossen lassen. Schreiben Sie den Satz *Das kann ich gut: …* an die Tafel und lassen Sie alle TN sagen, was sie gut können – zunächst noch ohne Fokus auf den Beruf. Fragen Sie dann einzelne TN, wo, von wem und wann sie das Genannte erlernt haben.

Arbeitswelt-wissen

Kompetenzen können unabhängig von der Art, wie sie erworben wurden (und ob dafür ein Nachweis vorhanden ist), im Privat- und Berufsleben zum Einsatz kommen. Insbesondere für TN, deren im Ausland erworbene Kompetenzen im deutschsprachigen Raum nicht oder nur teilweise anerkannt werden, spielt die Bewusstmachung der eigenen Kompetenzen eine wichtige Rolle. Ein Beispiel: Jemand, der jahrelang eine Person gepflegt hat, verfügt über Kompetenzen, die jemand ohne diese Erfahrung nicht zu bieten hat. Dennoch verfügt er/sie oft nicht über einen entsprechenden Nachweis für diese Kompetenz (wie z. B. ein Zeugnis). Das Ermitteln und Anerkennen von informell erworbenen Kompetenzen wird – gerade für das Berufsleben – immer wichtiger. Dies hat unter anderem damit zu tun, dass fachübergreifende Schlüsselkompetenzen (wie z. B. Kooperations- und Konfliktfähigkeit, digitale Kompetenz, Verantwortungsbewusstsein) neben fachlicher Kompetenz von starker Relevanz sind (siehe auch Ü2a).
Auch interessant: Der Begriff *Kompetenz* wird heute oft statt des Begriffs *Qualifikation* genutzt.

Schlüssel-kompetenzen

Im KB ist von „persönlichen Fähigkeiten" und „fachlichen Kompetenzen" die Rede. Klären Sie den Unterschied und gehen Sie auf den Begriff *Soft Skills* in Abgrenzung zu *Hard Skills* ein, z. B. anhand des Berufs Mechatroniker/in: Hard Skills wären hier z. B. technisches Verständnis, Kenntnisse in Mathematik, Informatik, Montage, Funktionskontrolle, technischem Zeichnen und Wissen über das Bearbeiten von Metall und Kunststoff. Soft Skills wären z. B. Stressresistenz und Belastbarkeit, Disziplin, Sorgfalt, Geduld, Organisations- und Planungsfähigkeit, Teamfähigkeit.
Sammeln Sie anschließend im PL alle persönlichen Fähigkeiten und fertigen Sie eine Liste mit Nomen an der Tafel an. Wenn TN Begriffe nicht kennen, lassen Sie sie beschreiben und helfen Sie bei der Begriffsfindung.

Weitere Beispiele für Soft Skills: *die Belastbarkeit, die Kommunikationsfähigkeit, die Lernbereitschaft, die Organisationsfähigkeit, das Verantwortungsbewusstsein, die Durchsetzungskraft, das Engagement, die Flexibilität, die Kreativität, das Pflichtbewusstsein, die Sorgfalt, die Teamfähigkeit, die Offenheit, die Stressresistenz, die Zielstrebigkeit, die Zuverlässigkeit, das Einfühlungsvermögen.*

TN sammeln Fragen zu o. g. Soft Skills, mithilfe derer herausgefunden werden könnte, ob jemand über eine bestimmte Kompetenz verfügt. Schreiben Sie die Fragen an die Tafel. Beispiele:

Teamfähigkeit:	Belastbarkeit:
Arbeiten Sie lieber im Team oder allein?	Können Sie mit Stress gut umgehen?
Was können Sie in der Zusammenarbeit mit anderen Menschen besonders gut?	Behalten Sie bei Stress den Überblick?
	Können Sie Misserfolge akzeptieren?
Sind Sie anderen Menschen gegenüber aufgeschlossen?	Geben Sie schnell auf?
	Verlieren Sie schnell die Lust?

Bei dieser Übung geht es mehr um den Sprechanlass als um die genaue und korrekte Ermittlung von Soft Skills. Die Fragen können deshalb an dieser Stelle relativ offen gestellt werden.

Die gesammelten Fragen können auf Karten übertragen werden, sodass jede/r TN eine Karte mit mindestens einer Frage zu einer sozialen Kompetenz erhält. Bei einem Klassenspaziergang befragen sich TN gegenseitig zu ihren Soft Skills.

Klären Sie anschließend mit den TN im PL, warum es wichtig ist, die eigenen Kompetenzen möglichst genau zu kennen, und wie dieses Wissen konstruktiv genutzt werden kann (z. B. kann man die eigenen Kompetenzen mit den in einem Beruf geforderten abgleichen und/oder Weiterbildungsbedarf identifizieren).

Ü1 TN nennen Nomen zu den Adjektiven, z. B. *einfühlsam – das Einfühlungsvermögen, organisiert – die Organisation, die Organisationsfähigkeit, teamfähig – die Teamfähigkeit.*

A2b Planen Sie ein, dass TN den Hörtext ggf. mehrfach hören müssen, wenn die Aufgabe herausfordernd ist. Möglich ist auch folgendes Vorgehen: TN wählen in PA je einen Punkt (oder zwei Punkte) und machen Notizen. Das Gehörte wird in der KG zusammengetragen. Im PL stellt anschließend ein/e TN pro KG vor, was gehört und verstanden wurde. Die anderen TN ergänzen.

Ü2 Der Text könnte in seiner Komplexität für TN herausfordernd sein. Kommunizieren Sie dies im Vorfeld und bieten Sie an, dass TN die Lücken in PA ergänzen.

A3a Ggf. Vorentlastung der Adjektive *einschlägig, umfassend, ausgeprägt.*

A3b Nennen Sie Möglichkeiten, wo TN Stellen recherchieren können, z. B.: https://www.stepstone.de, https://www.arbeitsagentur.de/jobsuche/, https://www.monster.de, https://de.indeed.com, https://www.stellenanzeigen.de. Ergänzen Sie anschließend gemeinsam mit TN die Liste aus A1b mit Kompetenzbegriffen aus den recherchierten Stellenanzeigen.

TN können ein Plakat mit häufig genannten Soft Skills (Nomen) anfertigen und im Gruppenraum aufhängen.

A3a–b

Schlüsselkompetenzen

Um den Begriff *Schlüsselkompetenz* zu thematisieren, bitten Sie TN, ihre Schlüssel(-bunde) vor sich auf den Tisch zu legen. In PA sprechen TN über ihre Schlüssel. Demonstrieren Sie das Vorgehen und fragen Sie eine/n TN: „Wie viele Schlüssel haben Sie?", „Wofür sind die Schlüssel?", „Haben Sie nur einen Schlüssel für … oder auch für die Arbeitsräume / die Wohnung / das Auto / das Fahrrad von jemand anderem?" Schreiben Sie danach den Begriff *die Schlüsselkompetenz* an die Tafel. TN versuchen, eine Definition zu finden bzw. den Begriff zu klären. Folgende Aspekte könnten einfließen: *Schlüsselkompetenzen gehen über fachliches Wissen hinaus. Sie sind nicht auf eine Branche oder einen Beruf beschränkt. Sie können in vielen Situationen hilfreich sein. Sie sind schwer messbar. Sie werden für lebenslanges Lernen benötigt. Sie helfen dabei, auf Neuerungen im Arbeitsumfeld zu reagieren. Sie haben eine große Bedeutung für das Berufsleben.*

Sammeln Sie mit TN konkrete Beispiele für Schlüsselkompetenzen (*Kooperationsfähigkeit, Medienkompetenz, Führungskompetenz, Kommunikationsfähigkeit* usw.).

Mein Beruf

A4c Nachdem die Grammatik behandelt wurde, ergänzen TN weitere Wörter mit den markierten Prä- und Suffixen. Schreiben Sie die Wörter (evtl. nach selben Prä- und Suffixen sortiert) an die Tafel. Sprechen Sie gemeinsam über das Kriterium „Brauchbarkeit" in der Wortschatzarbeit. Weisen Sie TN darauf hin, dass sie im Sinne eigenverantwortlichen Lernens eine Auswahl treffen sollten, welche Wörter sie zum jetzigen Zeitpunkt brauchen und lernen möchten. TN übertragen anschließend nur diejenigen Wörter ins Heft, die für sie persönlich relevant sind. Schränken Sie die Wörterauswahl ein, indem Sie vorgeben, dass jeder/r TN vier Wörter auswählt und abschreibt. Anschließend werden die ausgewählten Wörter kontextualisiert, indem TN zu jedem Wort einen Satz ins Heft schreiben.
TN lesen die Sätze im PL vor und korrigieren gemeinsam.

A5 Lesen Sie als LK die Sätze für die richtige Intonation bei Verneinung mit korrekter Betonung zunächst laut vor. TN sprechen die Sätze dann im PL (mehrfach) nach.

Ü5 TN korrigieren in PA. Danach lesen TN die Sätze mit korrekter Betonung laut vor (wie in A5).

A6 Demonstrieren Sie zunächst ein oder zwei Beispiele im PL. Danach kann die Aufgabe in PA oder KG bearbeitet werden. Beachten Sie, dass es beim Beantworten der Fragen manchmal mehr als eine Möglichkeit gibt und verschiedene Arten der Verneinung möglich sind.
PA: TN stellen sich gegenseitig Ja-/Nein-Fragen und antworten mit Negationswörtern:
1. Runde: Kontext Alltag: *Kochst du gern? – Nein, ich koche nicht gern.*
2. Runde: Kontext Beruf: *Hast du schon mal in der Gastronomie gearbeitet? – Nein, ich habe noch nie in der Gastronomie gearbeitet.*
Gehen Sie im Kursraum herum, hören Sie einzelnen Paaren oder KG zu und korrigieren Sie, wo nötig.

Schlüssel-kompetenzen

Im Rahmen eines Projekts können TN sich näher mit ihren Kompetenzen, beruflichen Erfahrungen und Interessen auseinandersetzen. Das bietet Wiederholung des erlernten Wortschatzes und zugleich Vorbereitung auf das Schreiben von Lebensläufen und Motivationsschreiben.
Im Internet gibt es verschiedene Möglichkeiten, die eigenen Kompetenzen in Bezug auf einen (zukünftigen) Beruf zu ermitteln, z. B. unter https://www.myskills.de oder auf https://www.arbeitsagentur.de/bildung/ausbildung/welche-berufe-passen.
Weiterführend können die ermittelten Kompetenzen mit verschiedenen für TN interessanten oder angestrebten Berufen abgeglichen werden. Berufsprofile und Steckbriefe finden sich z. B. unter https://planet-beruf.de
Am Ende findet eine offene Gesprächsrunde statt, in der TN ihre Ergebnisse präsentieren und berichten, was sie über sich und ggf. (nicht) passende Berufsbilder herausgefunden haben.

→ KV 1–3 Portfolio
Schlüssel-kompetenzen

TN füllen zunächst in EA die Selbsteinschätzung aus. Anschließend werden in KG die passenden Begriffe für Schüsselkompetenz-Bereiche zugeordnet.
Lösung zur KV: *Je vier Fragen zielen auf eine Schlüsselkompetenz ab, von oben nach unten sind dies:*
<u>Selbstkompetenz</u>: 4, 3, 7 – <u>Sozialkompetenz</u>: 6, 5, 2 – <u>Methodenkompetenz</u>: 8, 1
Abgleich im PL. TN ermitteln dann (über +++/++/+/–) die bei ihnen besonders ausgeprägten Kompetenzen und notieren sie. Weisen Sie TN darauf hin, dass die Sammlung von Schlüssel-kompetenzen künftig (z. B. beim Schreiben von Lebenslauf oder Motivationsschreiben) noch zum Einsatz kommen kann.

Modul 4 Mein Abschluss

A1a Wiederholen Sie folgende Wörter bzw. führen Sie sie ein: *die Anerkennung, anerkennen (lassen), anerkannt, das Anerkennungsverfahren, die Anerkennungsstelle, die Berufsberatung*.
Weisen Sie TN darauf hin, dass das „Berufsberatungscenter" hier keine offizielle Stelle meint, sondern stellvertretend für Beratungsstellen steht, die Menschen zum Thema „Arbeitssuche" informieren, beraten und unterstützen (→ *Arbeitsweltwissen* in Modul 2 vor A2a).

A1b Weisen Sie TN darauf hin, dass manche Formulierungen zu beiden Kategorien passen, z. B. „eine Fachprüfung machen". Ggf. sollen TN auswählen, was wo besser passt.

A1c
Arbeitsweltwissen

„Die Berufsausübung in bestimmten Berufen in Deutschland ist an eine Anerkennung der beruflichen Qualifikation gebunden. Diese Berufe werden reglementierte Berufe genannt. Reglementiert sind beispielsweise Medizinberufe, Rechtsberufe, das Lehramt an staatlichen Schulen sowie Berufe im öffentlichen Dienst. Auch Studienfächer, welche Voraussetzung für die Ausübung eines akademischen und reglementierten Berufs sind, gehören dazu. Für im Ausland erworbene berufliche Qualifikationen ist eine Anerkennung erforderlich, welche durch Gesetze oder Verwaltungsvorschriften des Bundes bzw. der Bundesländer geregelt wird.
Die meisten Berufe in Deutschland sind nicht reglementiert."
Quelle: ©BUNDESAGENTUR FÜR ARBEIT (BA), 2022, BERUFENET – Berufsinformationen einfach finden (arbeitsagentur.de), Stand 21.10.2022

Alle, die im Ausland eine Berufsqualifikation erworben haben, können diese auf Anerkennung prüfen lassen. Informationen zum Thema „Anerkennung" finden Sie hier:
https://anabin.kmk.org/anabin.html
https://www.anerkennung-in-deutschland.de/html/de/index.php
https://www.bq-portal.de/Anerkennung-für-Betriebe/fachkraefte-aus-dem-ausland

Nicht reglementierte Berufe sind rechtlich nicht geschützt. Hierzu zählen Ausbildungsberufe im dualen System wie z. B. Kauffrau für Büromanagement oder auch akademische Berufe wie Mathematiker (Listen mit weiteren Beispielen finden sich im Internet z. B. unter den Suchbegriffen „Anerkennung" + „reglementierte Berufe"). Die Bewertung der im Ausland erworbenen Qualifikation erfolgt in diesem Fall durch den Arbeitgeber.
Weitere wichtige Wörter im Zusammenhang mit dem Thema „Anerkennung" sind für TN: *der (nicht) reglementierte Beruf, prüfen, der Bescheid*

Beachten Sie, dass das Thema „Anerkennung" unter Umständen Enttäuschung oder Frustration bei TN auslöst. Viele Zugewanderte müssen feststellen, dass ihr im Ausland erworbener Berufs- oder Studienabschluss im deutschsprachigen Raum nicht oder nur teilweise anerkannt wird. Wichtig in diesem Zusammenhang ist, dass Sie im Unterricht die Themen „Nachholbedarf" oder auch „Neuorientierung" positiv besetzen. Neuanfänge können eine Chance darstellen und neue Perspektiven eröffnen. Die Bewältigung eines solchen Schrittes ist eine Leistung, die zu Stärke und neuen Kompetenzen führt. Berichten Sie von positiven Beispielbiografien (z. B. von ehemaligen Lernenden oder aus Ihrem Freundes-/Bekanntenkreis oder ggf. Ihrer eigenen).
Auf der Seite https://www.make-it-in-germany.com finden sich ebenfalls „Erfolgsgeschichten" von Zugewanderten.

A1e
B

Geben Sie ausreichend Zeit, sodass alle TN zu allen Punkten etwas schreiben können. Fordern Sie TN, die schneller fertig sind, dazu auf, mehr zu schreiben, also die Zeit für das Schreibtraining zu nutzen, bis alle TN so weit sind. Geben Sie hierfür ggf. konkrete Anregungen wie: „Überlegen Sie, an welcher Stelle Ihrer Mail Sie noch etwas ergänzen können. Schreiben Sie noch drei weitere Sätze."
Wenn mehrere TN früher als andere fertig sind, können diese ihre Texte untereinander austauschen und korrigieren bzw. Verbesserungsvorschläge machen.

Ü1b

Achten Sie darauf, dass TN die korrigierten Sätze ganz und mit korrekter Betonung vorlesen.

A2a
E

Fragen Sie: „Wissen Sie, was ein/e Referent/in ist und welche Aufgaben er/sie übernimmt?" und „Welche Kompetenzen braucht man für diese Tätigkeit?" Erklären Sie, dass ein/e Referent/in im weitesten Wortsinn zunächst einmal jemand ist, der vor anderen Menschen „referiert", also einen Vortrag (ein „Referat") hält oder auch etwas schriftlich für andere zusammenfasst. Referenten und Referentinnen arbeiten in Unternehmen, Organisationen und Behörden; sie beraten und bearbeiten Projekte und Fachaufgaben; sie sind meist Experten bzw. Expertinnen für ein ganz spezielles Aufgabengebiet. Referent/in ist kein klassischer Ausbildungsberuf. Herr Brauer könnte sowohl eine Ausbildung gemacht haben (z. B. als Kaufmann für Büromanagement) als auch studiert haben (z. B. BWL, Jura oder Personalmanagement).

A2b+c
B

Lassen Sie TN insbesondere die Antwort zu Frage 1 mehrfach hören. Besprechen Sie nach A2c offene Fragen im PL.

Mein Beruf

A2d TN recherchieren individuell zu ihren eigenen (Wunsch-)Berufen. Quellen für die Recherche → *Arbeitsweltwissen* zu A1c. Falls TN keine Idee haben, geben Sie Hilfestellung, indem Sie Berufe aus verschiedenen Berufsfeldern vorschlagen, z. B. *Erzieher/in, Informatiker/in, Altenpflegehelfer/in, Mechatroniker/in*.

Ü2a TN gleichen zunächst in PA, dann im PL die markierten Informationen ab.

Ü2b
Strategie
Weisen Sie TN darauf hin, dass es eine im Berufsleben wichtige Strategie ist, Notizen anzufertigen. Gehen Sie auf Besonderheiten dieser Textsorte anhand der Übung ein: *keine ganzen Sätze; Verkürzungen und Abkürzungen; leserlich schreiben; evtl. Hervorhebungen anbringen; Zeichen wie z. B. Pfeile.*
Sammeln Sie im PL Gründe für dieses Vorgehen, z. B. *Zeitmangel, Fülle an Informationen, Priorisieren, Übersichtlichkeit.*
Fragen Sie dann TN: „Wann müssen Sie in Ihrem (Wunsch-)Beruf Notizen machen? Warum?"
Mögliche Anwendungsbereiche könnten sein: *Dokumentationspflicht (Protokoll), Erinnerungshilfe, Bewusstmachung, Förderung der Merkfähigkeit, To-do-Liste, Übergabenotizen …;*
Situationen könnten sein: *Übergabe, Teambesprechung, Telefonat, (Video-)Konferenz, Personalgespräch, Meeting, Feedback, Bestellung, Hospitation …*

A3a TN lesen den Text. Fragen Sie anschließend: „Was denken Sie, wenn Sie die Geschichte von Frau Alkateeb lesen?" Weisen Sie TN darauf hin, dass es sich bei Frau Alkateeb um eine reale Person mit diesem Namen und dieser Biografie handelt.
Trainieren Sie anschließend mit TN den im Text enthaltenen Wortschatz, indem TN in KG Synonyme für Wörter aus dem Text suchen und sich entsprechend Notizen machen. Gleichen Sie anschließend die Ergebnisse im PL ab, z. B.:

etwas schaffen (Z. 1):	*erledigen, fertigstellen; hier: ankommen*
die Unterstützung (Z. 6/7):	*die Hilfe*
froh (Z. 10):	*fröhlich, glücklich, zufrieden*
absolvieren (Z. 12):	*beenden, schaffen, bestehen, bewältigen*
starten (Z. 15):	*beginnen, anfangen*
benötigen (Z. 17):	*brauchen*
deutlich (Z. 23):	*klar, verständlich, sichtbar*
notwendig (Z. 24):	*wichtig, relevant, erforderlich*
beharrlich (Z. 32):	*lang, dauerhaft, kontinuierlich, diszipliniert*
die Auflage (Z. 38):	*Verpflichtung, Aufgabe, Auftrag, Bedingung*
erteilen (Z. 46):	*geben, ermöglichen, zukommen lassen, erlauben*
selbstbestimmt (Z. 56/57):	*frei, souverän, autark, eigenverantwortlich*

A3b
Strategie
Stellen Sie die Strategie, Komposita zum leichteren Verständnis auseinanderzunehmen, immer wieder im Unterricht heraus. TN können neben dem Zerlegen von Wörtern zugleich auch das Erklären von Begriffen mit üben. Neben den im KB vorgeschlagenen Formulierungen eignet sich hierfür auch sehr gut das Wiederholen und Üben von Relativsätzen. Beispiel: *die Anerkennungsberaterin: die Anerkennung, die Beraterin – Die Anerkennungsberaterin ist eine Person, die jemanden zum Thema „Anerkennung" beraten kann.*

A4a Möglichkeiten für die Recherche: https://planet-beruf.de/schuelerinnen, www.ausbildung.net, www.berufskunde.de, www.berufe.tv, www.studienwahl.de
Weitere Übungen und Hinweise zum Prüfungsteil *Sprechen* vgl. → KB, Prüfungstraining E, S. 168 und 169.

A4b Weitere mögliche Redemittel: *Ich würde mir wünschen, dass …; In Zukunft wäre/würde ich gern …; Ich plane …; Mein Plan ist(, dass) …; Wenn ich mir etwas wünschen darf, dann wäre/würde ich gern …; Mein Wunsch ist(, dass) … ; Am liebsten wäre/würde ich …*

A4c Im Unterricht werden Notizen gemacht und es wird über die Rechercheergebnisse gesprochen.

E	Die Zusammenfassung kann anschließend auch schriftlich (inkl. Antwort aus A4d) als HA erfolgen. Feedback zur HA am nächsten Tag: Die Person, über die geschrieben wurde, kontrolliert, ob die beiden anderen TN alles richtig notiert hatten.
Ü3a P	TN trainieren hier das in Ü2b geübte Anfertigen von Notizen. Weisen Sie TN darauf hin, dass hier ein Thema für das Prüfungsformat *Sprechen Teil 1A* geübt wird (→ Prüfungstraining auf S. 168 und Übersicht auf S. 350).
Ü3b B	Sollten TN sich mit dem Schreiben zusammenhängender Texte noch schwertun, lassen Sie diese zunächst die Fragen einzeln (Formularcharakter) mit je einem Satz beantworten. Üben Sie dann im PL das Verbinden der einzelnen Sätze, indem Sie Konnektoren wiederholen. Sie können auch mit allen TN zunächst ein Brainstorming machen: „Welche Konnektoren kennen Sie?" (oder, falls der Begriff nicht geläufig ist: „Mit welchen Wörtern kann man Sätze miteinander verbinden?"). Schreiben Sie eine Liste mit Konjunktionen und Subjunktionen an die Tafel. Besprechen Sie beim Verbinden der Sätze, welcher der Konnektoren sich jeweils für den Sinnzusammenhang gut eignet.

Aussprache

ÜB	Üben Sie die Aussprache in Verbindung mit Bewegung, indem Sie TN auffordern, aufzustehen und bei Betonung im Wort z. B. jeweils einen Schritt nach vorne zu gehen. Führen Sie das zunächst ein-, zweimal vor. Um mögliche Sprechhemmungen zu reduzieren, können alle TN diese Übung im Chor sprechen und die Bewegungen gemeinsam ausführen. Bei Platzmangel können Sie auch akustische Signale statt Bewegung nutzen (z. B. bei Betonung auf den Tisch klopfen).

Kommunikation im Beruf

A1d	Weisen Sie TN auf Ausdruck und Mimik hin. Besprechen Sie, dass man am Telefon hört, ob jemand lächelt. Thematisieren Sie auch die Atmung, die bei Telefonaten eine wichtige Rolle spielt und jemanden ruhiger und in anderer Tonlage sprechen lassen kann. Wenn es im Raum nicht zu laut wird, kann das Gespräch auch in PA Rücken an Rücken geübt werden.
A1d–e *Registertraining*	TN geben Feedback mit Fokus auf „Höflichkeit". Was macht das Gespräch der anderen TN höflich, was weniger? Achten Sie auf sprachliche Angemessenheit: Die Gespräche sollten höflich und natürlich, d. h. weder zu locker noch zu steif geführt werden. Besprechen Sie für die einzelnen Situationen, wo sich die Akteure der Gespräche gerade befinden könnten (*am Telefon, Face-to-Face, im Büro, in der Kantine …*) und überlegen Sie gemeinsam, was das für das Gespräch bedeuten könnte (*Gespräch muss schnell gehen, aber höflich ablaufen; Gesprächspartner/innen kennen sich (nicht); Gespräch findet im Sitzen/Stehen … statt* usw.). Achten Sie neben dem sprachlichen Ausdruck auch auf nonverbale Aspekte (Mimik, Gestik, Blickkontakt) und paraverbale Aspekte (Sprechtempo, Lautstärke, Melodie) der Kommunikation. Thematisieren Sie zudem, dass die mündliche Kommunikation in der Regel weniger formell ist als die schriftliche.

Grammatik-Rückschau

E	Spiel zur Übung von Verneinung: TN spielen in PA folgende Situation: Beide TN sind Kolleg/innen an einem Arbeitsplatz ihrer Wahl (Büro, Praxis, Agentur, Geschäft …). TN A = gut gelaunt: stellt viele Fragen. TN B = schlecht gelaunt: beantwortet alle Fragen mit Nein. Beispiele: TN A: *Hast du gut geschlafen?* – TN B: *Nein, ich habe nicht gut geschlafen.* TN A: *Kannst du die Kopien machen?* – TN B: *Nein, ich kann die Kopien nicht machen.* TN A: *Möchtest du einen Kaffee?* – TN B: *Nein, ich möchte keinen Kaffee.* TN A: *Hast du heute schon jemand(en) von der IT gesehen?* – TN B: *Nein, ich habe heute noch niemand(en) von der IT gesehen.* Anschließend Rollen tauschen.

Mein Weg in den Beruf

Themen Das zweite Kapitel widmet sich verschiedenen Ausbildungswegen, der Stellensuche, der Bewerbung und dem Vorstellungsgespräch.

    Auftakt Zum Einstieg werden verschiedene Personen und ihre Werdegänge in unterschiedlichen Berufen vorgestellt.
    Modul 1 Wo und wie findet man eine Stelle? Hier geht es um vielfältige Möglichkeiten der Arbeitssuche.
    Modul 2 In diesem Modul werden Lebensläufe und -stationen betrachtet und schriftlich verfasst.
    Modul 3 TN lernen in diesem Modul verschiedene Ausbildungswege und deren Besonderheiten kennen und sprechen über eine Berufsmesse.
    Modul 4 Hier lernen TN, wie sie zu einem Stellenangebot das passende Anschreiben verfassen, worauf es in Vorstellungsgesprächen ankommt und wie man sich darauf vorbereiten kann. Und es geht darum, wie man sich nach dem aktuellen Stand einer Bewerbung erkundigt.
    KiB TN üben, wie man Termine freundlich vereinbaren, verschieben oder absagen kann.

Lernziele
> **Auftakt** | Berufe raten und raten lassen
> **Modul 1** | eine Umfrage zum Thema „Stellensuche" verstehen
> **Modul 2** | einen Lebenslauf analysieren und schreiben
> **Modul 3** | über Ausbildungswege in Deutschland sprechen
> **Modul 4** | ein Bewerbungsschreiben verfassen
> **Modul 4** | Teile eines Vorstellungsgesprächs üben und den aktuellen Stand einer Bewerbung erfragen
> **KiB** | Termine vereinbaren, verschieben oder absagen
> **Aussprache** | Konsonantenhäufung (im ÜB)
>
> **Grammatik**
>   **Modul 1** | zweiteilige Konnektoren
>   **Modul 3** | Konnektoren *um zu, ohne zu, (an)statt zu* + Infinitiv und Alternativen

Auftakt

A1a TN aktivieren möglichst viel Wortschatz, bevor sie die Texte lesen. Die Bilder können vielfältige Assoziationen zu Berufen/Tätigkeiten hervorrufen (z. B. Frau mit Kissen: *Schneiderin, Verkäuferin, Geschäftsführerin, Vertreterin, Innenarchitektin, Stoffdesignerin, Therapeutin, …*). Sammeln Sie zunächst frei und fragen Sie z. B.: „Was sehen Sie auf dem Bild?", „Was könnte die Person im Arbeitsalltag tun?", „Wo könnte die Person ihren Arbeitsplatz haben?". Dann Übergang zu A1b in KG.

A1b TN können aus „ihren" Texten die Nomen-Verb-Verbindungen und Verben mit Präpositionen heraussuchen. Sammeln Sie diese anschließend im PL in zwei Spalten an der Tafel zur Wiederholung. TN entscheiden, welcher Wortschatz für sie individuell brauchbar ist, und übertragen diesen in ihre Hefte.

Ü1a Fragen Sie zunächst: „Welche Berufe könnten die Personen auf den Fotos haben? Wo könnten sie arbeiten?" Dann die Tätigkeiten den Fotos zuordnen lassen.

Ü2 Wiederholen Sie Artikel, indem Sie TN nacheinander Nomen (ohne Artikel) aus den Sätzen suchen und laut aussprechen lassen. Alle TN notieren währenddessen auf einem Blatt Papier das gerade genannte Nomen und den passenden Artikel. Dann kommt der/die nächste TN mit dem nächsten Nomen an die Reihe. Ein/e TN kann dies parallel an der Tafel tun. Anhand dieser Liste korrigieren anschließend alle gemeinsam ihre Aufschriebe.

Ü3 Diese Übung können Sie als Wettbewerb in Teams durchführen: Jeweils zwei TN treten gegeneinander an. Wer findet schneller alle Paare? Achten Sie auf ungefähr gleich starke Teams.

A2 E	Diese Aufgabe können TN auch in KG machen. Anschließend Austausch im PL, was leicht und was schwer zu erraten war und warum (*weniger populärer Beruf, Handbewegung/Arbeitsmittel nicht/kaum bekannt, Handbewegung/Arbeitsmittel wird in verschiedenen Berufen verwendet* usw.). Sie können auch verschiedene Runden spielen: *eigener (Wunsch-)Beruf; Beruf eines Freundes/einer Freundin; Beruf eines Familienangehörigen; Beruf, den man auf gar keinen Fall lernen möchte, …*
Ü4	Die Übung kann in PA bearbeitet werden. Unterstützen Sie schwächere TN und gleichen Sie die Lösungen ggf. nach den Teilaufgaben a und b jeweils ab, bevor TN zur nächsten Teilaufgabe übergehen. Ü4c kann zunächst von Paaren ausgetauscht, gelesen und korrigiert und anschließend im PL präsentiert werden.
Ü5 E	Wenn Ü5 gelöst wurde, können TN im Anschluss (ggf. als HA) selbst ein oder zwei solcher Rätsel-Reihen entwerfen. Diese werden (ggf. am nächsten Tag) in KG gelöst.

Modul 1   Auf Jobsuche

vor A1a	Fragen Sie TN: „Kennen Sie die Berufe der Leute auf den Fotos? Wo arbeiten diese Menschen?" Gehen Sie dann über zu A1a.
Ü1	In PA korrigieren.
A1b	Fordern Sie TN dazu auf, beim Hören Notizen zu machen. Nach dem Hören in PA Notizen abgleichen, erst danach im PL kurz besprechen, wenn nötig. Fragen Sie auch: „Was überrascht Sie? Warum?"
A2 P E	Siehe hierzu auch → Hinweis zu Kapitel 1, Modul 2, A1 (*Interkulturelle Kompetenz*). Das Thema gehört zu den Themen, die als Gesprächsthema in der Prüfung vorkommen können. Hinweise dazu finden sich in der → Prüfungsvorbereitung auf S. 168/169 und der → Übersicht auf S. 350. TN recherchieren in KG Möglichkeiten der Job-/Praktikumssuche vor Ort. Ergebnisse werden danach im PL abgeglichen und es wird eine gemeinsame Liste erstellt. Es können sowohl Internetadressen als auch Beratungsstellen vor Ort in die Liste aufgenommen werden.
Ü2	In PA abgleichen und korrigieren.
A3b *Strategie*	Fragen Sie im Anschluss an die Einordnung der Konnektoren in die Tabelle, welche der zweiteiligen Konnektoren TN bereits aktiv verwenden und welche nicht. Bewerten Sie dies nicht, sondern betonen Sie, dass ein erster Schritt getan ist, wenn TN die Konnektoren sinngemäß verstehen können (z. B. beim Lesen von Texten oder beim Hören wie in A3) und dass ein nächster Schritt sein könnte, zweiteilige Konnektoren (zunächst einen oder zwei) in die eigene Produktion von schriftlichen Texten aufzunehmen. Weisen Sie darauf hin, dass die Verwendung von zweiteiligen Konnektoren in einem Text (z. B. in einem Brief) ein Zeichen für kompetente Sprachverwendung ist. Sie können dann folgende Strategie einführen: Verabreden Sie mit TN, die sich dazu bereit fühlen, in Zukunft beim Schreiben eines Textes (z. B. eines Briefes) immer mindestens einen zweiteiligen Konnektor zu verwenden.
Ü3 B	Da die Darstellung für lernungewohnte TN anspruchsvoll sein kann, sollte hier in KG zu dritt gearbeitet werden. Achten Sie unbedingt darauf, für diese Übung genug Zeit einzuräumen, damit TN zunächst Zeit haben, sich mit dem dargestellten System vertraut zu machen, sich dies ggf. gemeinsam in der KG zu erarbeiten und das Dargestellte verstehen zu können. Weisen Sie explizit darauf hin, dass es wichtig ist, sich hierfür die nötige Zeit zu nehmen. Ggf. versorgen Sie TN, die mit der Übung eher als andere fertig sind, mit einer Zusatzaufgabe (z. B. Erweiterung zu A3d).
A3c	Lassen Sie die Aufgabe in EA erledigen. Dann Abgleich in PA und anschließend Korrektur im PL. Nehmen Sie sich Zeit für die Untersuchung der Sätze, indem Sie gemeinsam besprechen, was sich im Satzbau ändert, wenn zweiteilige Konnektoren verwendet werden. Untersuchen Sie, wo Sätze und wo Satzteile verbunden werden.

Mein Weg in den Beruf

✎	Auch über das interaktive Tafelbild kann das Thema „Konnektoren" weiter eingeübt werden.
Ü4	In PA korrigieren. Bei Fragen/Schwierigkeiten im PL klären.
A3d E	Kann als HA aufgegeben werden. Sie können die Aufgabe auch erweitern, indem Sie drei Sätze rund um den Beruf und drei Sätze rund um ein anderes Thema schreiben lassen.
Ü5 B	Je nachdem, wie sicher TN die zweiteiligen Konnektoren bereits verwenden, können alle sieben Sätze oder auch nur vier Sätze ergänzt werden. Die Übung kann auch gut als HA aufgegeben werden. Überlassen Sie TN dann die Entscheidung, ob sie alle Sätze oder nur eine Auswahl ergänzen möchten.

Modul 2   Ein Lebenslauf

vor A1 *Arbeitswelt-wissen*	Das Thema *Bewerbung* ist sehr umfangreich. Wichtig ist, dass Sie TN vermitteln, dass es zwar Vorgaben gibt, diese aber je nach Branche variieren. Viele ehemals klassische Vorgaben sind inzwischen „aufgeweicht" – auch durch neue, digitale Bewerbungsformen über Onlineformulare und in den sozialen Medien (z. B. mit einem kreativen Video) – und es gibt nicht immer „richtig" oder „falsch". Das macht das Schreiben von Bewerbungen insofern anspruchsvoll, da Antworten auf Fragen wie „Sollte ein Foto im Lebenslauf mitgeschickt werden?" oder „Sollte ich eine Lücke im Lebenslauf vermeiden?" zu persönlichen Entscheidungen werden und ggf. genaue Branchenkenntnis voraussetzen. Es gibt für den Lebenslauf keine DIN-Vorschrift, sondern eher Trends wie z. B. den umgekehrt chronologischen Aufbau (d. h. aktuelle Berufserfahrungen werden zuerst genannt) oder die Tatsache, dass Angaben zum Familienstand freiwillig sind und heute oft weggelassen werden oder dass das Mitsenden eines Fotos freiwillig ist, oft aber (noch) praktiziert wird. Es ist daher wichtig, sich für die jeweilige Branche bzw. Firma vorab zu informieren: Welche Bewerbungsform ist dort aktuell gängig? Wird dort eher auf das Beherrschen von Konventionen oder das Demonstrieren von Kreativität Wert gelegt? Grundsätzlich gilt, dass Struktur und Übersichtlichkeit eine wichtige Rolle spielen und nur Fakten in den Lebenslauf gehören. Wichtige Aspekte können dabei durchaus hervorgehoben werden. Der Lebenslauf sollte adressatengerecht gestaltet werden, damit der/die Lesende (der/die unter Umständen viele Lebensläufe lesen wird) sich rasch einen Überblick verschaffen kann, was bereits im (Berufs-)Leben geleistet wurde und was dem/der Bewerber/in künftig zuzutrauen ist.
A1c *Interkulturelle Kompetenz*	Weisen Sie TN darauf hin, dass dies ein Beispiel für einen konventionellen Lebenslauf ist. Regen Sie TN an, sich in KG verschiedene Lebensläufe anzusehen. Nutzen Sie das Internet und lassen Sie TN Beispiel-Lebensläufe bzw. Vorlagen auch in ihren Muttersprachen suchen und anderen TN zeigen. Untersuchen Sie zunächst, ob sich die Form / der Aufbau unterscheidet. Sprechen Sie dann im PL über inhaltliche Unterschiede. Gut verwendbare Vorlagen für deutschsprachige Lebensläufe findet man z. B. unter https://cv.guru/de/lebenslauf-muster/ Thematisieren Sie auch Unterschiede bei der Formatierung von Lebensläufen und Besonderheiten beim Verschicken: In der Regel werden diese nicht mehr per Post, sondern digital versendet; dabei ist es wichtig, dass sie als PDF formatiert sind, um Änderungen durch fremde Hand zu verhindern. Weisen Sie in diesem Zusammenhang darauf hin, dass die in einem Lebenslauf genannten Angaben und Daten stets korrekt sein müssen.
A1d	Thematisieren Sie unbedingt, dass es in der Regel einige Zeit beansprucht, einen Lebenslauf zu schreiben. Gehen Sie deshalb schrittweise vor und passen Sie den Umfang des Unterrichtsinhalts Ihrer Zielgruppe an. TN können ggf. auch zu Kapitel 1, Modul 4 zurückblättern, in dem es bereits um das Thema „Abschluss/Anerkennung" ging. Bevor Sie auf die „Strategie" eingehen, können Sie die Kopiervorlage nutzen (siehe S. 69).

Der nächste Schritt wäre das Sortieren der Stationen aus dem Werdegang (Zeitstrahl) in die Kategorien (*Persönliche Angaben, Berufserfahrung, Ausbildung, Praktika, Weiterbildung, EDV-Kenntnisse, Sprachen, Interessen*). In einem weiteren Schritt kann dann der Lebenslauf in Form gebracht werden. Ermuntern Sie TN dazu, sich ggf. Hilfe beim Erstellen desselben zu organisieren (z. B. im Berufsinformationszentrum, bei der Agentur für Arbeit, bei Beratungsstellen oder bei Muttersprachlern, die Unterstützung anbieten).

→ KV 2–1 (Portfolio)

Vor dem strukturierten Sammeln aller für den Lebenslauf wichtigen Informationen können Sie zunächst die Portfolio-KV austeilen und TN bitten, wichtige Stationen ihres (Berufs-)Lebens zu notieren. Oft ist es nicht einfach, sich an genaue Zeiten zu erinnern, sodass es sich in jedem Fall als HA anbietet, den Zeitstrahl zu ergänzen. Kommunizieren Sie eindeutig, dass jede/r TN – insbesondere für den Unterrichtskontext – selbst entscheidet, ob/was er/sie notieren möchte. Der Fokus soll hierbei auf (Schul-)Ausbildung, Berufserfahrung und ausgeübten Tätigkeiten liegen, dennoch können auch andere Stationen (z. B. Umzug, Familiengründung, Elternzeit, Arbeitslosigkeit, längere Krankheit) mit aufgenommen werden, gerade von TN, die noch keine Berufserfahrung gesammelt haben. Weisen Sie auch darauf hin, dass der Zeitstrahl persönlich ausfallen darf und eine Präsentation im Kurs nicht erwartet wird. Freiwillige dürfen jedoch gern ihren Werdegang vorstellen und ggf. kommentieren bzw. Fragen anderer TN dazu beantworten.

nach A1
Mediation

Auf der Seite „Make it in Germany" (https://www.make-it-in-germany.com/de/) gibt es die Verlinkung zu Kurzfilmen der Rubrik „I made it". In diesen Videos werden zugewanderte Menschen mit ihrem beruflichen Werdegang in Deutschland porträtiert.
Teilen Sie TN in KG ein. Jede KG entscheidet sich für ein oder zwei Videos und notiert beim Ansehen alle Informationen aus den Videos, die in einen Lebenslauf gehören (*Wohnort, Arbeitsort, Ausbildung im Herkunftsland, Berufsbezeichnung in Deutschland, Jahr der Anerkennung* usw.). Innerhalb der KG werden die gesammelten Notizen abgeglichen und ergänzt. Im Anschluss erzählen sich die KG gegenseitig in eigenen Worten anhand der notierten Informationen aus dem Lebenslauf die „Erfolgsgeschichte", die sie gesehen haben.

Ü1

Sie können nach der Übung zu folgenden Fragestellungen im PL ins Gespräch gehen:
– „Kennen Sie eine alternative Überschrift für *Lebenslauf*?" *(Curriculum Vitae)* Thematisieren Sie dabei, dass manchmal statt der Überschrift *Lebenslauf* der Name der Person dort steht (weil es klar ersichtlich ist, dass es sich um den Lebenslauf handelt).
– „Wie gefällt Ihnen das optische Erscheinungsbild des Lebenslaufs von Pjotr Filipek?", „Was würden Sie anders machen? Warum?"
– „Ist das Foto gut gewählt? Warum?"
– „Würden Sie ein Foto mitschicken oder weglassen? Warum?" (→ *Arbeitsweltwissen* zu A1).
– „Wie sieht Ihr Lebenslauf aus? Kürzer oder länger? Warum?"

Schlüsselkompetenzen

Das Verfassen von eigenen Lebensläufen und ggf. auch Bewerbungsanschreiben kann im Rahmen einer freiwilligen Projektarbeit stattfinden. Hierfür können Sie im Kurs über einen längeren Zeitraum mit klar abgesteckten (Teil-)Zielen und klaren Zeitvorgaben arbeiten. Wichtig ist dabei zunächst, die Bedürfnisse und Wünsche der TN zu ermitteln und entsprechend binnendifferenziert zu planen: Wer ist bereits so weit und möchte eine vollständige Bewerbung aufsetzen? Wer hat schon konkrete Bewerbungswünsche und -ziele? Wer möchte „nur" einen Lebenslauf erstellen? Wer möchte zunächst „nur" berufsbezogen recherchieren? Sie können entsprechend Angebote für KG oder EA machen und das Projekt über einen bestimmten Zeitraum verfolgen.
Bedenken Sie, dass ein solches Projekt einen entsprechenden (Zeit-)Aufwand bedeutet und Sie ggf. den TN gegenüber zuvor verdeutlichen sollten, dass diese Arbeit Selbstständigkeit verlangt und Sie lediglich bestimmte (zu Projektbeginn klar kommunizierte) Formen der Unterstützung anbieten können. Dies gilt besonders für große Lerngruppen. Ermutigen Sie TN deshalb zu Etappenzielen und räumen Sie ggf. Zeit für Gruppen-Feedback ein. Dazu legen Sie beispielsweise fest, dass innerhalb von einer oder zwei Wochen TN ihren Lebenslauf aufsetzen, die dann im Rahmen einer Unterrichtsstunde im KG oder im PL begutachtet werden und zu denen konstruktives Feedback gegeben wird. Auf diese Weise kann das prozesshafte Entstehen eines Textes begleitet werden und ohne Zeitdruck an Bewerbungen gearbeitet werden. Auf TN, die sich (anfangs) zurückhaltend

Mein Weg in den Beruf

zeigen, kann dies motivierend wirken. Möglicherweise möchten diese sich dem Bewerbungsprozess auch schrittweise übers Beobachten annähern.
Beispiel für ein schrittweises Vorgehen könnte sein:

> 1. Portfolio-KV mit Lebensstationen
> 2. Zeiten kontrollieren, ggf. Jahreszahlen und Monatsangaben ergänzen
> 3. Sortieren der Stationen in Kategorien (vgl. A1d)
> 4. Recherchieren von Wortschatz zu Abschlüssen und Tätigkeiten
> 5. Mustervorlagen für Lebensläufe recherchieren und für eine Vorlage entscheiden
> 6. Eigene Daten in die Vorlage einfügen
> 7. Tandem-Feedback bzw. -Korrektur, wenn möglich
> 8. Ergänzen von fehlenden Informationen, Korrektur, Verbesserung (inhaltlich und Layout)
> 9. Präsentation des Lebenslaufs im PL. Feedback von TN und LK

Zahlreiche Lebenslauf-Vorlagen (vgl. A1c) finden sich unter: https://cv.guru/de/lebenslauf-muster/
Wie beim schrittweisen Vorgehen beim Lebenslauf kann dann ggf. auch ein Anschreiben aufgesetzt werden:

> 1. Informationen zum Adressaten recherchieren (Unternehmen, Institution, Ansprechpartner/in)
> 2. Briefvorlage recherchieren oder aufsetzen
> 3. Eigene Inhalte (z. B. zu Motivation, Erfahrung, Wünsche) in Stichwörtern sammeln und strukturieren
> 4. Inhalte in Fließtext bringen
> 5. Tandem-Feedback bzw. -Korrektur, wenn möglich
> 6. Ergänzen von fehlenden Informationen, Korrektur, Verbesserung (inhaltlich und Layout)
> 7. Präsentation des Anschreibens im PL. Feedback von TN und LK

Sie können hierfür auch → Portfolio-KV 10–3 nutzen und mit den SMART-Kriterien konkrete Zielvereinbarungen fördern bzw. festmachen.

Das hier vorgestellte Projekt kann auch zu einem späteren Zeitpunkt im Kursverlauf stattfinden. Kommunizieren Sie dies ggf. den TN und verweisen Sie darauf, dass das Anfertigen von Bewerbungen einen entsprechenden Vorlauf benötigt. Dies kann sich sowohl auf den Sprachstand als auch auf zeitliche Kapazitäten für z. B. die Recherche beziehen. TN sollten auch in Betracht ziehen, dass für das Korrekturlesen durch eine weitere oder mehrere Personen Zeit eingeplant werden sollte.

Modul 3 Schule – Betrieb – Uni?

vor A1
Arbeitsweltwissen

Das duale Ausbildungssystem als für Deutschland typische Ausbildungsform genießt aus ausländischer Perspektive einen sehr guten Ruf. Das System bietet über 300 Ausbildungsberufe und ist teilweise stark spezialisiert. Die Basis der *dualen Berufsausbildung* sind die beiden Lern- und Ausbildungsorte Berufsschule und Betrieb. So wird theoretisches und praktisches Lernen sowie Berufserfahrung kombiniert.
Der/Die Auszubildende (Azubi) schließt einen Ausbildungsvertrag mit einem Betrieb ab. Neben den Zeiten im Betrieb (z. B. drei oder vier Tage in der Woche) wird in der Berufsschule gelernt. Dadurch werden nicht nur allgemeine, vergleichbare Standards für den Berufsstand vermittelt, sondern es kann sich auch eine gute Vernetzung der Azubis untereinander ergeben. Auszubildende erhalten zudem von Anfang an eine Vergütung, die mit fortlaufender Ausbildungszeit ansteigt. Selbst für viele Abiturient/innen ist dies ein Anreiz, sich gegen ein Studium und (zunächst) für eine Berufsausbildung zu entscheiden.
Die Ausbildung von Fachkräften im dualen Ausbildungssystem gewährleistet z. B. eine hohe Qualität in der Produktion und somit Erfolg auch im Außenhandel. Auch die niedrige Jugendarbeitslosigkeit wird häufig auf das System zurückgeführt. Allerdings nimmt die Zahl der

> neu abgeschlossenen Ausbildungsverträge bzw. die Zahl der betrieblichen Ausbildungsplätze ab. Zudem ist das duale System von allgemeinen Problemen wie abnehmender Zahlen von Schulabgänger/innen, zunehmendem Interesse an Studiengängen, betrieblichen Gründen wie steigenden Kosten der Ausbildung, mangelnden Ressourcen und Umstrukturierungsmaßnahmen betroffen.
>
> In einem *dualen Studium* wechseln sich theoretisches Hochschulstudium und Praxisphasen im Unternehmen ab. Die Ausrichtung des Studiums kann so auf die Erfordernisse eines Unternehmens abgestimmt werden. Studierende haben finanzielle Sicherheit durch die Ausbildungsvergütung und die Aussicht auf hohe Übernahmechancen durch das Unternehmen. Duale Studiengänge werden vor allem in wirtschafts- und ingenieurswissenschaftlichen Fachbereichen, Informatik und im Bereich Sozialwesen, Erziehung, Gesundheit und Pflege angeboten.
> Weiterführende Links unter Hinweis zu A2.

A1 TN können zunächst in KG über Ausbildungswege sprechen. Anschließend Sammlung verschiedener Möglichkeiten im PL an der Tafel. Ggf. kommen Sie auch schon ins Gespräch über Vor- und Nachteile verschiedener Ausbildungswege.

A2 Gehen Sie ggf. auf Nachfragen der TN ein. Sie können TN auch zusätzlich z. B. auf folgenden Seiten zu den genannten Ausbildungswegen recherchieren lassen:
https://www.make-it-in-germany.com/de/ (Suchbegriff: *duale Ausbildung*)
https://www.bamf.de/DE/Themen/MigrationAufenthalt/ZuwandererDrittstaaten/Bildung/Berufsausbildung/berufsausbildung-node.html
https://www.ausbildung.de/duales-studium/
https://www.azubi.de/beruf/tipps/schulische-ausbildung
https://berufenet.arbeitsagentur.de/berufenet

→ KV 2-2 (Portfolio) Auf der Kopiervorlage können TN ihre persönlichen Pro- und Kontra-Argumente für verschiedene Ausbildungswege notieren. Sie können anregen, dass TN sich ganz konkret mit Ausbildungsberufen befassen, die sie persönlich interessieren, und diese recherchieren, um sich mit dem jeweiligen Ausbildungsweg näher zu befassen und detaillierte Informationen zu bekommen (z. B. zu Ausbildungsdauer, Vergütung, Möglichkeiten vor Ort, Anteilen von Theorie und Praxis).

A3a TN sprechen in PA über das Angebot, die Messe zu besuchen.
Hinweis: Das Thema „Messebesuch" wird in Kapitel 5 ausführlicher aufgegriffen.

A3b *Mediation* Personalisieren Sie diese Aufgabe, indem Sie losen (z. B. Zettelchen mit TN-Namen ziehen lassen), wer an wen schreibt. So haben TN eine/n konkrete/n Adressaten/Adressatin für ihre Nachricht. Sie können die Aufgabe auch noch authentischer gestalten, indem Sie tatsächlich Nachrichten (über Messenger-Dienste oder als Mail) versenden lassen.
TN können eine kurze Antwort formulieren und versenden (auch als HA möglich).

A3c Abgleich in PA, anschließend Lösung im PL abgleichen.

Ü2 TN arbeiten je nach Bedürfnissen in EA oder PA. Korrektur im PL, ggf. Rückgriff auf A3c zur Erklärung.

A3d Auch hier können Sie TN, die sich noch nicht sicher fühlen, das Angebot machen, in PA die Aufgabe zu lösen.

A4a-c *Mediation* Hier bietet sich eine Übung zur Mediation an, indem ein oder zwei freiwillige TN nach dem Bearbeiten der Aufgaben A4a-b die Grammatik im PL in eigenen Worten erklären. Regen Sie an, dafür die Tafel und ggf. verschiedene Farben zu nutzen. Nach der Erklärung bearbeiten alle TN A4c. Die „Grammatik-Expert/innen" bleiben noch in ihrem Amt, während A4c im PL besprochen und korrigiert wird. Sie als LK greifen nur ein, falls unlösbare Schwierigkeiten auftreten. Danken Sie den „Grammatik-Expert/innen", indem Sie im PL einen Applaus initiieren (unabhängig davon, wie sehr Sie als LK unterstützt haben).

Mein Weg in den Beruf

Ü3 TN bearbeiten Ü3 in EA. Sollte der Zeitbedarf der TN sehr unterschiedlich sein, lösen langsamere TN im Unterricht die Sätze 1–4 und die Sätze 5–6 als HA.

Ü4 Ggf. als HA.

A5
Schlüsselkompetenzen

TN können in EA oder ggf. bei ähnlichen/gleichen Interessen in PA recherchieren und eine kleine Präsentation vorbereiten. Neben der Recherchekompetenz können TN auch ihre digitale Kompetenz trainieren, indem sie z. B. in einem Padlet ihre Informationen posten. Sie können hierfür die zusätzliche Aufgabe stellen, den jeweiligen (Wunsch-)Beruf um ein Bild und eine Verlinkung (z. B. zu einem Berufssteckbrief) zu ergänzen. Alle vier in A5 genannten Punkte sollen recherchiert werden.

Ü5 Teilen Sie TN mit, dass die Übung in EA gelöst werden soll und Sie bewusst zunächst keine Hilfestellung zum Wortschatz geben (verweisen Sie auf die Prüfungssituation). TN sollen die Übung also ohne Wörterbuch lösen. Anschließend Abgleich der Lösung im PL. Sagen Sie dann: „Ich frage Sie jetzt nach Wörtern, die Sie mir bitte erklären. Vielleicht kennen Sie auch andere Wörter, die dasselbe bedeuten?" Bitten Sie dann eine/n TN an die Tafel, der/die die Wörter, die Sie nennen, notiert sowie Synonyme ergänzt. Nennen Sie die folgenden Wörter und lassen Sie sie erklären:

> *gründen (aufbauen)*   *der Ratschlag (der Tipp, der Hinweis)*
> *herausfiltern (heraussuchen, selektieren)*   *populär (beliebt, bekannt)*
> *die Ansicht (die Meinung, die Auffassung)*   *herausfinden (entdecken)*
> *die Voraussetzung (die Bedingung, die Kondition)*   *herkömmlich (bekannt, traditionell)*
> *nachweisen (zeigen, belegen)*

In der → Prüfungsvorbereitung auf S. 101/102 finden Sie zusätzlich Übungen und Hinweise zu dieser Art von Aufgabenstellung.

Modul 4   Werben Sie für sich!

A1a
Arbeitsweltwissen

Ergänzend zu den Nennungen im Kasten „Sprache im Beruf" sollten Sie auch auf die in Stellenanzeigen vorkommenden *Kürzel für Geschlechterdiversität* eingehen. In Deutschland müssen seit 1. Januar 2019 Stellenanzeigen genderneutral bzw. inklusiv formuliert sein, um die Diskriminierung von Menschen aufgrund ihres Geschlechts zu verhindern. Hierfür können folgende Kürzel verwendet werden:

m/w/d = männlich/weiblich/divers   m/w/i/t = männlich/weiblich/intersexuell/transgender
m/w/a = männlich/weiblich/anders
m/w/x = männlich/weiblich/beliebig   m/w/gn = männlich/weiblich/geschlechtsneutral
m/w/i = männlich/weiblich/intersexuell   m/w/* = männlich/weiblich/beliebig

A1b
Schlüsselkompetenzen

Fordern Sie TN zunächst auf, Schlüsselwörter zu markieren, um die wichtigsten Informationen aus der Anzeige zu filtern. Gehen Sie in einem zweiten Schritt auf das Thema „Schlüsselkompetenzen" ein. Weisen Sie noch einmal darauf hin, dass dies berufsfeldübergreifende Kompetenzen sind. TN sortieren dann die aus der Anzeige genannten Aufgaben und Anforderungen in zwei Kategorien:
1. Berufsspezifische Aufgaben/Anforderungen (*spezifische Kundenberatung und -betreuung, Bearbeiten von Kundenaufträgen, Bürotätigkeiten wie z. B. Rechnungsstellung und Lagerbestellung, kleinere Reparaturarbeiten*)
2. Berufsfeldübergreifende Schlüsselkompetenzen (*selbstständiges und verantwortungsvolles Arbeiten, Kundenorientierung, positive und empathische Einstellung/Ausstrahlung*)

A2a
Registertraining

Achten Sie darauf, dass TN bei der Bewertung der beiden Mails möglichst genau benennen, woran sie die sprachliche Angemessenheit festmachen.

A2b TN ordnen die Begriffe in EA zu und gleichen dann in PA ihre Zuordnungen ab.

A2c Besprechen Sie im PL, worauf Zaha Jusuf eingegangen ist.

A2d	TN suchen in PA die passenden Ausdrücke heraus. Abgleich im PL. Hinweis: Im → Anhang auf S. 329 finden sich weitere Redemittel zum Thema.
Ü1 E	Nach der Zuordnung können TN die vier offenen Satzenden beispielhaft ergänzen.
A3a	TN recherchieren (ggf. nach Berufsfeldern) in PA. Ziel ist, dass TN sich bei der Recherche über die Stellenanzeigen, die sie lesen, unterhalten und sich dabei bewusst werden, dass jede/r TN andere Prioritäten, Vorstellungen und Wünsche hat. Jede/r TN soll am Ende mindestens eine Stellenanzeige gefunden haben, die er/sie für A3b nutzen kann.
A3b	TN schreiben in EA Anschreiben zu einer Anzeige aus A3a. Weisen Sie TN darauf hin, am Ende nochmals zu prüfen, ob alle Bestandteile (A–L) im Anschreiben stehen. Erinnern Sie auch an die in Modul 1, A3b vorgestellte Strategie zu kompetenter Sprachverwendung: TN versuchen, in ihrem Anschreiben einen zweiteiligen Konnektor zu verwenden.
Ü2	TN kontrollieren ihre ergänzten Anschreiben in 3er-KG. Sprechen Sie im PL über die Bedeutung des „Tipps", da gerade für Nicht-Muttersprachler das Gegenlesen bzw. eine genaue Korrektur sehr wichtig ist.
A3c	Achten Sie darauf bzw. weisen Sie TN darauf hin, dass Feedback ausschließlich konstruktiv gegeben werden sollte. Offene Fragen und häufige Probleme anschließend im PL besprechen und klären.
A4a–b E	Regen Sie TN nach dem Austausch in PA an, im PL möglichst viele Adjektive für die Äußerungen der Frau im Bewerbungsgespräch zu sammeln, z. B. *unsicher, nervös, unkonkret, naiv, unvorbereitet …* und suchen Sie dann gemeinsam im PL nach den Antonymen, um sich den Voraussetzungen für ein gelingendes Vorstellungsgespräch zu nähern. Gehen Sie dann über zu A4b.
A5c *Interkulturelle Kompetenz* P	Besprechen Sie Unterschiede und Gemeinsamkeiten im PL. Dabei kann es durchaus vorkommen, dass auch TN aus demselben Herkunftsland über unterschiedliche Gepflogenheiten bzw. Erfahrungen berichten. Geben Sie allen Erzählungen Raum und achten Sie darauf, dass verschiedene Ansichten gehört und respektiert werden. Weisen Sie TN darauf hin, dass dies ein mögliches Thema für die mündliche Prüfung ist: *Sprechen Teil 1A* (→ Übersicht auf S. 350).
A5d	Sie können die Aufgabe, insbesondere in größeren Kursen, als Speed-Dating anlegen. TN haben sich in A3b auf verschiedene Stellenanzeigen beworben. Deshalb ist es wichtig, dass Sie das im Folgenden beschriebene Speed-Dating inhaltlich relativ neutral vorbereiten, d. h. die Fragen, die zu Beginn des zu spielenden Vorstellungsgesprächs gestellt werden, sollten variabel berufsübergreifend funktionieren (vgl. Beispielfragen in A5a). Sammeln Sie hierfür zunächst im PL weitere Fragen (z. B.: *Möchten Sie etwas trinken? Haben Sie gut zu uns gefunden? Was interessiert Sie an unserem Unternehmen? Was unterscheidet Sie von anderen Bewerberinnen und Bewerbern?* usw.). Geben Sie dann TN ausreichend Zeit, sich individuell Antworten auf die gesammelten Fragen zu überlegen (die später nicht abgelesen werden dürfen). Bereiten Sie anschließend das Speed-Dating vor: TN schreiben die gesammelten Fragen auf Zettelchen. Der Kurs wird zweigeteilt. TN sitzen nebeneinander an einer langen Tischreihe, jeweils zwei TN sitzen sich gegenüber. Die TN auf der einen Seite der Tischreihe erhalten je einen Zettel mit einer Frage, die abgelesen oder besser noch frei der/dem jeweils gegenübersitzenden TN gestellt wird. Die TN in der Reihe der antwortenden TN bekommen für eine Antwort jeweils eine Minute Zeit, danach rücken die TN dieser Reihe einen Platz weiter. Der TN am Ende der Reihe läuft zurück auf Platz 1 der Reihe. Weisen Sie TN darauf hin, dass innerhalb einer Minute vielleicht nicht alles Gewünschte/ Vorbereitete gesagt werden kann, dass es bei dieser Übung aber vor allem darum geht, möglichst rasch spontan zu antworten, ohne sich durch den Zeitdruck stressen zu lassen. Je nach Kursgröße wird das Speed-Dating in zwei Gruppen nacheinander durchgeführt. So lässt sich ggf. der Geräuschpegel im Raum reduzieren und die Konzentration steigern.

Mein Weg in den Beruf

A6a Sprechen Sie nach dem Austausch in PA im PL über Vor- und Nachteile von Anruf bzw. Mail, thematisieren Sie dabei auch, was gegen einen Anruf bzw. eine Mail sprechen kann (z. B. *Gespräch war erst vor zwei Tagen; man wurde gebeten, sich zu gedulden; man hat die Info bekommen, dass in nächster Zeit noch viele weitere Gespräche stattfinden; man weiß, dass der Bewerbungsprozess mehrere Stationen durchlaufen muss, man „belästigt" bzw. „überfällt" niemanden unnötig*). Für eine Mail spricht, dass diese in Ruhe geschrieben und kontrolliert werden kann, dass man die Antwort schriftlich hat und man ggf. dem Gegenüber mehr Zeit gibt, Informationen einzuholen und zu antworten. Für einen Anruf spricht, dass man Engagement zeigen und einen persönlichen Eindruck (über die Stimme) hinterlassen und so aus der Menge der Bewerber/innen hervortreten kann.

Ü3
E Fordern Sie TN nach der Zuordnung und der Korrektur im PL dazu auf, in EA zwei Formulierungen zu wählen, die ihnen gefallen und die sie in einem Telefonat/Gespräch nutzen würden. Diese sollten mit einem Marker hervorgehoben oder unterstrichen werden. Als HA die Formulierungen auswendig lernen lassen und in der nächsten Stunde abfragen.

A6c Fragen Sie zunächst im PL und bitten Sie um Handzeichen: „Wer würde lieber eine Mail schreiben? Warum?" TN entscheiden sich danach für die Mail oder einen Anruf und suchen sich eine/n Partner/in für die Aufgabe.
Erinnern Sie TN ggf. daran, die zwei auswendig gelernten Sätze aus Ü3 zum Einsatz kommen zu lassen. Wenn TN eine Mail schreiben, erinnern Sie auch an die in Modul 1, A3b vorgestellte Strategie zur kompetenten Sprachverwendung: TN versuchen, in ihrer Mail einen zweiteiligen Konnektor zu verwenden.
Zum Schluss werden die Mails im PL korrigiert und die TN, die ein Telefongespräch geführt haben, reflektieren dieses anhand der Leitfragen „Wurde das Ziel des Telefonats erreicht?", „Wenn nicht, warum nicht?".
Alle TN resümieren im Anschluss, ob noch weitere Redemittel benötigt werden, die bisher nicht genannt wurden.

Ü4 Lesen Sie gemeinsam die „Info". Fragen Sie dann: „Warum steht hier in Klammern: *laut Vertrag*?" Kommen Sie so auf Begriffe wie *Überstunden, Feiertagsarbeit, Schichtarbeit*. TN lesen dann die Vertragsauszüge und bearbeiten die Richtig-/Falsch-Aufgabe in EA. Gehen Sie anschließend die einzelnen Paragrafen durch. Sprechen Sie über die Themen und ergänzen Sie ggf. Informationen. Aspekte, die für TN interessant sein könnten (→ Arbeitsweltwissen):

Arbeitswelt-
wissen

Grundsätzlich ist es wichtig, die Details eines Arbeitsvertrags vor Abschluss sorgfältig zu prüfen bzw. prüfen zu lassen.
Zu *Probezeit* siehe Kapitel 3, Modul 1, Ü4.

Zu *Arbeitszeit*: Eine gesetzliche Verpflichtung, Überstunden zu leisten, besteht nicht. Überstundenregelungen stehen aber in der Regel (wie hier) im Arbeitsvertrag. Statt Freizeitausgleich kann auch eine Vergütung der Überstunden vertraglich festgelegt sein. Sollten Überstunden nicht vertraglich geregelt sein, kann der Arbeitgeber diese aber ausnahmsweise anordnen (z. B. bei vorübergehender Notlage).

Zu *Arbeitsvergütung*: Üblicherweise steht im Arbeitsvertrag die Bruttovergütung. Hinzukommen können Regelungen zu Überstunden sowie z. B. weitere Zuwendungen wie Prämien oder vermögenswirksame Leistungen. Statt „Vergütung" können im Vertrag auch Bezeichnungen wie *Gehalt, Lohn, Bezahlung, Honorar, Gage* oder *Bezüge* stehen.

Zu *Urlaub*: Der gesetzliche Mindesturlaub beträgt 24 Werktage pro Jahr.

Zu *Krankheit*: Die Fristen zur Meldung von Krankheit bzw. der Einreichung der Bescheinigung zur Arbeitsunfähigkeit und der voraussichtlichen Dauer können variieren. Weisen Sie TN darauf hin, dies bei Arbeitsantritt unbedingt noch einmal nachzulesen.

Zu *Verschwiegenheitspflicht*: Weisen Sie TN darauf hin, dass auch ohne eine Klausel zur Verschwiegenheitspflicht im Arbeitsvertrag eine solche besteht. Der/Die Arbeitnehmende ist nicht berechtigt, unternehmensinterne Informationen an Dritte weiterzugeben.

> Zu *Kündigung*: Auch hier können die Fristen variieren. Eine Kündigung ist zwar eine einseitige Willenserklärung und bedarf deshalb nicht zwingend einer Bestätigung/Erhaltsbestätigung, diese wird aber sicherheitshalber oft gewünscht. „Schriftform" bedeutet, dass eine mündliche Kündigung, aber auch eine Kündigung per E-Mail, Fax oder SMS ausgeschlossen ist.

E TN arbeiten in PA (auch in EA als HA möglich) und suchen 10 Komposita ihrer Wahl aus den Vertragsauszügen heraus, um sie in ihre Bestandteile zu zerlegen. Bei Nomen sollten die Artikel dazu notiert werden. Danach sucht sich jede/r TN ein „Lieblingskompositum" aus. TN1 nennt es im PL und fragt den/die Nächste/n nach seinem/ihrem. Der/Die Nächste sagt: *Mein Lieblingswort ist nicht …, sondern …* (oder: *Mein Lieblingswort ist auch …*) Und zum/zur nächsten TN: *Und was ist dein Lieblingswort?*

Ü5 Im PL klären, danach Ü5b in EA erledigen und in PA vergleichen. Korrektur im PL.

Aussprache

Ü2a Fordern Sie TN, die andere Zungenbrecher kennen, auf, diese im PL vorzutragen (auch wenn der
Interkulturelle Fokus dabei nicht unbedingt auf Konsonanten liegt). Regen Sie auch an, Zungenbrecher in anderen
Kompetenz Sprachen vorzutragen. Versuchen Sie gemeinsam mit den TN, Zungenbrecher in anderen Sprachen nachzusprechen. TN machen die gemeinsame Erfahrung, dass die Lautbildung in einer fremden Sprache immer für irgendjemanden schwierig ist und Übung erfordert.

Kommunikation im Beruf

vor A1a Schreiben Sie die Verben *vereinbaren, verschieben, absagen* an die Tafel. Fragen Sie: „Was kann ich vereinbaren, verschieben oder absagen?" (*einen Termin, ein Gespräch, eine Reise, eine Unterrichtsstunde, ein Telefonat, eine Konferenz, ein Meeting, einen Elternabend, einen Yogakurs* usw.) Trainieren Sie dann zunächst gezielt das Sprechen über diese Aktivitäten. Fragen Sie: „Wo haben Sie zuletzt einen Termin vereinbart?", „Welchen Termin mussten Sie in letzter Zeit absagen?", „Mussten Sie schon mal einen sehr wichtigen Termin verschieben? Warum?" usw.
Gehen Sie dann über zu den Hörtexten (A1b) und danach zu A1c.

A1b Regen Sie TN an, eine Redemittel-Liste zum Thema „Termine (vereinbaren/verschieben/absagen)" zu
E erstellen, und zwar für beide Gesprächsseiten. Fordern Sie TN dazu auf, diese Redemittel an der Tafel zu sammeln und diese dann für A1d zu nutzen.

A1c Zeigen Sie einmal im PL, wie ein modifiziertes Gespräch aussehen kann, indem Sie in den ersten Dialog Ihren Namen einfügen und die markierten Stellen ändern.
Wenn die Aufgabenstellung klar ist, achten Sie anschließend darauf, dass TN in PA alle drei Situationen mindestens einmal durchspielen. Paare, die schneller sind, können mehrere Variationen durchspielen.

A1d Als HA verfassen TN einen oder zwei solcher Kurzdialoge schriftlich.
E

Grammatik-Rückschau

→ **KV 2–3** Teilen Sie die KV aus. TN arbeiten in Teams zu zweit. Sie können eine Zeit (z. B. 20 Minuten) vorgeben und dann schauen, wie viele Sätze geschrieben werden konnten.
Kommunizieren Sie TN klar, dass Sie sich bei der Korrektur auf die zweiteiligen Konnektoren und den Satzbau fokussieren (und ggf. auf andere Fehler an dieser Stelle nicht eingehen).

Neu in der Firma

Themen Das übergreifende Thema des dritten Kapitels ist der Start an einem neuen Arbeitsplatz. Dabei geht es um Rahmenbedingungen, Arbeitsabläufe, Aufgaben und Kommunikation.
    Auftakt Hier werden Unternehmen und deren Strukturen genauer betrachtet. Welche Abteilungen gibt es und welche Aufgaben übernehmen sie?
    Modul 1 Was passiert am ersten Arbeitstag? TN erfahren, was sie beim Antritt einer neuen Stelle erwartet.
    Modul 2 In diesem Modul geht es um Richtlinien, Regeln und Abläufe am Arbeitsplatz.
    Modul 3 TN lernen die Bedeutung von Small Talk im Berufsleben kennen und üben Small Talk in verschiedenen Situationen.
    Modul 4 Hier geht es um typische Themen in Teambesprechungen und darum, wie man Informationen dokumentiert und weitergibt.
    KiB TN beschäftigen sich mit dem Siezen und Duzen im beruflichen Kontext.

Lernziele
    Auftakt | über Abteilungen und Funktionen in einer Firma sprechen
    Modul 1 | Formalitäten und Regelungen im Betrieb verstehen
    Modul 2 | Regeln/Abläufe verstehen und (Nicht-)Verstehen signalisieren
    Modul 3 | ein Radiofeature über Small Talk verstehen und Small Talk führen
    Modul 4 | eine Teambesprechung verstehen und Informationen weitergeben
                     Arbeitsaufträge erklären
    KiB | duzen und siezen
    Aussprache | mit Nachdruck sprechen (im ÜB)

    Grammatik
        Modul 1 | Vergleichssätze mit *als*, *wie* und *je ..., desto/umso ...*
        Modul 3 | das Wort *es*

Auftakt

A1a Es geht hier darum, Vorwissen über berufliche Tätigkeiten zusammenzutragen. Es ist davon auszugehen, dass nicht alle TN alle Berufsbereiche kennen bzw. mehr darüber wissen. Deshalb arbeiten TN hier in KG zusammen, klären unbekannte Begriffe und machen sich Notizen. Weisen Sie darauf hin, dass bei Unklarheiten auch Fragen notiert bzw. Vermutungen mit Fragenzeichen versehen werden dürfen. Achten Sie darauf, dass beim anschließenden Abgleich im PL ganze Sätze formuliert werden (siehe Beispiel im KB).

 Zu diesem Thema können Sie auch das Interaktive Tafelbild einsetzen.

A1b Weisen Sie TN darauf hin, dass es je nach Berufsfeld statt „Abteilung" auch z. B. *Station, (Arbeits-/Aufgaben-)Bereich, Einheit* oder *Ressort* heißen kann. Sammeln Sie im PL, in welchen Abteilungen TN bereits gearbeitet haben und/oder welche anderen Abteilungsbezeichnungen bekannt sind. In einem Krankenhaus könnten z. B. genannt werden: *Pflegedienstleitung, medizinische Fachbereiche (Chirurgie, Gynäkologie, Geriatrie* usw.*), Labor, Verwaltung, Haustechnik, Fahrdienst, ...*

A1c Sammeln Sie die Verben aus den Aussagen an der Tafel:

entwickeln	beraten	beantworten
sich kümmern um	unterwegs sein	bedienen
verantwortlich sein für	in Kontakt stehen mit	überwachen
installieren	organisieren	herstellen
zu etwas gehören	bearbeiten	zuständig sein für

TN prüfen, welche der gesammelten Verben sich dafür eignen, um über eigene Berufserfahrungen zu sprechen. Semantisieren Sie ggf. diese oder weitere Verben (zum Beispiel aus Ü1a). Dies dient auch der Vorbereitung für A2b.

A2a	Notizen zunächst in PA, dann im PL abgleichen.
A2b	Fertigen Sie Kärtchen mit den Abteilungsbezeichnungen an und lassen Sie diese von den TN ziehen, wenn Sie sicherstellen möchten, dass alle Abteilungen gewählt werden.
B	Unterstützen Sie TN ggf. bei der Wahl der Abteilung. Es kann sein, dass TN keine Berufserfahrung haben und sich zurückhaltend zeigen, weil sie einen bestimmten Aufgabenbereich nicht (gut) kennen. Weisen Sie darauf hin, dass manche Abteilungen wie z. B. der Kundenservice zumindest aus der Gegenperspektive bekannt sind (auch wenn jemand noch nichts verkauft hat, hat er/sie dennoch schon Dinge gekauft). Sie können TN auch untereinander Kärtchen tauschen lassen, falls diese mit einer Abteilung, die sie gezogen haben, wenig anfangen können. Ggf. sammeln Sie für den Klassenspaziergang zusätzlich Verben, die zu der jeweiligen Abteilung passen, und schreiben diese dazu (eine Abteilung + Verben pro Kärtchen). Unsichere TN können dann mit einem „erweiterten" Kärtchen ins Gespräch mit den anderen TN gehen.
A2c *Arbeitswelt-wissen*	Führen Sie das Wort *Organigramm* ein: Ein *Organigramm* ist die schematische Abbildung der Aufbaustruktur eines Unternehmens. In diesem werden Hierarchien, Funktionen, Abteilungen und Aufgabenbereiche dargestellt und übersichtlich zueinander in Beziehung gesetzt. Viele Firmen präsentieren den Aufbau ihres Unternehmens auf ihrer Internetseite, teilweise werden dort die Mitarbeitenden in ihrer jeweiligen Position persönlich genannt. Weisen Sie TN darauf hin, dass sie ggf. Organigramme und Sitemaps der gewählten Arbeitgeber für Recherchen nutzen können.
B	Lassen Sie TN wählen: – Entweder sie recherchieren die Abteilungen eines Unternehmens eigenständig, stellen diese auf einem Plakat dar und präsentieren dieses oder – sie entscheiden sich für ein auf einer Internetseite vorgestelltes Organigramm und präsentieren dieses im PL.
Ü2a	Nach der Korrektur können die richtig gebildeten Sätze als HA ins Heft abgeschrieben werden.
Ü2b	Hier bietet es sich an, zunächst mündlich über Aufgaben und Zuständigkeit zu sprechen und anschließend einzelne Tätigkeiten zu verschriftlichen (Letzteres ggf. auch als HA).
Ü4	Diese Übung kann gut in PA abgeglichen und korrigiert werden.

Modul 1 Der erste Arbeitstag

A1b	Schreiben Sie die längeren Wörter des neuen Wortschatzes an die Tafel:

> *die Sozialversicherungsnummer* *die Krankenversicherungsnummer*
> *die Steueridentifikationsnummer (die Steuer-ID)* *das Führungszeugnis*

	Lassen Sie TN die Wörter mehrfach laut vorlesen/aussprechen. Achten Sie auf die korrekte Betonung.
Ü1 P E	Weitere Übungsmöglichkeiten und Hinweise zum Aufgabentyp *Sprachbausteine Teil 1* der Prüfung bietet die → Prüfungsvorbereitung auf Seite 38. Sie können anhand der einzufügenden Wörter noch einmal die Wortarten Konjunktion (*da, ob, denn*) und Präposition (*vor, ab*) mit Fokus auf deren Funktionalität wiederholen: „Warum benutzt man eine Präposition (*wenn man eine Aussage über das Verhältnis eines Nomens zu einem anderen macht*) – und was folgt daher immer nach einer Präposition?" (*Nomen/nominale Wortgruppe*). TN können hier also „ich", „habe" und „und" als Lösungen bereits ausschließen. Spielen Sie dasselbe auch mit der Wortart Konjunktion bzw. Subjunktion durch. TN sehen auf diese Weise, dass ihnen ihr Grammatikwissen beim Lösen derartiger (Prüfungs-)Aufgaben hilft und sie vieles, was vielleicht schwer erscheint, strategisch lösen bzw. überprüfen können.

Neu in der Firma

Ü2 Lassen Sie TN die Komposita zerlegen und besprechen Sie, um welche Wortart es sich jeweils handelt, z. B.: *die Sozialversicherungsnummer* (*sozial* = Adjektiv, *die Versicherung* = Nomen, *die Nummer* = Nomen). Wiederholen Sie dabei auch, dass das letztgenannte Wort den Artikel des Kompositums vorgibt, z. B. *das Führungszeugnis – die Führung, das Zeugnis – das Führungszeugnis*. Fragen Sie nach anderen Beispielen, z. B. *das Schulzeugnis, das Arbeitszeugnis, das Zwischenzeugnis*. Fragen Sie nach Synonymen und verwandten Begriffen für die folgenden Wörter, evtl. auch aus anderen Kontexten („Woher kennen Sie diese Wörter? Wo haben Sie sie schon gelesen?"):

die Leistung	(die Zahlung, die Verpflichtung, das Produkt)
der Betrag	(die Menge, die (Geld-)Summe, die Gebühr, der Preis)
die Urkunde	(das Zeugnis, das Dokument)
die Auskunft	(die Information, die Aussage, die Daten (Pl.))
der Beitrag	(die Unterstützung, die Zahlung, die Mitwirkung, die Mitarbeit)
die Angabe	(die Information, die Auskunft, die Daten (Pl.))

A2a Abgleich der Reihenfolge zunächst in PA, dann erneutes Hören des Gesprächs. Anschließend Abgleich im PL.

A2b Weisen Sie ggf. auf → Kapitel 1, Modul 4, Ü2b hin. Dort haben TN sich evtl. schon einmal eingehender mit der Strategie „Notizen anfertigen" beschäftigt.

Ü3a Lassen Sie TN zu jeder Formulierung eine Frage bilden. Einige Fragen werden im PL gestellt und jeweils zwei TN antworten auf eine Frage. Regen Sie an, authentische Informationen aus der eigenen Berufserfahrung in den Antworten mitzuteilen. Beispiel:
TN1: *Musstest du deine Arbeitszeit erfassen?*
TN2: *Nein, ich musste meine Arbeitszeit als Ingenieur nicht erfassen. / Ja, wir hatten dafür in der Firma ein Computersystem.*

A2c
Interkulturelle Kompetenz

Vergleichen Sie die Erfahrungen der TN und sprechen Sie über die Unterschiede in diversen Herkunftsländern und Arbeitsfeldern. Wenn TN noch keine Arbeitserfahrung haben, können Sie sie einbeziehen, indem Sie z. B. fragen: „Wie finden Sie diese Regelung?" Achten Sie darauf, alle Beiträge wertzuschätzen, indem Sie TN auffordern, zu genannten Punkten möglichst immer sowohl Vor- als auch Nachteile zu benennen. Beispiele:

lange Pausenzeiten:

- führen zu einem längeren Arbeitstag
- man hat weniger Freizeit
- längere Kinderbetreuung nötig

+ wichtig für die Konzentration
+ wichtig für eine gute Erholung
+ sind gut fürs Arbeitsklima
+ man kann in der Pause Privates erledigen

Krankmeldung innerhalb einer bestimmten Frist abgeben müssen:

- ist unter Umständen schwierig/lästig
- man braucht sofort einen Arzttermin

+ im Betrieb bessere Planung möglich
+ Vertretung kann organisiert werden

frühzeitige Anmeldung von Urlaub:

- man muss sich früh festlegen

+ Planungssicherheit fürs ganze Team

vor A3a Wiederholen Sie ggf. Komparativformen. Schreiben Sie hierfür Adjektive an die Tafel:

> *kreativ, gut, fleißig, hoch, teuer, flexibel, produktiv, gern, groß, schnell, nah ...*

Fordern Sie TN auf, einfache Vergleichssätze mit Berufsbezug zu bilden, z. B.: *Der Weg zum Büro ist weiter als der Weg ins Homeoffice.*

A3a–c Bei Einführung dieses Grammatikthemas kann es passieren, dass TN nachfragen, ob nicht auch kürzere Satzkonstruktionen korrekt seien (z. B. *Er hat längere Pausen als in seiner vorigen Firma/als früher.*). Weisen Sie darauf hin, dass es sich dabei um eine Kurzversion ohne Nebensatz handelt und deshalb auch das Komma wegfällt. Vertiefen Sie das Thema aber nicht, da die häufig für solche „Abkürzungen" notwendige Bildung des Partizips TN vor eine weitere Herausforderung stellen würde. Weisen Sie stattdessen darauf hin, dass es an dieser Stelle für TN um die korrekte Bildung von Nebensätzen geht.

Ü4
Arbeitsweltwissen

> Die *Probezeit* ist oft Bestandteil eines Arbeitsvertrags, sie besteht aber nicht kraft Gesetzes, sondern muss ausdrücklich vereinbart werden. Sie dient beiden Seiten (Arbeitnehmer/in und Arbeitgeber/in) dazu, in einem überschaubaren Zeitraum die jeweiligen Arbeitsbedingungen bzw. die Leistungsfähigkeit ausprobieren und ggf. das Arbeitsverhältnis relativ kurzfristig beenden zu können.
> Eine Probezeit darf die Dauer von 6 Monaten nicht überschreiten. Auch bei krankheitsbedingter Abwesenheit des/der Arbeitnehmenden kann diese Dauer nicht verlängert werden. Die Probezeit erleichtert nicht – laut landläufiger Meinung – die Voraussetzungen für eine Kündigung durch den Arbeitgeber. Lediglich die Kündigungsfrist wird durch sie auf eine Dauer von zwei Wochen verkürzt, sofern tarifvertraglich nichts anderes festgelegt ist. Die Frist gilt für beide Seiten. Die Angabe eines Kündigungsgrundes ist nicht notwendig; auch wegen Krankheit ist eine Kündigung möglich. Ausgenommen von der Kündigung sind Schwangere, da diese auch in der Probezeit unter besonderem Kündigungsschutz stehen.
> Nach dem Betriebsverfassungsgesetz bedarf es bei einer Kündigung während der Probezeit der Anhörung des Betriebsrats (sofern vorhanden).

A4
→ KV 3–1

Teilen Sie die KV aus. TN ergänzen die Satzanfänge zu zweit. Anschließend Korrektur in KG zu viert. Fordern Sie TN dann auf, pro KG drei „Highlight-Sätze" zu küren. Abschließend werden diese im PL vorgelesen.

Ü7/Ü8

Bieten Sie TN an, die Sätze in EA oder PA zu ergänzen. Anschließend können TN die Ergebnisse gegenseitig korrigieren.

Modul 2 Herzlich willkommen bei uns

vor A1a Sprechen Sie mit TN über den ersten Tag an einem neuen Arbeitsplatz. Worauf ist zu achten? Was passiert voraussichtlich? Was ist vielleicht in Deutschland anders als in anderen Ländern? Wie kann man sich als Arbeitnehmer/in vorbereiten?
Thematisieren Sie z. B. Vorbereitungen am Vortag (*Pünktlichkeit durch Wegplanung, Bereitstellung von Kleidung, Notizbuch oder Tablet, Infos für Vorstellungsrunde*), Ankommen am Arbeitsplatz, Kennenlernen von Kolleg/innen, Arbeitsabläufe, Regeln, Einarbeitung, Pausenzeiten, Verpflegungsmöglichkeiten … Sprechen Sie auch über Unsicherheit, Nervosität, Schlaflosigkeit, Aufregung, Vorfreude usw.
Fragen Sie dann als Überleitung zu A1a: „In manchen Firmen bekommen neue Mitarbeitende eine Willkommensmappe. Was könnte darin enthalten sein?" Lassen Sie TN spekulieren.

A1a
Arbeitsweltwissen

> *Sich selbst vorstellen:* In manchen Firmen werden neue Mitarbeitende auch gebeten, sich dem Kollegium vorab vorzustellen (statt einer Fremdvorstellung). Dies kann z. B. über einen Steckbrief oder eine Mail geschehen. Weisen Sie TN darauf hin, dass hier auch eigeninitiativ gehandelt werden kann. So könnte man beispielsweise nachfragen, ob man einen Steckbrief vorbereiten und aushängen darf (Pausenraum/Lehrerzimmer/Schwarzes Brett …). Im Sinne von Diversitätssensibilität kann damit u. U. unwillkommenen Fragen (z. B. nach der Herkunft) begegnet werden, denn auf einem Steckbrief kommuniziert man in der Regel nur, was man auch wirklich kommunizieren möchte. Verweisen Sie ggf. auf den Steckbrief, den TN (in KV 1–1) bereits erstellt haben, und sprechen Sie darüber, inwieweit ein Steckbrief für den Antritt einer Arbeitsstelle gleich/anders aussehen könnte.

Neu in der Firma

A1a–b
E

In beiden Texten kommen Redemittel vor, mithilfe derer sich ausdrücken lässt, dass etwas nicht zulässig ist. TN suchen diese Formulierungen in PA aus den Texten heraus und fertigen eine Liste an (dient zugleich der Vorbereitung auf A3). Anschließend Abgleich im PL.

– *auf (gar) keinen Fall darf/dürfen … werden*	– *muss … werden/sein*
– *bittet darum, … nicht zu …*	– *ist nicht gestattet*
– *soll … werden*	– *ist nur … erlaubt*
– *Sollten Sie + suchen Sie … auf (IMPERATIV)*	– *erfolgt immer/nur über …*
– *darf nur mit … erfolgen*	– *wird/werden + PART. PERF.: werden in den*
– *ist + zu + INFINITIV: Ist korrekt anzuziehen/*	*Container geworfen / wird kontrolliert*
sauberzuhalten/…	– *… ist Pflicht*

P
Mediation

Zur Aufgabenstellung finden sich Hinweise in der → Prüfungsvorbereitung auf S. 36 (1a).
Als Mediationsaufgabe können TN sich anschließend gegenseitig in anderen/eigenen Worten erklären, was jeweils erwartet wird bzw. nicht getan werden darf.

Schlüssel-kompetenzen

TN arbeiten in KG. Für eine Willkommensmappe für BSK-TN sollen wichtige Informationen zusammengetragen werden. TN sammeln zunächst im PL Ideen, was in eine solche Infomappe kommen könnte, z. B.:

Vorstellung des (Lehr-)Personals	*Kommunikationsregeln*
Schul-/Klassenregeln	*Zuständigkeiten in der Schule/Institution mit*
Informationen zu Räumlichkeiten	*Telefonnummer und Mailadresse*
Regelungen im Krankheitsfall	*für den Unterricht notwendige Materialien*
Sicherheitsvorkehrungen	*wichtige Termine für z. B. Exkursionen und*
Pausenzeiten	*Prüfungsvorbereitung*

In einem zweiten Schritt werden die gesammelten Informationen geclustert und entsprechend KG (pro Thema eine KG) gebildet. Jede KG erstellt im Anschluss ein „Informationsblatt" zu ihrem Thema. In einer Mappe können anschließend alle Infoblätter abgeheftet und im Kursraum ausgelegt werden.
Alternativ lässt sich dies als Online-Projekt durchführen und die Informationen können am Ende gesammelt in digitaler Form allen TN zur Verfügung gestellt werden (z. B. über einen geteilten Link). Gehen Sie im Anschluss an die Projektarbeit mit TN ins Gespräch: „Welche Schlüsselkompetenzen wurden während der Projektarbeit trainiert? Wie?" (*Kommunikations- und Teamfähigkeit* bei der Gruppenarbeit, *Recherchekompetenz* beim Sammeln von Informationen, *schriftlicher Ausdruck* beim Anfertigen der Infoblätter, *digitale Kompetenz* beim Online-Arbeiten usw.)

Ü1a TN bilden ganze Sätze mit den korrekt zusammengeführten Verbindungen, ggf. als HA, nachdem die Zuordnung im Unterricht gemacht und kontrolliert wurde.

Ü2 Lösungen nach dem ersten Hören in PA, nach nochmaligem Hören im PL abgleichen.

A2a–b
E

Sie können anschließend im PL darüber sprechen, welche Erfahrungen im Kurs vorhanden sind in Bezug auf Regeln und Abläufe im Bereich „Gesundheit und Hygienevorschriften" am Arbeitsplatz. Sprechen Sie über verschiedene Berufsfelder und die dort geltenden Vorschriften/Regeln.
Ergänzend können Sie zu diesem Thema im PL Wörter aus den Texten in A1b an der Tafel sammeln, die branchenübergreifend nutzbar sind – oder Sie besprechen ergänzend Begriffe wie z. B.
die Schutzkleidung/Arbeitskleidung: der Kittel/Anzug/Overall, die Schutzbrille, der Kopfschutz, der Helm, die Arbeitsschuhe, die Handschuhe, der Mundschutz, die Atemmaske;
das Arbeitsumfeld: der Abstand, die Temperatur, die Luftfeuchtigkeit, das Raumklima, die Arbeitsatmosphäre, der Lärmpegel, der Pausenraum, der Produktionsbereich, der Container, die Hygieneschleuse,
Aktivitäten: desinfizieren, die Hygieneschulung, den Erste-Hilfe-Kasten holen, …

V TN können bei A2b auch zusätzlich Dialoge in der Du- statt der Sie-Form trainieren. Gehen Sie besonders dann darauf ein, wenn TN z. B. vorhaben, in einer Branche zu arbeiten, in der

vornehmlich geduzt wird, aber auch einfach, wenn eine Situation nachgestellt wird, in der zwei Kollegen/innen sich auf informeller Basis unterhalten bzw. informieren.
Lassen Sie ggf. die Redemittel in der Du-Form aufschreiben.

A3
Schlüssel-kompetenzen
Mediation
📄

TN arbeiten in EA und bereiten sich auf die Erklärung der Regeln vor. Hierbei kann ein Wörterbuch benutzt bzw. gegoogelt werden, um unbekannte Wörter zu klären. Lassen Sie TN an dieser Stelle bewusst eigenständig arbeiten. Hier wird im Sinne von Mediation trainiert, anhand von Stichworten auf umfangreichere Informationen zu schließen und diese selbstbewusst zu kommunizieren.
Als HA wählen TN je einen Bereich und formulieren die Regeln schriftlich in ganzen Sätzen aus. Korrigieren Sie als LK, wenn nötig.

Ü3
📄
Schlüssel-kompetenzen
Mediation

Um das Verständnis der einzelnen Situationen zu prüfen und die inhaltlich korrekte Wiedergabe (Mediationskompetenz) zu trainieren, bitten Sie TN, die jeweilige Situation kurz in eigenen Worten zu schildern. Beispiel: Jemand sagt, dass ein/e Mitarbeiter/in einen Parkplatz bekommen kann, der nichts kostet. Im Moment sind alle Parkplätze belegt. Es gibt aber eine Warteliste. Dafür muss man ein Formular ausfüllen.
Klären Sie ggf. den Begriff *Ersthelfer*.

Modul 3 Small Talk

A1
Interkulturelle Kompetenz

Beim Betrachten der Bilder sollen TN sensibilisiert werden für Themen, die sich für Small Talk in den abgebildeten Situationen eignen. Achten Sie darauf, wenn mit dem Thema „Small Talk" im deutschsprachigen Raum noch nicht so vertraute TN vielleicht auch ungeeignete Themen nennen (z. B. weil sie zu persönlich sind, wie etwa die Frage nach Familienstand und Kindern). Weisen Sie im Sinne von Diversitätssensibilität darauf hin, dass bestimmte Themen und Fragen wie z. B. „Woher kommen Sie?" sehr persönlich verstanden und als unpassend empfunden werden können. Fragen Sie, ob TN Erfahrungen mit (Nach-)Fragen haben, die ihnen unangenehm sind. Diskutieren Sie (möglicherweise auch im Anschluss an A2a) im PL, welchen Themen sich für Small Talk eignen (und welche nicht). So können Sie auch über Themen ins Gespräch kommen, die je nach Erfahrung und Herkunft der TN diesbezüglich unterschiedlich bewertet werden.

→ **KV 3–2**
ggf. mit Register-training

Auf der KV finden sich Kärtchen mit Begriffen, die als Impulse für Small Talk eingesetzt werden können. Schneiden Sie die Kärtchen aus (und laminieren Sie sie, wenn gewünscht, für den mehrfachen Gebrauch). Sie können damit auf verschiedene Weise Small Talk im Unterricht trainieren. Hier sind drei Vorschläge:
1. Lassen Sie paarweise ein Kärtchen ziehen und TN fünf Minuten über das gezogene Thema sprechen. Ggf. zwei bis drei Durchgänge, entweder mit einem neu gezogenen Kärtchen oder mit wechselnden Gesprächspartner/innen.
2. Jede/r TN zieht ein Kärtchen. Anschließend Klassenspaziergang, bei dem im Stehen und jeweils wenige Minuten mit verschiedenen TN über ein Thema (oder beide) Themen, die TN auf den Kärtchen bei sich tragen, gesprochen wird.
3. Lassen Sie die Karten auf einem Stapel im Klassenraum liegen. Morgens (oder jeden Montagmorgen o. Ä.) wird eine Karte gezogen. TN unterhalten sich ein paar Minuten mit ihrem/r Sitznachbar/in über das „Klassenthema".

Registertraining: Sie trainieren zusätzlich verschiedene Sprachregister, indem Sie Rollen bzw. Gesprächssituationen vorgeben. Beispiele:
– *Small Talk zwischen zwei Kolleg/innen in der Kantine / vor der Teambesprechung im Konferenzraum / in der Werkstatt beim Warten auf eine Lieferung;*
– *Small Talk zwischen Vorgesetztem/r und Angestelltem/r morgens im Büro vor Arbeitsbeginn / abends beim Verlassen des Arbeitsplatzes / beim Warten auf das Eintreffen von Gästen / im Fahrstuhl …*

Sprechen Sie mit den TN darüber, warum es einen Unterschied macht, wann man wo und mit wem spricht. Fragen Sie, was sich dabei in der Kommunikation verändert. Gehen Sie auf verbale Aspekte (*Umgangssprache, Allgemeinsprache, Berufssprache, Fachsprache*), aber auch non-verbale Aspekte (*Mimik, Gestik, Blickkontakt*) und paraverbale Aspekte (*Sprechtempo, Lautstärke, Betonung*) ein.

Neu in der Firma

Ü1 TN wählen zu 1.–3. jeweils zwei Nomen-Verb-Verbindungen aus und bilden ganze Sätze mit Berufskontext.

A3b Sprechen Sie nach dem Abgleich der Lösungen im PL mit TN auch darüber,
- wann man ein Small-Talk-Gespräch beginnt (*wenn man sich zufällig außerhalb der Arbeit / im Treppenhaus der Firma / im Lift / … begegnet und beide es nicht eilig haben; bei einer Feier am Arbeitsplatz, beim Warten an der Bushaltestelle / in der Kantinenschlange / …*),
- wann man das Thema wechselt (*wenn das bisherige Thema sich erschöpft hat; wenn das Gegenüber ein unpassendes Thema in den Small Talk einbringt, z. B. über Kolleg/innen lästert; wenn einem etwas unangenehm ist und man nichts dazu sagen möchte; …*)
- und woran man merkt, dass das Gespräch beendet ist (*das Gegenüber wird unruhig und zeigt Anzeichen, gehen zu wollen; über das Thema ist alles gesagt; das Gegenüber sendet sprachliche Signale wie „Na, dann, …!" oder „Ich muss dann mal wieder …"; …*).

Diskutieren Sie im PL auch, ob es Situationen gibt, in denen Small Talk sich nicht eignet, sodass man das Gespräch entweder besser beendet oder aber in ein tieferes Gespräch mit echter Anteilnahme wechselt (*wenn kontroverse Themen angeschnitten werden, zu denen besser eine klare Positionierung erfolgt; wenn man merkt, dass der/die andere gestresst/traurig/mit Wichtigerem beschäftigt ist; wenn die Atmosphäre angespannt ist …*)

Ü2 Nachdem TN die Mail geschrieben haben, bilden Sie KG von je 3 TN und lassen Sie nacheinander die drei Mails der Gruppenmitglieder lesen. Feedback in KG trainieren:

> *Ist die Mail verständlich?*
> *Ist sie inhaltlich passend?*
> *Ist das Register angemessen gewählt? / Ist die Antwort ähnlich informell wie die Ausgangsnachricht formuliert?*
> *Stimmen Anrede und Grußformel?*

Sie können die Mails auch auf zwei verschiedenen Kriterien hin lesen lassen: Inhalt und Korrektheit. Achten Sie dann darauf, dass in jeder KG mindestens ein/e TN ist, der/die bezüglich Korrektheit Feedback geben kann. Sie als LK unterstützen bei der Korrektur.

A3c Um alle TN zum Sprechen zu bewegen, können Sie einen Wecker/Timer nutzen. Sagen Sie TN, dass Sie drei Minuten einstellen werden und dass das Gespräch bis zum Signalton nicht abreißen darf. Sie können zur Unterstützung auch eine Situation wie eine Aufzugfahrt oder das Warten auf einen Zug am Bahnhof vorgeben. Vielen TN hilft dieses Sich-Hineindenken in eine Situation, das Gespräch authentischer zu empfinden und zu führen. Auch kann dabei helfen, das Gespräch im Stehen zu führen.

Sollten TN den Einwand äußern, zum Thema „Fußball" (1) nichts sagen zu können, weisen Sie darauf hin, dass dennoch ein Gespräch zustandekommen soll. Man könnte z. B. sagen: „Ich interessiere mich leider mehr für Tennis – ich spiele sogar im Verein …" oder: „Ich interessiere mich leider gar nicht für Sport, aber ich habe gerade etwas Interessantes über … gelesen." Besprechen Sie, dass es wichtig sein kann, eine Strategie für solch einen Fall parat zu haben, statt zu schweigen.

P Weitere Hinweise zu Sprechanlässen und -übungen zum Thema „Small Talk" unter Kolleg/innen finden sich in der → Prüfungsvorbereitung auf S. 71.

Ü3 Thematisieren Sie nach dem Abgleich der richtigen Lösung die Antworten, die unpassend sind, und entwerfen Sie Situationen/Kontexte, in denen die hier unpassende eine passende Antwort wäre. Beispiel: *Antwort 1b) ist für Ü2 unpassend, aber ein passender Kontext wäre: Sie treffen Ihre Kollegin, die Sie schon lange und sehr gut kennen und mit der Sie auch privat befreundet sind. Sie gehen zusammen essen und bitten um einen freundschaftlichen Rat in Bezug auf Ihre Probleme mit der Chefin.*

Registertraining

Ü4 Die Übung lässt sich als Wettbewerb gestalten: TN arbeiten in PA. Geben Sie die Zeit vor (je nach Kursstärke 3 bis 5 Minuten). Welches Team hat die meisten fehlerfreien Sätze?

A4a	Falls es TN gibt, die rückmelden, kein Subjekt finden zu können, erklären Sie noch einmal kurz, dass ein vollständiger Satz im Deutschen zumindest aus Subjekt und Prädikat (z. B. *Er arbeitet.*) besteht, also ein Subjekt im Satz zu finden sein *muss*.
A4a–b	Die Aufgaben könnten für manche TN schwer lösbar sein. Bilden Sie deshalb KG und lassen Sie TN gemeinsam die Teilaufgaben A4a, b und c nacheinander lösen. Besprechen Sie anschließend im PL, wo möglicherweise Schwierigkeiten beim Lösen der Aufgaben aufgetreten sind und ob TN sich in der KG helfen konnten. Klären Sie die ggf. als schwierig empfundenen Stellen im PL. Fragen Sie dann bezugnehmend auf den Kasten in A4c, was der Begriff „fester Ausdruck" für das Lernen bedeutet (*dass solche Ausdrücke auswendig gelernt und bestenfalls kontinuierlich wiederholt werden sollten*). Sie können dabei ressourcenorientiert fragen, welche der Ausdrücke einzelnen oder mehreren Lernenden bereits bekannt sind und als „feste Ausdrücke" im aktiven Wortschatz zur Verfügung stehen (*Es regnet* oder *Wie geht es dir?* dürften bekannte Chunks sein, wobei der Ausdruck *Mir geht es gut* manchmal Schwierigkeiten bereitet und hier ggf. noch einmal als Wortschatz gefestigt werden sollte.)
B	Eine Möglichkeit für Kurse, die sich mit Grammatik schwertun, ist, deduktiv von A4c bzw. von der in der Grammatik-Rückschau abgebildeten Übersicht auszugehen. Besprechen Sie diese zunächst. Anschließend suchen TN in KG Beispiele in A4a und b zu den einzelnen Vorkommensweisen.
A5a	Da im KB für TN auf den ersten Blick das Wort *es*, das Wort *zu*, die Konjunktionen *dass* und *ob*, Haupt- und Nebensätze und trennbare Verben hervorgehoben sind, ist es hilfreich, hier Schritt für Schritt vorzugehen und an der Tafel zu visualisieren, wo welche Ersetzung stattfindet. Bitten Sie TN hierfür zunächst, das Buch zuzuschlagen, und schreiben Sie die im KB vorgegebenen Sätze (ohne irgendeine Markierung) an die Tafel. Geben Sie Spalten für Position 1 und 2 usw. und das Nachfeld vor (Buch als Vorlage nutzen) und bitten Sie dann TN, die vorgegebenen Sätze Satzglied für Satzglied korrekt in diese Felder einzutragen. Fragen Sie dabei (und lassen Sie die Fragen an der Tafel durch TN beantworten): „Wo steht *es*?", „Wo steht das Verb?", „Wo steht der Hauptsatz, wo der Nebensatz?" usw. Fragen Sie TN anschließend, wofür *es* im jeweiligen Satz steht, z. B.: „Was ist in Satz 1 wichtig?", „Was hängt in Satz 2 vom Kunden ab?", „Was finden in Satz 3 viele schwierig?" Erarbeiten Sie so gemeinsam, dass *es* für einen Nebensatz bzw. die Infinitivkonstruktion stehen kann. Gehen Sie danach auf das mögliche „Verschieben" dieser Satzglieder ein und zeigen Sie, dass jede Spalte (jedes Feld) in sich „unzerstört" bleibt (und das Komma „mitgenommen" wird) – und dass das Wort *es* dann entfällt. Wichtig ist, dass Sie immer wieder auf den bekannten klassischen Satzbau hinweisen und den TN zeigen: Auch wenn ein ganzer Nebensatz Position 1 einnimmt, bleibt der bekannte Satzbau (*Verb auf Position 2*) erhalten. Gehen Sie zuletzt darauf ein, dass bei Satz 3 *es* bzw. die Infinitivkonstruktion im Gegensatz zu den vorherigen Sätzen als Objekt fungiert und *es* sich dadurch an einer anderen Stelle im Satz findet als bei den beiden ersten Sätzen (mit Subjekt-Nebensätzen). Zeigen Sie, dass auch hier – analog zu den Subjektsätzen – die Infinitivkonstruktion vom Nachfeld auf Position 1 wandern kann. Anschließend füllen TN den Satz mit der Regel in A5a aus und lösen A5b.
A5b E	Fragen Sie, ob es TN gibt, die sich trauen, eigene Sätze mit *es* wie in A5b zu bilden. Bitten Sie diese, an der Tafel ihren Satz anzuschreiben. Gemeinsame Korrektur im PL.
Ü6a E	Fragen Sie TN: „Was für Verben stehen im Hauptsatz?" (*Verben der Wahrnehmung, der Gefühlsäußerung, des Denkens, des Wissens, des Wollens*) Fragen Sie dann: „Kennen Sie andere Verben, die einen *dass*-Satz einleiten könnten?" (z. B. *denken, erzählen, behaupten, verlangen, vergessen, wünschen, wissen, hoffen, hören, fragen, glauben, befürchten*). Lassen Sie TN weitere, eigene dass-Sätze bilden.
Ü6b E	Lassen Sie TN ggf. eigene Sätze ebenfalls umstellen.

Neu in der Firma

Modul 4 Das muss gemacht werden

vor A1a Fragen Sie: „Was ist eine Abkürzung?", und sammeln Sie Beispiele für Abkürzungen an der Tafel. Falls wenig oder nichts genannt wird, geben Sie ein paar Beispiele an der Tafel vor: *BSK, usw., z. B., LOL, MfG, EUR*. Fragen Sie, ob TN wissen, was die Abkürzungen bedeuten. Fragen Sie auch, warum Abkürzungen verwendet werden (*um Platz und Zeit zu sparen*). Gehen Sie dann zu A1a und besprechen Sie die Abkürzungen aus E-Mails.

A1b
E
TN formulieren Betreffzeilen für alle E-Mails und verwenden die Abkürzungen aus A1a.

A1c
B
TN können die To-do-Listen in EA oder auch in PA anfertigen. Sie können TN entscheiden lassen, in welcher Form die To-do-Listen erstellt werden: auf Papier oder digital. Ggf. können Lernende auch auf den Listen noch abhaken, welche Aufgaben bereits erledigt wurden.

Ü1 Lassen Sie TN je drei Ausdrücke auswählen und damit Sätze formulieren. Einzelne Sätze werden im PL vorgelesen und korrigiert. Die Übung ist auch als HA möglich (dann ggf. fünf Ausdrücke auswählen lassen).

vor A2a Schreiben Sie das Wort *die Teambesprechung* an die Tafel. Sammeln und wiederholen Sie passenden Wortschatz in einem Wortigel, z. B.: *das Meeting, die Besprechung, besprechen, die Konferenz, die (Team-)Sitzung, diskutieren, absprechen, die Absprache, das Problem, ein Problem lösen, die Angelegenheit, die Planung, planen, die Zusammenarbeit, zusammenarbeiten, das Protokoll, protokollieren, die Dokumentation, dokumentieren, die Tagesordnung* usw.

A2a Fragen Sie TN, wer bereits an Teambesprechungen im Berufsleben teilgenommen hat. Sprechen Sie darüber, in welchen Branchen/Berufskontexten es viele Teambesprechungen braucht und in welchen sie seltener eine Rolle spielen. Lassen Sie TN von ihren Erfahrungen aus verschiedenen Kontexten berichten.

B
Lassen Sie TN in KG nach gleichen/ähnlichen Berufsfeldern zusammenarbeiten. TN sammeln Themen aus Teambesprechungen und stellen anschließend ihre Themensammlung als KG im PL vor.

A2b Weisen Sie (in Anlehnung an A1a) darauf hin, dass TOP eine in Protokollen von Meetings geläufige Abkürzung ist. Sie können auch fragen: „Was war heute Morgen unser TOP 1 im Kurs?"
TN hören dann die Teambesprechung und machen Notizen. Abgleich zunächst in PA, anschließend erneutes Hören und Abgleich der Ergebnisse im PL.

A2e
E
TN fassen als HA die beiden Punkte „1. Kundengespräche" und „2. Länge der Gespräche" schriftlich in ganzen Sätzen zusammen.

A3a
Registertraining
Die im KB angegebene „Strategie" zielt vor allem auf die Wahl des angemessenen Sprachregisters. Ebenfalls wichtig in Bezug auf adressatengerechtes Schreiben ist – wenn möglich – die persönliche Anrede. Sowohl beim Adressieren im Adressfeld eines Geschäftsbriefes als auch in der Anrede in Brief und E-Mail sollten Kommunikationspartner/innen (sofern bekannt) explizit genannt bzw. angesprochen werden. Um dies zu verdeutlichen, können Sie wie folgt vorgehen. Schreiben Sie zwei Anredezeilen an die Tafel:

> Sehr geehrte Damen und Herren, ...
> Sehr geehrte/r Frau/Herr ... [NAME EINES/R TN].

Fragen Sie dann den/die TN, deren/dessen Namen Sie gewählt haben: „Welcher Brief spricht Sie mehr an?", „Warum?", „Was verändert sich?" (*Man fühlt sich persönlich gemeint, fühlt sich verantwortlich, man muss eigenständig reagieren/entscheiden, ...*) Wiederholen Sie in diesem Zusammenhang folgende Begriffe:
der/die Ansprechpartner/in, die Zuständigkeit, zuständig (sein), der/die Verantwortliche, verantwortlich sein, die Kontaktperson

Üben Sie die persönliche Anrede mit TN beim Schriftverkehr regelmäßig, indem Sie bei Übungen zur Korrespondenz immer prüfen, ob ein/e Ansprechpartner/in angegeben ist, an den/die man sich persönlich wenden kann (Absenderadresse/Mail-Adresse/Signatur genau prüfen!).

Ü3a–b Möglicherweise tun sich manche TN schwer, in diesem Text wichtige von unwichtigen Informationen zu unterscheiden. Geben Sie deshalb ggf. eine Leitfrage vor, die TN hilft, zu entscheiden, was „Detail" ist und was nicht. Fragen Sie zunächst: „Worum geht es in dem Text?" (*Verbesserung des Kundenservice*) Fragen Sie anschließend: „Welche Fähigkeiten/Kompetenzen müssen Mitarbeitende im Kundenservice haben?" Lassen Sie dann TN den Text bearbeiten. Der Übersichtlichkeit halber lassen Sie im Anschluss an Ü3b eine/n TN die wichtigen Begriffe auf Zuruf anderer TN in Stichworten an der Tafel notieren:

> *Kundenservice verbessern*
> - *direkte Interaktion*
> - *Empathie*
> - *Geduld*
> - *…*

Anschließend fassen TN die Hauptaussagen in PA schriftlich zusammen. (Oder Sie kopieren den Text und lassen darin alles, was nicht zur Hauptaussage gehört, streichen.)

A3a Wenn möglich, lassen Sie TN eine E-Mail (am Laptop, Tablet, Smartphone) schreiben. Die Korrektur könnte dann der/die Partner/in in einer anderen Schriftfarbe vornehmen und die E-Mail zurückschicken.

Ü4 Klären/Wiederholen Sie ggf. fachsprachliches Vokabular wie *Kasus* und *Konnektor*.
Weisen Sie bezüglich der richtigen Schreibweise (letztgenannter Aspekt in der Aufzählungsliste) darauf hin, dass sich dies auch auf andere Fehler neben der Groß- und Kleinschreibung beziehen kann.

A3c Diese Aufgabe kann sowohl mündlich als auch schriftlich erledigt werden. Sollten E-Mails geschrieben und verschickt worden sein, könnte eine authentische Antwort-Mail geschrieben werden, in der diese Nachfragen ganz konkret formuliert, adressiert und an den/die Lernpartner/in zurückgesendet werden.

E Besprechen Sie im Anschluss an die Mail-Korrespondenz die Wichtigkeit des Nachfragens: Man fragt nach, um zu gewährleisten, dass Aufgaben und Abläufe richtig bearbeitet werden können. Ermutigen Sie TN dazu, lieber einmal mehr nachzufragen als sich zurückzuhalten, wenn etwas nicht (ganz) verstanden wurde. Besprechen Sie, welche Konsequenzen Missverständnisse haben und wie diese vermieden werden können (*Aufgaben werden nicht bearbeitet/bleiben liegen, niemand fühlt sich zuständig, Termine platzen, Ansprechpartner/innen fehlen, Aufgaben werden fehlerhaft/nur teilweise/in falscher Reihenfolge bearbeitet* usw.).

Interkulturelle Kompetenz Thematisieren Sie in diesem Zusammenhang, dass sich das Nachfragen nicht ausschließlich auf die Sprachkompetenz bezieht, sondern dass es in vielen beruflichen Situationen Muttersprachler/innen wie Zweitsprachenlernenden geht: Damit alle Informationen richtig aufgenommen werden können (oder auch: nicht vergessen werden), ist oftmals Nachfragen und Vergewissern notwendig.

A4
B
V Die Karte bzw. Rolle „Büro" ist bewusst einfacher gehalten und eignet sich ggf. für schwächere Lernende

Diese Aufgabe lässt sich auch gut als Stationenarbeit gestalten. Bereiten Sie hierfür vier Stationen vor, indem Sie Tische entsprechend stellen und darauf vier Schilder legen/stellen: *1. Büro, 2. Empfang, 3. Produktion, 4. Lager*. TN gehen (mit ihrem Buch, oder Sie kopieren die Seite zuvor, schneiden die Aufgaben für jede Station aus und legen diese auf die Tische) in PA von Tisch zu Tisch und erklären sich die Aufgaben an der jeweiligen Station. Der/Die Partner/in signalisiert (Nicht-)Verstehen. Als Zeitvorgabe können Sie pro Station 10 Minuten pro Team veranschlagen, wobei jede/r TN aus einem Team an zwei Stationen erklärt und an zwei Stationen zuhört und reagiert. Ggf. stellen Sie einen Timer, damit die Lernenden nach Ablauf der Zeit die Station wechseln.

Neu in der Firma

Besprechen Sie anschließend im PL: „Gab es Aufgabenbereiche, die leichter zu erklären waren als andere?", „Woran lag das?", „Gab es Missverständnisse? Konnten sie aufgelöst werden?", „Welche Fragen sind noch offen?"

E Fordern Sie TN auf, in EA aus den Aufgabenbereichen individuell fünf Nomen-Verb-Verbindungen auszuwählen, die als HA gelernt werden (z. B. *Dokumente benennen, Bestellungen abgleichen*). TN können mit jeder Verbindung einen Satz formulieren und aufschreiben.

Weitere Möglichkeit für HA: TN wählen einen Arbeitsort aus und schreiben eine E-Mail an eine/n neue/n Kolleg/in mit Erklärung der Aufgaben (in ganzen Sätzen).

Ü5
E
Registertraining

TN schreiben mit mindestens vier der Verben aus dieser Übung Sätze, die sich auf ihre eigene (Wunsch-)Berufstätigkeit beziehen. Geben Sie als LK Beispiele vor:
Ich (als Lehrkraft) führe DaZ-Unterricht durch. Ich bestelle Bücher für meinen Kurs. Ich prüfe, ob die Lernenden die Grammatik verstanden haben. Ich beschrifte Testunterlagen.
Vergleichen Sie einzelne Sätze mit selben Verben im Kurs und sprechen Sie über die unterschiedliche Bedeutung der Verben in verschiedenen beruflichen Kontexten. Beispiel: Das Verb *prüfen* bezieht sich z. B. im Kontext „Unterricht" auf Wissensabfrage, Lernkontrolle bzw. Prüfungsabnahme, im Bereich „Elektronik" auf die Funktion eines Geräts.

Aussprache

Ü1b Nach dem Mitsprechen lesen TN den Dialog in PA mit verteilten Rollen.

Ü2
B
→ **KV 3–3**
Portfolio
Schlüsselkompetenzen

Stärkere TN versuchen, den Dialog möglichst frei zu sprechen/spielen, schwächere TN lesen den Dialog ab.
Teilen Sie die KV aus. Fordern Sie TN auf, bei der Auswahl der Wörter und Ausdrücke darauf zu achten, dass sie (wenn möglich) zum eigenen (oder gewünschten) Berufsfeld passen und dem Kriterium der persönlichen Brauchbarkeit entsprechen. Geben Sie TN Beispiele für typische „zueinander passende" Verben und Nomen (z. B. *Aufgaben verteilen, Maschine stoppen*), und erläutern Sie, was im letzten Abschnitt der KV erwartet wird: Im Sinne der Schlüsselkompetenz „Eigenständiges Lernen" wird ist hier eine persönliche Auswahl von Lerninhalten für den individuellen Sprachgebrauch gefordert.

V Der letzte Abschnitt der KV kann als HA bearbeitet werden: TN lernen die notierten Kombinationen von Nomen und Verb und notieren je einen Satz zu ihnen. Korrektur durch LK.

Kommunikation im Beruf

A1c Sie können ergänzen, dass man vom „Du" üblicherweise nicht mehr zum „Sie" zurückkehrt, dass das Anbieten des „Du" also eine dauerhafte Entscheidung ist.
Sprechen Sie über den Punkt „In manchen Branchen ist Duzen üblicher". Fragen Sie TN: „Welche Branchen fallen Ihnen da ein?" (*Werbung, Radio, Grafik, IT, Fitnessstudio, Gastronomie, …*) Sie können TN auch fragen, ob ihnen Werbeslogans (oder Geschäfte) einfallen, in denen Kund/innen mit „Du" angesprochen werden. Fragen Sie: „Was sagt das über das Unternehmen aus?", „Was ist das Ziel der Anrede?" (z. B. möchte das Unternehmen IKEA mit dem Slogan „Wohnst du noch oder lebst du schon?" mit dem Duzen eine persönliche und vertrauliche Ebene schaffen).

E Hier finden sich Statistiken, die sich als Sprechanlass zum Thema „Duzen/Siezen" anbieten:
https://www.sueddeutsche.de/karriere/duzen-siezen-job-1.4627209
https://de.statista.com/infografik/4747/mit-den-kollegen-per-du-oder-per-sie/
https://www.welt.de/wirtschaft/article160486377/Das-Du-kann-auch-zu-viel-Naehe-erzeugen.html

A2
Arbeitsweltwissen

Thematisieren Sie auch, dass manchmal jemand nicht geduzt werden oder duzen möchte. Für den privaten Kontext können Sie hierfür als Redemittel für eine angemessene Reaktion noch vorstellen: *Ich würde lieber beim Sie bleiben. (Wir kennen uns ja noch nicht so lange/gut. / Wir haben ja nicht so oft miteinander zu tun.)* Im beruflichen Kontext könnte das z. B. der Fall sein, wenn ein Kunde/eine Kundin das Du anbietet, es aber firmenintern die Bestimmung gibt, dass

Kund/innen grundsätzlich nicht geduzt werden. Privater und beruflicher Kontext können auch kollidieren, z. B. im Berufsfeld Kindergarten: Während kleine Kinder ihre Erzieher/innen duzen, ist den Erzieher/innen den Eltern gegenüber das Duzen oft nicht erlaubt, um professionellen Abstand zu wahren.
Hier wäre es wichtig, auch (zumindest kurz) über Redemittel zu sprechen, mithilfe derer man höflich und freundlich das Du ablehnt, z. B.
Vielen Dank für das Angebot, aber wir duzen unsere Kunden / die Eltern der Kinder / ... prinzipiell nicht.
Danke, ich fühle mich geehrt, aber ich möchte Berufliches und Privates gern trennen. Ich arbeite sehr gern mit Ihnen zusammen und danke Ihnen für Ihr Verständnis.
Weisen Sie TN darauf hin, dass das Du auch „zu nah" oder respektlos erscheinen kann – und dass dieses Mittel zur Markierung von beruflichen und privaten Beziehungen von vielen Menschen wahrgenommen und reflektiert wird, obwohl man heutzutage schneller zum Du übergeht als früher. So empfinden es Kundinnen und Kunden unter Umständen als unpassend, wenn sie in bestimmten Geschäften oder von Firmenmitarbeiter/innen prinzipiell geduzt werden.
Besprechen Sie mit TN auch, dass es normal ist, dass man Menschen, die man neuerdings duzt, anfangs aus Versehen noch manchmal siezt und dass das auch Muttersprachler/innen passiert.

Grammatik-Rückschau

→ KV 3–4

TN bekommen in PA eine KV und die Aufgabe, den Beginn eines Krimis mit dem Titel „Mord im Homeoffice" zu schreiben. (Der Titel lässt sich an andere Berufsfelder der TN anpassen: „Mord im Lagerraum" / „Mord im Firmenwagen".) Die Sätze mit *es* sind zu integrieren. Weisen Sie darauf hin, dass die Aufgabe leichter zu bewältigen ist, wenn zunächst alle Sätze gelesen werden und ein Schreibplan entworfen wird, um einen logischen Textaufbau zu schaffen.
Um das Schreiben zu erleichtern, können Sie unterstützend W-Fragen an die Tafel schreiben, die TN beim Entwurf ihres Schreibplans vor Beginn des Schreibens berücksichtigen sollten: *Wer? Wo? Wann? Was? Warum? Wie?*
Hängen Sie anschließend die Krimi-Anfänge im Kursraum auf und lassen Sie TN diese lesen. Im PL kann der Beginn gewählt werden, den die meisten TN am vielversprechendsten finden. Fragen Sie: „Was macht den Text spannend?", „Welche Elemente erzeugen Neugier?" (möglicherweise: *unerwartete Wendung, Grusel, Brutalität, Komik, Geheimnis ...*)

Interkulturelle Kompetenz

Fragen Sie anschließend: „Wer von Ihnen liest gern (Krimis)?", „Was lesen Sie sonst gern?", „Und wer schreibt gern?", „Was?", „Wie oft?" Sprechen Sie über den Beruf *Autor/in*: „Wie wird man Autor/in?", „Welche Kompetenzen braucht man?", „Welche anderen Berufe/Berufsbereiche kennen Sie, in denen Menschen viel schreiben?" (*Journalist/in, Werbetexter/in, Ghostwriter/in, Blogger/in, Referent/in, Sekretär/in, Redakteur/in, Gutachter/in, technische/r Redakteur/in, Dozent/in, Kunsthistoriker/in, Pfarrer/in ...*)
Leiten Sie dann über zu einem Gespräch über Schriftsprachkompetenz: Fragen Sie TN, wer in ihrer/ seiner beruflichen Tätigkeit viel schreibt/geschrieben hat. Was genau wurde geschrieben? Welche Textsorten? Wie oft? Wer hat viel Übung und Erfahrung, wer eher wenig? Gibt es Unterschiede zwischen den Berufsbildern im deutschsprachigen Raum und den Berufsbildern in anderen Ländern? Die letztgenannte Frage zielt darauf ab, dass Aufgabenfelder von Berufen variieren. Oft haben dieselben oder ähnliche Berufsbezeichnungen andernorts andere Aufgabenschwerpunkte (zumal z. B. ein Beruf je nach Ausbildungsland akademisch oder nicht akademisch sein kann).

Zusammenarbeiten

Themen Im vierten Kapitel geht es um verschiedene Arten von Kommunikation in Meetings, Konfliktgesprächen und Übergaben sowie darum, wie diese schriftlich festgehalten werden können.
Auftakt Cartoons zum Thema „Zusammenarbeit" bieten den Einstieg ins Kapitel.
Modul 1 Hier wird betrachtet, was zum Gelingen von effektiven Meetings beiträgt – und was nicht.
Modul 2 Wo Menschen zusammenarbeiten, gibt es Konflikte. Welche Redemittel und Strategien sind beim Umgang mit schwierigen Situationen hilfreich?
Modul 3 TN lernen in diesem Modul, was für eine möglichst reibungslose Übergabe zu beachten ist.
Modul 4 Hier geht es um Protokolle, was diese Textsorte ausmacht und was TN berücksichtigen sollten, wenn sie selbst protokollieren.
KiB Wie sagt man es freundlich? TN üben das positive Formulieren in der E-Mail-Korrespondenz.

Lernziele
Auftakt | über Cartoons aus dem Berufsalltag sprechen
Modul 1 | einen Artikel zum Thema „Meetingregeln" verstehen und wiedergeben
Modul 2 | Konfliktgespräche führen
Modul 3 | Übergaben organisieren
Modul 4 | Protokolle verstehen und schreiben
Modul 4 | sich an Besprechungen beteiligen
KiB | Mails positiv formulieren
Aussprache | Aussprache von *kr, tr, pr, spr, str* (im ÜB)

Grammatik
Modul 1 | Relativsätze mit *wer*
Modul 3 | Nomen-Verb-Verbindungen

Auftakt

vor A1 Schreiben Sie an die Tafel *die Kooperation = die Zusammenarbeit* und fragen Sie TN: „Wann arbeiten Sie mit wem zusammen?" Sammeln Sie Beispiele in zwei Spalten an der Tafel: *Wo? Mit wem?* Gehen Sie zum Einstieg auf jeden Fall neben dem beruflichen Kontext auch auf private Bereiche ein (*Menschen arbeiten in Gemeinden zusammen; Partner/innen im Haushalt usw.*). Übertragen Sie anschließend die Frage (falls nicht schon geschehen) auf die Kurssituation: „Wann arbeiten wir hier zusammen? Wie?" Gehen Sie auf die verschiedenen Sozialformen *Einzel-/Partner-/Gruppenarbeit* usw. ein. Kündigen Sie dann an, dass es nun um Zusammenarbeit im Berufsleben geht, und sehen Sie sich die Cartoons im Auftakt zum Kapitel im KB an.

A1 Sprechen Sie im PL über die Cartoons. Ggf. führen Sie zusätzliches Vokabular ein wie z. B.
(A) *ausgebrannt sein, für seine/ihre Arbeit brennen,*
(B) *gendern, jemanden ansprechen, sich angesprochen fühlen,*
(C) *sich drücken, jemanden im Stich lassen,*
(D) *der Oberkörper, zur Hälfte, der (Computer-)Bildschirm,*
(E) *sich (absichtlich/unabsichtlich) danebenbenehmen, das Fettnäpfchen / in ein Fettnäpfchen treten,*
(F) *dazwischenschieben, etwas wörtlich nehmen.*
Fragen Sie: „Kennen Sie solche Situationen?" – bei E z. B. „Wer ist bei der Arbeit schon mal in ein Fettnäpfchen getreten?" usw.

A2 Die Aufgabe, einen Cartoon zu suchen, kann gut als HA erledigt werden. Die Cartoons können in einem Padlet hinterlegt und am Folgetag im Unterricht gemeinsam angesehen und besprochen werden. Denken Sie daran, dass Humor kulturspezifisch sein kann und wahrscheinlich nicht alle Cartoons für alle TN witzig sind. Thematisieren Sie ggf. die Frage, warum in einigen Herkunftsländern der TN über bestimmte Dinge gelacht wird, in anderen nicht usw.

Interkulturelle Kompetenz

Mediation Sie können auch anregen, zusätzlich einige Cartoons zum Thema „Zusammenarbeit" in anderer Sprache vorzustellen und zu übersetzen bzw. erklären zu lassen, was daran lustig ist / sein soll.

Ü1a E	TN kontextualisieren einige der gesammelten Wörter, indem sie anschließend zwei Sätze pro Kategorie schreiben. Auch als HA möglich.
Ü2	Korrektur in PA.
Ü3 Strategie	Gehen Sie nach Bearbeitung der Übung auf den „Tipp" ein und thematisieren Sie Wortschatzarbeit im Kurs. Fragen Sie: „Wie lernen Sie gut neue Wörter?", „Gehen Sie systematisch vor? Wie?", und lassen Sie TN zunächst in KG in den Austausch gehen. Wenn möglich, lassen Sie TN miteinander sprechen, die weniger oft miteinander im Austausch sind / nicht nebeneinandersitzen, damit sie neue Ideen zu hören bekommen. Sammeln Sie anschließend im PL Lernstrategien der TN. Erläutern Sie, wann es sich um eine *Lernstrategie* handelt *(wenn man ein Vorgehen beim Lernen wiederholt, weil es zielführend ist und zur Routine werden kann/geworden ist)*. Ggf. können Sie auch auf die Unterscheidung zwischen *Wiederholungsstrategien (Wörterlernen mit Apps, Karteikarten, Vokabelheft), Organisationsstrategien (Plakate mit Mindmaps oder Tabellen)* und *Elaborationsstrategien (Synonyme, Antonyme recherchieren und mitlernen, Kontextualisierung von neuen Wörtern)* eingehen. Gehen Sie auch auf *ressourcenbezogene Lernstrategien (geeignete Lernorte und -zeiten, kooperatives Lernen)* ein, wenn diese genannt werden.
Ü4 B	Schwächeren TN können Sie die gesuchten Begriffe zum Füllen der Lücken vorab zur Verfügung stellen (s. Lösungen). Fragen Sie im Anschluss: „Kennen Sie weitere Tipps für eine gute Zusammenarbeit?", und sprechen Sie im PL über Erfahrungen.

Modul 1 Im Meeting

vor A1	Sammeln Sie kurz zum Modul passenden Begriffe wie z. B. *das Meeting, das Treffen, die (Arbeits-) Besprechung, die Zusammenkunft, der Jour fixe, die Konferenz*.
A1a	Regen Sie TN an, über den beruflichen Kontext hinauszudenken, vor allem wenn entsprechende Berufserfahrung fehlt. Besprechungen können im weiteren Sinne auch Elternabende, Vereinssitzungen, Mitgliederversammlungen oder Lerngruppen sein.
A1b	TN vergleichen ihre Lösung in PA, bei Unsicherheiten Klärung im PL.
Ü1 E	TN können ihre Lösungen in PA abgleichen und korrigieren. Ggf. schreiben TN als HA die passenden Kombinationen ins Heft ab und lernen sie auswendig.
A1d E	TN suchen aus dem Text jeweils drei bis fünf berufssprachliche Verben, Nomen und Adjektive heraus, die sie lernen/wiederholen möchten. Achten Sie im Sinne des Kriteriums „Brauchbarkeit" darauf, dass TN ihre individuelle Wörterliste in EA erstellen.
A2a	Benennen Sie ggf. noch einmal genau, um welchen Fall (Nominativ, Akkusativ, Dativ) es sich handelt, und fordern Sie TN auf, es an den Rand der Tabelle im KB zu schreiben.
Ü2 B	Bieten Sie TN an, die Übung in PA zu lösen, wenn sie dies wünschen und eine entsprechende Sicherheit (noch) fehlt.
A2b	Nachdem TN das Verb unterstrichen und Haupt- und Nebensatz identifiziert haben, bitten Sie eine/n TN, die Lösung vorzustellen und dabei zu erklären, wie er/sie vorgegangen ist (explizite Erläuterung, dass die Verbposition der Schlüssel zur Lösung ist: Verb an 2. Stelle = Hauptsatz, Verb am Satzende = Nebensatz).
A2c	Geben Sie einige Minuten Zeit, damit TN die Beispiele in Ruhe lesen und verstehen können. Anschließend wird die Regel im PL ergänzt. Erklären Sie ggf. den Begriff *Pronomen* (wiederholt) ausführlicher: Ein Pronomen steht „pro Nomen", d. h. es steht für ein Nomen (ersetzt dies). Dies gilt für das Relativ- wie das Demonstrativpronomen sowie für weitere Pronomen, die die TN bereits kennen *(Personalpronomen, Reflexivpronomen, Possessivpronomen, Indefinitpronomen, Interrogativpronomen)*.

Zusammenarbeiten

Ü3–5
In Ü3–5 trainieren TN Relativsätze mit Relativpronomen. Sollte der Kurs sich damit noch schwertun, können Sie sowohl über die Wahl der Sozialform als auch die Menge an Übungen binnendifferenziert vorgehen. Beispiel: Ü3 in PA lösen. Ü4 als HA. Ü5 als zusätzliche Beschäftigung für starke/schnelle TN anbieten. (Andere TN können die Übung dann als HA machen.) Oder TN lösen Ü3 in EA, Ü4 in PA. Ü5 wird dann als HA gemacht.
Bei schwächeren Lerngruppen können sie sich zunächst auch auf Ü3 und A2d zum Üben der Relativsätze beschränken.

A2d
TN können zusätzlich Formulierungen und Hinweise aus Ü1 und Ü2 zu Hilfe nehmen (ggf. auch für weitere Übungssätze als HA).
Zur Vertiefung des Themas steht Ihnen ein Interaktives Tafelbild zur Verfügung.

A3
Fragen Sie zunächst ab, wer welcher Aussage zustimmt. Bilden Sie dann ausgewogene KG (z. B. aus zwei TN, die A befürworten und 2 TN, die B befürworten), die 10 Minuten kontrovers miteinander diskutieren. TN, die keine Berufserfahrung bzw. keine Erfahrung mit Online-Besprechungen haben, können Sie bitten, als Beobachtende die Argumente der diskutierenden TN zu notieren. Fragen Sie im Anschluss: „Was spricht für Online-Meetings? Was spricht für Besprechungen in Präsenz?" Sie können zwei TN bitten, die jeweiligen Pro-Argumente, die im PL zusammengetragen werden, in Stichworten in zwei Spalten an der Tafel zu sammeln (je ein/e TN schreibt in eine Spalte).

Fragen Sie: „Wenn Sie an Meetings denken: Wer leitet diese?" (*Vorgesetzte, Abteilungsleiter/innen, Kollegen/Kolleginnen, Vorsitzende, Elternsprecher/innen ...*) Fragen Sie dann, falls es noch nicht genannt wurde: „Wie nennt man generell jemanden, der/die eine Besprechung leitet und durchführt?" (*der/die Moderator/in*)
TN arbeiten nun zu viert in KG und notieren Aufgaben, die ein/e Moderator/in hat. Sie können diese Übung als Vorübung für Modul 3 nutzen, indem Sie anregen, nicht nur Verben, sondern Verben in Kombination mit Nomen zu notieren. TN können die Listen auf Plakate schreiben, nach der Übung aufhängen und gemeinsam vergleichen.
Alternativ können Sie „Aufgaben eines Moderators oder einer Moderatorin" an die Tafel schreiben und dann die im Folgenden aufgeführten Nomen auflisten; TN schreiben dann zu den Nomen passende Verben (siehe Beispiele in der rechten Spalte) an die Tafel:

Nomen	Verben
das Gespräch / ein Meeting	vorbereiten, moderieren, leiten, führen, beginnen, beenden ...
einen Konflikt	erklären, klären, begleiten, beenden ...
eine Abstimmung	durchführen, beginnen, beenden ...
eine Frage	stellen, beantworten, weitergeben, besprechen, klären ...
Gesprächsregeln (Pl.)	vorgeben, einführen, mitteilen, kommunizieren, einhalten ...
die Tagesordnung	vorstellen, präsentieren, einhalten ...
das Team	zusammenhalten, unterstützen, begleiten, führen ...
die Zeit	kontrollieren, vorgeben, im Blick/Auge behalten ...
Methoden (Pl.)	auswählen, einsetzen/anwenden, vorgeben ...
das Material	bereitstellen, ausgeben, einsammeln ...
das Wort	erteilen, übergeben, (weiter-)geben ...

Falls nicht während des Gesprächs bereits geschehen, fordern Sie TN auf, „gegenteilige" Formulierungen zu nennen (z. B. *ein Gespräch stören/unterbrechen, die Zeit aus den Augen / aus dem Blick verlieren, die Tagesordnung nicht einhalten, gegen Gesprächsregeln verstoßen ...*).

Ü6a TN lesen die Aussagen in ihrem individuellen Tempo und ordnen diese der jeweiligen Person zu. Korrektur im PL.

Ü6b
P
Weisen Sie TN darauf hin, dass ein Forumsbeitrag eine im DTB geforderte Textsorte ist. Sie finden Hinweise zum Schreiben von Forumsbeiträgen auch in der → Prüfungsvorbereitung auf S. 39.
In Kapitel 1 (Modul 1, A2d) wird zudem darauf hingewiesen, dass es zum Training digitaler Kompetenz eine Option ist, die Forumsbeiträge tatsächlich in einem Übungsforum online zu posten (und ggf. von anderen TN kommentieren zu lassen).

Modul 2 Konflikte am Arbeitsplatz

Arbeits-
weltwissen
Interkulturelle
Kompetenz

Das Thema „Konflikte" erfordert Fingerspitzengefühl. *Interkulturelle Konflikte* sollten zudem vor dem Hintergrund divers kulturell geprägter Identitäten betrachtet und bearbeitet werden. Kultur prägt Haltung, Wertverständnis, Normen, Glauben und Sprache. In diesem Sinne ist es wichtig, beim Thema „Konflikte" immer beides zu beleuchten: Das, was trennt, und das, was verbindet.
Im Sprachkurs mit Aussicht auf Integration in Berufsleben und Arbeitsmarkt bietet sich die Chance, Konfliktthemen in der Gruppe aus unterschiedlicher kultureller Perspektive zu betrachten und zu thematisieren.
Hierfür ist es von großer Relevanz, dass TN Redemittel beherrschen, mit denen sie die eigene Wahrnehmung ausdrücken und mit Konfliktsituationen umgehen können. Besonders hervorzuheben ist hier das Handlungsfeld „Umgang mit Dissens und Konflikten" im Lernzielkatalog für Berufssprachkurse. Hier finden sich Kann-Beschreibungen wie z. B.
„Kann den eigenen Standpunkt begründen",
„Kann eigene Fehler angemessen zur Sprache bringen" oder
„Kann Vorschläge machen".
Ebenso wichtig ist das Handlungsfeld „Realisierung von Gefühlen, Haltungen und Meinungen", da hier die eigenen wie auch die Wünsche und Nöte von Mitmenschen in den Fokus genommen werden – eine Grundvoraussetzung, um sich in Konflikten annähern und Empathie signalisieren zu können (→ vgl. Lernzielkatalog BAMF, www.bamf.de, Suchbegriff: *Lernzielkatalog + Berufssprachkurse*).
Redemittel für den Dialog in Konfliktsituationen finden sich in A3b sowie in der → Redemittelsammlung „Konfliktgespräche führen" auf S. 324. Zudem bietet KV 4–1 eine Vorlage, die in Konfliktsituationen für ein strukturiertes und konstruktives Gespräch genutzt werden kann.

A1c Diese Aufgabe richtet sich vor allem an TN, die bereits gearbeitet haben. Achten Sie deshalb darauf, auch TN miteinzubeziehen, die (noch) keine entsprechende Erfahrung sammeln konnten. Diese können z. B. von einer Situation wie einem Elternabend, dem Deutschkurs, Erfahrungen in der Agentur für Arbeit o. Ä. ausgehen.
Sie können die Abfrage auch mit Klebepunkten/Magneten an der Tafel durchführen oder eine Online-Abstimmung vorbereiten. Einfache Online-Umfrage-Tools sind z. B. https://www.mentimeter.com oder www.surveymonkey.de.

Ü1
E
Schlüssel-
kompetenzen
Fragen Sie TN im Anschluss an die Zuordnung: „A bis F sind Verhaltensweisen, die nicht erwünscht sind. Wie heißt das Gegenteil, also: Welche Schlüsselkompetenzen werden gebraucht?" Notieren Sie die Begriffe mit Artikel an der Tafel oder ergänzen Sie das ggf. aus → Kapitel 1, Modul 3, A3b existierende Plakat mit den Soft Skills: *die Wertschätzung, die Rücksichtnahme, (die Fachkompetenz), die interkulturelle Kompetenz, die Kritikfähigkeit, die Zuverlässigkeit*.

A1d TN sprechen in KG. Hier werden Erfahrungen verglichen. Regen Sie auch den Austausch über kulturelle Unterschiede an, z. B. indem Sie fragen: „Wo haben Sie das erlebt? Hier in Deutschland oder anderswo?", „Was war hier in Deutschland für Sie neu/ungewohnt/schwierig?" Wenn Sie selbst Arbeitserfahrung in anderen Ländern gesammelt haben, bringen Sie eigene Beispiele in die Diskussion ein. Sollten Sie TN im Kurs haben, die nicht über entsprechende Erfahrungen verfügen, können Sie diese in einer KG zusammenbringen, die darüber in den Austausch kommt, was sie sich diesbezüglich für einen künftigen Arbeitsplatz wünschen.

Zusammenarbeiten

Ü2
Interkulturelle Kompetenz

TN ergänzen die Satzanfänge in EA. Weisen Sie darauf hin, dass die Formulierung „Bei uns …" im ersten Satzanfang unterschiedlich gedacht/ergänzt werden kann, z. B. *Bei uns bei der Arbeit …, Bei uns in Lettland …, Bei uns in der Familie …, Bei uns im BSK …* usw.
Nach der EA stellen TN in KG zu dritt ihre ergänzten Sätze vor und tauschen sich über ihre Konflikterfahrungen aus.

A2a
Interkulturelle Kompetenz

TN diskutieren in KG zu dritt und beziehen die Ausdrücke auf verschiedene Situationen aus A1. Regen Sie anschließend an, dass TN sich darüber austauschen, ob bestimmte Konfliktlösestrategien evtl. kulturell geprägt unterschiedlich häufig genutzt werden. Wichtig ist an dieser Stelle, dass die Sammlung sich noch nicht explizit auf den beruflichen Kontext bezieht; das geschieht in A2b.

Ü3–4
Die Übungen festigen den Wortschatz zum Thema „Konfliktbewältigung" und nehmen Ausdrücke aus A2a auf. Sie eignen sich deshalb auch gut als HA.

A2b
Sammeln Sie im PL an der Tafel in einer Liste die ausgewählten Strategien. Diskutieren Sie anschließend im PL, ob bestimmte Strategien am Arbeitsplatz schwieriger umzusetzen sind als z. B. im Privatleben oder anderen Kontexten, und lassen Sie TN ggf. Gründe nennen.

A3b
TN gleichen das Gehörte in PA ab. Dann im PL korrigieren.

Ü5
Ⓟ

Um die Prüfungssituation zu simulieren, stellen Sie einen Timer auf eine Minute zum Lesen der Sätze. Auf der Audiodatei ist zwischen den Gesprächen keine Pause aufgenommen, drücken Sie daher die Pausetaste, damit TN (kurz) Zeit zum Notieren haben.
Auf diesen Aufgabentyp wird in der → Prüfungsvorbereitung auf S. 37 weiter eingegangen.

A4

Sollten TN sich bei der Auswahl einer Situation schwertun, weil sie noch keine Berufserfahrung und somit auch keine Konflikterfahrung im Berufskontext haben, unterstützen Sie sie bei der Entscheidung für einen der Konflikte, die auch aus dem Alltag bekannt sein dürften, z. B. Unzuverlässigkeit oder unfreundlicher Umgang miteinander.
TN sollten beim Dialog die Lösungsstrategien aus A2 und Redemittel aus A3 verwenden.

Strategie

Thematisieren Sie abschließend im PL die Strategie, dass es beim Ansprechen von Problemen generell sinnvoll ist, sich vorab einen konstruktiven Lösungsvorschlag überlegt zu haben oder Ideen gesammelt zu haben, wie die Situation (bzw. zunächst das Gespräch) förderlich gestaltet werden kann. Gleichzeitig ist es wichtig, im Gespräch auch für andere Vorschläge offen zu sein und nicht strikt auf dem eigenen Lösungsweg zu beharren.

→ KV 4–1 (Portfolio)
Schlüsselkompetenzen

Fragen Sie: „Wer kann erklären, was eine Win-win-Situation ist?" (*eine Situation bzw. Lösung/ Einigung, die für alle Beteiligten Vorteile bietet*). Teilen Sie dann TN in KG zu viert ein und geben Sie die Portfolio-KV aus. Sehen Sie sich zunächst gemeinsam im PL diese weitere Möglichkeit für einen Gesprächsverlauf bei einem Konflikt an.
Klären Sie dann im PL die Aufgabenstellung, planen Sie für die Bearbeitung der Aufgabe in KG ausreichend Zeit ein (mind. 30 Minuten) und kommunizieren Sie dies den TN. Lassen Sie die KG dann in Eigenregie arbeiten und greifen Sie nur bei konkreten Rückfragen ein. Nach der Bearbeitungszeit findet im PL die Reflexion der Aufgabe statt. Sie können dafür folgende Leitfragen an die Tafel schreiben:

> *Welche Situation / Welchen Konflikt hat Ihre Gruppe gewählt?*
> *Fanden Sie das Modell für die Lösung Ihres Konflikts hilfreich?*
> *Gab es Schwierigkeiten? Wenn ja, an welcher Stelle?*

Arbeitsweltwissen

Am Arbeitsplatz ergeben sich manchmal Konflikte, für die im direkten Kontakt keine Lösung gefunden werden kann, bei denen der Betriebsrat nicht zuständig ist oder die sich über einen längeren Zeitraum erstrecken. Für solche Fälle gibt es außerhalb des Betriebs verschiedene Hilfsangebote. Bei einem *Coaching* oder in einer *geleiteten Mediation* wird in einem neutralen Rahmen gemeinsam nach Lösungsansätzen gesucht. Dafür gibt es in Konfliktmanagement ausgebildete Personen, die dem Konflikt zugrundeliegende Bedürfnisse oder Wünsche aufdecken und bei der konstruktiven Bearbeitung helfen. Es kann durchaus hilfreich sein, schon

in einer frühen Konfliktphase eine Beratung in Anspruch zu nehmen, um die Zusammenarbeit am Arbeitsplatz nicht langfristig oder tiefgreifend zu gefährden. Oft gilt: Je früher gehandelt und reflektiert wird, desto größer ist die Erfolgsaussicht auf Beilegung eines Konflikts.
Ein in der Arbeitswelt häufig zur Verdeutlichung von Konfliktentwicklung herangezogenes Modell ist das von Friedrich Glasl, bei dem der Konflikt in neun Eskalationsstufen eingeteilt und analysiert wird. Nach diesem Modell ist ein Konflikt ab einer bestimmten Stufe nur noch „von außen" lösbar. Weiterführende Informationen und eine Grafik zum Modell finden sich z. B. unter https://de.wikipedia.org/wiki/Konflikteskalation_nach_Friedrich_Glasl

Modul 3   Was ist zu tun?

A1a   Gehen Sie auch auf das Wort *Übergabe* und *übergeben* ein, indem Sie zusätzlich fragen: „Was kann übergeben werden?" (*Informationen, Daten, Arbeitsmittel, Produkte* usw.)

A1b   Stellen Sie anschließend die Frage: „Was ist bei Übergaben besonders wichtig?" (*präzise und eindeutige Informationen; klare, adressatengerechte Sprache; Wichtiges von Unwichtigem trennen; freundlicher und höflicher Umgangston; Nachfragen, ob alles verstanden wurde, ggf. Wiederholung des Gesagten, sich nicht mit Nebensächlichkeiten/Small Talk aufhalten* usw.)

Ü1   Lösen und besprechen Sie diese Übung gemeinsam im PL, da unterschiedliche Zuordnungen genannt werden könnten. Beispiel: Die kaputtgegangene Schleifmaschine kann „besonderen Vorkommnissen" zugeordnet werden, sie kann aber auch unter „Vorgehen bei Problemen" genannt werden und sie kann schließlich auch eine „anstehende Aufgabe" beinhalten (z. B. den Reparaturservice zu beauftragen).

Registertraining   TN bereiten in PA ein Übergabegespräch mit Informationen aus Ü1 vor. Teilen Sie zwei Gruppen ein: die Hälfte der TN spielt eine Übergabe mit einem/einer vertrauten, langjährigen Kollegen/Kollegin, die andere Hälfte der TN spielt eine Übergabe mit einem/einer neuen Kollegen/Kollegin. TN spielen im PL ihre Übergabe vor. Reflektieren Sie im Anschluss die verschiedenen Register und Unterschiede in der Kommunikation.

A2b
Strategie   TN lesen die im KB vorgestellte „Strategie". Fragen Sie: „Bei welchen Gelegenheiten gehen Sie vor, wie es hier beschrieben ist? Wann machen Sie sich beim Zuhören Notizen?" Sammeln Sie Aussagen der TN. Thematisieren Sie auch, wann es schwierig sein kann, sich auf das Hören vorzubereiten und beim Hören Notizen zu machen.

Situationen, in denen es wichtig sein kann, Notizen zu machen:	Situationen, in denen es schwierig ist, sich vorzubereiten bzw. Notizen zu machen:
Hörverstehen in der Prüfung Telefonate Gespräche, in denen man beraten wird/Informationen genannt bekommt …	wenn man nicht genau weiß, welche Informationen man braucht wenn jemand undeutlich, schnell oder im Dialekt spricht wenn man ein längeres Gespräch erwartet wenn man eine automatische Ansage, z. B. einen Anrufbeantwortertext erwartet

TN hören danach das Gespräch noch einmal und notieren Informationen zu 1. bis 3.

A3a–c   TN können die Teilaufgaben 3a–c in EA oder PA lösen.
Verweisen Sie TN auf die Liste mit Nomen-Verb-Verbindungen im → Anhang auf S. 346 ff.

A3d   Das Ergänzen der Regel sollte nach dem Lösen der Teilaufgaben A3a–c jetzt in EA erfolgen. Korrektur anschließend im PL.
Hinweis: Erklären Sie TN ggf., dass nicht alle Verbindungen von Nomen mit kombinierbarem Verb in die grammatische Kategorie „Nomen-Verb-Verbindungen" fallen. „Nomen-Verb-Verbindungen" (auch „Funktionsverbgefüge" genannt) zeichnen sich dadurch aus, dass die Semantik vom Verb auf das

Zusammenarbeiten

Nomen verlagert und teilweise im Verb nicht einmal mehr erkennbar ist (siehe Regel im KB: „…Verb, das nur eine grammatische Funktion hat, …"). Deshalb ist es in diesem Fall unerlässlich, Nomen und Verb in der feststehenden Kombination zu lernen.

Ü2a–b Ü2a kann in EA erledigt werden. Da Ü2b für manche TN eine Herausforderung sein kann, lassen Sie diese in PA machen. Um Frustration vorzubeugen, können Sie Ü2b auch als „Quiz" bezeichnen und kommunizieren, dass das Team gewinnt, welches es schafft, alle Sätze korrekt zu ergänzen.

Ü3 Kann gut als HA aufgegeben werden. (Lassen Sie ggf. bei Satz 1 beide Möglichkeiten zu, da je nach Kontext beides möglich ist.)

Ü4 Kann gut als HA aufgegeben werden. Weisen Sie TN darauf hin, dass es wichtig ist, die gebildeten Sätze ins Heft zu schreiben, evtl. auch beide Varianten (die im ÜB abgedruckten und die umformulierten Sätze).

Ü5 Im Unterricht oder als HA bearbeiten.

A4 Sie können das Vorgehen anleiten und unterstützen, indem Sie darauf achten, dass keine Fehler auf
B den Kärtchen stehen. Ggf. sind zehn Nomen-Verb-Verbindungen relativ viel und zeitlich zu aufwendig, dann können Sie auf z. B. sechs Verbindungen reduzieren. Lassen Sie TN ggf. mit der Liste von Nomen-Verb-Verbindungen im → Anhang auf S. 346 ff. arbeiten.
Die mit den Verbindungen gebildeten Sätze können auch in der KG aufgeschrieben werden, sodass Sie als LK diese anschließend korrigieren können.

→ KV 4-2 Die KV bietet Material für ein Rollenspiel. Führen Sie in die Situation ein, indem Sie fragen: „Haben Sie Ihre Wohnung schon mal vermietet?", „An wen?", „Haben Sie auf Reisen schon mal in einer anderen Wohnung gewohnt?", „Wer hat Ihnen den Schlüssel gegeben?", „Von wem haben Sie Informationen zur Wohnung bekommen?" Ggf. führen Sie neuen Wortschatz ein wie *untervermieten, der/die Unter(ver)mieter/in, auf Zeit/vorübergehend/temporär, (un-)möbliert* usw.
Sagen Sie dann: „Stellen Sie sich vor, Sie vermieten professionell Ferienwohnungen. Welche Kompetenzen brauchen Sie für diese Tätigkeit?" (*kaufmännische Fähigkeiten, Verhandlungsgeschick, Kommunikationsfähigkeit, Kunden-/Serviceorientierung, Organisationsfähigkeit, Sorgfalt, Zuverlässigkeit, …*)
Beschreiben Sie dann die Situation, in der sich TN für das folgende Rollenspiel befinden werden: „Sie spielen zwei Personen. Person A vermietet Ferienwohnungen, Person B hat eine Ferienwohnung für sich und die beiden Kinder in Berlin gemietet. Sie treffen sich für die Schlüsselübergabe und zur Besprechung einiger Punkte direkt in der Ferienwohnung." Teilen Sie anschließend die Rollenkarten der KV aus. TN spielen in PA die Übergabe-Situation. Zwei weitere TN beobachten das Gespräch, danach wechseln TN, sodass jede/r TN die Situation einmal spielt und einmal beobachtet.
Anschließend Nachbesprechung im PL: „Was lief gut, was war schwierig?", „Haben Redemittel gefehlt? Wenn ja, in welchem Moment?", „War die Kommunikation angemessen höflich und kundenorientiert?"
Hinweis: Sie können die KV auch alternativ zu A5a–c nutzen für TN, die noch keine oder wenig Berufserfahrung haben und sich nicht auf ein Berufsfeld fokussieren können/wollen.

A5 Siehe voriger Hinweis zu KV 4-2.

Ü6 Diese Übung ist wichtig für das Training schriftsprachlicher Kompetenz. Um den eigenen
E sprachlichen Ausdruck reflektieren zu können, sollten TN auch die Mail-Texte anderer TN lesen. Evtl. können TN sich die verfassten Mails tatsächlich zuschicken (als Anschlussübung könnte auch noch eine Antwort-Mail geschrieben werden) oder die Mails werden auf einer digitalen Pinnwand gepostet, sodass alle TN alle Mails lesen können. Sprechen Sie im PL darüber, was TN gut gefällt (z. B. Formulierungen, die sie sich notieren, um sie künftig beim Schreiben von Mails selbst zu verwenden).

Fragen Sie TN anschließend: „Haben Sie schon einmal eine solche Abwesenheitsnotiz in Ihrem Mailprogramm eingerichtet? Wann?" Gehen Sie in den Erfahrungsaustausch.

E   TN recherchieren in PA z. B. auf https://karrierebibel.de/abwesenheitsnotiz/ alternative Formulierungen für Abwesenheitsnotizen. Anschließend setzen TN je eine individuelle Abwesenheitsnotiz auf. Sie können auch je eine seriöse und eine lustige/ironische schreiben lassen. Auf der o. g. Internetseite finden sich auch dafür Beispiele.

Modul 4   Fürs Protokoll

A1a   Da TN die genauen Begrifflichkeiten für Protokoll-Arten wahrscheinlich (noch) nicht kennen, sollten zunächst Situationen genannt werden, in denen Protokolle verfasst werden. Dann können Sie anschließend entsprechende Begriffe sammeln, z. B. *Gesprächs-/Besprechungsprotokoll, Ergebnisprotokoll, Verlaufsprotokoll, Beschlussprotokoll, Gedächtnisprotokoll, Lernprotokoll ...*

A1b P   Weiterführende Hinweise zu diesem Aufgabentyp finden sich auch in der → Prüfungsvorbereitung auf S. 36.

A1c *Mediation*   Besprechen Sie im Anschluss an die Aufgabe mit TN, wie sich die mündliche Berichtssituation sprachlich von der Darstellung im Protokoll unterscheidet. (An dieser Stelle können Sie noch einmal auf Merkmale gesprochener Sprache eingehen, z. B. Umgangssprache, Füllwörter, Auslassungen, Wiederholungen).
Sprechen Sie die Abkürzungen im Kasten „Sprache im Beruf" im PL durch. TN hören so die korrekte Aussprache der Abkürzung und sprechen diese ggf. nach. Gehen Sie dann über zu Ü1. TN aktivieren ihr Wissen in Bezug auf (teilweise) bereits bekannte Abkürzungen.

Ü1 E   Als HA schreiben TN fünf Sätze, in denen sie jeweils eine Abkürzung aus Ü1 unterbringen.

Ü2   TN bearbeiten Ü2a–b in PA. Besprechung anschließend im PL.

Ü3 B   Nach Bearbeitung von Ü2 in PA kann Ü3 in EA erfolgen. Sie können aber schwächeren TN anbieten, die Übung in PA zu machen. Der Abgleich der notierten Informationen kann in KG oder im PL erfolgen.

A3a   Da der Audiotext relativ umfangreich ist, planen Sie ein, die Audiodatei im Laufe von A3 mehrfach abzuspielen. An dieser Stelle können Sie TN darauf hinweisen, dass sie Hörtexte generell über die downloadbaren Hörmaterialien (→ Impressumseite) wiederholt selbstständig anhören können. Oft bietet es sich an, Texte, die im Unterricht gehört wurden, als HA von TN erneut anhören zu lassen.

A3c B   Aufgrund der Länge des Audiotextes können Sie in schwächeren Lerngruppen die Aufgabenstellung reduzieren und nur TOP 1 hören und zusammenfassen lassen. Erinnern Sie an die bisher vermittelten „Tipps"/„Strategien" zum Notizen-Anfertigen bzw. fordern Sie TN dazu auf, diese nochmals zu benennen (→ Hinweis zu Kapitel 1, Modul 4, Ü2b).

Ü4 E   Ggf. kann ein Plakat zum Thema „Ergebnisprotokoll" mit einer noch weiter reduzierten Checkliste für den Kursraum erstellt werden, indem aus der vorliegenden Checkliste nur die Schlüsselwörter ermittelt und herausgeschrieben werden, z. B.:

> - Rahmeninformationen in Tabellenform:
>   Datum, Uhrzeit, Ort, Teilnehmende/Abwesende
> - Inhalt vollständig? (Stichpunkte)
> - Beschlüsse/Aufgaben mit Fristen
> - Text klar und verständlich?
> - sprachlich korrekt?
> - Präsens

Zusammenarbeiten

→ KV 4-3
E
▶

Lesen Sie im PL auch den „Tipp" gemeinsam. Eventuell können Sie dabei auf die Sammlung aus A1a zurückgreifen.
Um das Protokollieren zu üben, können Sie folgendes Projekt umsetzen: TN bekommen die Aufgabe, ein Tagesprotokoll für den Kurs aufzusetzen. Sie können hierfür die Daten der nächsten Wochen verlosen, sodass ein/e TN pro Tag für das Protokoll zuständig ist. Als Vorlage geben Sie die KV aus und gehen gemeinsam durch, wie diese auszufüllen ist.
Sie können das handschriftlich ausgefüllte Protokoll in einem Hefter im Kursraum sammeln. Fehlende TN können so den Unterrichtsverlauf nachvollziehen und Versäumtes nacharbeiten. Reflektieren Sie die ersten Tagesprotokolle gemeinsam im PL, um ggf. Verbesserungen anzuregen und umsetzen zu können.
Ggf. können Sie das „Projekt Tagesprotokoll" fortan über die gesamte Kursdauer laufen lassen. Weisen Sie darauf hin, dass der sichere Unterrichtskontext der Übung dient, dass TN als Protokollanten/Protokollantinnen nachfragen, wenn sie etwas nicht verstanden bzw. ob sie etwas richtig verstanden haben. Damit bestärken Sie TN darin, die Relevanz dessen, was dokumentiert wird, zu erkennen und Fehler in der Dokumentation zu vermeiden.

Ü5
Achten Sie darauf, dass TN hier nicht lediglich die Satzteile nummerieren, sondern die Sätze in korrekter Form abschreiben. Weisen Sie ggf. darauf hin, dass fehlerfreies Abschreiben eine wichtige Übung ist (weil man so die korrekte Schreibung von Wörtern memoriert) und auch das Schreibtempo für die Prüfungssituation eine maßgebliche Rolle spielt (zumal nicht jede/r es im digitalen Zeitalter noch gewohnt ist, von Hand zu schreiben).

A4b
Sorgen Sie für eine möglichst authentische Meeting-Situation, indem sich TN um einen Tisch oder zusammengestellte Tische gruppieren. Sie können weiterhin in die Situation einführen, indem Sie fragen: „Wie sieht ein Meeting-Raum aus? Was befindet sich auf dem Tisch?", und unpassende Gegenstände wegräumen bzw. passende Materialien (Schreibsachen, evtl. Getränke) liegen/stehen lassen. Fragen Sie auch: „Brauchen Sie noch etwas für Ihre Besprechung?" Beginnen Sie erst dann, wenn alle bereit sind. Ggf. können TN auch bestimmte Rollen einnehmen (z. B. *Abteilungsleiter/in, Angestellte aus dem Marketing, dem Service, Protokollant/in* ...).

A4c
Lassen Sie die Ergebnisprotokolle anschließend unter den KG austauschen, lesen und Feedback geben, um festzustellen, ob die Ergebnisse auch für TN, die nicht am Meeting teilgenommen haben, verständlich und nachvollziehbar sind.

A4d
Ideen für die Jubiläumsfeier werden im PL noch einmal vorgestellt. Anschließend können Sie TN über die Gesamtkonzepte der einzelnen KG für die Jubiläumsfeier abstimmen lassen oder auch über einzelne Vorschläge, um gemeinsam die „perfekte" Feier gestalten zu können.

Aussprache

ÜB
Interkulturelle Kompetenz
E
Registertraining

Aussprachübungen stellen für TN mitunter eine große Herausforderung dar. Ü1b z. B. kann für TN ein Zungenbrecher sein. Lassen Sie aus diesem Grund TN (zumindest zunächst) im Chor üben, bevor dann evtl. einzelne TN allein vor der Klasse ihre Aussprache trainieren.
Sie können (z. B. je nach Region, in der Sie sich befinden) an dieser Stelle auf Dialekte eingehen und darauf, dass bestimmte Ausspracheregeln in manchen Regionen gerade nicht gelten. Achten Sie dabei auf einen wertfreien Umgang mit Dialekten.
Sprechen Sie darüber, was regionale Sprachvarianten (Stichwort *Mehrsprachigkeit*) für Vorteile haben (*Förderung der Kreativität, kulturelles Zugehörigkeitsgefühl, Identitätsaspekt, Möglichkeit zum Schaffen einer vertrauten Gesprächssituation* ...). Thematisieren Sie auch, dass Dialekte im Berufsleben (evtl. branchenabhängig) eine wichtige Rolle spielen können: sei es, dass durch sie Zugehörigkeit signalisiert oder aber jemand ausgeschlossen werden kann; sei es, dass Verständnis- und Kommunikationsprobleme, z. B. mit Kundinnen und Kunden, entstehen. (Hier ist es wichtig, TN darin zu bestärken, nachzufragen und um Klärung zu bitten, wenn etwas nicht oder missverstanden wurde.)

Fragen Sie TN nach Dialekten und deren Gebrauch/Verbreitung in den jeweiligen Herkunftsländern, um zu verdeutlichen, dass es überall auf der Welt Sprachvarietäten gibt.

Kommunikation im Beruf

A1a–b Sammeln Sie gemeinsam Adjektive: Wie fühlt sich Herr Tiliakos? (*wütend, enttäuscht, genervt, aggressiv, gestresst, überfordert, verzweifelt …*) TN sprechen zu zweit, ob sie ähnliche Situationen kennen.
Fragen Sie danach im PL: „Was tun Sie, wenn Sie sich so fühlen? Was hilft Ihnen in so einer Situation?" (*durchatmen, jemanden um Hilfe bitten, eine kurze Pause einlegen, an etwas anderes denken, sich jemandem anvertrauen, eine Prioritäten-/To-do-Liste erstellen …*) Vielleicht nennen TN auch Reaktionen, die im Arbeitskontext unangemessen wären (z. B. *Kaffeetasse an die Wand werfen, laut werden oder auf den Tisch hauen*). Unterscheiden Sie dann klar zwischen angemessenem und unangemessenem Verhalten und weisen Sie TN darauf hin, dass in der folgenden Aufgabe A1b vorbildliche Reaktionen dargestellt sind und eine Impulskontrolle im Arbeitsleben gefordert ist (z. B. lieber erst einen Tee trinken gehen und erst dann auf eine Ärger verursachende Mail antworten).
TN bearbeiten anschließend A1b.

A2 Fordern Sie TN auf, ausgewählte Punkte aus A1c beim Schreiben der Mails zu berücksichtigen.
Alle TN schreiben zunächst in EA eine sehr unfreundliche Mail. Anschließend in PA weiter: TN A und TN B tauschen ihre unfreundlichen Mails aus und lesen diese. Unverstandenes wird im mündlichen Austausch geklärt. Dann schreibt TN A die Mail von TN B (und umgekehrt) freundlich um. Danach Rückgabe und Abgleich, ob der Sinngehalt der Mail beibehalten wurde.

Grammatik-Rückschau

→ **KV 4–4** Teilen Sie die KV aus. TN arbeiten zu zweit und versuchen, zu allen Satzanfängen ein passendes Satzende zu finden. Auflösung im PL. Sprechen Sie anschließend darüber, was die Sprichwörter aussagen, und sammeln Sie, zu welchen Situationen (am Arbeitsplatz) sie passen könnten.

Kennen Sie schon …?

Themen Im fünften Kapitel geht es darum, wie sich Unternehmen präsentieren: auf Messen, in der Kundenkommunikation, bei Produktvorstellungen und in Firmenporträts.
Auftakt In einem Quiz kann vorhandenes Wissen rund um Messen eingebracht werden.
Modul 1 Von der Gründung über Meilensteine bis heute: Wie präsentieren Unternehmen sich und ihre Geschichte?
Modul 2 Hier geht es um typische Situationen der Kundenkommunikation am Messestand – und Tipps, wie man diese gestalten kann.
Modul 3 Durchsagen zu verstehen ist oft nicht einfach? In diesem Modul wird es geübt.
Modul 4 TN lernen, was eine gelungene Präsentation ausmacht. Es geht um den Inhalt, den Aufbau, die Darstellung und das Halten von Präsentationen.
KiB Wie heißt das noch gleich? Strategien helfen! Hier wird umschrieben, gespielt und erklärt, um zum Ziel zu kommen.

Lernziele
Auftakt | ein Quiz zum Thema „Messe" lösen
Modul 1 | ein Firmenporträt verstehen und schreiben
Modul 2 | Kunden und Kundinnen auf einer Messe ansprechen und beraten
Modul 3 | eine Produktpräsentation verstehen und halten
Modul 4 | eine Kundenanfrage schriftlich beantworten
KiB | unbekannte Wörter erklären oder umschreiben
Aussprache | Fremdwörter ändern sich (im ÜB)

Grammatik
Modul 1 | Vorgangspassiv und Passiversatzformen
Modul 3 | Indefinitpronomen

Auftakt

A1a
B

Regen Sie an, dass TN während der Bearbeitung des Quiz in ihren KG schon über Wortschatz und Inhalte ins Gespräch kommen (und nicht nur möglichst schnell zur Lösung gelangen), um das Kapitel selbstständig vorzuentlasten. Hierfür können Sie als LK überlegen, TN bewusst in KG einzuteilen, die auf eine ausgewogene Teamarbeit abzielen. Weisen Sie TN auch darauf hin, dass sie Unbekanntes notieren sollen, um später nachfragen zu können.
Der Begriff *Quengelware* (bei 2.) bezeichnet eigentlich eine Marketingstrategie, die in Supermärkten angewandt wird: Für Kinder attraktive Waren (meist Süßigkeiten) werden im Kassenbereich auf Augenhöhe der Kinder angeboten, damit deren Eltern – vom Kaufwunsch der Kinder genervt – sich zum Kauf entschließen. Erklären Sie ggf. das Verb *quengeln* und dass der Begriff hier im Bereich der Messe eher im übertragenen Sinne verwendet wird (da manche Messebesucher durch Schnäppchenjagd unangenehm auffallen).

E
Strategie Schlüsselkompetenzen

Für das Festhalten von Stichwörtern (oder offenen Fragen) kann ein „Parkplatz-Plakat" sinnvoll sein. Auf diesem lassen sich im Laufe einer Unterrichtsstunde bzw. des Arbeitsprozesses z. B. Wörter, Fragen oder Themen sammeln, auf die später noch eingegangen werden soll, weil man den Lehr-Lern-Prozess dafür zu diesem Zeitpunkt nicht unterbrechen möchte. Ein solches Flipchart kann als Routine im Kurs eingeführt werden. Die Funktion des Plakates lässt sich grafisch z. B. mit einem aufgemalten Parkplatz-Symbol kennzeichnen. Deponieren Sie einen oder mehrere Stifte in greifbarer Nähe (z. B. an einer Schnur), damit immer etwas zum Schreiben verfügbar ist, wenn schnell etwas „geparkt" werden soll. Der „Parkplatz" kann auch genutzt werden für Themen, die noch hätten behandelt werden sollen, für die aber z. B. am Ende der Unterrichtsstunde keine Zeit mehr war. Arbeiten Sie das Plakat möglichst zeitnah ab bzw. aktualisieren Sie es. Achten Sie darauf, dass möglichst nicht Sie als LK, sondern TN auf das „Parkplatz-Plakat" schreiben.
Weisen Sie darauf hin, dass zur Förderung von Schlüsselkompetenzen wie Zuverlässigkeit, Disziplin und Zeitmanagement im Berufsalltag auch Alternativen zu diesem Plakat für den persönlichen Gebrauch sinnvoll sein können (Kladde, digitaler Notizzettel).

A1b Nachdem TN die Lösungen nachgeschlagen haben, sollten Sie im PL kurz darüber sprechen, ob es Fragen/Aufgaben gab, die besonders schwer (oder gar nicht) zu lösen waren. Wie erging es den KG beim Quiz? Ähnlich oder ganz anders?

Ü1 Das Rätsel kann gut als Wortschatzwiederholung zum Einstieg in den Unterricht genutzt werden. Ggf. kann es auch in PA gelöst werden.

Ü2 Fragen Sie TN, wie wichtig in ihrer Branche (oder anderen Branchen) die Pflege von Kundenkontakten ist. Tauschen Sie sich im PL über Erfahrungen aus. Thematisieren Sie auch die andere Perspektive und fragen Sie TN: „Wann und wo sind Sie Kunde?", „Welche positiven/negativen Erfahrungen haben Sie selbst als Kunde/Kundin gemacht?", „Wo haben Sie sich als Kunde/Kundin gut bedient/beraten gefühlt? Warum?"

Ü3 Lassen Sie TN (ggf. als HA) ganze Sätze mit den Nomen und den zugeordneten Verben bilden.

A2
Schlüsselkompetenzen

Diese Aufgabe kann in unterschiedlichem Ausmaß bearbeitet werden. Zunächst sollten Sie festlegen, ob TN in EA, PA oder KG arbeiten. Hierfür kann es sich anbieten, TN in Berufsfelder zu gruppieren. Überlegen Sie auch, wie sich die Recherche an die Vorkenntnisse und Kompetenzen der TN anpassen lässt, d. h. wie Sie diesen Arbeitsauftrag ggf. eingrenzen können. Sie können TN bei der Recherche, wenn nötig, unterstützen oder aber bereits eine Auswahl an Messen/Veranstaltungen/Internetseiten vorgeben und damit weiterarbeiten lassen.

Bedenken Sie bei dieser Aufgabenstellung auch, dass TN nicht unbedingt geübt sind im Umgang mit der Navigation auf deutschsprachigen Webseiten. Dies kann u. U. sehr viel Zeit in Anspruch nehmen und auch für Frustration sorgen. Thematisieren Sie daher ggf. mögliche Schwierigkeiten vorab im Kurs, um die Recherchekompetenz der TN zu fördern und TN zu motivieren. Sie sollten die Recherche mindestens insoweit unterstützen, als dass am Ende konkrete Ergebnisse präsentiert und besprochen werden können. Zudem kann es hilfreich sein, wenn Sie vorgeben, welche Informationen bei der Präsentation unbedingt enthalten sein sollen (*Name der Messe, Branche, Termin, Veranstaltungsort, Themen, Aussteller, Besonderheiten*). Sie grenzen die Aufgabe auf diese Weise ein und machen sie überschaubarer für die Lernenden.

An die Recherchearbeit der TN könnte sich eine Exkursion zu einer Messe anschließen. Bei mehreren Optionen für ein Exkursionsziel lassen Sie TN abstimmen, welche Messe/Veranstaltung am meisten Zuspruch erfährt.

Die Planung der Exkursion übernehmen die TN. Hierfür wird in KG zu bestimmten Aufgaben gearbeitet, nachdem zuvor eine To-do-Liste erstellt wurde. Sie können auch Gruppen zu den drei Themen „Vorbereitung", „Durchführung" und „Nachbereitung" der Exkursion einteilen und einen reibungslosen Ablauf zum Ziel erklären. Die Gruppen können sich z. B. mit folgenden Aufgaben befassen:

Gruppe „Vorbereitung"	*Gruppe „Durchführung"*	*Gruppe „Nachbereitung"*
- *Interessencheck im Kurs durchführen* - *Informationen über die Messe sammeln und vorstellen* - *Terminierung der Exkursion (z. B. über eine Umfrage)* - *Planung der Anreise zum Messeort* - *Kartenreservierung/-kauf* - *Planung des Besuchs einzelner Stände* - *Übersicht über Ausstellende geben* - *Standplan besorgen* - *…*	- *Training erarbeiten (Fragen und Redemittel) für Informationsgespräche an Messeständen* - *konkrete „Forschungsaufgaben" erarbeiten* - *Organisation der Gruppe vor Ort (Aufteilung z. B. nach Berufsfeldern oder Interessen)* - *Sammeln von interessantem Infomaterial/Broschüren* - *ggf. Interviews führen* - *Treffpunkte für Zwischenbesprechungen organisieren* - *…*	- *Sichtung des mitgebrachten Materials* - *Feedback in der Gruppe organisieren und durchführen* - *ggf. Fragebogen erarbeiten, weitere Beratungsbedarfe ermitteln* - *Dokumentation der Exkursion* - *…*

Kennen Sie schon …?

Achten Sie darauf, dass die KG sich in mindestens einer „Sitzung" untereinander bezüglich der Aufgabenverteilung abstimmen. So kann z. B. verhindert werden, dass der „Nachbereitungsgruppe" nicht genug Material zur Auswertung zur Verfügung steht, weil die „Durchführungsgruppe" nicht auf ausreichende Dokumentation des Besuchs geachtet hat.
Im Anschluss an das Projekt sollte auf Metaebene auch eine Reflexion der Projektarbeit selbst erfolgen. Leitfragen hierfür könnten sein:

> *Wie wurde in den Gruppen miteinander gearbeitet?*
> *Schätzen Sie die Exkursion als gelungen ein? Warum?*
> *Wie hat Ihnen persönlich die Exkursion gefallen?*
> *Welche konkreten Ergebnisse können für den Kurs (oder einzelne TN) präsentiert werden?*
> *Verbesserungsbedarf: Was müsste bei einer nächsten Exkursion anders laufen? Worauf müsste künftig besonders geachtet werden?*

Ü4a Lassen Sie TN in PA arbeiten und die Kategorien ergänzen. Abgleich in KG.

Ü4b Diese Übung lässt sich gut bearbeiten, indem TN in KG ein Plakat erstellen (→ KV 2-2 aus Band B1/B2). Sie können auch zunächst in einem ersten Schritt die KG Kategorien wählen lassen und diese im PL abgleichen, sodass die KG zu (zumindest teilweise) unterschiedlichen Oberbegriffen Wortschatz sammeln. Besprechen Sie zuvor im PL, welche Informationen die Wortschatzsammlung enthalten sollte (z. B. bei Nomen auch den Artikel und evtl. den Plural, bei Verben den Infinitiv und das Partizip). Die Plakate anschließend im Kursraum aufhängen.

Modul 1 Über uns

A1 B
Sollten Sie einen Kurs haben, in dem TN Schwierigkeiten mit dem Einstieg ins Gespräch haben, können Sie hier auch eine Auswahl an weltweit tätigen deutschen Unternehmen präsentieren, indem Sie die Namen an die Tafel schreiben und fragen: „Kennen Sie diese Unternehmen?", „Wissen Sie, was diese Unternehmen machen/anbieten/produzieren/verkaufen?" (Beispiele: *Adidas, Adolf Würth GmbH, Allianz, Axel Springer, BASF, Bayer AG, BMW, Boehringer Ingelheim Pharma GmbH, BOSCH, Daimler AG, Deutsche Bank, Deutsche Post DHL, Deutsche Telekom, E.ON, HeidelbergCement AG, Hochtief, SAP, Siemens, TUI, …*)

A2a E
Nach Lösung der Aufgabe können Sie TN bitten, mit den Ausdrücken Sätze (am besten mit persönlichem Bezug) zu bilden, um zu prüfen, ob diese tatsächlich semantisch erschlossen wurden. Sätze ggf. an die Tafel schreiben.

A2b E
Fragen Sie TN, was die Überschriften A–C grammatikalisch gemeinsam haben (*Genitiv*).

Ü1b E
Lassen Sie TN in PA fünf Wörter (Nomen oder Verben) aussuchen und ggf. die dazu gehörenden Präpositionen nachschlagen. Anschließend werden ganze Sätze mit den Wörtern formuliert. Dies ist auch als HA möglich, mit Korrektur am folgenden Tag. Lassen Sie TN korrigierte Sätze erneut schreiben.

A2c E
Sie können mit dem Text zusätzlich zum Inhalt auch noch zu Wortschatz und Grammatik arbeiten: TN suchen in KG folgende Wortarten im Text:

Adjektive	Präpositionen	Konjunktionen
jung, ambitioniert, neuartig, international tätig, zuverlässig, jährlich, individuell, effizient, leistungsstark, gesamt, künstlich, innovativ, natürlich	*von, zu, in, an, bis, bei, über, um, auf, mit*	*und, aber, sowie, und zwar, entweder … oder, oder*

Bitten Sie TN, die Wortarten im Text in unterschiedlichen Farben zu markieren oder/und herauszuschreiben und in Kategorien zu sortieren. Vergleich im PL. Thematisieren Sie, dass es sich bei den gesammelten Adjektiven teilweise um Partizipien handelt (TN nennen lassen, welche dies sind) und wiederholen Sie ggf. das Thema „Partizipien" bzw. „Partizipialattribute". Die aufgelisteten Wörter sollten anschließend kontextualisiert werden, indem TN ganze Sätze mit ihnen bilden und aufschreiben.

E
Schlüssel-kompetenzen

Fördern Sie die Recherchekompetenz Ihrer TN und lassen sie in PA im Internet nach weiteren Informationen über die Firma BOSCH suchen. Jede Zweiergruppe präsentiert eine weitere (interessante, überraschende) Information über das Unternehmen.
Dieser Arbeitsauftrag ist auch als HA in EA möglich. Sie können bei der Besprechung TN bitten, die von ihnen gefundene Info in einem vollständigen Satz an die Tafel zu schreiben.

V

Die gesammelten Informationen über die Firma BOSCH können von TN auch so präsentiert werden, als ob diese Mitarbeitende von BOSCH wären und auf einer Messe oder bei einer Werksbesichtigung das Unternehmen Besuchern vorstellen würden.

A3a-b
E

Zusätzlich zu den ergänzten Sätzen und Ausdrücken im KB formulieren TN in der jeweiligen Zeitform einen Satz mit persönlichem (Berufs-)Bezug und schreiben diesen auf.
Hinweis: Bei den Passiv- und Passiversatzformen ist in diesem Kapitel das Zustandspassiv bewusst noch ausgeklammert; dieses wird in Kapitel 6 thematisiert. Falls TN hier versehentlich das Zustandspassiv verwenden bzw. die Bildung von Passivformen mit *sein/werden* vermischen, gehen Sie deshalb zu diesem Zeitpunkt nur kurz darauf ein und führen Sie TN zurück zum Vorgangspassiv.

Ü2a-c

Diese Übungen können Sie TN gut selbst bzw. untereinander in PA korrigieren lassen und erst anschließend die Lösungen ausgeben/mitteilen.

A3c
E

Geben Sie folgende Wörter auf *-bar* vor und lassen Sie TN Sätze mit diesen bilden:

| machbar | zumutbar | reparierbar | kündbar | korrigierbar |
| tragbar | finanzierbar | lösbar | verwendbar | abrechenbar |

Anschließend die gebildeten Sätze in Passivsätze umformen lassen.

Ü3
E

Sprechen Sie vor oder nach der Übung ausgehend vom Drogeriemarkt dm generell über Drogeriemärkte. Fragen Sie: „Kennen Sie andere Drogeriemärkte/Drogerieketten?" (*Rossmann, Müller, Budnikowsky, DroNova* …) und „Was kann man dort alles kaufen?" Sprechen Sie über die Produktpalette von Drogeriemärkten, um den entsprechenden Wortschatz zu wiederholen und zu erweitern.

→ **KV 5-1**

Schlüssel-kompetenzen

Anschließend bilden TN KG. Teilen Sie die KV aus. Klären Sie die Bedeutung der Abkürzung *FAQ* (*Frequently Asked Questions – Häufig gestellte Fragen*), gehen Sie aber nicht weiter darauf ein, sodass TN während der Recherche selbst herausfinden können, von wem diese Fragen in der Regel stammen (*Kunden und Kundinnen*). TN recherchieren im Internet die gesuchten Informationen zu einem Drogeriemarkt ihrer Wahl. Weisen Sie TN darauf hin, dass die letzte Frage auf der KV eine allgemeine Frage ist und sich nicht auf einen spezifischen Drogeriemarkt bezieht.
Gehen Sie im Anschluss noch einmal auf die FAQ ein und besprechen Sie, warum es sinnvoll sein kann, diese Unterseite einer Unternehmenswebweite zu lesen, bevor man Kontakt mit dem Kundenservice aufnimmt (*Kunden und Kundinnen stellen oft dieselben Fragen, sodass man seine Antwort ggf. schon hier findet; der Kundenservice ist oft schwer erreichbar, man spart sich Zeit in der Warteschleife usw.*)
Nach Bearbeitung der KV stellen jeweils zwei KG sich gegenseitig ihre Ergebnisse vor und vergleichen. Klären Sie Fragen und Unsicherheiten anschließend im PL. Fragen Sie außerdem: „Was fanden Sie beim Bearbeiten dieses Arbeitsblattes besonders interessant? Was war überraschend? Gab es Schwierigkeiten?" Die Antworten der TN können sich dabei sowohl auf Inhalte der Webseiten als auch auf den eigenen Kompetenzerwerb im Zuge der Recherchearbeit beziehen. Sie können,

Kennen Sie schon …?

falls nur einer der beiden Aspekte in den Rückmeldungen der TN vorkommt, auch noch gezielt den anderen Aspekt ansprechen.

Ü4c
Strategie

Diese Übung könnte unter einer bestimmten Zeitvorgabe (z. B. 10 Minuten) mit Wettbewerbscharakter durchgeführt werden: Welches Team (PA) findet die meisten Adjektive mit der Endung *-bar*? Sprechen Sie im Anschluss darüber, wie TN vorgegangen sind, um möglichst schnell viele Adjektive zu finden. Thematisieren Sie das selektive Lesen als Lesetechnik für das Suchen nach bestimmten Informationen. Ggf. thematisieren Sie auch die Strategie „Arbeitsteilung", falls Teams sich – um schneller zu sein – z. B. jeweils das Kurs- und Übungsbuch vorgenommen haben.

vor A4

In Vorbereitung auf diese Aufgabe können Sie TN zunächst recherchieren lassen, welche Informationen in ein Firmenporträt einfließen sollten, und eine Checkliste für das Schreiben eines kurzen Firmenporträts erstellen lassen (z. B. *Gründungsjahr, Firmensitz und Standorte, Namen der Gründer/innen, Berufe der Gründer/innen, Namen der Geschäftsführer/innen, Anzahl der Mitarbeiter/innen, wichtige Kund/innen, Meilensteine in der Unternehmensgeschichte, Produktpalette, Referenzen, Unternehmensphilosophie, Leitbild, Auszeichnungen, Preise …*). Siehe auch Ü6a.

A4/Ü6c
B
P

TN wählen aus, ob sie eigenständig über eine Firma recherchieren und ein Firmenporträt verfassen wollen (A4), oder ob sie die bereits vorgegebenen Informationen für ein Firmenporträt (Ü6c) nutzen möchten. Weisen Sie TN darauf hin, dass diese Aufgabe eine Vorbereitung für die Prüfungsaufgabe *Sprechen Teil 1A* ist (→ Übersicht auf S. 350).

A4
E
Schlüsselkompetenzen

Um die digitale Kompetenz der TN zu schulen, können TN ihr Firmenporträt online stellen, sodass alle TN alle Porträts lesen (und ggf. kommentieren) können. Es bietet sich an, hierfür z. B. ein Padlet vorzubereiten, wo TN ihr Firmenporträt und evtl. auch Fotos/Logos o. Ä. posten können.

Die Erweiterung zu A4 kann als Projekt auch über einen Zeitraum von mehreren Tagen oder einer Woche als HA laufen.

Arbeitsweltwissen

> Die *Unternehmensphilosophie* ist das, wofür das Unternehmen steht: seine Ziele und Werte, sein Ethikkodex. Sie dient der Orientierung und bildet die Handlungsgrundlage für die Führung des Unternehmens sowie für alle Mitarbeitenden. Sie beeinflusst somit die soziale Verantwortung des Unternehmens, seine Strategien und Ziele und bildet sich letztlich in der Unternehmenskultur ab.
> Das *Unternehmensleitbild* ergibt sich aus der Unternehmensphilosophie. Gemeint ist in der Regel die schriftliche Selbsterklärung eines Unternehmens über sein Selbstverständnis, seine Ziele, Werte und Prinzipien, an denen es sich orientiert. Es beschreibt die Vision und die Mission eines Unternehmens, und zwar nach innen und nach außen. (Allerdings werden die Begrifflichkeiten Unternehmensphilosophie, Geschäftsphilosophie, Unternehmenskultur und Leitbild oft synonym verwendet.)
> Ein wichtiges Ziel eines Unternehmensleitbildes ist, die Identifikation der Mitarbeitenden mit dem Unternehmen und auch das Zusammengehörigkeitsgefühl innerhalb des Unternehmens zu stärken und bestenfalls zur Steigerung der Produktivität beizutragen. Mangelt es der Unternehmensführung daran, die Unternehmensphilosophie im unternehmerischen Handeln sichtbar zu machen und umzusetzen, können innerbetriebliche Konflikte sowie ein Glaubwürdigkeitsverlust nach außen hin die Folge sein.
> Schauen Sie sich nach Möglichkeit mit TN verschiedene Unternehmensleitbilder im Internet (kritisch) an und sprechen Sie darüber, wofür es wichtig ist, das Leitbild eines Unternehmens zu kennen (Bewerbungsgespräch, Identifikation mit einem Unternehmen, Compliance). Beispiele für Unternehmensleitbilder im Internet:
> https://www.berlin.de/vhs/ueber-uns/leitbild/
> https://www.rewe-group.com/de/unternehmen/unternehmenskultur/leitbild/
> https://www.axelspringer.com/de/unternehmen/grundsaetze-und-werte
> https://www.bmwgroup.jobs/de/de/ueber-uns/unternehmenskultur.html
> https://www.thyssenkrupp.com/de/unternehmen/unternehmenskultur/unser-leitbild.html

Modul 2 — Wie kann ich Ihnen helfen?

A1a

Die Gesprächssituationen, die von TN genannt werden, können in Rubriken nach Gesprächspartner/innen an der Tafel gesammelt werden, z. B. *mit Interessent/innen, Kund/innen, Kolleg/innen, Messe-Mitarbeiter/innen, Caterern, Handwerker/innen, einer wichtigen Persönlichkeit (z. B. Bürgermeister/in, Politiker/in, Vorsteher/in einer brancheninternen Interessengemeinschaft), Firmenchef/in, Praktikant/in, aufdringlichen Give-away-Sammelnden, Pressevertreter/in, jemandem, der unauffällig etwas mitgehen lassen wollte, …* Anschließend mögliche Gesprächsinhalte sammeln.

Registertraining

Thematisieren Sie hier auch die verschiedenen Sprachregister: „Was ändert sich in der Kommunikation je nach Situation/Gesprächspartner/in? Warum?" Beispiele:
<u>Gespräch mit Kunden und Kundinnen:</u> *höflich, freundlich, formell, zugewandt, verkaufsorientiert usw. – Sprachliche Merkmale: Konjunktiv, vollständige Sätze, integrierter Small Talk, Standardsprache, evtl. Fachsprache;*
<u>Gespräch mit Handwerker/in:</u> *knapp, konkret, direkt, bittend oder fordernd, klärend, dringlich usw. – Sprachliche Merkmale: Abkürzungen, evtl. Umgangssprache, evtl. Fachsprache, Imperativ usw.*

A1b
Strategie

Weisen Sie TN darauf hin, dass die drei in der Aufgabe genannten Fragen grundsätzlich strategisch genutzt werden können. Das Ziel ist, TN bewusst zu machen, welche einfachen Mittel sie von einer Aufgabenstellung auch auf andere Aufgabenstellungen brauchbar übertragen können. Hier ist das eindeutig der Fall: Nach Anlass und Ziel zu fragen, kann generell beim Globalverstehen eines Textes leiten und unterstützen.

Fragen Sie, welche TN ebenfalls mit Kundenkontakt arbeiten bzw. gearbeitet haben / arbeiten möchten. Welche Regeln sind auf die individuellen Arbeitsfelder der TN übertragbar, welche nicht? Lassen Sie TN überlegen, ob bestimmte Regeln auch für andere Berufsfelder genauso oder modifiziert gelten (z. B. im Umgang mit Patient/innen oder Gästen statt mit Kunden). Ggf. kann diese Reflexion in KG nach Berufsfeldern erfolgen und entsprechend weitergedacht werden. Beispiel: Erstkontakt-Situationen: Was ist mit Kund/innen, was mit Patient/innen, was mit Gästen, was mit … zu beachten?
Weitere Aufgabe: TN können einen Betreff für die Mail formulieren.

Ü1

Lassen Sie TN den Imperativ wiederholen und eine Liste für Stand-Mitarbeiter/innen schreiben: *Verwöhnen Sie Ihre Besucher und Besucherinnen mit Getränken und Häppchen! Sprechen Sie die Kunden und Kundinnen am Stand an!* Usw. Fordern Sie anschließend TN auf, zwei weitere individuelle Tipps im Imperativ zu formulieren.

Ü2a
Registertraining

Die Redewendung *jemandem einen Bären aufbinden* hören TN vielleicht nicht mehr allzu häufig, aber die Illustration der Übung lädt zum Sprechen über diese und ähnliche Redewendungen ein, die dafür stehen, jemandem Unwahres zu erzählen. Machen Sie TN ggf. weitere Redewendungen zu „Lügengeschichten" bekannt: *jemanden veräppeln, veralbern, hochnehmen, hopsnehmen, verkohlen, hinters Licht führen, vergackeiern, anschmieren, an der Nase herumführen, für dumm verkaufen; verscheißern, verarschen …*
Anhand der Liste können Sie gut ins Registertraining einsteigen und bei jeder Formulierung gemeinsam im PL überlegen, wann welcher Ausdruck angemessen bzw. unangemessen wäre (die beiden letztgenannten Verben – *verscheißern, verarschen* – sind für berufliche Kontexte natürlich prinzipiell unpassend). Weisen Sie darauf hin, dass in einem Protokoll oder einem klärenden Gespräch neutrale Formulierungen wie *sich mit jemandem einen Scherz erlauben, unaufrichtig sein* oder *jemanden hintergehen* verwendet würden. An dieser Stelle bietet sich auch ein Sprachvergleich an: Welche entsprechenden Ausdrücke fallen TN aus ihren Muttersprachen ein? Gibt es ähnliche Sprachbilder?

Arbeitsweltwissen

> In manchen Betrieben (z. B. unter Handwerkern) gehört es dazu, dass neue Lehrlinge am Anfang ihrer Ausbildung (zum Teil sehr ungnädig) veräppelt werden. Wer also eine Lehre beginnt, muss sich zwar nicht immer auf einen Streich gefasst machen, passieren kann es aber dennoch, dass Skurriles von einem neuen Lehrling gefordert wird, wie z. B. etwas aus dem Lager zu holen, das gar nicht existieren kann – etwa einen „Lufthaken". Sie können mit TN

103

Kennen Sie schon …?

> überlegen, warum Azubis mit solchen Azubi-Scherzen hochgenommen werden (*um herauszufinden, wie sie reagieren, ob sie der Situation gewachsen sind, ob sie Humor haben* usw.). Achten Sie aber darauf, TN zu vermitteln, dass sie sich nicht unnötig Sorgen machen müssen, einen Bären aufgebunden zu bekommen, sondern dass das Thema mit Humor betrachtet wird und Zweifel durch Nachfragen aufgeklärt werden sollten.

Ü2b-c Die Listen (Ü2b) können statt in EA auch in PA erstellt werden. Vergleich und Korrektur (Ü2c) dann in Vierer-Teams.

vor A2a Sprechen Sie im PL über das Foto.

A2a
E
Schlüsselkompetenzen

Fragen Sie TN, ob sie vergleichbare Gesprächssituationen kennen. Es könnte hier sowohl von Erfahrungen aus Kunden- als auch aus Verkäuferperspektive erzählt werden.
Überlegen Sie im PL, welche Schlüsselkompetenzen in den gehörten Gesprächssituationen zum Tragen kommen (könnten): *Kommunikationsfähigkeit, Freundlichkeit, Empathie, Kooperationsfähigkeit, Kreativität, Flexibilität, rhetorische Fähigkeiten, Offenheit, Engagement …*
Anschließend können Sie ein weiteres Mal thematisieren, dass die im Kapitel vorkommenden Schlüsselkompetenzen fachübergreifend gelten und somit vom Bereich Messe immer auch auf andere Berufsbereiche übertragbar sind.

A3a
B

Die Aufgabe kann in EA oder in PA gelöst werden. Hier kann auf Redemittel aus dem Firmenporträt in Modul 1 zurückgegriffen werden:

> *Als kleines/mittelständisches Unternehmen …*
> *Wir sind spezialisiert auf …*
> *Wir haben seit … Jahren Expertise in der Herstellung von … / im …-Bereich.*
> *Wir sind ein Traditionsunternehmen/Familienunternehmen / neues Unternehmen für …*

Ü3a-b
E
B

Lassen Sie TN aus gleichen/ähnlichen Branchen in PA arbeiten. Das Gespräch am Messestand soll von ihnen auf ihre Branche übertragen werden bzw. ein anderes Produkt vorstellen. TN schreiben einen modifizierten Dialog und stellen ihn im PL vor.
Der Dialog kann abgelesen oder frei vorgetragen/gespielt werden.

A3b
V

Sollte es in Ihrem Kurs TN geben, die sich mit den drei genannten Situationen schwertun, können Sie noch die folgende Situationsvariante angeben: TN überlegen sich in PA ein Thema, mit dem beide TN etwas anfangen können und das evtl. weniger Fachwortschatz benötigt (z. B. Themenfeld *Haushalt, Lebensmittel, Schreibwaren*).

A3c
E
Registertraining

Erklären Sie – falls bisher noch nicht geschehen – den Begriff *(sprachliche) Angemessenheit*. Gehen Sie zunächst auf Angemessenheit im größeren Rahmen ein, z. B: *Nähe und Distanz zu Gesprächspartner/innen, emotionale Äußerungen* oder *Einsatz/Androhen/Nichtwahrnehmen von Rechtsmitteln, …*. Weisen Sie dann die KG darauf hin, dass es wichtig ist, auch Feedback in Bezug auf sprachliche Angemessenheit (statt „nur" auf sprachliche Korrektheit) zu geben. Lief das Gespräch der Situation angemessen ab? Welche Äußerung war vielleicht nicht angemessen, weil zu informell? Stellen Sie bei Unsicherheiten entsprechende Äußerungen im PL zur Diskussion. Sie können unterstützend auch die Redewendung *sich im Ton vergreifen* erklären und das anhand einer völlig unpassenden Äußerung verdeutlichen wie z. B.: „Hallo Chef, wie geht's? Gestern Party gemacht?"

Modul 3 Geschäftlich unterwegs

A1a+b Sie können die Vermutungen der TN zu den Bildern A–F in Stichworten an die Tafel schreiben. Nach dem Hören und beim Abgleich der Lösung kann ein/e TN an der Tafel die richtig vermuteten Durchsagen abhaken und/oder die falsch vermuteten durchstreichen.

A1b
Strategie

Die im KB vorgestellte „Strategie" geht darauf ein, sich in bestimmten Situationen auf entsprechende Durchsagen einzustellen. Thematisieren Sie auch, wie man strategisch vorgehen kann, wenn man eine Durchsage verpasst bzw. nicht oder nur teilweise verstanden hat. Welche Kompensationsstrategien setzen wir ein? (*Sinn erschließen aus dem, was verstanden wurde; nach zusätzlichen Informationen auf z. B. Anzeigetafeln suchen; warten, ob Durchsage wiederholt wird; Menschen in der Nähe ansprechen*).

Fragen Sie TN: „Wo finden überhaupt Durchsagen statt?", „Ist das anderswo anders als in Deutschland?", „Welche Durchsagen sind gut, welche nicht gut zu verstehen?", „Haben Sie schon mal etwas komplett falsch verstanden? Welche Konsequenzen hatte das?" Lassen Sie TN von eigenen Erfahrungen berichten. Erzählen Sie selbst auch von entsprechenden Erlebnissen, damit TN deutlich wird, dass Durchsagen auch unabhängig vom beherrschten Sprachniveau Schwierigkeiten bereiten können.

A2a

Erklären Sie, was *Indefinitpronomen* sind (→ A2c). Geben Sie ggf. ein Beispiel, indem sie zwei Sätze an die Tafel schreiben:

> *Heike hat das Licht nicht ausgemacht. / Jemand hat das Licht nicht ausgemacht.*

Fragen Sie TN: „Wo liegt der Unterschied?" (*Im ersten Satz wird eine Person konkret beim Namen genannt, also „definiert" bzw. „definit[iv]" benannt. Im zweiten Satz wird dasselbe verallgemeinert/ nicht konkret/nicht definiert benannt => Indefinitpronomen.*)

Finden Sie anschließend gemeinsam mit TN im PL die richtigen Stellen in A2a, an denen in Denkblase A ein Wort als Indefinitpronomen markiert werden muss (*Irgendwas, nichts*). Erwähnen Sie, dass die Indefinitpronomen *jemand* und *irgendjemand*, *einer* und *irgendeiner* usw. von der Bedeutung identisch sind.

TN können an dieser Stelle einen Sprachvergleich – wenn möglich in KG nach Muttersprachen – zum Thema „Indefinitpronomen" anstellen. Fragen Sie dazu: „Wie ist das in Ihrer Muttersprache? Gibt es vergleichbare Wörter für Dinge/Personen, die nicht näher bestimmt sind? Sind diese Wörter veränderbar?" usw. Vielen TN ist das System bekannt, aber nicht unbedingt bewusst. Durch den Sprachvergleich können strukturelle Unterschiede und Gemeinsamkeiten entdeckt werden.

→ **KV 5–2**

Zerschneiden Sie die Kartensets der KV und lassen Sie TN in PA mit verschiedenen Sets üben: TN A stellt eine Frage mit dem Wort auf der Karte, TN B antwortet mit Indefinitpronomen. Beim nächsten Kartenset die Rollen (Frage/Antwort) tauschen usw.

Beispiel: *Weißt du, was der Chef mit dem Gitter machen will? – Keine Ahnung, irgendwas hat er damit aber bestimmt vor.*

Sie können anschließend eine 2. Runde durchführen, bei der im PL eine Kettenübung durchgeführt wird: TN A fragt, TN B antwortet und stellt TN C mit dem nächsten Wort eine Frage usw.

Beispiel: *Weißt du, was der Chef mit dem Gitter machen will? – Keine Ahnung, irgendwas hat er damit aber bestimmt vor. Und was ist mit der Leiter? Hast du die Leiter schon geholt? – Nein, niemand hat mir gesagt, dass ich die Leiter holen soll.* Usw.

Ü4

Hören Sie mit TN den Song „Irgendwie, irgendwo, irgendwann" von Nena. Ggf. können Sie den Liedtext dazu einblenden oder ausgeben. Sie können zudem eine Kurzbiografie von der Sängerin lesen; ihr Song „99 Luftballons" war international ein Hit; der Song „Irgendwie, irgendwo, irgendwann" aus dem Jahr 1984 wurde 2002 in einer deutsch-englischen Version („Anyplace, Anywhere, Anytime") mit der britischen Sängerin Kim Wilde erneut ein großer Erfolg. Fragen Sie TN, ob sie die Sängerin bzw. Songs von ihr kennen.

Fragen Sie auch, wer Musik mag bzw. macht (Hobby/Beruf), mit dem Ziel, Berufe aus der Musikbranche zu sammeln (ggf. als HA im Internet recherchieren): *Musiklehrer/in, Produzent/in, DJ, Sänger/in, Musiker/in, Manager/in, Komponist/in, Dirigent/in, Tontechniker/in, Lichttechniker/in, Mediengestalter/in Bild und Ton, Fachkraft für Veranstaltungstechnik, Roadie, Konzertveranstalter/in, Tanzlehrer/in, Instrumentenbauer/in* usw.

Kennen Sie schon …?

A2d
V
Registertraining

Sie können TN Situationen für mehrere Runden im Berufskontext vorgeben, in denen Fragen gestellt und beantwortet werden sollen, wie z. B. *in der Werkstatt, im Büro, im Hotel, am Schreibtisch, auf der Straße, in der Bahn.* Sie können auch zunächst einen Ort vorgeben und dann die TN verschiedene Situationen überlegen lassen. Bevor TN die Fragen stellen, klären Sie gemeinsam im PL (und notieren ggf. an der Tafel): „Wer spricht in der jeweiligen Situation mit wem? Was ändert sich sprachlich/kommunikativ?" Es können dann pro Situation auch mehr als drei Fragen formuliert werden.

A2e
E

TN schreiben die Infos in Tabellenform auf ein Plakat für den Kursraum.

A3a–b

Die Verwendung von Indefinitpronomen bietet sich eher für die Beschreibung der Situationen an (A3a) als für die Durchsagen selbst (A3b), da Durchsagen meist präzise formuliert sind.

A3b
E

Sie können den Sketch „Piloten mit Durchblick" aus der Serie „Ladykracher" zeigen: https://www.youtube.com/watch?v=KkF1wSRfsFg (Dauer: ca. 2 Minuten).
Besprechen Sie mit TN, was sie aus dem gesehenen Sketch schließen, z. B. *Durchsagen sollten freundlich und sachlich sein, zielgruppenorientiert, kurz und natürlich gut vorbereitet.* – Erläutern Sie zum Stichwort „sachlich", dass Durchsagen ausnahmsweise auch unsachlich und dadurch humorvoll sein können. Vielleicht können TN oder Sie von Episoden berichten, in denen z. B. jemand vom Zug- oder Flugzeugpersonal eine scherzhafte Durchsage gemacht hat. Oder Sie lassen TN in KG im Internet nach lustigen Durchsagen recherchieren (es existieren viele Seiten dazu). Anschließend präsentieren die KG im PL die für sie witzigste Durchsage (ggf. mit Situationsbeschreibung).

Modul 4   Unser neues Produkt

A1a+b

Fragen Sie TN nach ihren Erfahrungen mit Lüftungsanlagen. Es kann hier von Erfahrungen mit Klimaanlagen, Luftfiltern usw. erzählt werden. Fragen Sie explizit nach diesbezüglichen Bedarfen an verschiedenen Arbeitsplätzen, z. B. in Büroräumen, Fertigungshallen, Reinräumen, Restaurants, Sportstätten, Lounges, Toilettenräumen.

P

In der → Prüfungsvorbereitung auf S. 100 finden sich eine entsprechende Aufgabe gleichen Typs und Hinweise dazu.

Ü1

TN schreiben als HA zu jedem Punkt einen vollständigen persönlichen Satz.

A2a
E

TN formulieren den Betreff für die E-Mail.

A2b

E
Registertraining

Ggf. unbekannte Wörter klären. Achten Sie aber darauf, dass unbekannter Wortschatz von TN zusammen erschlossen wird, was hier aus dem Kontext sehr gut möglich sein müsste.
Fragen Sie TN, um was für einen Text es sich handelt (*Vertragsangebot*). Thematisieren Sie, dass die formale Gestaltung mit den Absätzen, eingeleitet durch Paragrafen, typisch für einen juristischen Fachtext ist, die damit verbundenen Eigenschaften aber auch für diesen Text genutzt werden (Wiedererkennungseffekt): *Übersichtlichkeit, präzise Formulierungen, Dokumentcharakter, juristische Verbindlichkeit.*
Fragen Sie dann: „Was macht diesen Text anders als z. B. eine Reportage oder einen Brief?" (*Stichwörter, relativ lange Sätze mit komplexeren Satzgefügen, spezielle Formulierungen, Verwendung eines ganz bestimmten Wortschatzes*).
Lassen Sie TN in drei Spalten an der Tafel Adjektive, Verben und Nomen sammeln:

Adjektive	Verben	Nomen
gering sensorgesteuert automatisch grob zentral einzeln jährlich täglich	sich verpflichten ausführen beeinträchtigen ermöglichen ausführen übernehmen umfassen	die Daten (Pl.), die Anlage, die Energieeffizienzklasse, der Geräuschpegel, die Ausstattung, die Regulierung, der Aufbau, die Installation, die Firma, die Arbeit, die Fachkraft, das Wochenende, das Verlegen, das Rohr, der Anschluss, die Einrichtung, der Sensor, der Service, die Wartung, der/die Techniker/in, die Übertragung, die Kontrolle, der Luftwert

Unterstreichen Sie anschließend (siehe Tafelbild) die Wörter, die nicht oder kaum berufsfeldübergreifend verwendbar sind. Besprechen Sie mit TN, dass es (auch wenn mehr Wörter unterstrichen wurden) relativ wenige Wörter in der Übersicht sind, die nicht zum berufssprachlichen Wortschatz gehören, also nicht übertragbar sind. Anschließend bilden TN (ggf. in KG nach Berufsfeldern) mit jeweils drei Wörtern aus den drei Kategorien Sätze, die sich auf ihren eigenen bzw. einen anderen beruflichen Kontext beziehen.

A2c Weisen Sie TN darauf hin, dass sie auch einen Betreff zur E-Mail formulieren sollen.
Sprechen Sie dann über die Reihenfolge der in der Aufgabe genannten Punkte. Welche Reihenfolge ist für den Aufbau der Mail sinnvoll? Warum?

Strategie Sprechen Sie mit TN über standardisierte Formulierungen in Mails: „Wann bzw. warum kann es sinnvoll sein, wiederverwendbare Formulierungen und Textbausteine zu nutzen?" (*Anlässe, die häufig vorkommen; Informationen, die häufig angefragt werden; Textteile, die immer gleich ausfallen wie z. B. ein Schlusssatz oder die Grußformel; Zeitersparnis, Effizienz; u. U. können bestimmte Textblöcke sogar firmenintern in verschiedenen Abteilungen genutzt werden.*)
Fragen Sie dann: „Wann hat genau dies keinen Sinn oder wann möchte man nicht auf standardisierte Formulierungen zurückgreifen?" Sammeln Sie im PL Gründe wie z. B. *persönliche Ansprache, spezieller Inhalt, Interesse signalisieren, Höflichkeit, Bezugnahme auf vorherigen Schriftverkehr*.

Das Thema lässt sich mit dem interaktiven Tafelbild weiter vertiefen.

TN entwerfen eine persönliche E-Mail-Signatur (authentisch oder mit fiktiver Firmenadresse). In KG richten TN dann in einem deutschsprachigen Mailprogramm (ggf. wird zunächst eine Mail-Adresse angelegt) einen Textbaustein ein (→ *Arbeitsweltwissen*), der unter jeder versendeten Mail platziert werden soll. Sie können als LK auch einen Mail-Account anlegen und TN diesen für Übungszwecke im Unterricht zur Verfügung stellen. Anschließend schicken sich TN ihre Textbausteine in der KG gegenseitig zu und geben sich Feedback.

Arbeitswelt-wissen
> Für die *Geschäftskorrespondenz* in Deutschland gibt es die Norm DIN 5008, die Schreib- und Gestaltungsregeln für die Text- und Informationsverarbeitung vorgibt. TN sollten wissen, dass solche Gestaltungsvorgaben existieren, auch wenn sie selbst u. U. in ihrem beruflichen Kontext damit nicht direkt zu tun haben. Die DIN 5008 regelt unter anderem Abkürzungen, Schriftzeichen für Rechenzeichen, Hervorhebungen, die formale Briefgestaltung und die Schreibweise von Datum, Zahlen und Rufnummern. Auch für den E-Mail-Verkehr gilt die DIN 5008. Eine Darstellung der wichtigsten zu berücksichtigenden Punkte finden Sie z. B. unter:
> https://www.din-5008-richtlinien.de/
> http://www.korrespondenz-din-5008.de/tag/e-mail-din-5008/
>
> Hier finden Sie auch einen Hinweis zur Gestaltung der E-Mail-Signatur:
> http://www.korrespondenz-din-5008.de/e-mail-din-5008/e-mail-signatur-din-5008/
>
> Grundlegende Informationen zu deutschen Normen finden sich direkt beim Deutschen Institut für Normung (DIN): https://www.din.de/de

A3a Falls TN wenig Erfahrung mit Präsentationen haben, können Sie zunächst verschiedene allgemeine Arten von Präsentationen und ähnlichen Situationen, in denen etwas im Beruf vorgestellt wird, sammeln: *Produktpräsentationen, Konzeptpräsentationen, Überzeugungspräsentationen,*

Kennen Sie schon …?

Verkaufspräsentationen, Präsentation einer neuen Studie, Schulung, Erste-Hilfe-Kurs, Referate im Unterricht, Vorstellung eines Zeit-, Arbeits-, Einsatz- oder Ablaufplans, Vorstellung einer Spielstrategie als Trainer/in im Sportverein … Machen Sie klar, dass die Regeln für Produktpräsentationen, die im Folgenden erarbeitet werden, zumeist auch in den verwandten Präsentationssituationen relevant sind.

A3c
E
TN arbeiten in EA oder PA.
TN präsentieren die in A3b gesammelten und in A3c ergänzten Ergebnisse. Hierfür erhalten sie je nach TN-Bedürfnissen entsprechend Vorbereitungszeit (z. B. 15 Minuten). Die Präsentation erfolgt im PL und lediglich mithilfe der Stichwortliste aus A3b.
Diese Mini-Präsentation über Präsentationstipps stellt eine Vorübung für A4a dar. Sagen Sie TN deshalb, dass es an dieser Stelle zunächst „nur" darum gehen soll, möglichst ohne Druck und Perfektionsanspruch wenige Minuten im PL, also vor anderen TN einige Sätze frei und mit Blickkontakt zu sprechen, statt vorformulierte Sätze abzulesen. Achten Sie auf wertschätzendes Feedback.

A4a
Diese Aufgabe kann in EA, PA oder KG vorbereitet werden, auch wenn das Ziel am Ende eine Präsentation pro TN ist. Lassen Sie TN, die aus derselben Branche kommen oder eine Tätigkeit in derselben Branche anstreben, ggf. zusammenarbeiten.
Die „Strategie" haben TN ggf. in → Ü2b zu Kapitel 1, Modul 1 kennengelernt.

A4c
E
Fordern Sie dazu auf, dass sich TN A Notizen während der Präsentation von TN B macht, um anschließend konkrete Fragen stellen zu können. Verweisen Sie TN hierfür auch auf die Redemittel in → Modul 2, A3, um sich auf die Präsentation bzw. anschließende Fragen vorzubereiten.
Sprechen Sie im PL über „Sprache im Beruf" und ergänzen Sie, dass Pausen in Präsentationen auch mit kurzen Äußerungen wie „Einen Moment, bitte!" überbrückt werden bzw. Redepausen vorkommen oder sogar ganz bewusst platziert werden können. Kurze Pausen können zudem für die Zuhörenden hilfreich sein und als Zeit zum „Luftholen" empfunden werden. Das Gehörte kann ankommen und verarbeitet werden, Notizen können gemacht werden usw. Der adäquate Umgang mit entstehenden Pausen kann Souveränität ausstrahlen.
Fragen Sie: „Wann könnte es sinnvoll sein, bewusst eine Pause/Unterbrechung in eine Präsentation einzubauen?" (*Aufmerksamkeit steigern, Spannung aufbauen, etwas eben Gesagtes, Wichtiges erst einmal wirken lassen, den Zuhörenden Zeit zum Aufnehmen der Inhalte lassen, Zeit gewinnen, Ablenkung beim Publikum reduzieren, Meinungsbildung beim Publikum initiieren, eigene Nervosität reduzieren, …*)
Bieten Sie an, dass TN auf Wunsch ihre Präsentation im PL halten können. Sie können Freiwillige ggf. auch auf mehrere Unterrichtstage verteilen und z. B. zum Unterrichtsbeginn jeweils mit einer Präsentation starten. Achten Sie auf wertschätzendes Feedback nach den Präsentationen. Ggf. initiieren Sie danach im PL Feedback/Dank in Form von Applaus.
Motivieren Sie TN, vor der Gruppe zu sprechen. Sprechen Sie im PL darüber, dass regelmäßiges Üben von Präsentationen zur Verbesserung von sprachlichem Ausdruck führt, aber auch Nervosität reduzieren kann und für alle TN Wissenszuwachs bietet. Sprechen Sie darüber, welche TN in ihren Berufen (voraussichtlich) Präsentationen halten werden und in welchem Kontext: Zielgruppe, Inhalt, Dauer, Häufigkeit usw.

P
Weisen Sie TN darauf hin, dass hier das Prüfungsformat *Sprechen Teil 1A* geübt wird
(→ Übersicht auf S. 350).

Ü3a–b
E
TN erstellen eine eigene Präsentationsfolie, auf der sie Informationen über den Drogeriemarkt, zu dem sie in Modul 1 in Ü3 mit → KV 5–1 recherchiert haben, darstellen. Präsentation der Folie und Feedback im PL: Sind alle Punkte der Checkliste aus Ü3a umgesetzt worden? Was ist besonders gut gelungen?

5

Aussprache

ÜB Teilen Sie für Ü1c TN in KG ein, die mithilfe eines (Online-)Wörterbuchs mehrere Wörter zu jeweils zwei verschiedenen Wortfamilien sammeln, die dann in der KG laut ausgesprochen und geübt werden. TN korrigieren sich gegenseitig. Mögliche Fremdwörter: *reparieren, isolieren, die Qualifikation, intensiv, die Retoure, relevant, die Kompetenz, der Standard, pragmatisch, die Effizienz, akzeptieren, die Illustration, das Symptom, renommiert, präventiv, die Priorität, limitieren, konsequent, die Innovation, diskutieren, improvisieren, tendenziell, die Toleranz, präsent.* Gehen Sie als LK von KG zu KG und korrigieren Sie die Aussprache.

TN können im Anschluss überlegen, ob die Fremdwörter in ihrer jeweiligen Muttersprache ähnlich vorkommen, also ob es sich um Internationalismen handelt. Dabei sollen TN prüfen, ob die Lautung und auch der Wortakzent gleich oder anders sind. Lassen Sie im PL einige Beispiele von Internationalismen vorstellen.

Kommunikation im Beruf

A1a
Strategie

Erklären Sie TN, dass es sich hierbei um „Kompensationsstrategien" handelt, mit denen man Lücken (z. B. im Wortschatz) ausgleichen kann. Fragen Sie TN, in welchen Situationen sie selbst Kompensationsstrategien einsetzen und welche sie besonders häufig verwenden.

Bitten Sie TN zu überlegen, wann sie das letzte Mal eine Kompensationsstrategie angewendet haben. Lassen Sie TN erzählen. Steuern Sie selbst ein Beispiel bei, um zu demonstrieren, dass man Kompensationsstrategien auch in der Muttersprache einsetzt. Erwähnen Sie, dass es für Wörter, die einem nicht einfallen oder die man nicht weiß, im Deutschen die Wörter *Dings* und *Dingsbums* gibt (vgl. Situation E), die in der gesprochenen Rede häufig verwendet werden: *Wir brauchen so ein … Dingsbums … für die Befestigung der Lampe. Ich hab grade den Herrn … Dings … getroffen, du weißt schon, diesen netten Kollegen aus Raum 213.*

A2
→ KV 5–3
(Portfolio)

Teilen Sie die KV aus. TN lösen Aufgaben 1+2 in PA. Fordern Sie TN auf, Nomen immer mit Artikel und mit der Pluralform zu notieren. Gehen Sie anschließend die KV im PL durch und klären Sie Begriffe für unbekannte Gegenstände. (Sie finden auf der KV: *1. die Schere, 2. die Gießkanne, 3. der Möbel-/Transportroller, 4. der (Kinder-)Hochsitz/-stuhl / Fütterstuhl, 5. der Zollstock, 6. die Europalette, 7. die Leiter, 8. die Rührmaschine / der Elektromischer, 9. die Warnschutzweste, 10. die Etikettiermaschine / der Preisauszeichner, 11. das Headset, 12. der Messbecher / das Laborglas, 13. die Gummi-/Latex-/Schutzhandschuhe, 14. die Bohrmaschine, 15. der Aktenordner*)

Variante: TN lösen Aufgabe 2 mit Wettbewerbscharakter in Teams: Welches Team findet die meisten Berufe zu einem Gegenstand? (Z. B. *Schere* – Friseur/in, Arzt/Ärztin, Gärtner/in, Maßschneider/in usw.) Sie können für das Berufe-Sammeln eine Zeit vorgeben, z. B. 15 Minuten.

Anschließend lösen TN für das Portfolio Aufgabe 3 in EA (oder ggf. in KG nach Berufsfeldern). TN auffordern, hierfür (Online-)Wörterbücher zu nutzen. Anschließend stellen einige TN ihre persönliche Wörtersammlung vor.

Grammatik-Rückschau

→ KV 5–4
Registertraining

Teilen Sie die KV an TN aus und besprechen Sie das vorgegebene Sprachregister (*Anrede und Text lassen darauf schließen, dass der/die Schreibende und die Kollegin sich schon länger und gut kennen*). Fordern Sie dann TN auf, die Mail unter Verwendung der Passiv- und Passivsatzformen weiterzuschreiben und passend zu beenden. Die Aufgabe kann auch als HA erledigt werden. Sie können – bevor es mit dem Schreiben losgeht – auch im PL eine Ideenliste anfertigen, die TN beim Verfassen der Mail nutzen können: *Akten aufräumen, Kaffeemaschine ausschalten, neuen Kaffee kaufen, Papierkorb leeren, Rechnungen überweisen, Kunden anrufen, E-Mails beantworten* usw.

Die genannten Beispiele beziehen sich auf Büroarbeit. Sie können TN aber auch dazu ermuntern, für die Mail Beispiele aus anderen, ihnen vertrauten Berufsfeldern zu wählen. Anschließend werden die KVs zunächst ausgetauscht und in PA korrigiert. Unterstützen Sie TN ggf. bei Korrekturen. Danach werden die KVs im Kursraum herumgegeben oder aufgehängt, sodass TN sie lesen können.

Kommunikation ist alles

Themen   Das sechste Kapitel widmet sich verschiedenen Formen der Kommunikation: mündlich und schriftlich, persönlich, am Telefon und digital.

- **Auftakt**   Zum Einstieg werden verschiedene Gesprächssituationen bei der Arbeit in den Blick genommen und eingeschätzt sowie spielerisch nachgestellt.
- **Modul 1**   Hier geht es darum, welche Eigenschaften man braucht, damit ein Team gut funktioniert.
- **Modul 2**   Das Thema im zweiten Modul ist kompetentes Telefonieren im Berufskontext.
- **Modul 3**   Im dritten Modul geht es um Teambildung: Wie können gemeinsame Aktivitäten die Kommunikation und den Umgang miteinander fördern?
- **Modul 4**   Am Beispiel der Tätigkeit von Hotelfachkräften werden Aufgaben, Probleme und Lösungsvorschläge im Berufsalltag vorgestellt, versprachlicht und diskutiert.
- **KiB**   Worauf ist bei der Planung und Durchführung von Online-Konferenzen zu achten? Wie kommuniziert man technische Probleme angemessen und höflich?

Lernziele

- **Auftakt** | kommunikative Situationen am Arbeitsplatz beschreiben und spielen
- **Modul 1** | Tipps für den Umgang mit Kolleginnen und Kollegen am Arbeitsplatz verstehen
- **Modul 2** | berufliche Telefongespräche erfolgreich bewältigen
- **Modul 3** | die eigene Meinung zu Teambildungsevents äußern
- **Modul 4** | über fehlende Produkte und Defekte informieren
- **Modul 4** | Lösungswege diskutieren
- **KiB** | auf technische Probleme bei Online-Konferenzen hinweisen
- **Aussprache** | Höflichkeit am Telefon (im ÜB)

Grammatik

- **Modul 1** | Vergleichssätze mit *als*, *als ob* und *als wenn* im Konjunktiv II
- **Modul 3** | Passiv mit *sein*

Auftakt

A1a   Achten Sie darauf, dass TN die Bilder bzw. Situationen möglichst genau beschreiben, um viel Wortschatz zu wiederholen und zu erfragen (Arbeitsbereiche, Arbeitskleidung, Arbeitsplatz-Ausstattung, Arbeitsmittel usw.), und gehen Sie dann über zu den möglichen Gesprächsthemen der Personen auf den Bildern. Thematisieren Sie dabei auch, dass am Arbeitsplatz neben beruflichen auch private Gespräche geführt werden (Beispiele: im Bild zu A1a die beiden Personen, die sich rauchend auf der Dachterrasse unterhalten, oder Small Talk wie in A1d, D und F).

A1b   Nachdem TN die Äußerungen zugeordnet haben, vergleichen Sie im PL. Fordern Sie anschließend TN auf, zu jeder Äußerung mögliche Reaktionen zu formulieren, z. B. bei A:
Nein, leider nicht. Aber ich kann in einer halben Stunde. /
Ja, klar. Was gibt es denn? /
Kommt darauf an, wie lange es dauert. Usw.

A1c   In der Aufgabenstellung kommt der Begriff *im Verhältnis zu jemandem stehen* vor. Klären und trainieren Sie den Begriff (evtl. erweitert um *in einer Beziehung zu jemandem stehen, ein … Verhältnis / eine … Beziehung zu jemandem haben*), indem Sie TN fragen: „In welchem Verhältnis/ welcher Beziehung stehen Sie zu …?", und zunächst ggf. ein Antwort-Beispiel vorgeben: „Ich stehe in einem guten/freundschaftlichen/distanzierten/… Verhältnis zu meinem Vorgesetzten/meiner Kollegin/…". Weisen Sie dabei darauf hin, dass die Verwendung der Präposition *mit* und das Weglassen des Adjektivs die Bedeutung verändert (zu *Affäre*, *Liebesverhältnis*) und evtl. zu missverständlichen Aussagen führen kann („Er hat ein Verhältnis mit seiner Kollegin.")

Registertraining   TN sammeln im Anschluss weitere Merkmale gesprochener Sprache, die auf ein bestimmtes Register hinweisen. Fragen Sie dazu: „Wenn Sie an einen bestimmten Arbeitsbereich – zum Beispiel Ihren eigenen – denken: Was ändert sich an Ihrer Sprache, wenn Sie mit Kollegen und Kolleginnen / Ihren Vorgesetzten / Kunden und Kundinnen … sprechen?"

Sie können auch die verbalen Merkmale um Merkmale nonverbaler und paraverbaler Kommunikation erweitern (Nähe/Distanz, Körpersprache, Sprechtempo, Aussprache usw.). Es ist wichtig, hierbei herauszustellen, dass das Duzen bzw. Siezen kein Ausschlusskriterium für ein bestimmtes Register darstellt und nicht allein Auskunft über die Beziehung zwischen Personen gibt. So kann in privaten Situationen durchaus gesiezt und in beruflichen z. B. branchenbedingt geduzt werden – auch wenn z. B. eine hierarchische Konstellation im Unternehmen besteht.

Ü1 TN können die Übung in PA machen oder in EA. Wenn TN sich schwertun mit dem Lösen der Übung, motivieren Sie diese dazu, ruhig zunächst einzelne Lücken stehen zu lassen. Nach der Bearbeitung dann zunächst Abgleich in PA und Ergänzen von noch fehlenden Wörtern. Zum Schluss lesen TN die Texte im PL vor und alle TN korrigieren ihre Versionen. Ggf. können Sie auch noch einmal die Hörtexte abspielen.

Ü2 Diese Übung kann gut in PA in Dialogstruktur erarbeitet werden. TN können jeweils eine Rolle einnehmen. Wichtig ist, dass der Dialog gesprochen und verschriftlicht wird. Anschließend lesen TN ihre Dialoge im PL vor.

→ KV 6–1 (Portfolio) Teilen Sie anschließend die Portfolio-KV aus. TN notieren auf der KV ihre Erfahrungen oder was sie zum Thema „Sprache und Kommunikation am Arbeitsplatz" in einem bestimmten (Wunsch-)Beruf recherchiert haben (z. B. über Berufe-Steckbriefe im Internet wie auf https://planet-beruf.de/schuelerinnen/berufe-finden/a-z). Die KV kann auch in KG zu einem gemeinsamen Berufsfeld ausgefüllt werden. Wahrscheinlich werden bei der Sammlung von Verben eher berufs- als fachsprachliche Verben gelistet, da diese bei den meisten TN im Sprachgebrauch präsenter sind. Thematisieren Sie dies, indem Sie z. B. TN bzw. KG ihre Arbeitsblätter lesen und vergleichen lassen. Sie können auch einzelne Verben herausgreifen und besprechen, ob diese in mehreren/vielen Berufsfeldern genutzt werden (was aller Wahrscheinlichkeit nach so ist). Dabei können allerdings auch Verben auftauchen, die in verschiedenen Berufsfeldern unterschiedlich besetzt sind, wie z. B. das Verb *einrichten*, das im Bereich Elektronik etwas anderes meint als im Bereich Raumgestaltung.

A2 Differenzieren Sie hier nach (Berufs-)Erfahrung. Auch TN, die noch keine Berufserfahrung haben, haben bereits in ihrem Alltag als Kunde/Kundin Erfahrungen mit verschiedenen Branchen gemacht; regen Sie diese TN an, sich in die „Gegenseite" (Handyverkäufer/in, Paketlieferant/in, Postangestellte/r, Kassierer/in, Arzthelfer/in usw.) einzufühlen und diese Erfahrung zu nutzen. TN, die keine Arbeitserfahrung haben, können z. B. eine Small-Talk-Situation oder die Situation „Logistik" übernehmen, in der es um die Übergabe/Lieferung einer Brief-/Paketsendung geht. Motivieren Sie TN ohne entsprechende Erfahrung, indem Sie Schnittstellen zum alltäglichen Leben (Post, Beschwerde-Hotline o. Ä.) herstellen. TN können sich auch eigene typische (Büro-)Szenen ausdenken.
Ermuntern Sie TN, sich zunächst Notizen zu machen, um dann einen Dialog auszuarbeiten. Machen Sie aber gleich zu Beginn der Aufgabe klar, dass die Situation am Ende frei gespielt und gesprochen werden soll, d. h. dass die Notizen nur in der Vorbereitungszeit unterstützen sollen; es sind also Notizen einerseits zum Ablauf des Gesprächs und andererseits zu speziellen dafür nötigen Redemitteln sinnvoll. Achten Sie beim Spielen dann darauf, dass TN tatsächlich nicht ablesen, sondern sich auf das freie Sprechen einlassen, selbst wenn die Dialoge dadurch etwas kürzer ausfallen und/oder mehr Fehler gemacht werden.

Ü3 Eignet sich auch gut als HA.

Ü4a–b TN arbeiten in KG zu dritt und ergänzen die Wortigel gemeinsam.

Ü4c Auch diese Übung können die TN gut in KG zu dritt erledigen. Als HA können TN die stichwortartigen Notizen in ganze Sätze ausformulieren und aufschreiben. Geben Sie ggf. ein Beispiel vor: *Ein Teamevent ist eine gemeinsame Aktion, die organisiert wird, um das Team zu stärken.*

Ü5 Nach der Zuordnung können TN (ggf. als HA) ganze Konditional- bzw. Temporalsätze mit der Konjunktion *wenn* schreiben. Beispiele:

Kommunikation ist alles

> A: *Wenn eine Glühbirne kaputt ist, muss man die Glühbirne austauschen.*
> B: *Wenn der Drucker nicht mehr druckt, muss man Farbe nachfüllen.*

E Eine weitere Steigerung wäre, die Aufgabe zur Verwendung der Passiv- und Passiversatzformen (Wiederholung und Festigung des Grammatikthemas aus → Kapitel 5) zu nutzen. Beispiele:
> A: *Wenn eine Glühbirne kaputt ist, muss sie ausgetauscht werden.*
> B: *Wenn der Drucker nicht mehr druckt, ist Toner nachzufüllen.*

Modul 1 Sind Sie teamfähig?

A1a
E
Schlüsselkompetenzen

TN lesen zunächst die Begriffe. Fragen Sie: „Kennen Sie alle Eigenschaften?", und klären Sie eventuell Wörter, die nicht bekannt sind.
Teilen Sie TN in Paare ein und weisen Sie jedem Team zwei Begriffe (1–14) zu. TN schreiben einen oder mehrere Beispielsätze, die den Begriff erklären sollen. Beispiele: *Kommunikationsfähigkeit ist, wenn Menschen gut kommunizieren können / aufmerksam zuhören und reagieren können. Wenn man Humor hat, dann kann man auch mal über Probleme lachen.* Usw.

Ü1
E
Wiederholen Sie die Begriffe *die Eigenschaft, das Eigenschaftswort, das Wie-Wort, das Adjektiv*. Fragen Sie dann: „Welche Eigenschaften haben Adjektive?" Antworten: Sie können gebeugt/dekliniert werden, können regelmäßig und unregelmäßig gesteigert werden (Komparation), können einem Nomen beigefügt werden (attributiv, z. B. *der große Tisch*) oder prädikativ verwendet werden (z. B. *Sie war fachkompetent.*). Außerdem können Adjektive ausnahmsweise auch unveränderlich sein (z. B. *rosa* kann nicht gesteigert und nicht dekliniert werden; *schwanger* kann dekliniert, aber nicht gesteigert werden).

A1b TN lesen die Texte in EA in individuellem Tempo und können dann die Eigenschaften in PA zuordnen und ggf. diskutieren. Klären/wiederholen Sie erst danach im PL ggf. unbekannten Wortschatz wie *der Vorzug, innerbetrieblich, der Sinn (die Sinne), der Umgangston, unangemessen, wohlwollend, würdigen, anerkennen, schätzen*.

Ü2 Jeweils drei TN tauschen ihre Sätze untereinander aus und lesen/korrigieren diese. Im Anschluss können Sie als LK auf Wunsch eine Korrektur der Sätze vornehmen.

A2a TN können ihre Notizen nach dem Hören zunächst in PA vergleichen.

A2b Weisen Sie, falls noch nicht geschehen, TN zunächst darauf hin, dass *als ob* und *als wenn* synonym verwendet werden. Einzelne TN lesen dann die Sätze vor. Korrektur im PL.

Ü3 Wiederholen Sie ggf. kurz die Bildung des Konjunktiv II (ohne A2d vorwegzunehmen), bevor TN die Übung machen. Abgleich der Sätze im PL.

A2c–e Achten Sie darauf, dass alle TN genug Zeit bekommen, die Verben in EA zu finden und zu unterstreichen. Ansonsten könnte es passieren, dass TN nur ein Verb im Satz erkennen und flüchtig markieren. Auch über A2d sollten die TN in EA nachdenken. Ggf. erläutern Sie die Begriffe *Höflichkeit / Vermutung / Irreales*.
TN ergänzen wieder in EA die Regel. Anschließend im PL die Regel besprechen.

Ü4
B
TN können die Sätze auch in PA formulieren. Achten Sie dann aber darauf, dass jede/r TN die Sätze schreibt.

Ü5 Um möglichst kreative Satzergänzungen zu finden, kann es förderlich sein, wenn TN diese Übung in Ruhe als HA bearbeiten.

Ü6
Interkulturelle Kompetenz
Weisen Sie TN darauf hin, dass es sich bei den Formulierungen um feste Redewendungen handelt. Ggf. können Sie gemeinsam Situationen sammeln, in denen diese zum Einsatz kommen könnten. Fordern Sie TN dazu auf zu überlegen, ob sie ähnliche Vergleiche aus anderen Sprachen beisteuern und ggf. übersetzen können.

A4	Achten Sie an dieser Stelle besonders auf TN, die nicht von bisheriger Arbeitserfahrung sprechen können, und übertragen Sie die Aufgabenstellung für diese ggf. auf eine andere Situation wie z. B. Schul-/Sprachunterricht, ein Gruppenerlebnis, eine Reise / einen Ausflug.
Ü7	Hinweise zu diesem Aufgabentyp finden sich in der → Prüfungsvorbereitung auf S. 37.

Modul 2 Guten Tag, Sie sprechen mit …

A1	Zum Einstieg in das Thema kann es ggf. hilfreich sein, wenn Sie selbst zunächst von einem Telefongespräch berichten, bei dem Sie (im Vorfeld) nervös waren. Fragen Sie TN: „Warum war ich in dieser Situation nervös?" Sie können auch TN von ähnlichen Situationen berichten lassen und dann fragen: „Warum waren Sie nervös?" (*Es geht um etwas Wichtiges; es ist wichtig, wie man wirkt/ankommt; man möchte einen guten Eindruck machen/hinterlassen …*) Falls es sich nicht von selbst ergibt, leiten Sie über zum Berufsleben: Was ist hier nun besonders wichtig? (*das Unternehmen positiv zu repräsentieren, für eine gute Außenwirkung zu sorgen, Kontakte herzustellen / zu pflegen, den richtigen Ton anzuschlagen …*) Sie können im Anschluss an die Erfahrungsberichte auch schon fragen: „Was tun Sie gegen Nervosität in solchen Situationen? Haben Sie Tipps?" Auch hier kann es hilfreich sein, wenn Sie selbst ein Beispiel dafür nennen, was Ihnen hilft.
A2a-b	Sammeln Sie die Antworten im PL an der Tafel, sodass sie für die Bearbeitung von A4 später zur Verfügung stehen.
Ü1	TN können nach Ergänzen der Überschriften ihre Lösung in PA abgleichen. Lesen Sie dann gemeinsam den „Tipp" und nutzen Sie ihn ggf. für die im Folgenden beschriebene „Erweiterung".
E	Nach dem Lesen des „Tipps" im ÜB entwerfen TN in PA jeweils eine offizielle (fiktive) Begrüßung für eine Person, die in einer (fiktiven oder realen) Firma/Institution arbeitet. Fragen Sie: „Wie meldet sich diese Person am Telefon?" Sie können auch zunächst ein Beispiel im PL vorgeben bzw. besprechen: „*Sprachschule Lernspaß, guten Tag. Mein Name ist Marianne Rosenthal. Was kann ich für Sie tun?*" Sammeln Sie verschiedene Formeln für die Begrüßung im PL:

> Sie sind verbunden mit … Was kann ich für Sie tun?
> Sie sprechen mit … Wie kann ich Ihnen helfen?
> Hier spricht … Kann ich Ihnen helfen?
> … am Apparat

	Im Anschluss simulieren TN den Anfang eines Telefongesprächs, indem sie sich gegenseitig anrufen und die Begrüßung sprechen. Achten Sie auf Intonation und Aussprache. TN können die Begrüßung mehrmals (mit verschiedenen Partner/innen) üben. Gehen Sie im PL auch darauf ein, wie man nachfragen kann, wenn kein Name genannt wurde, man ihn nicht richtig verstanden oder vergessen hat (*Mit wem spreche ich, bitte?, Wie war noch mal Ihr Name?, Können Sie mir bitte Ihren Namen buchstabieren? …*). Zudem können Sie TN darauf hinweisen, dass oft beim Annehmen eines Anrufs statt Vor- und Nachname nur der Nachname genannt wird (mit Frage-Intonation, die Stimme zum Ende hin anhebend).
A3	Mit dieser Redemittelliste kann gut die Aussprache und Intonation geübt werden. Lassen Sie TN zunächst in KG üben. Anschließend sprechen TN im PL einzelne Redemittel aus und Sie als LK korrigieren, wenn nötig. Eine vollständige Übersicht findet sich in der → Redemittelsammlung auf S. 325 im Anhang. Auch in → Kapitel 1, Modul 2 wurden bereits entsprechende Redemittel eingeführt, auf die hier zurückgegriffen werden kann.
Ü2a-b	TN können als HA eigenständig vollständige Sätze aus den Begriffen bilden und schreiben.

Kommunikation ist alles

Ü3
Strategie

TN machen diese Übung in PA und einigen sich auf passende Redemittel. Anschließend üben sie in PA den eigenständig ergänzten Dialog. Die Dialoge können dann im PL vorgesprochen werden oder aber – ggf. auch als HA zur weiteren Festigung – aufgenommen und dann anderen TN vorgespielt werden. Achten Sie auf konstruktives Feedback aus der Gruppe. Fragen Sie z. B.: „Haben Sie alles gut verstanden?", „Was kann man auch anders sagen?", „Ist die Sprache angemessen?", „Wie klingt das für Sie?" usw.

Weisen Sie TN auf die Strategie hin, die eigene Aussprache zu trainieren und zu prüfen, indem sie häufiger bzw. regelmäßig eigene Aussagen aufnehmen, abhören und ggf. wiederholt aufnehmen. Erinnern Sie TN nach der Übung daran, falls Aufnahmen anderer TN gemacht wurden, diese wieder zu löschen.

Ü4
Register-training

Nachdem TN die Übung gemacht haben und die Antworten im PL verglichen wurden, fragen Sie: „Was ist der Unterschied zwischen den beiden Antworten?" Falls der Begriff *Umgangssprache* nicht fällt, nennen Sie ihn. Lassen Sie dann TN in PA die Antworten genau untersuchen, indem Sie fragen: „Was macht die Antwort zu einer Antwort in Umgangssprache?" Ziel ist, dass TN Merkmale von Umgangssprache ganz konkret ermitteln:

> - Abkürzungen „mal" = „einmal", „was" = „etwas"
> - andere Modalverben „Soll ich ..." ⟷ „Kann ich ..."
> - Person wird nicht mit Namen, sondern mit Pronomen bezeichnet: „der" statt „Herr ..."
> - Imperativ statt Konjunktiv
> - Elemente, die die Sprache höflicher machen, fehlen, wie z. B. das Wort „leider".

Weisen Sie TN ausdrücklich darauf hin, dass neben Inhalt und sprachlicher Bedeutung natürlich auch die Betonung der Aussage immer eine wichtige Rolle spielt und die Wahl des Registers unterstreicht.

A4

Unterstützen Sie TN bei der Bearbeitung der Aufgabe, indem Sie vorab darauf hinweisen, dass hier Dialoge zu zweit oder zu dritt gespielt werden. Geben Sie TN genug Zeit, die Rollenkarten zu lesen und zu verstehen. Klären Sie im PL den jeweiligen situativen Kontext. Hierzu kann es nötig sein, dass TN den Kontext zunächst ausführlicher miteinander besprechen, da die Rollenkarten präzise gelesen werden müssen, um das genaue Arbeitsfeld ermitteln zu können: 1. Hotellerie, 2. Handel/Logistik, 3. Dienstleistung (Sprache), 4. Dienstleistung (Sport/Gesundheit).

Fragen Sie anschließend, ob es bei TN Präferenzen gibt, in welchem der situativen Kontexte sie gern eine Rolle übernehmen würden. Stellen Sie danach eine klare Gruppeneinteilung sicher und achten Sie ggf. auch darauf, dass vom Sprachniveau zueinander passende TN zusammenarbeiten. Geben Sie TN genug Zeit, das Gespräch vorzubereiten und zu üben, bevor es im PL präsentiert wird. Achten Sie auf konstruktives Feedback aus der Gruppe. Thematisieren Sie ggf., dass im Anschluss an das Rollenspiel nicht einzelne sprachliche Fehler besprochen werden sollen, sondern das Feedback sich insgesamt auf Angemessenheit und Verständlichkeit der Kommunikation beziehen soll.

Modul 3 Teamgeist

vor A2a

Klären Sie das Wort *das Event* und sammeln Sie Synonyme und verwandte Begriffe, z. B.: *die Veranstaltung, das Ereignis, das Erlebnis, veranstalten, sich treffen, feiern, die Feier, das Fest, die Festivität, der Veranstaltungsort, durchführen, organisieren ...*

A2b

Die gehörten Argumente vergleichen TN in KG zu dritt, danach kurzer Abgleich der Ergebnisse im PL.

Gehen Sie anschließend auf die Redemittel zum Thema „Sprache im Beruf" ein: Weisen Sie TN darauf hin, dass hier Ausdrücke für informelle Situationen (wie z. B. das Kantinengespräch im Hörverstehen) notiert sind. Wichtig ist auch zu erwähnen, dass es bei *Na super* auf den Tonfall ankommt – sprechen Sie dies zum Vergleich auch einmal in begeistertem Tonfall vor.

6

🅔 *Registertraining*	Finden Sie gemeinsam im PL alternative Formulierungen für einen formellen Kontext, z. B. ein Gespräch mit einem/einer Vorgesetzten oder in einer offiziellen Besprechung. Beispiele:

Das finde ich echt cool!	→ z. B. *Das gefällt mir sehr. /* *Das halte ich für eine sehr gute Idee. /* *Ich bin begeistert!*
Muss das sein?	→ z. B. *Ah, interessant. Da habe ich allerdings Bedenken, weil … /* *Interessant. Das gefällt aber möglicherweise nicht jedem. /* *Mir persönlich liegt so etwas nicht so. /* *Mit so etwas tue ich mich leider schwer.*

Ü1a Klären Sie ggf. im PL das Wort *Teamevent* (*Teambildungsmaßnahme, die Spaß machen und ein Team stärken soll*) und fragen Sie: „Haben Sie selbst schon einmal ein Teamevent erlebt oder geplant?"

Arbeitsweltwissen

> Der Begriff *Team* lässt sich dadurch vom Begriff *Gruppe* abgrenzen, dass ein Team ein gemeinsames Ziel bzw. eine gemeinsame Aufgabe verfolgt. Hierfür ist es wichtig, dass Rollen und Aufgaben klar verteilt und kommuniziert sind. Damit alle Teammitglieder aktiv Verantwortung übernehmen und zur Erledigung der Aufgaben beitragen, werden häufig *Maßnahmen zur Teambildung* (häufig dann, wenn ein Team neu zusammenfindet) und später zur *Teamentwicklung* (länger dauernder Prozess, um die Kompetenzen eines Teams zu stärken und das Team-Potenzial voll auszuschöpfen) durchgeführt.
> Eine Teambildungsmaßnahme (häufig auch engl. Teambuilding-Maßnahme) dient dem besseren Kennenlernen der Teammitglieder untereinander. Meist handelt es sich um ein gemeinsames Erlebnis außerhalb des direkten Arbeitskontextes, bei dem die Teilnehmenden gemeinsam eine oder mehrere Aufgaben lösen (z. B. in der Natur, bei einem Kochkurs oder in einem Escape-Room).

Ü1b 🅔 Teilen Sie TN im Anschluss an die Übung in vier KG ein. Jeder KG wird eine Nummer (1.–4.) zugewiesen. Die KG sollen sich nun in einem Brainstorming überlegen, wie nächste Schritte aussehen könnten, wenn sie als Team für den zugeteilten Aspekt zuständig wären. Beispiele:
Ideen sammeln, wie die Kompetenzen der Mitarbeitenden genutzt werden können (1);
eine Fortbildung zum Thema organisieren (Thema?) (2);
ein weiteres Teamevent planen (1/4);
Teamentwicklungsmaßnahme wie z. B. Supervision organisieren (3)
usw.

A3 🅔 Sie können über eine Umfrage zunächst ein Stimmungsbild im Kurs erfragen, z. B. indem Sie drei Antwortmöglichkeiten vorgeben: *Ich finde diesen Team-Tag super! / Ich weiß nicht so genau. / Ich finde die Idee nicht gut.* Weisen Sie darauf hin, dass es hier zunächst ganz konkret um den Team-Tag mit dem Bootsbau geht. Die Auseinandersetzung mit Teambuilding-Events generell erfolgt in A5a. Sie können die Umfrage über ein Online-Tool durchführen, per Punkte-Abfrage an der Tafel oder per Handzeichen. Anschließend diskutieren TN ihre Meinung zum Team-Tag mit Bootsbau in KG, in denen bestenfalls TN mit verschiedenen Meinungen zusammenarbeiten. Alternativ können auch verschiedene Rollen eingenommen und die verschiedenen Argumente vertreten werden. Hierfür wäre es zunächst sinnvoll, eine Pro/Kontra-Auflistung von Argumenten im PL durchzuführen und diese dann in KG zu diskutieren / zu vertreten.

A4a–b Die Aufgabe kann in PA gelöst werden. Abgleich anschließend im PL. Erläutern Sie die Begriffe *Zustandspassiv* und *Vorgangspassiv* und verweisen Sie ggf. noch einmal auf → Kapitel 5, wo das Vorgangspassiv Thema war.

A4c TN schreiben Sätze zunächst in EA und vergleichen dann in PA. Abschließend Korrektur im PL.

115

Kommunikation ist alles

A4d Geben Sie mindestens ein Beispiel vor, damit auch schwächeren TN klar ist, wie die Passivform im Präteritum gebildet wird.
Über das interaktive Tafelbild können Sie mit den TN das Thema weiter üben.

Ü2a-b Ü2a kann in EA oder PA im Unterricht bearbeitet werden. Ü2b kann (nach Korrektur von Ü2a) als HA erledigt werden.

Ü3 Diese Übung eignet sich gut als HA, sodass TN auf jeden Fall genug Zeit haben, sich den Inhalt der Texte zu erschließen und die Lücken entsprechend zu füllen.

A4e Sammeln Sie Sätze im PL. Diejenigen TN, die einen Satz gebildet haben, schreiben diesen an die Tafel. Alle TN übertragen alle Sätze in ihr Heft.

Ü4 Für diese Übung bitten Sie TN, sich ein DIN-A4-Blatt zu nehmen und eines der Satzenden oben auf ein Blatt zu schreiben (lassen Sie TN durchzählen, wenn es mehr als 7 sind), z. B.: *… sind belegt*. Darunter schreibt der/die erste TN einen Satzanfang (z. B.: *Die Brötchen [sind belegt.]*) Danach werden die Blätter in eine Richtung je eine/n TN weitergereicht. Der/Die Nächste schreibt einen weiteren möglichen Satzanfang unter den ersten (z. B. *Die Betten [sind belegt.]*) usw. Wenn das Blatt sieben Satzanfänge enthält, bleibt es bei dem/der jeweiligen TN. Jede/r TN entscheidet sich nach den Lesen seines Blattes für zwei Sätze, die er/sie dann im PL vorliest.

A5a Hier geht es jetzt (im Gegensatz zu A4) ganz generell um Maßnahmen zur Teambildung. Achten Sie darauf, dass Sie – falls es TN im Kurs gibt, die gar keine oder nur wenig Erfahrung mit derlei Events haben – zunächst gemeinsam ins Thema einsteigen. Dafür können Sie an die bereits erzählten Erfahrungen aus Ü1a anknüpfen oder an dieser Stelle danach fragen, wer bereits welche Erfahrungen mit Teambildungsmaßnahmen gesammelt hat. Sie können hier gut auf Vor- und Nachteile von solchen Team-Tagen eingehen und die Pro-/Kontra-Argumente ggf. an der Tafel auflisten.

A5b Diese Aufgabe kann unterschiedlich umfangreich bearbeitet werden:
1. Als HA recherchieren TN in EA verschiedene Angebote und bringen je eines mit in den Kurs. Geeignete Suchbegriffe sind *Teamevent* und *Teambuilding*. In KG werden die verschiedenen Angebote kurz vorgestellt und anschließend eines gewählt, das dann im PL vorgestellt wird. Anschließend kann eine Umfrage durchgeführt werden, welches Event den meisten TN zusagt.

→ KV 6-2
Schlüssel-kompetenzen

2. Im Rahmen eines etwas umfangreicheren Projektes werden in der KG zu dritt entsprechende Angebote für ein Team-Event im Kurs recherchiert. Konkretisieren Sie die Aufgabe ggf., indem Sie zunächst bestimmte Rahmenbedingungen im PL erarbeiten und festlegen, die dann bei der Recherche berücksichtigt werden müssen (z. B. *Kosten, thematischer Bezug, Lernaspekt Sprache, Beruf oder Landeskunde*). Teilen Sie für den Einstieg in die Recherche die KV mit Leitfragen aus und nennen Sie auch hier die geeigneten Suchbegriffe *Teamevent* und *Teambuilding*. Legen Sie gemeinsam fest, wie die Präsentation eines gewählten Team-Events im Anschluss an die Recherche im PL erfolgen soll (z. B. *mit einer Präsentationssoftware, auf einem Plakat, …*). Geben Sie TN mehrere Tage Zeit, sich zu organisieren, zu recherchieren und ihre Präsentation vorzubereiten. Sie können während der Projektlaufzeit auch einmal eine „Sprechstunde" anbieten, um TN zu unterstützen (sprachlich, organisatorisch, technisch). Die am Ende des Projekts vorgestellten Events sollten nach realistischen Kriterien eingeschätzt und besprochen werden. Achten Sie darauf, dass in jedem Fall die Motivation für ein bestimmtes Event („Warum dieses Event?", „Was bringt es dem Team, also der Gruppe?") im PL diskutiert wird. Sie können auch ganz gezielt fragen: „Welche Kompetenzen werden bei diesem Event herausgearbeitet oder trainiert?"

Modul 4   Wie wäre es, wenn wir …?

A1a Fragen Sie zum Einstieg: „Hat jemand von Ihnen schon mal in einem Hotel gearbeitet? Was haben Sie gemacht?" TN sammeln Aufgaben und Eigenschaften. Sie können die genannten Eigenschaften anschließend strukturieren, indem Sie sie den folgenden Bereichen zuordnen:

	1. *sozial-kommunikative Kompetenzen* 2. *fachlich-praktische Fertigkeiten* Diese Aufgabe kann auch zunächst in KG erfolgen und anschließend im PL an der Tafel zusammengeführt und ergänzt werden.
A1b	Klären Sie (ggf. für TN, die kein Englisch sprechen) den Begriff *Housekeeping* (*Zimmerservice*, eigentlich: *den Haushalt machen*), ohne detailliert darauf einzugehen. Das erfolgt in Ü1. TN können auch hier beim Erstellen der Liste (in zwei Spalten) zwischen Eigenschaften und Aufgaben unterscheiden.
Ü1	Nach der Bearbeitung können die zugeordneten Bereiche in PA verglichen werden. Gehen Sie anschließend auf den „Tipp" ein und klären Sie den Begriff *Phrase*, der als Internationalismus wahrscheinlich einigen TN bekannt ist: Mit *Phrase* ist hier eine Wortgruppe gemeint, die syntaktisch und semantisch eine Einheit bildet. Als HA können TN sich für ein Tätigkeitsfeld (z. B. „Housekeeping") entscheiden und über dieses einen Text verfassen, in dem die in der Übung vorkommenden Phrasen untergebracht werden.
A1c *Interkulturelle Kompetenz*	Fragen Sie TN zunächst: „Kennen Sie Menschen, die im Hotel arbeiten? Welche Berufe haben diese?", „Kennen Sie Hotelfachkräfte?" TN sprechen dann darüber, ob der Beruf *Hotelfachkraft* für sie passen könnte oder welche Aspekte für sie persönlich für/gegen die Tätigkeit sprechen. Fragen Sie anschließend: „Unterscheiden sich die Tätigkeitsbereiche/Aufgaben von Hotelfachkräften, je nach Größe/Zielgruppe des Hotels? Von Land zu Land?" Regen Sie an, über kulturelle Unterschiede zu sprechen sowie darüber, ob die Größe/Kundschaft des Hotels die Tätigkeit beeinflusst (Urlaubs-/Privat-/Geschäftsreisende). Sammeln Sie ggf. angrenzende Tätigkeitsbereiche wie Catering-Unternehmen, Lieferfirmen für Hotelbedarf, Lebensmittelfirmen, Wäschereien, Reinigungsunternehmen …
A1d	Fragen Sie anschließend, ob TN zusätzlich folgende Begriffe aus dem Text (ggf. über Synonyme) erklären können (→ auch „Tipp" in Ü2a):

das Wohl (Z. 3)	*die Bewirtung* (Z. 10)	*der Hygieneartikel* (Z. 33)
ergreifen (Z. 6)	*vorrätig* (Z. 15)	*sich verwirklichen* (Z. 36)
die Bereitschaft (Z. 8)	*der Bedarf* (Z. 18)	

Ü2a–b *V*	Gehen Sie zuvor kurz auf Fugenlaute ein. Besprechen Sie im PL, dass manche Wörter ein Fugen-s oder ein Fugen-n erhalten, dass es hierfür aber keine feste Regel gibt. TN könnten deshalb mit einem Wörterbuch arbeiten und die gebildeten Komposita nachschlagen. Die Aufgabe kann als Wettbewerb durchgeführt werden: Welches Team findet in PA die meisten Komposita? Alternative: TN nutzen ihr Smartphone und sammeln in einem Etherpad kollaborativ möglichst viele Komposita. Weisen Sie vorher darauf hin, dass kein Wort in der Liste doppelt erscheinen darf. Gehen Sie nach einer vorher festgelegten Zeit von z. B. fünf Minuten gemeinsam die Liste durch und streichen Sie Wörter, die falsch sind oder keinen Sinn ergeben. Sie können bei dieser Aufgabenvariante auch gleich die Komposita aus dem Text im KB mit aufnehmen.
nach Ü2b → **KV 6–3** *Strategie*	Teilen Sie die KV aus. TN suchen sich in Eigenregie (HA) einen für sie interessanten, authentischen berufsbezogenen Text (z. B. im Internet) und erarbeiten sich aus diesem neuen Wortschatz, wie auf der KV angeleitet.
A1e *Mediation*	Bevor TN die Sprachnachricht aufsprechen, sollten sie sich einige Punkte notieren, die sie übermitteln wollen. Die Reihenfolge muss dabei nicht derjenigen im Text in A1b entsprechen. Weisen Sie auch darauf hin, dass sich beim Weitergeben der Informationen aus dem Text das Sprachregister ändert, da es nun darum geht, einem Freund oder einer Freundin in informellem Kontext Infos zu einem Berufsbild zu geben. Sie können auch zunächst im PL ein Beispiel durchgehen. So könnte aus dem Satz „Ebenso selbstverständlich sollte die Freude am Kontakt mit anderen Menschen sein, wenn Sie diesen Beruf ergreifen möchten" in der Sprachnachricht werden: „Sie suchen genau solche Leute wie

Kommunikation ist alles

dich: Leute, die total gern mit vielen verschiedenen Menschen zusammen sind. Das könnte doch was für dich sein!" usw.

A2a–b Klären Sie ggf. im PL den Begriff *der Bestand*.
Die Liste, die TN in A2b notieren, während sie hören, kann zunächst in PA abgeglichen und dann im PL besprochen werden.

A2c Sprechen Sie kurz über die Textsorte „Mail im beruflichen Kontext" und wiederholen Sie, was hierfür wichtig ist (*kurz, sachlich und eindeutig schreiben, angemessene Begrüßung und Grußformel, klar und knapp den Arbeitsauftrag oder das Anliegen formulieren*). Weitere Hinweise hierzu → *Arbeitsweltwissen* im Folgenden.

Arbeitswelt-wissen

Beim *Schreiben von E-Mails* gelten im Berufskontext in der Regel folgende Empfehlungen, die die TN kennen sollten:
- Sollte es eine/n konkreten Ansprechpartner/in geben, sollte diese/r auch direkt angeschrieben und in der Begrüßung entsprechend angesprochen werden.
- Ein Betreff hilft bei der Zuordnung des Mail-Inhalts, sollte aber kurz und knapp gehalten sein. Keinesfalls sollte eine Mail mit leerer Betreffzeile verschickt werden.
- Nach der Anrede empfiehlt sich ein freundlicher Einleitungssatz. Hier kann eine Person sich kurz vorstellen (falls es sich um eine erste Kontaktaufnahme handelt) oder der Kontext zum Inhalt der Mail hergestellt werden.
- Auch in einer Mail sollte mit Zeilenumbrüchen und Absätzen gearbeitet werden, um Übersichtlichkeit und Lesbarkeit zu erhöhen.
- Am Ende der Mail findet sich häufig eine kurze Handlungsaufforderung, die ggf. den Inhalt der Mail zusammenfasst.
- Es sollte darauf geachtet werden, dass eine Signatur mit Informationen über den Absender vorhanden ist, um eine Kontaktaufnahme zu erleichtern und die Position im Betrieb zu verdeutlichen.
- Gängige Online-Abkürzungen können unter vertrauten Kollegen und Kolleginnen genutzt werden, sollten aber im beruflichen Kontext mit Vorsicht eingesetzt werden. Grundsätzlich gilt: Bei Unsicherheit ist es besser, im Berufskontext generell darauf zu verzichten. Abkürzungen wie z. B. BG für „Beste Grüße" können als unhöflich empfunden werden.
- Dies gilt ebenfalls für den Einsatz von Emojis. Smileys sollten im Berufskontext vermieden werden, sind im Erstkontakt generell tabu und höchstens unter vertrauten Kollegen und Kolleginnen einzusetzen.
- Wichtig ist auch, dass der E-Mail-Verteiler (immer neu) geprüft werden sollte. Große Verteiler sorgen oft für Unmut, vor allem aber auch für Missverständnisse, was Zuständigkeiten und Verantwortlichkeiten angeht. Ggf. macht es Sinn, vor dem Absenden der Mail nochmals zu überdenken, wer tatsächlich der Hauptadressat des zu versendenden Inhalts ist. Empfänger/innen von Mails sollten die Personen sein, die der Inhalt der Mail auch wirklich betrifft. Wichtig hierbei ist auch die Unterscheidung zwischen den Formularfeldern „Kopie" (CC) und „Blindkopie" (BCC). Streng genommen ergibt sich aus der Tatsache, dass jemandem eine Mail in Kopie (CC) geschickt wird, nur eine Information der Person und kein Arbeitsauftrag. Um den Datenschutz zu wahren, bietet es sich (gerade bei größeren Verteilern) an, die Adressaten in Blindkopie (BCC) zu setzen.

Ü3
E
Nachdem TN den Mailtext vervollständigt haben, sprechen Sie im PL über einzelne Elemente der Mail, z. B.:
- „Was lässt sich zu Anrede und Grußformel sagen?",
- „Könnte man auch eine andere Anrede/Grußformel wählen?",
- „Könnte man noch etwas ergänzen, z. B. einen freundlichen Einleitungssatz?"
- „Ist die Formulierung ‚schicke ich Ihnen hiermit eine Übersicht' klar?" (im Anhang gibt es keine Übersicht, sondern die Info befindet sich direkt in der Mail),
- „Könnte man die Mail formal übersichtlicher gestalten, z. B. mit einer Auflistung?" usw.

TN können in PA auch eine Alternativ-Mail schreiben. Die Mails im PL besprechen.

A3b	Fragen Sie: „Was verstehen Sie unter *Haustechnik*? Wer kann den Begriff erklären?" (*technische Anlagen in einem Gebäude; dafür zuständige Abteilung bzw. Firma*)
A4a–b	A4a dient als Vorbereitung auf A4b, indem TN sich zunächst für zwei Geräte und mögliche Probleme mit diesen entscheiden. Gemeinsam sollen Ideen gefunden und Wortschatz für A4b gesammelt werden. Gehen Sie kurz auf das Wort *der Defekt* ein und das synonyme Adjektiv *defekt* für *kaputt*. Nach A4a können einzelne Dialoge im PL vorgespielt werden und die anderen TN können nach dem jeweiligen Dialog weitere Lösungsvorschläge für die Probleme ergänzen.
Ü4	Kann gut als HA nach A4 bearbeitet werden.
A5a	Damit TN sich möglichst gut in eine authentische Gesprächssituation einfinden, können Sie zunächst im PL folgende Fragen stellen: „Wer könnte mit wem über die Probleme sprechen? Wo und wann könnte das Gespräch stattfinden?" Entwerfen Sie auf diese Weise im PL für jede Szene ein möglichst genaues Setting und wiederholen Sie auf diese Weise Wortschatz. Für die Gruppenbildung lassen Sie TN durchzählen oder per Losverfahren eine/n Partner/in finden, sodass evtl. häufige Paarkonstellationen durch benachbart sitzende TN vermieden werden.
A5b P	Hinweise zu diesem Aufgabentyp finden TN auch in der → Prüfungsvorbereitung auf S. 135. Regen Sie (auch wenn das in der Prüfungssituation nicht gefordert ist) an, dass TN, während sie über Lösungswege diskutieren, Stichworte notieren.
A5c	Die Mail schreiben TN in EA. Die Notizen aus A5b helfen. Diese Aufgabe kann auch gut als HA erledigt werden.
E	Anschließend lesen TN in KG zu dritt die Mails der jeweils anderen TN und geben dem/der Schreiber/in Feedback in Bezug auf *Inhalt, Lesbarkeit* und *Angemessenheit des Sprachregisters*. Bieten Sie als LK bei Fragen zu sprachlicher Korrektheit Ihre Unterstützung an. Bei entsprechenden Kapazitäten können Sie als LK die Mails einsammeln, Rechtschreibung und Grammatik korrigieren und bei Rückgabe besprechen.

Aussprache

Ü1	Siehe Hinweise zu → Kapitel 1, KiB, A1d und → Kapitel 8, Aussprache, Ü3–4.
Ü2a	Sie können die Bücher auch zunächst geschlossen halten. TN hören die Telefonate und beschreiben zunächst in eigenen Worten, wie sie die Äußerungen der Personen empfinden. Anschließend schlagen TN die Bücher auf, lesen die Texte mit und wählen aus den vorgegebenen Beschreibungen aus.

Kommunikation im Beruf

A1a E	Wenn nach der Sammlung in PA die Ergebnisse verglichen werden, können zwei TN diese an der Tafel in zwei Kategorien (Vorteile/Nachteile) sortieren.
A1b E	Nach dem Eintragen der vorgegebenen Punkte aus dem Kasten können Sie TN fragen: „Fallen Ihnen weitere wichtige Punkte für eine Online-Konferenz ein?" TN ergänzen die Kategorien (*Agenda vorstellen, auf angemessene Kleidung achten, auf den Hintergrund achten, Pünktlichkeit, sich kurz fassen, Vermeidung von Nebengeräuschen, Vorstellungsrunde, auf Mimik und Gestik achten …*). Nach Bearbeitung der Aufgabe können Sie fragen: „Was könnte in der Kategorie „nach der Konferenz" stehen?" (*Meeting beenden, Material an TN versenden, Anwesenheitsliste/Protokoll schreiben, Dokumente speichern, Daten löschen …*)
A2a	Schlagen Sie TN vor (z. B. als HA), weitere Redemittel/typische Phrasen für Online-Konferenzen zu lesen, z. B. unter https://karrierebibel.de/bullshit-bingo-videokonferenzen/

Kommunikation ist alles

A2b

Schlüsselkompetenz

Sie können mit allen TN ein Meeting simulieren. Die Online-Konferenz sollte dann (z. B. von zu Hause aus) über ein Online-Konferenztool durchgeführt werden, damit die Situation möglichst authentisch ablaufen kann. Sie können hierfür ein kleines Projekt starten: TN arbeiten in KG und planen in Eigenregie ein Meeting, das sie dann veranstalten. Das Thema sollte vorher festgelegt werden. Sie können z. B. folgende Themen vorschlagen: *Konferenzsoftware, Hausaufgaben im Kurs, Ernährung in der Pause*. Die Auswertung bzw. Besprechung wird anschließend im PL vorgenommen. Hierfür legen Sie am besten bereits im Vorfeld Leitfragen fest wie z. B.:
Was hat bei Ihrem Online-Meeting gut geklappt?
Gab es Schwierigkeiten? Welche? Wie haben Sie diese gelöst?
Was empfehlen Sie für zukünftige Meetings?

Grammatik-Rückschau

Jede/r TN schreibt auf ein weißes Blatt einen Satzanfang im Konjunktiv (Gegenwart oder Vergangenheit). Geben Sie Beispiele vor:
Wenn Sabine nicht so spät ins Büro gekommen wäre, ...
Herr Gladic hätte nicht gedacht, dass ...
Wenn Pjotr das Headset hätte tragen müssen, ...
Nachdem der/die erste TN eine Fortsetzung des Satzes in die nächste Zeile geschrieben hat, wird das Blatt so gefaltet, dass nur der Satzanfang sichtbar bleibt (und nicht die erste Ergänzung). Die Blätter werden eine/n TN weitergegeben. Diese/r schreiben eine neue Ergänzung zum Satzanfang usw. Wenn das Blatt wieder beim Absender angekommen ist, darf dieser alle Satzergänzungen lesen. Die kreativsten Sätze werden im PL vorgelesen. Erst nachdem die Sätze vorgelesen wurden, erfolgen Korrekturen. Kommunizieren Sie den TN gegenüber, dass sie sich bei der Korrektur der Sätze „nur" auf die Konjunktivformen konzentrieren.

B

Für schwächere Lerngruppen bereiten Sie Zettelstreifen vor, auf denen (nur) ein handschriftlicher Satz Platz findet. Jede/r TN schreibt einen irrealen Satzanfang im Konjunktiv auf einen Zettel. Geben Sie Beispiele vor:
Wenn du ein Schuhgeschäft hättest, ...
Wenn du in deinem Traumberuf arbeiten könntest, ...
Wenn du Hotelfachkraft wärst, ...
Kontrollieren Sie als LK die Zettel auf Grammatikfehler, bevor die Zettel klein zusammengefaltet und gemischt werden. Jede/r TN zieht einen Zettel und ergänzt den darauf stehenden Satz. Die Sätze werden im PL vorgelesen und die Konjunktivformen werden korrigiert. Ggf. schreiben TN eine Auswahl der Sätze zunächst an die Tafel und dann korrekt ins Heft ab.

7

Themen Im siebten Kapitel geht es um mündliche und schriftliche Korrespondenz im Umgang mit Kundinnen und Kunden.

Auftakt Den Einstieg ins Thema finden TN mit einem Würfelspiel, mit dem anhand verschiedener Situationen Wortschatz und Redemittel für Kommunikation im Kundenkontakt wiederholt und angewandt werden.

Modul 1 In diesem Modul geht es um das Schreiben von E-Mails in Bezug auf Inhalt, Sprache, Textzusammenhang und Stil.

Modul 2 An einem Beispiel aus dem Handwerk trainieren TN, Informationen situationsgerecht an Kollegen und Kolleginnen weiterzugeben.

Modul 3 Was gehört in eine Bestellung? Das Modul widmet sich der Textsorte mit ihren spezifischen Bestandteilen TN üben zudem das Aufgeben einer Bestellung.

Modul 4 In diesem Modul geht es darum, wie man etwas reklamiert und wie angemessen auf eine Beschwerde reagiert werden kann – mündlich und schriftlich.

KiB Entscheidungen zu treffen, ist manchmal nicht einfach. Wie kann man z. B. Kundschaft dabei unterstützen? Und welche sprachlichen Mittel braucht es dafür?

Lernziele

Auftakt | spontan und angemessen im Kundenkontakt reagieren
Modul 1 | Informationen zu erfolgreicher E-Mail-Korrespondenz verstehen und anwenden
Modul 2 | Informationen zu Angeboten an Kollegen/Kolleginnen weitergeben
Modul 3 | eine Bestellung schriftlich aufgeben
Modul 4 | mündlich auf eine Reklamation reagieren
Modul 4 | schriftlich auf eine Beschwerde reagieren
KiB | Entscheidungen herbeiführen
Aussprache | wichtige Informationen betonen (im ÜB)

Grammatik
Modul 1 | Textzusammenhang
Modul 3 | Modalsätze mit *dadurch, dass* und *indem*

Auftakt

vor A1 Beachten Sie, dass Spielanleitungen für sogenannte Brettspiele ggf. nicht für alle TN bekannt bzw. leicht verständlich sind. Sichern Sie deshalb unbedingt das Verständnis, bevor Sie die Spielphase beginnen. Klären/Wiederholen Sie die Begriffe *das Paar, das Feld, die Münze, würfeln, die (gewürfelte) Augenzahl, (ein, zwei), ... Feld(er) weit(er) gehen/ziehen, die Anweisung, gewinnen*. Überlegen Sie als LK auch, ob es für das Spiel förderlich sein könnte, TN in bestimmten Paar-Konstellationen spielen zu lassen und teilen Sie TN dann ggf. direkt mit, wer mit wem ein Paar bildet.
Während der Spielphase sollten Sie die TN sich frei entfalten lassen. Dieses Spiel bietet viel Raum für Kommunikationstraining, das nicht bzw. möglichst wenig unterbrochen werden sollte. Sie können hierfür auch zu Beginn klar kommunizieren, dass Sie sich nur einschalten, wenn TN während des Spiels konkret um Hilfe bitten sollten.
Das Spiel im KB können Sie am Ende des Kapitels erneut spielen und dann mit TN reflektieren,
– welche (neuen) Redemittel genutzt wurden,
– was nach dem Durcharbeiten des Kapitels besser klappt,
– ob die Aufgaben leichter zu lösen waren usw.

Ü1 Der Aufbau des Kreuzworträtsels könnte für TN gewöhnungsbedürftig sein. Unterstützen Sie TN, indem Sie genug Zeit geben, sich in die Lesart des Rätsels einzufinden. Weisen Sie darauf hin, dass die gesuchten Wörter zwar alle mit dem Thema „Kundenkontakt" zu tun haben, aber nicht auf den Auftaktseiten im KB vorkamen. Das Rätsel ist daher eventuell eher für PA geeignet als für EA. Lösen Sie evtl. zum Einstieg im PL gemeinsam die Zeile zu Nummer 2. Wiederholen Sie ggf. auch die Wörter *die Senkrechte, senkrecht; die Waagerechte, waagerecht*.

Was kann ich für Sie tun?

Ü2
Erweiterung
Nach dem Lösen der Aufgabe lesen TN die Dialoge mit verteilten Rollen mehrmals. Achten Sie auf die Intonation. TN können die Dialoge auch mit verschiedenen Stimmungen lesen: Wie klingt ein wütender Kunde? Wie spricht ein höflicher, freundlicher Kunde? Wie klingt ein genervter Verkäufer? Wie ein hilfsbereiter?

Ü3
Kann gut als HA erledigt werden. Weisen Sie zusätzlich zur Aufgabenstellung darauf hin, dass es sich bei den Sätzen 1–8 fortsetzend um Aktionen von der Anfrage bis hin zur Lieferung handelt.

Ü4
Interkulturelle Kompetenz
TN können die Übung in EA oder PA (nach Wunsch) bearbeiten. In PA abgleichen und ggf. korrigieren.
Klären Sie unbedingt die Abkürzungen „zzgl. MwSt." (*zuzüglich Mehrwertsteuer*).
Sprechen Sie mit TN über Steuerzahlungen (Abgaben an den Staat) in deren Herkunftsländern und vergleichen Sie. Sprechen Sie auch darüber, ob bestimmte Berufsfelder mehr oder weniger direkt mit z. B. Brutto- und Nettopreisen zu tun haben. Weisen Sie auf Besonderheiten hin, siehe folgende Information zum *Arbeitsweltwissen*.

Arbeitsweltwissen

> Die *Mehrwertsteuer* (1967 in Deutschland eingeführt) ist eine sogenannte Verbrauchssteuer, auch *Umsatzsteuer* (abgekürzt: *USt.*) genannt. Sie ist in der Regel in dem Preis, den man für Produkte und Arbeitsleistungen zahlt, enthalten. Rechnungen und Quittungen, die man beim Bezahlen erhält, weisen aus, wie hoch der Mehrwertsteuersatz ist. In den Ländern der EU ist der Mehrwertsteuersatz unterschiedlich hoch. In Deutschland beträgt der aktuelle Mehrwertsteuersatz 19 Prozent, für manche Produkte (z. B. Bücher, Lebensmittel) 7 Prozent. Zum sogenannten *Nettopreis* zahlen Käufer/innen oder Auftraggeber/innen also 19 oder 7 Prozent dazu (= *Bruttopreis*).
> Einige Produkte sind von der Umsatzsteuer gänzlich befreit (z. B. Briefmarken).
> Dienstleistende und Unternehmer/innen, deren Arbeitseinkommen nur eine geringe Höhe hat, erheben keine Mehrwertsteuer, denn sie sind *von der Umsatzsteuer befreit*. Auch gibt es bestimmte Leistungen (z. B. Lehrtätigkeiten), die bis zu einer bestimmten Gesamthöhe pro Jahr *nicht umsatzsteuerpflichtig* sind.
> Dienstleister und Unternehmen führen die eingenommene Mehrwertsteuer an den Staat ab, wobei sie diejenige Mehrwertsteuer, die sie selbst für die Erbringung ihrer Leistungen (z. B. beim Material- oder Geräteeinkauf) aufwenden mussten, abziehen können. Die Einnahmen des Staates aus der Mehrwertsteuer werden nach einem festgelegten Schlüssel an Bund, Bundesländer bzw. Gemeinden verteilt. Die Mehrwertsteuer ist nach der Lohn- und Einkommenssteuer, die von arbeitenden Bürgern und Bürgerinnen gezahlt wird, die wichtigste Einnahmequelle des Staates.

Ü5
TN wählen für die HA aus jeder Zeile der aufgelisteten Wörter eines aus und schreiben sechs eigene Sätze mit diesen Wörtern.

Modul 1 Mit freundlichen Grüßen

A1
TN sammeln, was sie bereits über das Verfassen von Mails gelernt haben, und tragen noch einmal wichtige Punkte zusammen (*sich kurz fassen, strukturiert schreiben, auf übersichtliche Gestaltung achten, höflicher Ausdruck usw.*). Siehe auch → *Arbeitsweltwissen* in Kapitel 6, Modul 4.
Sprache im Beruf: Hierzu können Sie TN fragen, ob sie weitere Ideen für Small Talk im beruflichen Kontext haben, und diese an der Tafel sammeln.

A2a
Nach Beantwortung der Frage in A2a wiederholen Sie ggf. synonyme Wörter für *die Schulung*: *der Workshop, das Seminar, das Training, die Fortbildung, die Weiterbildung, der Kurs, der Lehrgang*.

A2c
Teilen Sie den Kurs nach Bearbeitung von A2c in vier KG ein (entsprechend den Textabschnitten A–D). TN geben die Hauptaussage des zugeteilten Textabschnitts in eigenen Worten in einem Satz (!) schriftlich wieder. Beispiele:
A: *Hier steht, was beim Formulieren eines Betreffs zu beachten ist.*
B: *In diesem Absatz geht es darum, wie man die Anrede passend wählt.*
C: *Es ist wichtig, auf den Umfang einer Mail zu achten.*
D: *In diesem Absatz geht es um den persönlichen Stil in einer Mail und um die Korrektur von Fehlern.*

Ü1a–b	TN lesen und markieren zunächst in EA, besprechen dann in PA die gefundenen Auffälligkeiten. Fragen Sie TN, ob sich die auffälligen Stellen auf den Inhalt, die Sprache oder den Stil beziehen. Die Mail kann auch in PA formuliert und anschließend mit einem anderen Paar ausgetauscht und begutachtet werden. Besprechen Sie mit TN die „Info" und weisen Sie dabei darauf hin, dass korrekterweise zwischen Begrüßungsformel und Namen ein Komma steht (→ KB: „Guten Tag, Ansgar Pohl, …"). Nur bei *Hallo* oder *Hi/Hey* in Verbindung mit einem Vornamen oder einem einzelnen Wort kann das Komma weggelassen werden (z. B. „Hey Leute" im ÜB in Ü2c).
A3a	Um zu verdeutlichen, dass der Textabschnitt nicht gut lesbar ist, lesen Sie oder zwei TN diesen (und ggf. zum Vergleich auch die eigentliche Version in Abschnitt A) einmal laut vor. Die anderen TN klappen in dieser Zeit ihre Bücher zu und hören lediglich zu. Anschließend beschreiben TN die Unterschiede der beiden Versionen. Lassen Sie dann mit Blick in die Bücher die Unterschiede ggf. noch genauer herausarbeiten bzw. die betreffenden Stellen im Text markieren. Falls TN es nicht selbst schon erarbeitet haben, weisen Sie noch einmal darauf hin, dass die aneinandergereihten Sätze nicht falsch sind, aber stilistisch keinen guten Eindruck machen und Verbindungswörter fehlen, die die Lesbarkeit verbessern.
A3b	Diese Aufgabe kann gut in PA erledigt werden. Wenn Sie genug Zeit zur Verfügung haben, können TN auch in der Einleitung und im Rest des Textes weitere Beispiele suchen.
vor Ü2a	Lesen Sie mit TN gemeinsam den „Tipp". Es kann für TN hilfreich sein, zunächst über den Begriff *Bezugswort* zu sprechen. Fragen Sie nach verwandten Wörtern *(der Bezug, beziehen, sich beziehen auf, die Beziehung)* und erschließen Sie das Wort den TN auf diese Weise: Eine Beziehung ist eine Verbindung zwischen zwei Menschen, zwei Firmen oder zwei Wörtern. TN suchen anschließend nach den „Beziehungen" (Bezugswörtern) in den Sätzen, d. h. sie suchen die „Partner/innen" zu den unterstrichenen Pronomen.
vor Ü2b	Klären Sie die Begriffe *synchrone* und *asynchrone Kommunikation*. Lassen Sie TN Beispiele nennen *(synchron* nennt man Kommunikation in Echtzeit: Face-to-Face, Videokonferenz, Telefongespräch, Chat; bei *asynchroner Kommunikation* sind die Gesprächspartner/innen nicht zur gleichen Zeit anwesend: E-Mail, geteilte Dokumente, aufgezeichnete Nachrichten).
→ **KV 7–1** (Portfolio)	Mit der KV lässt sich das Thema „synchrone/asynchrone Kommunikation" vertiefen. TN diskutieren und erarbeiten die Vor- und Nachteile beider Kommunikationsweisen anhand von Beispielen in ihrem individuellen Berufskontext. Bevor die Arbeit in KG beginnt, gehen Sie im PL ein Beispiel gemeinsam durch: Beispiel: *Dienstleistung – Floristik* 1. *Kommunikation mit der Kundschaft, Lieferantinnen/Lieferanten, Handwerker/innen:* *synchron: persönlich im Geschäft / beim Ausliefern vor Ort bei Kunden/Kundinnen, am Telefon im Geschäft / in der Gärtnerei* *asynchron: E-Mail-Korrespondenz zu Anfragen, Bestellungen, Reklamationen; Übermittlung von Rechnungen, Lieferscheinen, Pflegehinweisen; Bearbeitung von Online-Bestellungen …* 2. *und 3. Synchrone Kommunikation:* *Vorteile: Bei einer Bestellung, die telefonisch erfolgt, kann man auf Kundenwünsche direkt reagieren/eingehen. Vieles lässt sich schneller bzw. sofort klären. Der persönliche Kontakt kann eine gute Kundenbeziehung fördern, ein/e konkrete/r Ansprechpartner/in erleichtert die Kommunikation. Lösungen können gemeinsam erarbeitet werden.* *Nachteile: Manche Entscheidung muss man erst noch überdenken. Es kann zu vorschnell getroffenen Entscheidungen kommen, die später revidiert werden müssen. Nicht immer befinden sich beide Gesprächspartner/innen in einer für synchrone Kommunikation passenden Situation (z. B. beim Telefonieren unterwegs), Informationen können deshalb untergehen oder mangelhaft kommuniziert werden. Die für den Austausch notwendige Zeit wird von zwei Parteien bestimmt, kann aber unterschiedlich eingeschätzt werden. Bei einem Gespräch fehlt ggf. später ein schriftlicher Nachweis (z. B. über einen Änderungswunsch des/der Kunden/Kundin). Usw.*

Was kann ich für Sie tun?

Die konkret erarbeiteten Beispiele aus verschiedenen Berufsfeldern können TN dann entweder gebündelt oder aber über einen längeren Zeitraum vorstellen (z. B. jeweils zwei TN pro Kurstag). Bei letztgenannter Variante wird der entsprechende Wortschatz zu Kommunikationssituationen über mehrere Tage hinweg wiederholt.

Ü2c Bieten Sie bei dieser für manche TN möglicherweise schwierigen Übung an, dass TN den Text entweder in EA oder in PA schreiben. Weisen Sie aber darauf hin, dass es wichtig ist, dass alle TN den Text in ihre Hefte (ab-)schreiben. Sie können den Text später zur Korrektur an die Tafel projizieren und z. B. die Bezüge der Satzglieder bei Bezugswörtern und Pronomen visuell hervorheben.

A3c Wenn TN die Mail in elektronischer Form schreiben (z. B. in ein Etherpad), können nachher alle gemeinsam auf die Mails schauen, um die überarbeiteten Texte zu besprechen und Alternativen auswerten zu können. Sollte dies nicht möglich sein, sollten zumindest Paare untereinander ihre Mail-Texte austauschen und ein oder zwei alternative Textüberarbeitungen begutachten. Sprechen Sie im PL über Inhalt, Sprache und Stil. Heben Sie gelungene Formulierungen besonders hervor.

A4 Sie können zunächst im PL Gründe für eine Absage sammeln (*keine Kapazitäten im September, kein/e Dozent/in verfügbar, keine Veranstaltungen in geschlossenen Räumen möglich, …*).
Die TN schreiben anschließend in EA die Antwort an Herrn Hoek. Danach tauschen TN ihre Mails aus und geben sich gegenseitig Feedback zu 1. Inhalt, 2. Sprache, 3. Stil.
Sie können diese drei Aspekte auch tatsächlich voneinander trennen, um die metasprachliche Reflexionsebene zu fördern. Leiten Sie die TN an, indem Sie z. B. sagen: „Wir machen drei Feedbackrunden. In der ersten Runde geben Sie Feedback nur zum Inhalt." Dann geben Sie TN drei Minuten Zeit, bevor Sie die zweite und dann die dritte Runde absolvieren (Sprache und Stil).

Modul 2 Das ist unser Angebot

A1a Sie können im Anschluss an die Besprechung der Aufgabe ein paar der Verben herausgreifen und im PL fragen: „Hat jemand schon mal beruflich Reparaturen durchgeführt? Welche?", „Hat jemand Erfahrung mit der Wartung von Geräten? Welche Geräte oder Maschinen waren das?", „Hat jemand berufliche Erfahrung mit Installation? Hat jemand von Ihnen einen Beruf, in dem man Geräte installiert?" usw. TN berichten von ihrer Berufserfahrung.
Ggf. können Sie auf regionale Unterschiede bei den Berufsbezeichnungen (*Tischler/in / Schreiner/in; Fleischer/in / Metzger/in*) eingehen oder Sie lassen TN dazu recherchieren: https://berufenet.arbeitsagentur.de/berufenet/faces/index?path=null
Gehen Sie dann über zu Ü1.

Ü1a–b Fragen Sie konkret: „Gibt es jemanden hier im Kurs, der oder die einen der hier aufgelisteten Berufe gelernt hat?" Integrieren Sie als LK Expertenwissen aufseiten der TN – sofern vorhanden – in die Unterrichtsgestaltung.
Ü1b kann in PA diskutiert und gelöst werden.

A1b
E
Nachdem TN Stichwörter zu nötigen Informationen notiert haben, können ganze Fragesätze (aus Sicht des Handwerksbetriebs) ausformuliert werden. Beispiel: *Die Toilettenspülung funktioniert nicht.* Mögliche Fragesätze:
Was genau ist das Problem mit Ihrer Toilette?
Was funktioniert nicht?
Wie lange haben Sie das Problem schon?
Hatten Sie das Problem früher schon mal?
Wie alt ist der Spülkasten?
Unter welcher Nummer sind Sie erreichbar?

Ü2 Das Ergebnis kann in PA verglichen werden.

A2c
B
Erklären Sie TN eventuell vorab, dass es eine Firma und keine Privatperson ist, die den Auftrag an den Handwerkerbetrieb vergeben möchte. Je nach Bedarf können TN den Hörtext mehrmals anhören, um die Aufgabe zu lösen.

Ü3a	Kann als HA erledigt und dann im Unterricht in PA verglichen werden. Als weitere HA könnte die Vorbereitung auf Ü3b erfolgen.
Ü3b	TN spielen in PA das Gespräch. Freiwillige TN können das Gespräch im PL vorspielen. Ermutigen Sie den Kurs zu konstruktivem Feedback.
A2d	Gehen Sie als LK während der Dialogübungen durch den Raum und unterstützen Sie oder geben Sie Feedback. Wenn Sie das Gefühl haben, dass die Kommunikation an manchen Stellen stockt oder Schwierigkeiten bereitet, nehmen Sie die betreffenden Stellen oder Problempunkte anschließend im PL nochmals auf. Fragen Sie TN auch, was im Dialog ggf. Schwierigkeiten bereitet hat und ergänzen Sie, wenn nötig, Redemittel.
A3a	TN sammeln wichtige Informationen im PL.
A3b ℙ	Diesen Aufgabentyp finden Sie auch in der → Prüfungsvorbereitung auf S. 164/165. Planen Sie vor dem Hören 30 Sekunden Vorbereitungszeit für TN ein und nach dem Hören 1 Minute zum Ausfüllen des Antwortbogens.
A3d *Mediation* → **KV 7-2**	Weisen Sie TN darauf hin, dass diese Teilaufgabe die Fertigkeit Mediation trainiert: Informationen müssen aufgenommen, verstanden und verschriftlicht werden. Teilen Sie die KV aus. TN bearbeiten die KV in KG. Anschließend Ergebnissicherung im PL. (Lösung für 1: *E, B, C, F, A, D*; Lösungsbeispiel für 5: *Es beginnt mit einer Anfrage, auf die mit einem Kostenvoranschlag oder einem Angebot reagiert wird. Danach folgt die Auftragserteilung oder Bestellung. Oft folgt darauf noch eine Auftragsbestätigung oder Bestellbestätigung. Wenn die Lieferung kommt, wird ein Lieferschein mitgeliefert und die Rechnung. Es kann aber auch sein, dass die Rechnung gesondert verschickt wird.*)

Modul 3 Die Bestellung

A1a	Damit die Äußerungen der TN möglichst konkret formuliert werden, können Sie TN auch auffordern, zunächst ein konkretes Gerät zu benennen. Beispiel: *Ich brauche einen neuen Kühlschrank. Dazu gehe ich in ein Geschäft und lasse mich beraten. / Ich brauche einen neuen Rasierapparat. Dafür lese ich Bewertungen im Internet und bestelle ihn dann online* usw.
A1b	Sie können mit TN das Binnen-I (*ÄrztInnen, PhysiotherapeutInnen*) zum Gendern besprechen. Einen weiteren Hinweis hierzu finden Sie im Hinweis zu A1a in → Kapitel 2, Modul 4. Auch auf die Abkürzung *TÜV* (→ *Arbeitsweltwissen*) sollten Sie eingehen.
𝔼	Als Wortschatztraining schreiben Sie die folgenden Komposita aus dem Text an die Tafel:

> *die Lebensdauer*   *die Schwingbewegungen*
> *die Krankengymnastik*   *die Trainingsprogramme*
> *der Muskelaufbau*   *die Rückenschmerzen*

TN zerlegen die Wörter zunächst in ihre Bestandteile und bestimmen die Artikel. Anschließend können Sie TN in PA aus den zerlegten einzelnen Wörtern so viele neue Komposita bilden lassen wie möglich. Geben Sie hierfür eine Zeit (z. B. 10 Minuten) vor. Welches Paar findet die meisten richtigen bzw. sinnstiftenden Komposita?

Arbeitswelt-wissen

> Die *Abkürzung TÜV* steht für Technischer Überwachungsverein. Als ein solcher werden eingetragene Vereine bezeichnet, die Sicherheitskontrollen durchführen. In der Regel sind dies gesetzlich oder per Anordnung vorgeschriebene Sicherheitsprüfungen wie z. B. die Hauptuntersuchung bei einem Kraftfahrzeug. Diese wird umgangssprachlich ebenfalls „TÜV" genannt. In Deutschland sind TÜV-Gesellschaften z. T. in großen Holdings organisiert.
> Neben der Fahrzeug-Überwachung gehören in den Bereich der Sicherheitskontrollen z. B. Geräte- und Produktsicherheit (→ Trampolin in A1b), aber auch Managementsysteme (z. B. Arbeitsschutz-management).

Was kann ich für Sie tun?

> Ein anderer umgangssprachlicher Begriff ist *TÜV-geprüft*, der als Merkmal für eine Sicherheitskontrolle durch eine TÜV-Gesellschaft für eine entsprechend „neutrale" Qualität steht.

Ü1 TN lösen die Aufgabe in EA. Besprechung im PL.

A2a Weisen Sie ggf. explizit darauf hin, dass hier die „feste" Kombination der zwei Wörter *dadurch, dass* gemeint ist, da TN die Wörter vielleicht nur einzeln kennen oder wahrnehmen.

A2b TN können zunächst versuchen, die Regel in EA auszufüllen. Anschließend Besprechung und Ergänzung im PL.

Ü2 Sehen Sie sich zunächst gemeinsam den Beispielsatz (1) an, bevor TN in PA oder EA die weiteren
B Sätze bilden. Erfragen Sie, wie hier der Hauptsatz lautet, sodass TN noch einmal sehen, dass *Dadurch* zum Hauptsatz gehört. Sie können auch vorgeben, dass die Sätze 2+3 in PA und die Sätze 4+5 in EA (ggf. als HA) geschrieben werden.

Ü3a Kann im Unterricht oder auch gut als HA erledigt werden. Achten Sie darauf, dass TN die ganzen Sätze ins Heft schreiben (und nicht lediglich die Satzteile im ÜB nummerieren).
E Anschließend können ein oder zwei TN in die Rolle eines Fitnesstrainers / einer Fitnesstrainerin schlüpfen. Wie würden diese z. B. an einem Tag der offenen Tür für Training und Geräte werben? Ermuntern Sie (mutige) TN, bei dieser Übung mit Ausdruck und Betonung zu spielen.

Ü3b Die Aufgabe kann auch als HA gelöst werden. Korrektur über einige Beispielsätze im PL.

A2c Fordern Sie sechs TN auf, nacheinander jeweils einen Satz zu ergänzen und an die Tafel zu schreiben. Gemeinsam im PL wird kontrolliert und ggf. korrigiert. Anschließend übertragen TN die korrekten Sätze in ihre Hefte.

A3a Wiederholen Sie kurz (→ A1a) das Wort *Reha(bilitation)* bzw. hier *Reha-Klinik*. Besprechung der Lösung im PL. Ggf. nochmaliges Hören.

Ü4 Weitere Hinweise und ein anderes Beispiel zu diesem Aufgabentyp finden sich auf → S. 103 im
P Prüfungstraining.

Arbeitsweltwissen
> Ergänzend zur „Info" bei Ü4 können Sie thematisieren, dass Ämtern und öffentlichen Einrichtungen (Bund, Ländern, Gemeinden) *Ausschreibungen oder Bekanntmachungen* teilweise vorgeschrieben sind. Wichtige Rechtsgrundlagen sind hier das „Gesetz gegen Wettbewerbsbeschränkungen" sowie diverse Vergabeverordnungen. Das EU-Recht beeinflusst das Vergaberecht zudem stark.
> Mit einer Ausschreibung teilt ein Auftraggeber zunächst grundsätzlich mit, dass er Waren oder Leistungen beschaffen, d. h. einen Auftrag vergeben möchte. Aufgrund übermittelter Informationen können Unternehmen dann Angebote erstellen und sich um den Auftrag bewerben.

E Nach Bearbeitung der Aufgabe und der Besprechung bzw. Korrektur im PL suchen TN berufssprachliche Nomen aus den Antwortmöglichkeiten (1–6) und der „Info" heraus. Schreiben Sie die Nomen an die Tafel. TN ergänzen mündlich die Artikel und Pluralformen, Sie notieren diese an der Tafel. Fordern Sie TN auf, dabei zu prüfen, welche Nomen keinen Plural haben.

das Angebot, -e	*die Zahlungsart, -en*	*das Entgegenkommen (kein Pl.)*
der Auftrag, Aufträge	*die Bedingung, -en*	*der Kauf, Käufe*
die Nachfrage, -n	*der Grund, Gründe*	*die Firma, die Firmen*
das Problem, -e	*die Transparenz (kein Pl.)*	*der Anbieter, -*
das Unternehmen, -	*die Rücksicht (kein Pl.)*	*der Auftraggeber, -*
das Detail, -s	*der Lieferant, -en*	*der Überblick (kein Pl.)*
die Angabe, -n	*die Sorge, -n*	*die Dienstleistung, -en*
das Modell, -e	*der Kunde, -n*	*der Handwerker, -*
die Kondition, -en	*die Bestellung, -en*	

TN übertragen den Wortschatz in ihre Hefte.

A3c Achten Sie darauf, dass TN die Abschnitte nicht lediglich nummerieren, sondern den Text anschließend auch einmal in Gänze abschreiben. Das kann im Unterricht oder als HA geschehen. Während des Unterrichts sollte dabei Ruhe im Raum sein. Gehen Sie umher und zeigen Sie durch Präsenz, dass dies eine Aufgabe ist, die Sorgfalt und Aufmerksamkeit fordert. Weisen Sie auf Schreibfehler hin und geben Sie für die Aufgabe genügend Zeit, damit der Text beim Abschreiben verarbeitet werden kann.

Sprechen Sie anschließend über die „Strategie", Standardformulierungen zu nutzen. Besprechen Sie anhand von Beispielen, die sich direkt an den Berufen bzw. Berufswünschen der TN orientieren, wann sich im jeweiligen Tätigkeitsfeld standardisierte Textbausteine anbieten.

Thematisieren Sie Vor- und Nachteile von Standardformulierungen:

Vorteile	Nachteile
– Übersichtlichkeit – Effizienz: Texte können gut vorbereitet, delegiert und wiederverwendet werden – Reduzierung von Fehlern – rechtliche Verbindlichkeit	– Fehleranfälligkeit, wenn aus Unachtsamkeit vergessen wird, Elemente der Vorlage auszutauschen – wirken unpersönlich und förmlich (auch wenn der Betrieb kundennah und unkonventionell auftritt)

Eine weitere Ergänzungsübung zum Thema „Standardformulierungen" findet sich im Hinweis zu → Modul 4, Ü3.

→ **KV 7–3** Teilen Sie die KV aus und besprechen Sie ggf. einzelne Bestandteile des Formulars mit TN. Überlegen Sie gemeinsam, welche verschiedenen Zahlungsbedingungen (*Vor(aus)kasse, Barzahlung, Teilzahlung, Ratenzahlung, Skonto, …*) und Versandarten (*Lieferung frei Haus; Versand per Postunternehmen Spedition, Expressversand, spezieller Versandfirma; Abholung durch Kunden …*) es geben könnte. Auch die Felder „Unser Zeichen" und „Ihr Angebot" sollten Sie erläutern.

Anschließend füllen TN in PA das Formular so umfassend wie möglich aus. Sie recherchieren dafür auf einer Internetseite ihrer Wahl konkrete Produkte und füllen das Formular so aus, als ob sie diese bestellen würden. Danach tauschen zwei TN-Paare die Bestellformulare und „kontrollieren", ob alles richtig/vollständig ausgefüllt wurde.

A4 Ggf. können die TN-Paare nach ähnlichen oder gleichen Berufsbereichen gebildet werden. Fordern Sie TN dann auf, sich für ein Gerät aus dem gemeinsamen Berufsfeld zu entscheiden. Weisen Sie darauf hin, dass verschiedene Kategorien möglichst konkret recherchiert und verglichen werden sollen (*Preis, Funktionen, Nachhaltigkeit, Bewertungen* usw.).

Mediation Im Anschluss können die Paare in EA schriftlich zusammenfassen, was sie in der PA verglichen und für welches Gerät sie sich aus welchen Gründen entschieden haben. Hierfür geben Sie am besten eine konkrete Aufgabenstellung vor:

„Sie schreiben für ein Vergleichsportal im Internet. Fassen Sie die Informationen, die Sie herausgefunden haben, in einem kurzen Artikel für interessierte Verbraucher/innen zusammen."

Sie können auch ein Padlet erstellen, wo TN ihre Texte posten können, sodass alle TN alle Produktvergleiche lesen können.

Ü6b Im Anschluss an die Übung können Sie TN für 15 Minuten in PA den Dialog in eigenen Worten üben lassen. Dabei geht es zunächst um die Verständnissicherung des Dialogs (Haben alle TN die Situation umfänglich verstanden?) und dann um einen Dialog, der frei gesprochen werden soll. Die TN können einen Teil der Verben aus der Übung nutzen. Vor allem geht es in dieser Anschlussübung jedoch um das freie Sprechen.

Was kann ich für Sie tun?

B
Unterstützen Sie schwächere TN bzw. TN, die Schwierigkeiten zeigen, sich in die Situation einzufinden, und weisen Sie sie darauf hin, dass auch Privatpersonen mit Lieferungen (Päckchen, Paketen, Bestellungen) zu tun haben und entsprechenden Wortschatz brauchen und nutzen. Schwächeren TN können Sie alternativ folgende Situation vorgeben: „Sie haben einen Handmixer im Internet bestellt, der geliefert wird. Bei der Übergabe des Pakets kontrollieren Sie die Verpackung und bestätigen Sie mit Ihrer Unterschrift den Empfang. Spielen Sie den Dialog mit dem Paketboten."

Modul 4   Ich möchte … reklamieren

A1a
Die Situation auf dem Bild lässt viel Interpretationsspielraum. Lassen Sie hier ruhig verschiedene Szenen beschreiben und TN spekulieren, worum es gehen könnte. Nähern Sie sich dem Thema an, indem Sie TN das Bild so genau wie möglich beschreiben lassen.

A1b
Fragen Sie zunächst: „Was bedeutet *nicht zuständig sein*?" (*etwas fällt nicht in den eigenen Aufgabenbereich; man ist für ein Thema oder Problem nicht verantwortlich und nicht der/die richtige Ansprechpartner/in*; folglich je nach Situation auch: *man ist an etwas, das bereits passiert ist, nicht schuld*). Führen Sie auch die oft synonym einsetzbare Wendung *bei jdm. an der richtigen/falschen Adresse sein* ein. Sie können anschließend im Kurs auch Fragen stellen wie: „Wer ist zuständig für den Müll?", „Sind Sie zuständig für Ihre Hausaufgaben?", „Wer ist bei Ihnen zu Hause zuständig für das Internet?", „Bin ich zuständig für das Wetter?" usw. Lassen Sie TN Fragen zu Zuständigkeiten an Mitlernende stellen, damit sie mit der Wendung vertraut werden.
Gehen Sie dann über zu den (un-)höflichen Aussagen. TN vergleichen ihre Antworten in PA. Anschließend können Sie einzelne TN die Aussagen laut vorlesen lassen. Die Betonung sollte den (un-)höflichen Charakter der Aussage hervorheben. Thematisieren Sie im PL aber auch, dass die Aussagen je nach Betonung in ihrer Angemessenheit variieren und die Zuordnung höflich/unhöflich dadurch nicht immer eindeutig vorgenommen werden kann.

A1c
B
Geben Sie TN ein paar Minuten, sodass sie eine Frage formulieren können, bevor Sie den Klassenspaziergang beginnen. Sie können die Sätze aus A1b an die Tafel projizieren, sodass TN, die dies benötigen, beim Klassenspaziergang darauf zurückgreifen können.

A2a–b
Für diese Aufgabe bietet es sich an, dass TN in KG die Bilder beschreiben, erzählen, wie es zu dem jeweils gezeigten Problem gekommen ist und miteinander darüber sprechen, was ihnen selbst beim Reklamieren von Dingen schon passiert ist. Weisen Sie darauf hin, dass in der KG jede/r TN zu Wort kommen und mindestens von einem Erlebnis berichten soll.

A2c
Fragen Sie vor den Begriffserklärungen, welche Strategie hilfreich sein könnte, um die Bedeutung unbekannter Begriffe zu erschließen (wo möglich: *Zerlegung der Komposita, Zerlegung in Vorsilbe und Wortstamm*). Achten Sie bei den Erklärungen darauf, dass TN vollständige Sätze bilden. Sie können TN auch in PA und schriftlich jeweils drei Erklärungen verfassen lassen. Anschließend wird zu jedem Begriff mindestens eine Erklärung im PL vorgelesen.

Ü1a
Weisen Sie TN darauf hin, dass diese Übung ohne Wörterbuch bewältigt werden sollte, da der Wortschatz bekannt ist oder durch den Kontext erschlossen bzw. reaktiviert werden kann.

Ü1b
Gut geeignet als HA.

A3c
Die in PA gefundenen „besten" Lösungen im PL vorstellen und vergleichen lassen. Sprechen Sie auch darüber, warum diese Lösungen anderen vorzuziehen sind, d. h. TN sollen Konsequenzen der angebotenen Lösung (wie z. B. *Kundenzufriedenheit*) benennen.

A4a
Weisen Sie TN darauf hin, dass in A6 weitere Redemittel ergänzt werden. TN sollten also evtl. die Redemittel direkt ins Heft schreiben, um in jeder der Kategorien genug Platz zu haben.
Für diese Aufgabe können Sie ein interaktives Tafelbild nutzen.

A4b	Lassen Sie TN genug Zeit, sich entsprechende Redemittel aus der Sammlung herauszusuchen, die im Dialog verwendet werden können. Weisen Sie TN aber auch darauf hin, dass nach entsprechender Vorbereitungszeit die Dialoge frei gesprochen und nicht abgelesen werden sollen.
A5a	Fragen Sie nach dem Lesen die TN: „Wie erklären Sie das Wort *Mehrwert*?" (*ein Wert, der sich durch etwas anderes ergibt/steigert*) und „Was ist in dieser Situation mit Mehrwert gemeint?" (*die Steigerung des Werts der Roller durch das darauf befindliche Logo, das der Werbung dienen und damit zu mehr Kunden/Verkaufssteigerung führen soll*). Erinnern Sie – falls es TN nicht selbst einfällt – an das Wort *Mehrwertsteuer* (→ Hinweis *Arbeitsweltwissen* im Auftakt zu Kapitel 7) und lassen Sie TN die Verbindung der beiden Wörter herstellen.
A5b	TN machen den Abgleich in PA, dann gemeinsame Korrektur im PL.
Ü2	Diese Übung ist gut als HA möglich.
A5d	Führen Sie diese Aufgabe in PA oder KG durch. Anschließend werden im PL ergänzte Ausdrücke besprochen und ggf. korrigiert.
A6	Bietet sich als HA an. Die Ergebnisse können in der nächsten Unterrichtsstunde in PA ausgetauscht und gelesen werden, damit verschiedene Lösungsmöglichkeiten überdacht werden.
A7a Ⓟ	Dieser Aufgabentyp und ein dazu passender „Tipp" findet sich auch in der → Prüfungsvorbereitung auf S. 132/133. Sprechen Sie mit TN darüber, was an dieser Aufgabenstellung ggf. eine Herausforderung darstellt.
A7b Ⓟ	Weitere Hinweise zur schriftlichen Reaktion auf Beschwerden, strategische Schritte zur Aufgabenbearbeitung und eine Übung zu angemessenem sprachlichem Ausdruck finden sich in der → Prüfungsvorbereitung auf S. 134.
A7c	Nach dem Lesen der Mails und dem Feedback zu Inhalt und Stil in PA schreiben TN in EA ihre Mails neu und setzen dabei die Korrekturen/Anmerkungen aus dem Feedback des Partners/der Partnerin um.
Ü3 Ⓔ *Registertraining*	Vor oder nach der Bearbeitung von Ü3 können TN innerhalb eines kleinen Projekts eine Firmenseite mit Kundenkommentaren recherchieren. (Falls Hilfestellung notwendig, verweisen Sie auf große Internethändler, da dort in der Regel viele Bewertungen und Kommentare zu finden sind.) TN sollen in KG die dort verfassten Kommentare und Reaktionen lesen und inhaltlich sowie sprachlich diskutieren. Sie können hierfür folgende Leitfragen vorgeben: Kommentare/Fragen: *Ist die Sprache des Kommentars angemessen? Warum (nicht)?* *Welche Wörter/Formulierungen würden Sie nicht nutzen? Warum nicht?* Antworten/Reaktionen: *Ist die Antwort höflich formuliert?* *Wurde eine Lösung für das Problem angeboten? Wenn nein, warum nicht?* *Können Sie Standardformulierungen identifizieren? Notieren Sie ein oder zwei Beispiele und stellen Sie diese im Kurs vor.*

Aussprache

1c Ⓔ	TN können eigene Sätze mit Zäsur (Komma) formulieren und diese im PL laut vorlesen. Die anderen TN schreiben den Satz (evtl. schreibt ein/e TN den Satz an die Tafel). Besprechung/Korrektur im PL. TN können zudem zu „Satzzeichen retten Leben" im Internet recherchieren. Dort lassen sich viele amüsante Beispiele zum Thema finden. Sie können das auch als HA aufgeben und TN präsentieren am nächsten Kurstag ihr persönliches Highlight.

Was kann ich für Sie tun?

Kommunikation im Beruf

A1b TN arbeiten in PA. TN A hört zunächst auf die Verkäuferin, TN B auf den Kunden. Anschließend wird das Gespräch erneut gehört und getauscht. Die TN korrigieren gemeinsam ihre Ergebnisse.

A1c Lassen Sie TN das Gespräch eventuell mehrfach hören, damit sie die Sprechenden identifizieren können.

A2 Das Rollenspiel 1 kann alternativ oder in Anschluss an die Aufgabe auch modifiziert als Gruppenaufgabe durchgeführt werden:
TN bilden KG. Ein/e TN ist freiwillig Kellner/in. Die anderen TN der Gruppe sind Restaurantgäste. Stellen Sie die Situation im Raum möglichst authentisch her (Gäste sitzen um Tische). Der/Die Kellner/in geht von Tisch zu Tisch und berät die Gäste. Die anderen Gäste hören zu.
Geben Sie anschließend Gelegenheit zum Feedback:
1. Frage an den/die Kellner/in: „Wie einfach oder schwierig war die Beratung der Gäste? Warum?"
2. Frage an die Gäste: „Wie haben Sie sich als Gast gefühlt? Wurden Sie gut/schlecht/ zufriedenstellend beraten?"

Sie können mit den TN auch den Ausdruck *sich gut/schlecht beraten fühlen* üben: *Haben Sie sich gut beraten gefühlt? – Ja/Nein, ich habe mich gut/schlecht beraten gefühlt.*

Grammatik-Rückschau

„Berufe um uns herum":
Fordern Sie TN auf, ihr näheres und weiteres Umfeld in Bezug auf berufliche Tätigkeiten unter die Lupe zu nehmen. Fragen Sie: „Welche Berufe haben Ihre Nachbarn, Freunde und Freundinnen, Familienmitglieder?" Bitten Sie TN, auf einem Blatt Papier einige ausgewählte Personen und deren Berufe aufzulisten. Anschließend formulieren TN zu mehreren Personen Sätze, wobei die Bedingung ist, dass die Sätze die Konnektoren *dadurch, dass* oder *indem* enthalten. Geben Sie zunächst Beispiele vor:
Dadurch, dass Sandra in einer Klinik arbeitet, hat sie nicht immer die gleichen Arbeitszeiten.
Indem Alison Immobilien besichtigt, lernt sie viel über den Wohnungsmarkt.
Dadurch, dass Nadir als Verkäufer arbeitet, hat er oft Rückenschmerzen vom Stehen.
Usw.
Unterstützen Sie ggf. schwächere TN bei der Satzbildung.

8

Themen Im achten Kapitel geht es um verschiedene Aspekte von Sicherheit und Qualität – direkt am Arbeitsplatz sowie in der Work-Life-Balance. Es geht um Bestimmungen, Vorschriften und Rechte von Arbeitnehmenden.

Auftakt Orientierung und Sicherheit sind wichtig: Welche Hinweise und Warnungen gilt es zu beachten?
Modul 1 Die Themen Elterngeld und Elternzeit gehen alle an: TN recherchieren Informationen und präsentieren diese.
Modul 2 Es ist gut, zu wissen, wie ein Gerät heißt und funktioniert. Hier geht es zudem darum, wie man Funktionsweisen erklären kann.
Modul 3 Was bedeutet Qualitätsmanagement? Wie lässt sich Qualität sichern? TN informieren sich über das Thema, sprechen über entsprechende Maßnahmen und geben Meinungen dazu weiter.
Modul 4 In diesem Modul geht es um Arbeitszeiten, Dienstpläne, Ausfälle und Vertretungen. TN lernen die Aufgaben eines Betriebsrats und wichtige arbeitsrechtliche Themen kennen und sprechen darüber.
KiB Wichtiges kurz zusammengefasst: TN lernen, Informationen zu notieren, zu strukturieren und weiterzuleiten.

Lernziele

> **Auftakt** | Hinweisschilder und Warnzeichen verstehen
> **Modul 1** | Informationen zum Thema „Elterngeld" aus unterschiedlichen Quellen in einer Kurzpräsentation weitergeben
> **Modul 2** | Funktionsweisen von Geräten verstehen und erklären
> **Modul 3** | Meinungen zum Thema „Qualitätssicherung" kennenlernen und darüber berichten
> **Modul 4** | über einen Dienstplan sprechen und Schichten tauschen
> **Modul 4** | Informationen zum Arbeitsrecht verstehen
> **KiB** | Informationen zusammenfassen und strukturiert weitergeben
> **Aussprache** | *daran – daran* (im ÜB)
>
> **Grammatik**
> **Modul 1** | Nomen, Verben und Adjektive mit Präposition
> **Modul 3** | indirekte Rede mit Konjunktiv I

Auftakt

vor A1
E
Schlüsselkompetenzen

Lassen Sie TN kurz einen Blick auf die Auftaktseiten werfen und fragen Sie: „Was sind das für Bilder?", „Woher kennen Sie solche Bilder?" Wiederholen/Klären Sie die Wörter *das Symbol, das Zeichen, das (Warn-/Hinweis-)Schild, das Warnzeichen, das Gefahrenzeichen, das Piktogramm*. Nennen Sie ein Beispiel für ein Piktogramm, das sicher alle TN kennen, wie z. B. ein Mann für die Männertoilette. Mögliche Orte, wo man diese Zeichen finden kann, sind z. B. *der Arbeitsplatz, die Baustelle, öffentliche Einrichtungen, der öffentliche Nah- und Fernverkehr, Hausflur/Korridor, …* Lassen Sie anschließend TN durch das Kursgebäude gehen und nach Piktogrammen Ausschau halten. TN können diese sammeln, indem sie sie z. B. fotografieren. Sie können daraus auch einen Wettbewerb in KG machen: Welche Gruppe findet die meisten Piktogramme (ggf. auch als HA: Piktogramme auf den Weg zum Kurs)? Auswertung nach Rückkehr in den Kursraum.

Arbeitsweltwissen

> Ein *Piktogramm* ist eine (meist einfarbige) einfache kleine Zeichnung. Es handelt sich dabei um ein Symbol, das möglichst jeder schnell und unmissverständlich erkennen kann. Das Verständnis eines Piktogramms darf nicht von Sprachkompetenz abhängig sein. Für viele Arbeitsbereiche müssen genormte Piktogramme verwendet werden, damit diese überall gleich sind; spezielle Arbeitsschutzregeln informieren über den offiziell vorgeschriebenen Gebrauch (*Sicherheits- und Gesundheitsschutzkennzeichnung im Betrieb*).

A1
B

Sie können hier unterschiedlich vorgehen. TN können zu zweit (wie in A1 vorgeschlagen) Stichwörter sammeln. Sie können aber auch KG einteilen und dann die 12 Symbole auf z. B. 4 Gruppen aufteilen und über diese sprechen bzw. dazu Stichwörter sammeln lassen.

So geht's!

V	Zum Training digitaler Kompetenz können Sie auch z. B. ein Padlet mit den Symbolen vorbereiten. TN ergänzen dann online Stichwörter zu allen Symbolen.
Ü1a-b	Die Ergebnisse können TN gut in PA abgleichen und korrigieren.
A2b E	Fragen Sie TN nach eigenen Erfahrungen aus dem Berufsleben oder auch dem Alltag: „Welche Symbole kennen Sie?", „Worauf müssen/mussten Sie bei Ihrer beruflichen Tätigkeit achten?"
Ü2	Im Anschluss die Artikel zu den Komposita klären.
A3 V E	TN arbeiten PA oder KG. Erweitern Sie für TN ohne Berufserfahrung die Fragestellung: „Gibt es in Ihrem Haushalt Piktogramme (z. B. auf Elektrogeräten)? Wofür stehen diese?" TN erhalten die Aufgabe, ein bis drei Piktogramme, die typisch für ein bestimmtes Berufsbild sind, in HA zu recherchieren und in den Kurs mitzubringen. Die anderen TN erraten, um welches Berufsbild es sich handelt. Besprechen Sie hierfür im PL, wie man solche Piktogramme finden kann bzw. welche Suchwörter man dazu im Internet nutzen kann. Sammeln Sie gemeinsam Schlüsselwörter für die Recherche: *Piktogramm, Arbeitsschutz, Sicherheit, Warnzeichen, Hinweise, Warnschilder, Sicherheitsschilder* ...
Ü4a E	Sie können TN mündlich die Pluralformen zu den Nomen bilden lassen oder diese auch schriftlich in der Mindmap oder ggf. im Vokabelheft ergänzen lassen. Weisen Sie in diesem Zusammenhang darauf hin, dass *der Mutterschutz* nur im Singular verwendet wird.
Ü4b	Sie können TN auch im Internet nach weiterem passendem Wortschatz suchen lassen.
E	TN können in KG die Mindmaps zu je einem Obergriff auf Plakate übertragen. Hängen Sie die Plakate im Kursraum auf. Weisen Sie TN darauf hin, dass die Plakate während der Bearbeitung des gesamten Kapitels 8 ergänzt werden sollen und achten Sie darauf, dass dies über die nächsten Tage geschieht (z. B. bei den Recherchen, die TN zu M1 durchführen).
Ü5 E	TN schreiben als HA eine Antwortmail an Ünal.
→ KV 8–1	Teilen Sie die KV aus. TN erklären sich in PA bekannte Piktogramme und versuchen unbekannte im PL zu klären. Falls etwas allen TN unbekannt ist, lassen Sie TN zunächst raten und anschließend die Bedeutung im Internet suchen, danach Auflösung im PL *(1 Warnung vor Biogefährdung, 2 Ceran-/ Glaskeramikkochfeld 3 Wirbelsturm 4 Allgemeines Gebotszeichen, 5 Sportsymbol Parcours 6 Warnung vor radioaktiven Stoffen oder ionisierenden Strahlen, 7 Rückhaltesystem benutzen, 8 Antihaftbeschichtung 9 Vor Wartung oder Reparatur freischalten, 10 Warnung vor ätzenden Stoffen, 11 Material für Lebensmittelkontakt geeignet 12 Gesichtsschutz benutzen, 13 Gaskochfeld 14 Rettungszeichen Augenspüleinrichtung 15 Sportsymbol Inlineskating 16 Fußgängerweg benutzen, 17 Handlauf benutzen, 18 Induktionskochfeld 19 Schneeregen 20 Symbol Klettersport).*

Modul 1 Zeit für die Familie

vor A1 E	Zeigen Sie den Erklärfilm zum Thema „Elterngeld" des Bundesministeriums für Familie, Senioren, Frauen und Jugend unter https://familienportal.de/familienportal/familienleistungen/elterngeld/faq/was-ist-elterngeld-124628 Auf dieser Seite findet sich die im KB abgedruckte Grafik. Zum Film existieren auch der entsprechende Volltext zum Mit-/Nachlesen sowie Beispiele für familiäre Situationen. Da verschiedene Aspekte im Verlauf des Moduls noch vertieft werden, kann der Film als Einstieg genutzt, muss aber an dieser Stelle deshalb nicht zu detailliert besprochen werden.
A1a	Achten Sie darauf, die Begriffe *Elternzeit* und *Elterngeld* sauber voneinander zu trennen, da sich die im KB abgedruckte Grafik lediglich auf Informationen zum *Elterngeld* bezieht. Zum interkulturellen Vergleich siehe auch → Hinweis zu A1d. In Text B kommt der Begriff *Mutterschaftsgeld* vor. Klären Sie, worum es sich dabei (in Abgrenzung zu den anderen Begriffen) handelt. Fragen Sie dazu zunächst im Kurs, ob TN Erfahrung haben und den Begriff (evtl. gemeinsam ergänzend) erklären können. Ergänzen Sie ggf. die Informationen:

Arbeitswelt-wissen

> *Mutterschaftsgeld* wird für die Mutterschutzfristen und den Entbindungstag gezahlt, in der Regel 6 Wochen vor und 8 Wochen nach der Geburt. Mutterschaftsgeld muss bei der gesetzlichen Krankenkasse unter Angabe des voraussichtlichen Entbindungstermins beantragt werden – oder ggf. beim Bundesamt für Soziale Sicherung. Die Höhe richtet sich nach dem durchschnittlichen Nettolohn der letzten drei Monate vor Beginn der Mutterschutzfristen, allerdings gibt es eine Maximalhöhe (2022: 13 Euro/Tag). Wenn der Netto-Lohn höher war, zahlt der Arbeitgebende den Differenzbetrag (sog. Arbeitgeber-Zuschuss zum Mutterschaftsgeld).

A1b Trainieren Sie bei dieser Gelegenheit das Sprechen über Inhalte einer Grafik, indem Sie entsprechende Redemittel wiederholen (→ auch KiB-Seite zu Kapitel 2 aus dem Band B1/B2 sowie KV 2–3 (B1/B2)):

> Das Thema des Schaubilds ist …
> Die Grafik zeigt/sagt, dass …
> Im Schaubild geht es um …
> Die Zahlen/Informationen geben Auskunft über …
> Der Grafik ist zu entnehmen, dass …

Sie können auch im Anschluss als HA aufgeben, den Inhalt der Grafik zu verschriftlichen.

A1c Zum Thema „Elternzeit" können Sie für weitere Recherchen folgende Informationsquellen vorgeben:
https://familienportal.de/familienportal/familienleistungen/elternzeit
https://www.bmfsfj.de/bmfsfj/themen/familie/familienleistungen/elternzeit
https://www.make-it-in-germany.com/de/leben-in-deutschland/mit-familie/elternzeit-elterngeld
Weisen Sie TN auch auf die Regelungen zum Mutterschutz am Arbeitsplatz unter Ü3 hin.

Ü2

Schlüssel-kompetenzen Strategie

Lassen Sie TN Synonyme oder Erklärungen zu den Adjektiven finden, z. B.

> bundesweit = in ganz Deutschland
> formlos = ohne Vorgabe/Formular/Vordruck
> ausgefüllt = mit Informationen/Daten
> aufwendig = kompliziert, mühsam
> zuständig = verantwortlich, berechtigt

Ü3 Die in dieser Übung verwendeten langen Wörter (A–H) lassen sich gut für eine Ausspracheübung nutzen. Lesen Sie die Wörter vor und lassen Sie TN den jeweiligen Wortakzent heraushören (und ggf. in ihren Büchern markieren). TN lesen anschließend die Wörter gemeinsam laut und trainieren die korrekte Aussprache.

A1d

Interkulturelle Kompetenz

In einem weiteren Schritt können Sie TN zu Elternzeit im internationalen Vergleich recherchieren lassen, z. B. unter https://www.betreut.de/magazin/beruf/elternzeit-fuer-vaeter-internationaler-vergleich/
Gehen Sie anschließend ins Gespräch über eigene Erfahrungen und überraschende Informationen, die sich aus der Recherche ergeben haben.

Ü4a–b TN suchen sich 3–5 Nomen-Präpositionen-Verbindungen aus und formulieren mit diesen ganze Sätze. Auch als HA möglich.

A2b–c Regen Sie ggf. an, digitale Lernkarten zu erstellen/zu nutzen. Besprechen Sie die Vorteile von digitalen Lernkarten (*Lernen mithilfe von Visualisierungen: Einfügen von Grafiken/Bildern, leichteres/schnelleres Teilen von Inhalten, Verfügbarkeit auch unterwegs auf dem Smartphone, kein Papierverbrauch …*)

Ü6 TN schreiben (evtl. als HA) die Satzanfänge 1.–4. unter Verwendung der korrekten Präposition personalisiert und mit eigenen Fortsetzungen zu Ende:
Ich bin neugierig … / Ich bin zufrieden … / Ich bin interessiert … / Ich bin besorgt …

A2d Zur weiteren Vertiefung des Grammatikthemas können Sie das interaktive Tafelbild nutzen.

So geht´s!

A3
E

Sie können hierfür die Quellen aus dem Hinweis zu A1c nutzen.

Teilen Sie TN in zwei Gruppen ein. Beide Gruppen sammeln auf einem Plakat (oder an der Tafel) Konsequenzen, die sich ergeben, wenn jemand in Elternzeit geht. Regen Sie an, dass Konsequenzen sowohl für den beruflichen als auch den privaten Bereich bedacht werden. Anschließend gleichen beide Gruppen ihre Listen ab und führen sie zusammen, sodass alle genannten Konsequenzen in einer Liste stehen.

Teilen Sie dann vier Gruppen ein und jeder Gruppe eine Perspektive zu: *Eltern, Kind(er), Arbeitgeber/in, Kolleg/in*. Anschließend gehen alle im PL in die Diskussion: Welche Vor- und Nachteile ergeben sich aus der jeweiligen Perspektive?

Ü8b
E
Schlüsselkompetenzen

Sprechen Sie mit TN über diesen „Tipp" und wiederholen Sie in diesem Zusammenhang den Begriff *Mediation* (auch: *Sprachmittlung*) oder führen Sie ihn ein. Sprechen Sie mit TN darüber, dass innersprachliche Mediation eine Schlüsselkompetenz darstellt. Sammeln Sie Situationen, in denen diese Kompetenz im Berufsleben von Relevanz ist (*Aufträge weitergeben, Inhalte zusammenfassen, Informationen in ein anderes Sprachregister übertragen*).

Modul 2   Wozu verwendet man das?

A1a

Erinnern Sie TN an die Strategie, die Komposita in einzelne Wörter zu zerlegen. Ggf. können Sie an dieser Stelle auch mit der → KV 5-3 aus Kapitel 5 arbeiten und andere Geräte hinzunehmen.

A1b
E

TN schreiben mithilfe der im Kasten genannten Begriffe eine berufsfeldübergreifende Wörterliste zum Thema „Geräte" in ihr Heft:
die Taste, -n; der Knopf, die Knöpfe; eine Taste/einen Knopf drücken; der Gurt, -e; einen Gurt anlegen usw.
Auch Begriffe aus Ü2 können berücksichtigt und mit aufgenommen werden.
Anschließend recherchieren TN in KG im Internet zwei verschiedene Geräte und ergänzen die Liste, z. B.: *das Signal, -e; ein Signal senden* usw.

Ü1a
V

Sie können TN in KG einteilen und die Wörtersammlung (je Gruppe ein anderes Berufsfeld) in einer digitalen Mindmap anfertigen lassen, um sie anschließend leichter untereinander austauschen und ergänzen zu können.

E

Ermutigen Sie TN, digitale Lernkartensets anzufertigen. Hier könnte jede Gruppe ein Lernkartenset zu ihrem Berufsfeld anfertigen.
Thematisieren Sie bewusst Wortschatz, der berufsfeldübergreifend von Relevanz ist. Sie können dies auch im Anschluss an die Wörtersammlung zu Berufsfeldern gemeinsam erarbeiten: „Welche Wörter aus dem Berufsfeld Handwerk sind für alle TN wichtig?", „Welche Wörter sollten in einer Lernkartensammlung für alle TN vorkommen?"

Ü1b
E

Bringen Sie weitere Bilder aus anderen Berufskontexten mit in den Unterricht (z. B. www.pixabay.com, www.pexels.com) und lassen Sie diese möglichst genau beschreiben und Wortschatz dazu sammeln.

Ü2
E

Lassen Sie TN ganze Sätze zu den zusammensortierten Nomen und Verben formulieren.

A3a

Regen Sie TN, die die komplizierteren Geräte kennen, dazu an, diese zu wählen. Mit „Kartenlesegerät" und „Espressomaschine" sind auf jeden Fall aber auch zwei Geräte enthalten, die jeder/m TN bekannt sein dürften.

A3b
E

TN arbeiten in PA. TN A erklärt anhand seines/ihres eigenen Smartphones eine Funktion desselben individuell, z. B. wie man den Timer stellt, die Navigation einstellt, eine Nachricht in einem bestimmten Messenger schreibt oder eine bestimmte App bedient. TN B fragt nach.

A4a
V

TN recherchieren in EA Wörter und sammeln diese. Präsentation des eigenen Geräts in KG.
TN, die aus derselben Branche stammen, arbeiten in KG zusammen.

A4b–d Um die Digitalkompetenz der TN zu schulen, lassen Sie sie die zu ihrem Gerät gesammelten Informationen in einem Padlet oder anderen digitalen Plattform zusätzlich mit einem Foto des jeweiligen Geräts präsentieren/ablegen.

Schlüsselkompetenz

Sie können TN auch in KG zu einem bestimmten Gerät ein Erklärvideo z. B. mit https://videomaker.simpleshow.com/de/ anfertigen lassen. Diese Aufgabe kann über einige Tage bearbeitet und dann im PL präsentiert werden.

B

Oder Sie gehen binnendifferenziert vor: TN, die relativ medienkompetent sind, erstellen in KG ein Video, andere TN präsentieren anhand einer digitalen Pinnwand o. Ä. ihre Ergebnisse.

E

Jede/r TN recherchiert (evtl. als HA) ein Arbeitsgerät, das die anderen TN (wahrscheinlich) nicht kennen. In KG nennen TN nacheinander ihre Gerätebezeichnungen (z. B. *Cremekocher* oder *Ecksimshobel*) und die anderen TN der KG versuchen zu erraten, wofür das Gerät ist, in welchem Beruf es benutzt wird usw. Regen Sie – falls TN nicht selbst darauf kommen – das Einzeichnen von Trennlinien zwischen den Wortteilen bei Komposita an (z. B. *Luft | probe | nahme | pumpe*).
Fragen Sie TN: „Welches Gerät haben Sie schon immer vermisst?", „Welches Gerät würde Ihnen das Leben erleichtern?", „Warum?", „Welches Gerät würde Ihnen Ihre berufliche Tätigkeit erleichtern?", „Wie?"
Geben Sie TN einige Minuten Zeit zu überlegen. Anschließend stellen TN ihre Ideen vor und fantasieren gemeinsam weiter, welche Geräte für die Zukunft noch erfunden werden sollten.

Modul 3 Qualität ist uns wichtig

vor A1

Schreiben Sie die Abkürzung *QM* an die Tafel und lassen Sie TN raten, wofür diese stehen könnte. Nennen Sie ggf. die Antwort selbst: *das Qualitätsmanagement*
Fragen Sie TN, was diese über das Berufsfeld „Qualitätsmanagement" wissen.

Arbeitsweltwissen

> Das sogenannte *Qualitätsmanagement (QM)* soll der Verbesserung von Produkten und Prozessen dienen und so die Sicherung und Weiterentwicklung von Qualität innerhalb eines Unternehmens sicherstellen. Anhand vorgegebener Anforderungen umfasst das QM die Planung, Steuerung und Optimierung von Prozessen. Ziel ist es, eine höhere Kundenzufriedenheit zu erreichen. Wichtig ist, dass es beim QM vor allem um objektiv messbare Qualität (wie z. B. die Haltbarkeit oder Sicherheit eines Produktes) geht, die sich standardisieren lässt (im Gegensatz zu subjektiver Qualität, die individuell unterschiedlich eingeschätzt wird, siehe z. B. Kundenbewertungen auf Onlineportalen usw.). Qualitätsmanager/innen üben z. B. folgende Tätigkeiten aus: Erstellung von Analysen und Berichten, Überwachung von Prozessen, Kunden- und Unternehmenskommunikation, Durchführung von internen oder externen Audits sowie von Mitarbeitendenschulungen, Fehleranalyse, Planung und Weiterentwicklung von QM-Systemen, Erstellung von Textkonzepten, QM-Dokumentation. Die Ausbildung im QM erfolgt in der Regel über eine Weiterbildung. Als Kompetenzen werden z. B. vorausgesetzt: Erfahrung im Projekt- oder Prozessmanagement, analytische Fähigkeiten, Methodenwissen und Praxiserfahrung, fundierte Fachkenntnisse im jeweiligen Berufsfeld.

A2a–b
→ **KV 8-2**

Arbeiten Sie mit der KV: Schneiden Sie die Zitate aus. Je zwei TN erhalten dasselbe Zitat. Bitten Sie TN, das Zitat zu lesen, sich mit dem/der Partner/in über den Inhalt auszutauschen und anschließend innerhalb von 5 Minuten in EA eine kleine Anekdote vorzubereiten, die er/sie den anderen TN erzählen möchte. Teilen Sie TN anschließend in KG ein. Nacheinander liest jede/r TN sein/ihr Zitat in der KG vor und erzählt, was ihm/ihr dazu eingefallen ist.
Sprechen Sie im Anschluss im PL darüber, wie unterschiedlich der Umgang mit Fehlern erfahren werden kann. Sprechen Sie über unterschiedliche Formen der *Fehlerkultur*. Thematisieren Sie Erfahrungen mit Fehlerkultur im Arbeitsleben. Besprechen Sie anschließend auch, wie im Unterricht mit unterschiedlichen Fehlern umgegangen wird und ob an der kursinternen Fehlerkultur etwas verbessert werden kann.

So geht's!

A2a–b
E

TN sammeln im PL an der Tafel alle Wörter aus dem Text, die in Zusammenhang mit Qualitätsmanagement stehen, in Kategorien nach Wortarten:

Nomen	Verben	Adjektive
die Qualitätssicherung, die Qualität, die Anforderung, die Verordnung, das Konzept, …	einführen, anpassen, modernisieren, beschließen, verpflichten, sichern, …	schnell, gründlich, systematisch, …

Sichern Sie anschließend im PL das Verständnis der Wörter, z. B. indem Sie Synonyme oder Erklärungen zu einzelnen Wörtern suchen.
Anschließend erstellen TN in KG Sätze mit passenden Nomen und Verben zum Thema „Qualitätsmanagement". Verweisen Sie hierfür auf A1 und geben Sie eine Zeit vor (z. B. 15 Minuten). Regen Sie an, neben der Verwendung der Nomen-Verb-Kombinationen aus A1 auch Wortmaterial aus A2a zu verwenden und damit Sätze zu formulieren. Die KG präsentieren ihre Sätze danach im PL und diese werden ggf. gemeinsam korrigiert.

Ü2b
E
Register-training

Üben Sie die Arbeitsanweisungen auch in der Du-Form, für die Kommunikation z. B. unter Kolleg/innen.
Sie können diese Übung auch spielerisch und „auf Tempo" üben lassen: TN werfen sich hierfür im PL einen Ball zu. Der- bzw. diejenige, der/die den Ball zugeworfen bekommt, muss schnell eine Arbeitsanweisung formulieren. 1. Runde in der Sie-Form, 2. Runde in der Du-Form. Achten Sie darauf, dass jede/r TN ein- bis zweimal an die Reihe kommt.

vor A3a

Sie können hier eine Brainstorming-Aufgabe vorschalten, indem Sie TN auffordern, an der Tafel Wörter zu sammeln, die das Wort „sagen" ersetzen können.

Ü4

Helfen Sie beim Einstieg in die Übung, indem Sie ggf. ein Beispiel vorgeben.

Ü6

TN arbeiten in PA und verschriftlichen die Sätze. Sammeln Sie ggf. vorab im PL passende Einleitungen für die Sätze, wie z. B. *In der Zeitung steht, … / Es hieß, … / Zum Thema …*
Als HA notieren TN eine reale Schlagzeile des Tages in indirekter Rede. Am nächsten Tag lesen TN ihren Satz im PL vor.

A5
→ KV 8-2

Nutzen Sie (erneut) die Zitate der KV. TN geben in indirekter Rede wieder, wer was gesagt hat. Geben Sie ein Beispiel vor: *Bob Ross hat gesagt, es gebe keine Fehler, nur unglückliche Zufälle.*

nach A5
E

„Arbeit ist das halbe Leben …" – und die andere Hälfte? Nicht nur bei der Arbeit sollte auf Qualität geachtet werden! Sprechen Sie mit TN über Lebensqualität und was für sie dazugehört. Thematisieren Sie auch, in welchen Berufsfeldern Lebensqualität und Qualitätssicherung eng miteinander zusammenhängen, z. B. *in der Medizin, in der Pflege, in erzieherischen Berufen, in therapeutischen Berufen, im Coaching, im Wellness-Bereich, im Ratgeber-Verlag, im Reiseunternehmen, in der Gastronomie, …*

Modul 4 Wer kann einspringen?

vor A1a

Fragen Sie zunächst: „Was bedeutet das Wort *Schicht*? Kennen Sie die Verben *schichten* oder *aufschichten*? Aus welchen Zusammenhängen?" (z. B.: *Teigschichten beim Backen, mehrere Schichten beim Lackieren, eine Schicht Staub, Gesellschaftsschicht, …*). Sie können das Verb *schichten* auch pantomimisch darstellen: „Wenn ich eine Torte mache, dann *schichte* ich Biskuit und Sahne und Obst und …")
Schreiben Sie dann das Wort *Schichtdienst* an die Tafel und klären Sie gemeinsam, warum beim Arbeiten von verschiedenen Schichten die Rede ist.
Gehen Sie dann über zu A1a und sammeln Sie Vor- und Nachteile von Schichtarbeit. Fragen Sie konkret nach, welche TN bereits irgendwann im Schichtdienst tätig waren und wie die Erfahrungen sind. Fragen Sie auch, wer sich vorstellen kann im Schichtdienst zu arbeiten und wer nicht bzw. warum (nicht).

A2a Wiederholen Sie ggf. passenden Wortschatz wie *sich krankmelden, die Krankmeldung, einreichen, einspringen, vertreten, die Vertretung, übernehmen, die Übernahme, tauschen, der Tausch, einsetzen, der Einsatz, ausfallen, der Ausfall, der Urlaub,* usw.

Ü1
Registertraining

Sprechen Sie mit TN darüber, warum bestimmte Reaktionen sich nicht eignen, sei es inhaltlich, sei es wegen des Tons. TN sollten versuchen, so genau wie möglich zu benennen, was an der jeweiligen Aussage (un-)angemessen ist.
TN schreiben anschließend die höflichen Redemittel aus Ü1 (ggf. leicht modifiziert/erweitert) in ihre Hefte und ergänzen um weitere Redemittel:

> *Das tut mir leid, aber das geht wirklich nicht, weil …*
> *Nein, tut mir leid, da habe ich einen sehr wichtigen Termin, den ich nicht verschieben kann.*
> *Es tut mir leid, da habe ich …*
> *Leider geht das nicht, weil …*
> *Geht stattdessen ein anderer Tag / eine andere Schicht?*
> *Wäre es vielleicht möglich, …?*
> *Könnten wir eine andere Möglichkeit/Lösung finden?*
> *Würde auch ein anderer Tag gehen?*

usw.
Sammeln Sie Gründe für berechtigte/angemessene Absagen (*keine Kinderbetreuung, schwer verschiebbarer Termin, nicht vor Ort sein, …*)
Die Redemittel dienen auch der Vorbereitung und Durchführung von A2d.

A2e
Interkulturelle Kompetenz

Thematisieren Sie hier auch den Aspekt „Nähe und Distanz im Berufsleben": Da es sich um eine Mail an eine Kollegin handelt, ist Empathie in jedem Fall angebracht, allerdings könnte zunächst Zurückhaltung geboten sein. Sprechen Sie mit TN darüber, wie man sprachlich Anteilnahme ausdrückt, ohne zu aufdringlich oder neugierig zu wirken. Gut wäre hier, Mitgefühl auszudrücken, vielleicht auch Hilfe und Unterstützung anzubieten, aber auch zu zeigen, dass man keine unmittelbare Antwort erwartet. Die Person, die einen Unfall erlitten hat, ist unter Umständen zunächst mit der eigenen Situation stark gefordert und benötigt Ruhe/Zeit.

vor Ü2a Fragen Sie: „Welche Unfälle können am Arbeitsplatz passieren?", und sammeln Sie mögliche Beispiele (*Verletzung an einer Maschine / einem Gerät, Verletzung durch Sturz, Atemnot, Verschlucken, Insektenstich, plötzlicher Schwindel/starker Schmerz, Unfall auf dem Weg zum Kunden* usw.).
Der Austausch dient zugleich der Vorbereitung auf A3.

Ü2c TN recherchieren in KG weiter zum Thema „Arbeitsunfälle", z. B. auf der Seite: https://www.bmas.de/DE/Soziales/Gesetzliche-Unfallversicherung/Was-sind-Arbeitsunfaelle/was-sind-arbeitsunfaelle.html
Übertragen Sie die Situation anschließend auf die Kurssituation. TN recherchieren weiter: Was wäre im Falle eines Unfalls zu tun? Wo findet sich was (Feuerlöscher, Verbandskasten, Telefonnummern, Ansprechpartner/innen usw.)? Besprechen Sie im PL, ob diese Informationen bekannt / (im Kursraum) sichtbar ausgehängt sind.

Interkulturelle Kompetenz
Alternative: Auch ein Vergleich von Arbeitsschutz/Unfallschutz in Deutschland mit entsprechenden Situationen in anderen Ländern lässt sich in KG recherchieren und präsentieren.

Arbeitsweltwissen
Wiederholen Sie beim Thema „Arbeitsunfälle" ggf. auch das Thema *„gesetzliche Unfallversicherung* in Deutschland": Diese Versicherung schließen Arbeitgebende für ihre Arbeitnehmenden ab. Die Finanzierung der gesetzlichen Unfallversicherung erfolgt über Beitragszahlungen, die allein von den Arbeitgebenden geleistet werden, sodass der Versicherungsschutz für die Versicherten beitragsfrei ist. Ausschlaggebend für die Beitragshöhe sind die Entgelte der Versicherten eines Unternehmens sowie der Grad der Unfallgefahr. Als Zweig der Sozialversicherung nimmt sich die gesetzliche Unfallversicherung Gesundheits-

So geht's!

> schäden an, die Versicherte infolge einer versicherten Tätigkeit erleiden. Hierzu gehören die folgenden Aufgaben: Verhütung von Arbeitsunfällen und Berufskrankheiten, Wiederherstellung der Gesundheit und Leistungsfähigkeit der Versicherten nach einem Versicherungsfall sowie ggf. die geldliche Entschädigung von Versicherungen und Hinterbliebenen.
> Versichert sind Arbeitnehmende und Auszubildende sowie außerdem noch einige weitere Personengruppen, so z. B. Schüler/innen und Studierende sowie Kinder in Kindertageseinrichtungen bzw. Kinder, die durch Tagespflegepersonen betreut werden.
> Fälle, in denen die Versicherung die Haftung übernimmt sind i. d. R. Arbeitsunfälle und Berufskrankheiten, wobei zu den Arbeitsunfällen auch Wegeunfälle gehören. Wenn Sie dies mit TN besprechen, weisen Sie darauf hin, dass dies ebenso für den Kurs sowie den Weg zum und vom Kurs gilt.
> Informieren Sie TN darüber, dass viele Menschen in Deutschland (auch) eine private Unfallversicherung abschließen, z. B. Selbstständige, Hausfrauen/Hausmänner, Personen ohne Beruf, Erwerbstätige mit Vorerkrankungen.

Ü3
V
Registertraining

Sie können die Aufgabe konkretisieren, indem Sie die Hälfte der Gruppe informell an einen Freund/ eine Freundin schreiben und von einem Unfall berichten lassen. Die andere Hälfte der Gruppe schreibt an den/die Vorgesetzte, der/die um Berichterstattung gebeten hat. Im PL können Sie dann darüber in den Austausch gehen, was inhaltlich und sprachlich ähnlich und was ganz anders berichtet wird.

E

Fragen Sie TN, welche anderen Gründe (außer einem Arbeitsunfall) es dafür geben könnte, dass jemand als Vertretung am Arbeitsplatz einspringen muss: *Urlaub, Krankheit (eigene oder die der Kinder), Mutterschutz, Elternzeit, hohe Auslastung (Projekte, Aufträge), wichtige Termine* usw. Wiederholen Sie bzw. führen Sie ggf. ein: *die Verspätung, die Verhinderung, liegen bleiben (von Arbeit), anstauen/anhäufen (von Arbeit), bewältigen, abarbeiten, Mehrbelastung, übernehmen, einspringen (für), kurzfristig, ...*

A4a

Besprechen Sie mit TN, warum es wichtig ist, nicht nur zu kommunizieren, wie lange man (voraussichtlich) nicht arbeiten kann, sondern auch – wenn möglich – konstruktive Vorschläge für die eigene Abwesenheit bzw. für Möglichkeiten, Entfallendes nachzuholen, zu unterbreiten (*Planung, weniger Arbeit zum Nachholen, Engagement für das Unternehmen zeigen, für Kolleg/innen mitdenken, Arbeitsabläufe effizienter machen, das eigene Fehlen kompensieren* usw.).

A4b
Strategie

Gehen Sie zunächst die vier Punkte im PL durch. Was ist gemeint?
- alle wichtigen Punkte berücksichtigt: *inhaltliche Vollständigkeit*
- Sprache angemessen, Anrede und Gruß korrekt: *du/Sie, Standardsprache, nicht zu (in-)formell*
- Text gut strukturiert, Sätze verbunden: *logischer/nachvollziehbarer Aufbau, Absätze, Konnektoren*
- Rechtschreibung und Grammatik geprüft: *Groß-/Kleinschreibung, Kommasetzung, Satzklammer, Verbstellung, korrekte Wiedergabe von Namen, Nummern und Uhrzeiten, bei Unsicherheit nachschlagen, jemanden um Korrektur bitten*

Weisen Sie anschließend TN darauf hin, dass der/die eine Checkliste wie diese und das „Abarbeiten" der Liste beim Schreiben eines Textes eine hilfreiche Strategie sein kann, um Routine beim Schreiben zu erlangen.
TN können auch ein Plakat mit einer solchen Checkliste für den Kursraum anfertigen. Achten Sie dann in der nächsten Zeit konsequent beim Verfassen von Texten darauf, die Checkliste auch tatsächlich wiederholt zu nutzen. Das Ziel ist, dass TN die Punkte der Liste verinnerlichen, sodass sie nach einer Weile beim Schreiben strategisch vorgehen und alle Punkte „automatisch" bedenken. Evtl. können Sie auch im Kurs gemeinsam einen Code / eine Eselsbrücke finden, der/die dann beim Schreiben von Texten kurz wiederholt wird (z. B. ein Fantasiewort wie *InAnKonKor* für <u>In</u>halt – <u>An</u>rede/Abschluss – <u>Kon</u>nektoren – <u>Kor</u>rektheit).

vor A5a *Arbeitswelt- wissen*	Im Sinne betrieblicher Mitbestimmung können die Beschäftigten eines privaten Betriebs oder Unternehmens eine Vertretung wählen, den *Betriebsrat*. Passend zu einem anderen Thema dieses Moduls gehört zu den Aufgaben des Betriebsrats z. B. die Überwachung von Vorschriften zur Unfallverhütung. Weiterhin nimmt der Betriebsrat Beschwerden von Mitarbeitenden entgegen und leitet sie an die verantwortliche Stelle weiter. Der Betriebsrat wird zudem angehört, wenn Mitarbeiter/innen eingestellt oder entlassen werden. Seine Mitbestimmung betrifft auch Arbeits-, Pausen- und Urlaubszeiten im Unternehmen. Die Rechte und Pflichten eines Betriebsrats sind im *Betriebsverfassungsgesetz* geregelt. In einem staatlichen Betrieb bzw. der öffentlichen Verwaltung heißt die Vertretung der Mitarbeitenden *Personalrat*. Voraussetzung für die Gründung ist, dass ein Betrieb bzw. eine Dienststelle mehr als fünf Beschäftigte hat. Gewerkschaften können die Gründung eines Betriebsrats aktiv unterstützen. Betriebs-/Personalräte sind auch oft Mitglieder einer Gewerkschaft, sie sind hierzu aber nicht verpflichtet. Mitarbeitende einer Firma, die im Betriebsrat tätig sind, genießen einen besonderen Kündigungsschutz.
A5a	TN können zum Thema „Betriebsrat" recherchieren und Informationen sammeln, z. B. unter: https://www.verdi.de/themen/arbeit/der-betriebsrat https://www.betriebsrat.de/betriebsrat-gruenden/betriebsrat-was-ist-das/aufgaben-rechte-pflichten-eines-betriebsrats.html https://www.hanisauland.de/node/1729 https://www.bpb.de/kurz-knapp/lexika/lexikon-der-wirtschaft/18880/betriebsrat/
A5c–d B E *Interkulturelle Kompetenz*	Sie können in A5c binnendifferenziert vorgehen und beim Lesen schwächere TN den kürzeren Text lesen lassen. Dann ggf. in A5d auch nur die Items zum jeweiligen Text lösen lassen (A: 1–2, B: 3–4). Anschließend recherchieren TN den aktuellen Mindestlohn in Deutschland und in anderen Ländern und vergleichen die gesammelten Informationen. Diese Aufgabe kann auch als HA aufgegeben werden. Vergleichen Sie am nächsten Tag im PL die Informationen. Je nach digitaler Kompetenz kann auch eine Grafik mit den gesammelten Zahlen (z. B. ein Säulendiagramm) erstellt werden. Ein solches Diagramm finden sich z. B. auf https://de.statista.com/infografik/8320/mindestloehne-weltweit/
Ü4	Nach dem Abgleich in PA können Sie im PL noch über Unklarheiten sprechen. Gehen Sie die einzelnen Punkte durch und sprechen Sie darüber, wer Ansprechpartner/in ist bzw. welche Stelle Unterstützung bieten kann, wenn der Betriebsrat nicht zuständig ist.
A6	Bei dieser Aufgabe können TN naturgemäß inhaltlich nicht allzu sehr in die Tiefe gehen. TN sollten mittels der Informationen aus 5b und 5c Fragen stellen und beantworten. Der Betriebsrat kann mit den angebotenen Redemitteln auf den Arbeitsvertrag oder auf eine weitere Klärung zu späterer Zeit verweisen. Erinnern Sie TN in diesem Zusammenhang an → ÜB K2 M4, wo Ausschnitte aus einem Arbeitsvertrag gezeigt werden. Sie können TN auch auf Recherchemöglichkeiten mit dem Begriff *Arbeitsgesetze* bei Berufsgenossenschaften, Verbänden, Gewerkschaften hinweisen.
→ KV 8–3 (Portfolio)	Die Ergebnisse aus A6 werden anhand der Portfolio-KV auf den persönlichen Arbeitsbereich der TN übertragen. Die KV kann im Unterricht oder auch in HA bearbeitet und anschließend von Ihnen als LK korrigiert werden.

Aussprache

Ü3–4	Achten Sie als LK darauf, dass TN trotz Betonung natürlich sprechen, und üben Sie nur so lange, wie dies der Fall ist. Weisen Sie ggf. darauf hin, dass Überbetonung unnatürlich klingt und mit Unverständnis bzw. missverständlich aufgenommen werden kann.
Ü4	Sie können im Anschluss TN-Paare ihre Mini-Dialoge austauschen lassen. So lesen TN auch Dialoge, die sie nicht selbst erfunden haben, und müssen dabei zunächst herausfinden, welche Betonung im jeweiligen Dialog richtig bzw. passend ist.

So geht's!

Kommunikation im Beruf

A1c
Fragen Sie TN, wie sie sich normalerweise Notizen machen, wenn sie z. B. die Mailbox abhören oder ein Telefonat führen. Thematisieren Sie auch die Schwierigkeiten, die sich ergeben (können), wenn man die Umgangssprache noch nicht sehr gut beherrscht. Sprechen Sie dann über verschiedene Möglichkeiten, Informationen in Kurzform zu notieren und anschließend weiterzugeben (einfacher Notizzettel, Vordruck Telefonnotiz, E-Mail, Nachricht über digitale Plattform usw.).

A2a–c
A2a–b kann gut als HA bearbeitet werden, sodass die Nachrichten in Ruhe aufgenommen werden können. A2c dann im Unterricht vergleichen und besprechen.

Sie können TN auch auffordern, eine eigene Situation zu entwerfen, zu der sie per Sprachnachricht Informationen an eine/n Parter/in übermitteln.

Grammatik-Rückschau

Berühmte Menschen: TN wählen eine prominente Persönlichkeit und recherchieren Informationen zu deren beruflichem Werdegang. Anschließend wird in indirekter Rede wiedergegeben, was einer oder mehreren Quellen an Informationen entnommen werden konnte. (Ggf. Anzahl der Sätze vorgeben, z. B. zehn Sätze als HA schreiben.) Beispiel:
Wikipedia schreibt, Madonna sei mit Hits wie … zum Megastar aufgestiegen.
Sie habe zwischen 300 und 350 Millionen Tonträger verkauft. …

9

Themen	Im neunten Kapitel geht es um Wünsche, Bedürfnisse und Gefühle – um die eigenen und um die von Mitmenschen, im Alltag und im Beruf.
Auftakt	Zum Einstieg werden verschiedene Situationen, an denen mehrere Menschen beteiligt sind, betrachtet und eingeschätzt.
Modul 1	Was ist betriebliche Gesundheitsförderung? Und welche verschiedenen Formen kann sie haben?
Modul 2	Hier machen sich TN Gedanken darüber, welche Aspekte besonders wichtig für ein gesundes Arbeitsumfeld sind, und halten einen Vortrag dazu.
Modul 3	In diesem Modul geht es um die emotionale Wirkung von Sprache. Wie drücken wir aus, was uns bewegt?
Modul 4	TN lernen, welche Inhalte Mitarbeitergespräche haben können und wie man sich darauf vorbereiten kann. Zudem geht es um das Thema „Kündigung".
KiB	Kritikfähigkeit und Kommunikation sind kaum zu trennen. Worauf ist sprachlich zu achten und wie gelingt konstruktive Kritik? TN reflektieren außerdem die eigene Kritikfähigkeit.

Lernziele

> **Auftakt** | Emotionen in beruflichen Situationen einschätzen
> **Modul 1** | eine Mail an den Betriebsrat zur betrieblichen Gesundheitsförderung schreiben
> **Modul 2** | einen Kurzvortrag über ein gesundes Arbeitsumfeld halten
> **Modul 3** | emotionale Sprache erkennen und angemessen darauf reagieren
> **Modul 4** | ein Mitarbeitergespräch vorbereiten und führen
> **Modul 4** | die aktuelle Arbeitsstelle schriftlich kündigen
> **KiB** | konstruktiv mit Kritik umgehen
> **Aussprache** | mit und ohne Ironie sprechen (im ÜB)
>
> **Grammatik**
> **Modul 1** | Nominalisierung von Verben
> **Modul 3** | Modalpartikeln

Hinweise B2, Kapitel 8

Auftakt

A1a Nachdem TN Wörter zu den Fotos notiert haben, können sie diese in KG (drei oder vier TN) zur Wortschatzwiederholung austauschen.

A1b Wortschatzübung: TN hören Gespräch 1 noch einmal und notieren alle gehörten Wörter mit dem Wort *Kunden-…* (*Kundendatenbank, Kundendaten, Kunden, Kundinnen, Kundenliste, Kundenstamm*). Anschließend können Sie das Transkript ausgeben und TN kontrollieren, ob sie alle Wörter gehört bzw. notiert haben.
Zur Übung können TN zudem diejenigen Verben im Gesprächstext markieren, die mit der Arbeit mit Daten zu tun haben (*pflegen, kontrollieren, wissen, draufklicken, ordnen, speichern, synchronisieren, zugreifen, rausnehmen*). Abgleich an der Tafel im PL. TN können anschließend (z. B. als HA) eigene Sätze mit den Verben bilden.

A1c Weisen Sie TN auf die Kapitelüberschrift hin („Wie fühlst du dich?") und gehen Sie im PL die Bilder (oder einen Teil der Bilder) durch. Sprechen Sie im PL darüber, wie sich die abgebildeten Personen in der jeweiligen Situation fühlen könnten. Gehen Sie dann über zu A1c: TN können zunächst in KG berichten und eigene Erfahrungen austauschen. Anschließend können einzelne TN ihre Erfahrungen zusätzlich im PL erzählen. Andere TN stellen Fragen zur Situation.

A1d Weisen Sie TN darauf hin, dass hier keine der gehörten Szenen imitiert werden, sondern ein neuer Dialog entworfen werden soll. Sie können auch explizit darauf hinweisen, dass eines der Bilder gewählt werden soll, zu denen noch kein Text gehört wurde.
Bei Spielen der Gespräche sollten TN frei sprechen und nicht ihren Text ablesen, selbst wenn die Dialoge gespielt dann etwas kürzer oder fehlerhafter ausfallen. Weisen Sie darauf hin, dass bei dieser Aufgabe das freie Sprechen und das passende Reagieren im Vordergrund steht.

Wie fühlst du dich?

Ü1a Weisen Sie TN darauf hin, dass sie versuchen sollten, die Übung so weit wie möglich ohne weitere Hilfsmittel zu lösen, auch wenn manche Wörter unbekannt sind. Ziel ist die selbstständige Erschließung von Wortschatz. TN gleichen anschließend ihre Wörtersammlungen zu den Bildern in KG ab. Fragen Sie im Anschluss, ob unbekannte Wörter nicht verwendet wurden und besprechen Sie diese im PL. Ordnen Sie ggf. diese Wörter dann auch noch den Zeichnungen in Ü1 zu.
TN können die abgebildeten Eigenschaften auch noch mimisch/pantomimisch spielen und andere TN erraten die gespielte Eigenschaft. Hierfür schreiben Sie die Eigenschaften auf kleine Zettel und lassen TN je ein Zettelchen ziehen und die jeweilige Eigenschaft demonstrieren.
Sprechen Sie auch über den „Tipp", indem Sie fragen: „Warum ist es wichtig, variieren zu können?" (*sprachliche Vielfalt und Genauigkeit, Ausdruck/Stil, Registerwechsel, Kompensation von Wortschatzlücken …*)

E *Strategie* Hier bietet sich eine Gelegenheit, wieder einmal über Wortschatzarbeit (→ Hinweis zu Kapitel 4, Ü3) und über Gedächtnisstrategien zu sprechen. Falls noch nicht geschehen, sammeln Sie verschiedene Möglichkeiten, Wörter zu memorieren (*Vokabellernen mit Karten, digitalen Tools/Apps, Plakaten, Listen, Mnemotechniken* usw.). Lassen Sie TN von Erfolgen berichten, aber geben Sie auch ggf. Frustration Raum, die zum Lernen dazugehört. Sie können hier auch gut von eigenen Erfahrungen berichten: Wann/Wie fällt Ihnen das Lernen/Erinnern schwer? Wann/Wie gelingt es leichter? Fragen Sie konkret: „Wie fühlen Sie sich, wenn Sie nach einem Wort suchen und sich einfach nicht erinnern können? Wie fühlt es sich an, wenn Ihnen im richtigen Moment das richtige Wort einfällt?" Fordern Sie TN auf, die Adjektive aus Ü1a zu nutzen, um über ihre Gefühle in diesen Situationen zu sprechen.

Ü1b
E TN schreiben als HA die Adjektive und Nomen (mit Artikeln) noch einmal ins Heft ab.

Ü1c
B Dieser Text kann (wie im Beispiel) im Präteritum oder aber auch im Präsens verfasst werden. Machen Sie TN, denen es ggf. leichter fällt, den Text in der Gegenwart zu schreiben, dieses Angebot und weisen Sie alle TN darauf hin, dass, wenn jemand kein berufliches Vorbild hat, der Text auch über eine fiktive Person verfasst werden kann (z. B. eine/n Chef/in, wie man ihn/sie sich wünscht) oder über jemanden, dessen Einstellung zu seinem/ihrem Beruf TN gefällt.

P Weisen Sie auf das Pikto „Prüfungsthema" hin und überlegen Sie, wie eine entsprechende Fragestellung in der mündlichen Prüfung lauten könnte (→ Übersicht zu diesem Prüfungsformat auf S. 350). Besprechen Sie mit TN, was sie an Redemitteln und Wortschatz benötigen, um über dieses Thema einen Dialog führen zu können (v. a. Adjektive zur Kompetenzbeschreibung). Der Prüfungsteil *Sprechen Teil 1A* („Über ein Thema sprechen") findet sich in der → Prüfungsvorbereitung auf S. 168/169.

Ü2a Für diese Übung sollten TN Ruhe haben. Sagen Sie deshalb ausdrücklich, dass TN für das Lesen und Markieren z. B. drei Minuten Zeit der Stillarbeit haben. Sagen Sie auch, dass Sie unklare Begriffe im Anschluss im PL klären werden.
Gehen Sie nach der Stillarbeit auf unbekannte Wörter ein und klären Sie diese anhand von Beispielen (bestenfalls können andere TN Beispiele anführen).

Ü2b
B Diese Übung soll schriftlich erfolgen und im Anschluss soll ein mündlicher Austausch stattfinden. Sie können aber, um die schriftliche Textarbeit vorzuentlasten, die Übung zunächst in PA mündlich vorbereiten lassen. TN können sich so gegenseitig im Dialog bezüglich des Wortschatzes unterstützen, um dann die Situation anschließend zu verschriftlichen.

Ü2c Abgleich der Zuordnung kann in PA erfolgen.

Ü3 Abgleich der Lösung in PA. In → Kapitel 4 geht es ausführlicher um das Thema „Mitarbeitergespräche". An dieser Stelle sollte – auch wenn Kapitel 4 eventuell noch nicht bearbeitet wurde – mit TN thematisiert werden, dass ein solches Mitarbeitergespräch einen festen Termin bekommen sollte und bestimmte inhaltliche Schwerpunkte hat.

9

Modul 1 Gesünder geht immer

A1a
🅔
Interkulturelle Kompetenz

Der Austausch kann im PL (einzelne TN erklären ihre Wahl eines Zitats) oder zunächst in KG erfolgen. Fragen Sie TN, ob sie die zitierten Personen kennen. Lassen Sie TN (ggf. als HA) im Internet nach den Personen recherchieren und ihre Informationen (am nächsten Tag) vorstellen. Als Leitfrage können Sie vorgeben: „Was hat die Person berühmt gemacht?" Sprechen Sie anschließend auch über die Berufe der jeweiligen Person. Sind die Berufe bekannt? Was wissen die TN über diese teilweise unkonventionellen Berufe? TN können auch in PA im Internet etwas über die entsprechenden Berufsfelder recherchieren.

vor A1b
Arbeitsweltwissen

> Da manchen TN „Maßnahmen zur Gesundheitsförderung am Arbeitsplatz" ggf. fremd sind, können Sie auch mit einer Erläuterung zum Thema einsteigen.
> *Betriebliche Gesundheitsförderung (BGF)* meint die Gesamtheit an Interventionen in Betrieben, durch die Gesundheitsbelastungen gesenkt werden sollen und die Gesundheit von Mitarbeitenden erhalten bzw. verbessert werden soll. An der Gestaltung von Maßnahmen hierzu sollten alle betrieblichen Akteure einschließlich der Beschäftigten beteiligt sein. Dabei geht es sowohl um präventive als auch um gesundheitsförderliche Effekte, z. B. durch Veränderungen in Bezug auf Ergonomie, Organisation und/oder Arbeitsklima. Ziel ist die Vorbeugung von Krankheiten am Arbeitsplatz, die Stärkung der Gesundheit und des Wohlbefindens der Mitarbeitenden. Nur wer sich am Arbeitsplatz wohl, sicher, wertgeschätzt usw. fühlt, kann dazu beitragen, dass in einem Unternehmen produktiv gearbeitet wird. Die Bedingungen und Belastungen der Arbeitswelt hingegen üben einen starken und nicht selten schädigenden Einfluss auf die Gesundheit der Menschen aus.
> Beispiele für Maßnahmen: *Bewegungsangebote (Yogakurse im Betrieb, Laufgruppe, Fitnessraum, Vereinsmannschaften bei Mannschaftssportarten usw.), Beratungsangebote (Supervision, psychosoziale Beratungsstelle usw.), gesundes Essen im Betrieb, gesundheitsfördernde Arbeitsplatzgestaltung (ergonomischer Arbeitsplatz, angenehme Farbgestaltung, schadstofffreie Materialien usw.), gesundheitsgerechte Mitarbeiterführung (Förderung der Führungskompetenz, regelmäßige Feedback-Gespräche), Verbesserung des Betriebsklimas, Stressmanagement, flexible Arbeitszeiten, Ruheraum, Duschmöglichkeit für Radfahrer…*
>
> Informationen zur weiteren Recherche unter:
> https://de.wikipedia.org/wiki/Betriebliche_Gesundheitsförderung
> https://leitbegriffe.bzga.de/alphabetisches-verzeichnis/betriebliche-gesundheitsfoerderung/
> https://www.bundesgesundheitsministerium.de/themen/praevention/betriebliche-gesundheitsfoerderung.html

A1b TN können auch zunächst eine Sammlung in KG erstellen und anschließend tragen Sie im PL zusammen. Während die verschiedenen Maßnahmen genannt werden, kann ein/e TN diese in Stichworten an der Tafel notieren. Gehen Sie dann über zu Ü1.

Ü1 TN lesen die Vorschläge in Ü1 und gleichen diese mit ihrer Maßnahmensammlung an der Tafel ab. Anschließend ordnen TN in EA die Effekte den Maßnahmen zu. Zur „Info" siehe auch → *Arbeitsweltwissen* vor A1b.

→ KV 9-1 (Portfolio) Teilen Sie die KV aus. TN lesen zunächst die Fragen. Fragen Sie: „Welche Fragen beziehen sich auf die körperliche und welche auf die psychische Gesundheit?" Sprechen Sie im PL. Klären Sie Unverstandenes, bevor TN die KV entweder zu ihrem (Wunsch-)Beruf oder zu einem Beruf, der sie interessiert, in EA bearbeiten. Sie können die KV auch als HA bearbeiten lassen, evtl. aber ist es sinnvoll, im Unterricht eine gewisse Zeit (z. B. 20 Minuten) für die Reflexion/Recherche einzuräumen und direkt im Anschluss in KG die Ergebnisse im Gruppengespräch zu reflektieren. Weisen Sie ausdrücklich auf Freiwilligkeit hin, TN sollen hier nur preisgegeben, was sie zu kommunizieren bereit sind.
Zur 1. Frage, die sich auf die körperliche Gesundheit bezieht, können Sie ggf. im PL an der Tafel eine Liste erstellen, in der sie in drei Spalten (*sitzen/stehen/Bewegung*) die verschiedenen im Kurs gewählten Berufe in eine Abfolge setzen (auf- oder absteigend) und die Ergebnisse sichtbar machen. Anschließend ins Gespräch gehen über Vor- und Nachteile von z. B. einer Tätigkeit, die v. a. im Sitzen erfolgt.

Wie fühlst du dich?

Die Antworten auf die anderen Fragen (psychische Gesundheit) können (s. o.) dann im Anschluss in KG besprochen und reflektiert werden.

A2a Steigen Sie nach dem Lesen gemeinsam ins Thema ein und fassen Sie zusammen, wer (*der Betriebsrat*) hier was fordert. Gehen Sie beim näheren Betrachten des Textes auch darauf ein, dass die Lesenden hier geduzt werden. Thematisieren Sie, dass Betriebsräte sich und Mitarbeitende oft duzen, um zu signalisieren, dass man auf derselben Ebene steht, und das deshalb hier im Artikel auch der Fall ist.

A2b
E
Mediation

Wenn TN hier in KG arbeiten und „ihre" Texte vorstellen, dann regen Sie an, dass die anderen Gruppenmitglieder nachfragen. Sie können im Anschluss auch dazu auffordern, dass TN ihre Maßnahmen (in zwei, drei Sätzen) schriftlich zusammenfassen. Anschließend finden sich TN wie folgt zusammen: alle TN, die Maßnahme 1 zusammengefasst haben, bilden eine KG (ebenso Maßnahmen 2 und 3). Die Zusammenfassungen werden verglichen und eine gemeinsame im PL vorgestellt. Anschließend Übergang zu A2c: Diskussion der Maßnahmen in KG.

Ü2
P

Da es sich um einen Auftagentyp handelt, die in dieser Form auch in der Prüfung vorkommt, sollten die TN die Ü zunächst in EA bearbeiten. Besprechen Sie anschließend im PL die Lösung und lassen Sie TN reflektieren, was beim Bearbeiten der Aufgabe geholfen hat (siehe auch „Strategie" in der Prüfungsvorbereitung auf S. 166).
Weitere Hinweise zum Aufgabentyp finden sich in der Prüfungsvorbereitung auf S. 166/167.

A3 TN markieren die Nominalisierungen im Text und gleichen ihre Markierungen in PA ab. Korrektur im PL. A3b sowie A3c können TN ebenfalls in PA machen.

Ü3a
B

Sollten TN A3 in PA gelöst haben, können Sie nun diese Übung in EA erledigen. Gehen Sie dafür im PL noch einmal kurz alle vier Endungsoptionen durch.
Sollten TN besonders schnell fertig sein oder gern eigenständig noch Nominalisierungen bilden wollen, lassen Sie sie mithilfe der Wortschatzseiten im KB nach Verben suchen, die sie dann in Nomen umwandeln. Vorstellung (und ggf. Korrektur) anschließend im PL.

Ü3c
E

TN formulieren für die Bilder im Auftakt zum Kapitel Bildüberschriften mit Nominalisierungen. Beispiel Bild 1: Bestellungen im Restaurant / Die Aufnahme von Bestellungen am Tisch.

Ü4 Eignet sich gut als HA. Abgleich und Korrektur anschließend im PL, indem einzelne TN je einen Satz laut vorlesen.

A4a

Weisen Sie TN darauf hin, dass die Recherche dazu dienen soll, eine Maßnahme möglichst konkret vorzustellen. Sie können als Hilfestellung folgende Punkte für die Recherche vorgeben: *Problem, Zielgruppe, Umfang der Maßnahme (zeitlich und finanziell), Ort der Durchführung, Anbieter der Maßnahme (wenn extern)*.

B

Die Recherche kann in PA erfolgen. Die Präsentation kann mündlich binnendifferenziert in EA oder PA (je nach Wunsch der TN) im PL erfolgen, zusätzlich können starke TN auch eine kleine Präsentation (PowerPoint) vorbereiten und zeigen.

A4b Achten Sie darauf, dass TN auch einen Betreff zur Mail (am besten mit Nominalisierung) formulieren. Lassen Sie einzelne TN ihre Mail im PL vorlesen und gegen Sie Gelegenheit für Feedback aus der Gruppe. Thematisieren Sie (→ Hinweis zu A2a) auch, ob TN in der Mail gesiezt oder geduzt haben und wie der sprachliche Ausdruck generell gewählt wurde.

Modul 2 Das ist mir wichtig

A1 Führen Sie ggf. in die Thematik ein, indem Sie die genannten Aspekte zunächst mit Beispielen unterfüttern, z. B. können Sie fragen: „Was ist wichtig für die Vereinbarkeit von Beruf und Familie?" (*geregelte Arbeitszeiten; Kinderbetreuung; Freizeitausgleich; nicht zu viele Dienstreisen, Nacht- und Wochenendschichten* usw.) Gehen Sie alle Punkte kurz durch, damit auch TN, die keine oder wenig Berufserfahrung haben, eine Vorstellung bekommen, was jeweils gemeint ist.

E	Für diese Aufgabe können Sie im Vorfeld eine Online-Umfrage erstellen oder aber auch im Kurs eine Punkte-Abfrage durchführen. TN erstellen eine Kursstatistik und gehen dann anhand dieser in KG in den Austausch. Achten Sie darauf, dass TN ohne oder mit wenig Berufserfahrung sich bei diesem Thema nicht ausgebootet fühlen. Die genannten Aspekte können auch in Bezug auf einen Wunschberuf bzw. ganz allgemein in Bezug auf wünschenswerte Arbeitsbedingungen bewertet werden.
A2a	Schreiben Sie das Wort *das Arbeitsumfeld* an die Tafel und sammeln Sie Synonyme: *das Arbeitsklima, die Arbeitsatmosphäre, die Arbeitsbedingungen, der Arbeitsplatz* … Sprechen Sie dann im PL über die Fotos und Vermutungen.
A2b–c	TN notieren das Gehörte in Stichworten zunächst in EA, gleichen dann in PA ab. Ggf. kurze Klärung im PL. Gehen Sie anschließend über zu A2c und diskutieren Sie im PL.
Ü1	Ggf. als HA, Korrektur im PL. Achten Sie beim Vorlesen des Textes durch TN auf die korrekte Aussprache und ein gut verständliches Lesetempo.
A3a	TN können die Zuordnung zunächst in PA vornehmen und klären dabei untereinander ggf. Vokabelfragen. Das Markieren von Wörtern sollte dann in EA stattfinden, damit eine individuelle Auswahl getroffen wird.
Ü2a E	Eignet sich als HA. Erweiternd kann mit jedem Begriff ein vollständiger Satz formuliert werden.
Ü2b	TN können die Forumsbeiträge anschließend in PA oder KG (zu dritt) austauschen, lesen und sich gegenseitig Feedback geben. Lassen Sie im PL einzelne Forumsbeiträge vorlesen und besprechen, welche Ideen warum gut umgesetzt wurden (Fokus: sprachliche Umsetzung und Ausdruck). Achten Sie auf das passende Sprachregister (duzen im Forum, freundlicher, höflicher Umgang).
A3b	TN können, falls nötig oder gewünscht, auch mit einem (Online-)Wörterbuch arbeiten und Sie als LK können dabei unterstützen, falls die Semantisierung von Wortschatz Schwierigkeiten bereitet.
A3c	Die Zuordnung der Spalten können TN in PA abgleichen.
A3d	Die TN werden ab hier schrittweise an eine Mediationssituation herangeführt, bei der jemand aus dem „Publikum" aus der Zuhörerrolle heraus die Fragen einer dritten Person (z. B. eines Prüfers, siehe A3f) zu einem soeben gehörten Vortrag zusammenfassend beantwortet. (Diese Dreierkonstellation findet sich auch im Prüfungsteil *Sprechen Teil 1*.) Die Aufgabe stellt einen Zwischenschritt dar: Anhand der Fragen lässt sich das inhaltliche Verständnis des Vortrags sichern, bevor dann geübt werden kann, wie man das Gehörte mündlich und selektiv (nämlich nur die Frage betreffend) kurz zusammenfasst.
A3e	Die Rolle „Seminarleiter/in" aus dem in der Einleitung zu Aufgabe 3 konstruierten Rahmen für die Vortragssituation können zunächst Sie als LK übernehmen. Erklären Sie TN ggf., dass in der Prüfung diese Rolle der/dem Prüfer/in zukommt, für TN der Fokus also am Ende vielmehr auf der Beantwortung als dem Stellen von Fragen liegen wird. Sammeln Sie die Redemittel für diesen Zweck an der Tafel. Weitere Möglichkeiten sind z. B.:

> *Wie er/sie in seinem Vortrag erklärt hat, …*   *Gerade habe ich erfahren, dass/wie/warum …*
> *Laut … ist es so, dass …*   *Wie wir eben gehört haben, …*

Gehen Sie auf die „Strategie" ein und wiederholen Sie ggf. nochmals, was bei Mediation von Inhalten wichtig und zu beachten ist (→ hierzu auch Hinweis in Kapitel 8, Modul 1, Ü8b). Weisen Sie TN darauf hin, dass das „Zusammenfassen mit eigenen Worten" eine wichtige Übung ist, die immer wieder auch eigenständig trainiert werden kann (z. B. in Selbstgesprächen, in denen man die gesammelten Redemittel anwendet).

Anschließend bereiten TN ihre Kurzvorträge vor. Sie können dies als HA aufgeben oder aber im Kurs entsprechend Zeit dafür einräumen.

Wie fühlst du dich?

A3f
Mediation

Bevor in den einzelnen KG die Vorträge gehalten und Fragen notiert, gestellt und beantwortet werden, stellen Sie sicher, dass der Arbeitsauftrag wirklich verstanden wurde. Damit das Vorgehen strukturiert ablaufen kann, ist es hilfreich, feste Zeiten (ggf. mit Timer) festzulegen, z. B.: 3 Min. für den Vortrag, anschließend 2 Min. für das Vorbereiten/Ausformulieren der Fragen, 3 Min. Gespräch, 2 Min. Zusammenfassung der Antworten (insgesamt 10 Min.).
Während der Kurzvorträge können Sie als LK von KG zu KG gehen und ggf. unterstützen. Anschließend sollten Sie in jedem Fall eine Nachbereitung im PL anbieten anhand von Leitfragen wie z. B: „Was fiel Ihnen bei der Aufgabe leicht? Was war schwierig?"
Sie können auch im PL Situationen aus dem Alltag der TN sammeln, in denen Mediation geübt werden kann.

P

Weitere Hinweise zum Prüfungsformat *Sprechen Teil 1A* und zum Aufgabentyp „Aussagen anderer erläutern" finden sich in der → Prüfungsvorbereitung auf S. 169 und in der → Übersicht auf S. 350.

E
Interkulturelle Kompetenz
Mediation

Abschließend können Sie im PL diskutieren:
„Was unterscheidet ein ‚gutes Arbeitsumfeld' in Deutschland von einem ‚guten Arbeitsumfeld' anderswo? Worauf legen Menschen woanders vielleicht mehr Wert als hier?" Sie können als Gesprächsanlässe auch Umfragen oder Statistiken einbeziehen wie z. B. die folgende:
https://de.statista.com/infografik/21900/anteil-der-angestellten-die-zufrieden-mit-der-arbeit-sind/
Auch die Studie „Randstad Employer Brand Research" (zum Download verfügbar unter https://workforceinsights.randstad.com/global-employer-brand-research-2021) bietet – allerdings in englischer Sprache – zahlreiche Statistiken zum Thema. Anhand dieser Materialien kann Mediation weiter trainiert werden; ggf. greifen Sie dafür auf die KiB-Seite von Kapitel 2 in Band B1/B2 zurück.

Modul 3   Wie sagt man das?

A1b

Drücken Sie beim Abspielen der Audiodatei nach jedem Satz die Pausentaste, da die Pausen zum Nachsprechen nicht mit aufgenommen sind. Lassen Sie mehrere TN die Betonung im PL ausprobieren, sodass alle hören, wie derselbe Satz bei verschiedenen TN klingt. Achten Sie darauf, dass die fett gedruckten Modalpartikeln natürlich ausgesprochen und nicht überbetont werden (was durch die Hervorhebung evtl. passieren könnte). Gehen Sie an dieser Stelle noch nicht näher auf die Bedeutung der Modalpartikeln ein, verweisen Sie bei Fragen der TN auf A1c.

A1c

Klären/wiederholen Sie ggf. die Wörter *die Empörung, die Ermunterung*.
Die Zuordnung können TN in PA machen.
Sprechen Sie darüber, dass der gekonnte Einsatz von Modalpartikeln ein Zeichen für eine sehr gute Beherrschung der deutschen Sprache ist. Die korrekte Anwendung erscheint vielen Sprachenlernenden zunächst nicht einfach. Erklären Sie TN, dass sie den Einsatz von Partikeln gut üben können, indem sie sich bestimmte „typische" Sätze wie in A1a–c im Ganzen (als Chunks) und mit dem richtigen Tonfall einprägen und immer wieder aufsagen, wenn sie in einer Situation passen. TN memorieren also eher kompakte, anschauliche Situationen als schwierige einzelne „kleine" Wörter.
Wenn Ihre TN die Modalpartikeln schwierig finden, hilft es ihnen möglicherweise, die Gründe dafür genauer zu benennen:
- *oft nicht Wort-für-Wort übersetzbar (ihre Bedeutung wird in anderen Sprachen auf anderen Ebenen ausgedrückt, z. B. durch den Tonfall)*
- *der Tonfall kann die Bedeutung von Partikeln verändern*
- *manche Partikeln können mehrere ganz unterschiedliche Bedeutungen ausdrücken*
- *die Wörter gibt es manchmal auch in anderen grammatischen Funktionen (z. B. sind „denn" und „aber" auch Konjunktionen)*
- *für intuitive Verwendung sind Sprachgefühl und viel Sprachpraxis notwendig.*

E
Interkulturelle Kompetenz

Fragen Sie TN, ob sie Modalpartikeln in anderen Sprachen kennen. TN nennen und erklären im PL vergleichbare Wörter aus anderen Sprachen. Ggf. in PA oder KG (nach Sprachkenntnissen) TN Sprachvergleiche anstellen lassen. Hinweis: Viele Sprachen haben wenige oder keine Modalpartikeln.

🔧	Das Thema "Modalpartikeln" lässt sich mit dem interaktiven Tafelbild weiter vertiefen.
Ü1	TN können Modalpartikeln aus dem Gedächtnis oder mithilfe von A1 einfügen. Abgleich in PA, dann Korrektur im PL. Einzelne TN lesen die Sätze vor. Achten Sie auf die Betonung. Ggf. sollten TN die im Satz jeweils betonten Wörter unterstreichen.
A2a–b	Fordern Sie TN auf, die Aufgabe in EA zu machen. Sorgen Sie hierfür für Ruhe im Raum und geben Sie evtl. eine Zeit für die Bearbeitung vor (z. B. 10 Min.). Anschließend Korrektur im PL. Gehen Sie dann über zu Ü2.
Ü2 ▸	Fragen Sie: „Wer fühlt sich schon relativ sicher mit den Modalpartikeln?", und bitten Sie um Handzeichen. Geben Sie entsprechend der Antwort TN die Möglichkeit, Ü2 in EA oder PA zu bearbeiten. Die Mini-Dialoge lesen einzelne TN anschließend im PL (auch mehrfach) vor.
A3a–b	A3a sollte in EA, A3b in PA gelöst werden. Falls es TN sehr schwerfällt, A3b zu machen, können Sie sie auch direkt von A3a zu Ü3 übergehen lassen, um noch mehr Übung mit dem Einsatz von Modalpartikeln zu bekommen, bevor eigene Dialoge verfasst werden.
Ü3a–c	TN arbeiten zunächst für Ü3a in PA. Die Zuordnung in Ü3b kann in EA gemacht und dann in PA verglichen werden. Ü3c kann als HA gegeben werden, damit TN in ihrem eigenen Tempo arbeiten können. Einzelne kurze Gespräche können dann im PL vorgelesen und korrigiert werden.
→ KV 9–2	Sie können an dieser Stelle und/oder zum Ende des Moduls (→ Grammatik-Rückschau) mit der KV arbeiten. Auf der KV finden sich genügend Sätze, sodass in PA oder auch KG jeweils andere kleine Dialoge verfasst werden können.

Modul 4   Es passt nicht

A1 *Interkulturelle Kompetenz*	Nähe und Distanz im Privat- und Berufsleben wird von unterschiedlichen Menschen unterschiedlich bewertet. Neben dem persönlichen Empfinden spielt zudem die Branche eine Rolle und auch, wo sich der Arbeitsplatz befindet: in einer großen Stadt oder auf dem Land, in einem bestimmten Kulturraum usw. Fordern Sie TN zum Einstig auf, von individuellen Erfahrungen zu berichten (das kann auch etwas sein, von dem TN nur gehört haben). Sammeln Sie verschiedene Ansichten und achten Sie auf Wertschätzung aller TN-Beiträge, indem Sie jeweils sowohl Positives als auch das Problematische von Nähe und Distanz im Berufsleben besprechen.
vor A2a	Weisen Sie auf „Sprache im Beruf" hin und sammeln Sie mit TN Beispielsituationen, in denen man jemanden um Vertraulichkeit bittet (*private/persönliche Themen, gesundheitliche Probleme, Schwierigkeiten mit einem Kollegen oder einer Kollegin, Probleme mit dem/der Vorgesetzten, Scham, Angst, Unsicherheit, noch nicht offiziell Spruchreifes* usw.). Gehen Sie dann über zu A2a und hören Sie den Audiotext.
A2b	TN lesen die Aufgabenstellung. Fragen Sie dann: „Woher weiß man, ob hier eine oder mehrere Antworten richtig sein können?" (Plural: „<u>Welche Themen</u> werden angesprochen?") Weisen Sie TN darauf hin, dass dies ein Beispiel dafür ist, wie wichtig das genaue Lesen der Aufgabenstellung ist, z. B. auch gerade in Prüfungssituationen. Gehen Sie nach der Bearbeitung von A2b über zu Ü1.
Ü1	Wiederholen bzw. klären Sie nach Bearbeitung der Übung evtl. Wortschatz an der Tafel; die TN übertragen wichtige Wörter ins Heft: *die Vertraulichkeit, die Diskretion, die Führungsposition, die Leitungsstelle, jemandem etwas zutrauen, jemandem vertrauen, die Beförderung*
A2c	Nach Bearbeitung der Aufgabe werden die Lösungen im PL abgeglichen. Lassen Sie TN anschließend den Text noch einmal komplett hören, damit ggf. zunächst falsch angekreuzte Antworten im Nachhinein richtig verstanden werden können.
A2d	TN sprechen in PA. Anschließend werden die gesammelten Ideen im PL zusammengetragen. Sprechen Sie im PL gemeinsam über Vor- und Nachteile der von den TN gemachten Vorschläge.

Wie fühlst du dich?

A3 Weisen Sie TN darauf hin, dass es für die Aufgabe hilfreich ist, wenn die notierten Situationen möglichst konkret formuliert sind. So wird das Ratschläge-Geben einfacher.
Beispiel: *Ich habe ein Problem mit meinem Vermieter. Aber ich traue mich nicht anzurufen, weil mein Deutsch nicht sehr gut ist. Was würdest du an meiner Stelle machen?* Rat: *Das verstehe ich gut. Du könntest jemanden um Hilfe bitten, vielleicht einen Nachbarn?*
Sollten sich TN schwertun mit Ideen, gehen Sie verschiedene Handlungsfelder durch (z. B. *Arbeit mit Menschen, Arbeit mit Maschinen, Lernsituationen, soziale Kontakte, Störungen, Arbeitssuche, Bewerbung* …) und sammeln Sie gemeinsam mögliche Situationen.

Ü2a–b Für ausreichend Lesezeit in individuellem Tempo und das Ergänzen der Sätze bietet es sich an, die Übungen als HA aufzugeben. Anschließend die Mail aus Ü2a vorlesen lassen und die eingesetzten Phrasen ggf. korrigieren. Lassen Sie die Antwort-Mail (Ü2b) mehrmals, d. h. von verschiedenen TN in verschiedenen Versionen vorlesen.
Sie können auch einen Satzanfang mit mehreren Fortsetzungen an die Tafel schreiben und so verschiedene syntaktische Strukturen thematisieren, Beispiel:

> *Also, ich wünsche dir alles Gute und kann dir nur raten,*
> – *dass du …*
> – *dich mit … zu …*
> – *dir zu überlegen, … zu …*
> – *kein(e) … zu …*

A4a Lesen Sie die Aufgabenstellung gemeinsam und fragen Sie dann: „Kennen Sie ein anderes Wort für *vermuten*?" (*raten, spekulieren, annehmen, schätzen* …) TN können dann die drei Fragen in KG besprechen. Anschließend kurzes Zusammentragen von Ideen im PL.

Arbeitswelt-wissen
> Der im KB abgedruckte Text enthält bereits wichtige Informationen zum Thema „Mitarbeitergespräche". Diese werden auch *Feedback-Gespräche, Jahresgespräche* oder *Personalgespräche* genannt. In der Regel wird mindestens einmal pro Jahr ein Mitarbeitergespräch geführt. Ein solches Gespräch, das mit der ausgeübten Tätigkeit zusammenhängt, darf durch den/die Arbeitnehmer/in nicht verweigert werden. In einem Mitarbeitergespräch werden gewöhnlich regelmäßig allgemeine und spezifische Inhalte besprochen wie z. B. Zielvereinbarungen, Feedback zur Leistung, Lob und Kritik sowie Weiterbildungsbedarfe. Anlässe und Inhalte der Gespräche sind grundsätzlich variabel. Am Ende des Gesprächs werden häufig Vereinbarungen für das weitere Vorgehen festgehalten. Mitarbeitergespräche können zu zweit, aber auch als Mehr-Personen-Gespräche stattfinden. Protokolle von Mitarbeitergesprächen sind beim Arbeitgeber unter Verschluss zu halten.

A4c Wiederholen Sie die in der Aufgabe vorkommenden Verben. TN sammeln Synonyme:
ansprechen (thematisieren, benennen, zur Sprache bringen, das Thema … anschneiden)
erreichen (schaffen, bewältigen)
einschätzen (bewerten, beurteilen, sehen (als), deuten)
laufen (hier: klappen, funktionieren)
brauchen (benötigen)
weiterkommen (vorankommen, aufsteigen, sich entwickeln, Karriere machen)

Ü3a–c Die Teilaufgaben können in folgenden Sozialformen bearbeitet werden: A3a in PA, A3b in EA, A3c in PA. Sprechen Sie gemeinsam über den „Tipp" im KB. Fragen Sie TN: „Warum fällt freies Sprechen manchmal schwer?", und sammeln Sie verschiedene Gründe (*mangelnde Sprachkompetenz, Aufregung, Ablenkung, Schüchternheit, Vergessen von etwas, was man ursprünglich sagen wollte* …). Ü3c kann sehr gut auch in mehreren (zwei oder drei) Durchgängen mit unterschiedlichen TN geübt werden. Sollten Sie für die Situation Mitarbeiter-/Bewerbungsgespräch üben wollen und den Schwerpunkt auf Austausch legen, bietet es sich weniger an, Sprachnachrichten zu nutzen. Dies kann aber eine gute Variante sein, falls die Übung als HA bearbeitet wird.

A5a	Die Aufgabe kann in PA gelöst oder in PA abgeglichen werden.
A5b *Register- training*	Geben Sie TN genug Zeit, sich mit den Rollenkarten auf das Rollenspiel vorzubereiten. Die Situation sprachlich zu bewältigen, kann evtl. herausfordernd sein, da das Ausdrücken von Gefühlen, Wünschen und Bedürfnissen angemessen formuliert werden sollte. Sprechen Sie deshalb ggf. auch zuvor noch einmal im Plenum über das zu wählende Sprachregister. Stellen Sie im PL Fragen wie „Wie kann man (Un-)Zufriedenheit im beruflichen Kontext ausdrücken?", „Worauf ist dabei zu achten?", „Welche Wörter sind (nicht) angemessen?", „Wie kann man sachlich über Emotionen sprechen?"
Interkulturelle Kompetenz	Sie können TN auch anregen, darüber nachzudenken und zu sprechen, ob ein solches Gespräch in anderen Ländern anders ablaufen würde bzw. ob in anderen kulturellen Kontexten mehr oder weniger über (Un-)Zufriedenheit am Arbeitsplatz mit Vorgesetzten bzw. Mitarbeitenden gesprochen wird.
Ü4	Eignet sich gut als HA. Weisen Sie TN aber darauf hin, dass es unbedingt nötig ist, die Sätze vollständig aufzuschreiben, statt lediglich die Satzteile in der richtigen Reihenfolge zu nummerieren. Korrigieren Sie sowohl Ü4a als auch Ü4b im PL. Verschiedene TN sollten (zu Ü4b) ihre Antworten vorlesen, damit alle TN auch Alternativlösungen hören.
A5c	Lassen Sie TN die Gespräche reflektieren. Hierbei können Leitfragen hilfreich sein wie z. B.: „Gab es unsichere Momente im Gespräch? Wenn ja, welche waren das?" „Was hat beim Sprechen gut geklappt und was könnte noch verbessert werden?" „Haben Sie zu zweit das Sprechziel erreicht?" „War es ein Gespräch mit Anfang und Ende?" Erarbeiten Sie mit TN auch Gesprächsstrategien, wie TN eigene Fragen, Wünsche und Positionen platzieren können, z. B.: „Wie unterbricht man höflich?" „Wie kann man einen Sprecherwechsel herbeiführen?" „Wie spricht man klar/sachlich/selbstbewusst?" Usw. Sammeln Sie bei Bedarf auch hier entsprechende Redemittel.
A6b *Arbeitswelt- wissen*	Zum Thema „Kündigung in Deutschland" ist es wichtig zu wissen, dass sowohl Arbeitgeber als auch Arbeitnehmer/in die gesetzlichen oder vereinbarten Kündigungsfristen einhalten müssen. Eine fristlose Kündigung (oder auch Kündigungserklärung) ist nur bei wichtigem Grund möglich. Es bedarf bei einer Kündigung der Schriftform, d. h. eine Kündigung per SMS oder E-Mail ist nicht zulässig. Auch wenn zur Sicherheit oft um eine Bestätigung des Erhalts einer Kündigung gebeten wird, handelt es sich bei einer Kündigung um eine einseitige empfangsbedürftige Willenserklärung, die grundsätzlich keiner Bestätigung der anderen Seite bedarf. Arbeitnehmende müssen keine Kündigungsgründe angeben. Spricht hingegen ein Arbeitgeber die Kündigung aus, muss er dafür meist einen zulässigen Grund (betriebs-, verhaltens- oder personenbedingt) nennen. Existiert ein Betriebsrat, so ist dieser vor jeder Kündigung durch den Arbeitgeber anzuhören. Neben der Kündigung gibt es die Möglichkeit der einvernehmlichen Beendigung des Beschäftigungsverhältnisses (sog. *Aufhebungsvertrag*).
A6c	Überlegen Sie im PL gemeinsam, für welche weiteren Schreibanlässe die „Strategie" noch gilt (*Bewerbung, juristische Schreiben, Schreiben an den Arbeitgeber, Beschwerden, Geschäftsbriefe, offizielle Schreiben, die an viele Personen gehen …*).
Ü5 P	Hinweise zu diesem Aufgabentyp und Sprachbausteinen finden sich in der → Prüfungsvorbereitung auf S. 38. Gehen Sie ggf. auf die Wörter *betriebsbedingt* und *Wettbewerbsverbot* näher ein.
Ü6 E	TN bilden eigene (ganze) Sätze mit den aus der Wörterschlange ermittelten Verben. Auch gut als HA geeignet.

Wie fühlst du dich?

A6d Führen Sie zunächst grundlegenden Wortschatz zum Thema „Textformatierung" ein und nutzen Sie dies, um herauszufinden, ob/inwiefern entsprechende Kompetenzen im Kurs vorhanden sind. Gut wäre, wenn Sie an der Tafel direkt ein gängiges Textverarbeitungsprogramm zeigen und die entsprechenden Begriffe/Aktionen visualisieren können:
eine Seite einrichten, der Seitenrand, der Zeilenabstand, die Schriftgröße, die Schriftart, fett, kursiv, unterstrichen usw., je nach Bedarf und Fragen der TN.

🄱 TN, die eventuell Schwierigkeiten mit der Formatierung von Texten haben, können die Aufgabe in PA erledigen und sich gegenseitig im Umgang mit Textverarbeitungsprogrammen helfen.

A6e
Mediation
Weisen Sie TN darauf hin, dass es in dieser Aufgabe ausdrücklich erwünscht ist, dass die Tipps aus A6 in eigenen Worten wiedergegeben werden. Dies klarzustellen, kann vor allem bei schwächeren TN für Entlastung sorgen. Stärkere TN können weitere Punkte ergänzen.

Ü7 Siehe auch Hinweis oben zu A6b, → *Arbeitsweltwissen*.

Arbeitsweltwissen

> Das Arbeitsrecht macht in Deutschland dem Arbeitgeber gegenüber klare Angaben, wann und wie ein *Arbeitszeugnis* zu erstellen ist. Jede/r Arbeitnehmer/in hat das Recht, nach Ablauf seines/ihres Arbeitsverhältnisses eine Bewertung seiner/ihrer Leistung zu erhalten. Das Arbeitszeugnis (auch *Dienstzeugnis*) ist ein Dokument, in dem der Arbeitgeber die Dauer, den Inhalt (Tätigkeitsbereiche, Aufgabenbeschreibung, Projekte, Erfolge u. Ä.) und den Verlauf eines Arbeitsverhältnisses bescheinigt. Dazu kann neben der Leistung auch das persönliche Verhalten gegenüber Vorgesetzten und Kollegen im Arbeitszeugnis bewertet werden.
> Das Arbeitszeugnis muss die Arbeit des/der Arbeitnehmenden wohlwollend und wahrheitsgemäß darstellen. Sollte das Zeugnis aus Arbeitnehmersicht nicht angemessen formuliert sein, kann es angefochten werden. Drei Jahre nach Beendigung des Arbeitsverhältnisses tritt allerdings eine Verjährungsfrist in Kraft und der/die Arbeitnehmer/in hat keinen Anspruch mehr auf ein Arbeitszeugnis.
> Wichtig zu wissen ist auch, dass in Arbeitszeugnissen ein spezielles Wording verwendet wird, das sich evtl. nicht auf den ersten Blick in ganzer Bedeutung erschließt. Manche Formulierung klingt auf den ersten Moment positiver, als sie ist (z. B. „…hat die ihm/ihr übertragenen Aufgaben zu unserer vollen Zufriedenheit erledigt", was sich durch das Wort „stets" und den Superlativ weiter steigern lässt: „…hat die ihm/ihr übertragenen Aufgaben stets zu unserer vollsten Zufriedenheit erledigt.")

Aussprache

Ü1c
🄴
Lesen Sie TN die Dialoge zur Orientierung einmal mit und einmal ohne Ironie vor. Fragen Sie dann: „Erkennen Sie einen Unterschied?", und sammeln Sie zunächst Rückmeldungen der TN. Schreiben Sie dann das Wort *die Ironie* an die Tafel und fragen Sie – falls zuvor noch nicht geschehen –, ob TN den Begriff kennen/verstehen. Führen Sie das Wort ggf. neu ein und erläutern Sie, dass Ironie bedeutet, das Gegenteil des Gemeinten zu sagen und damit Kritik, Spott oder Neckerei auszudrücken. Weisen Sie TN außerdem darauf hin, dass Ironie stark mit der Betonung zusammenhängt und selbst für Muttersprachler manchmal schwer herauszuhören ist (und dann eine Erklärung, z. B. „Das war ironisch gemeint!", nötig sein kann).
TN können auch versuchen, eigene Mini-Dialoge mit ironischen Elementen zu schreiben und im PL vorzustellen. Sollte dies für TN zu schwierig sein, verweisen Sie darauf, dass der Umgang mit Ironie eine hohe Sprachkompetenz erfordert und diese Erweiterung des sprachlichen Spielraums nach und nach erfolgt.

Kommunikation im Beruf

A1b
Interkulturelle Kompetenz Schlüsselkompetenz

Das Thema „Kritik(-fähigkeit)" wird häufig mit dem Thema „Interkulturelle Kompetenz" verknüpft, da der Umgang mit Kritik nicht nur individuell sehr verschieden ist, sondern auch von Kultur zu Kultur sehr unterschiedlich ausfallen kann. Gehen Sie deshalb im Kurs sensibel mit diesem Thema um und achten Sie darauf, dass TN wertschätzend miteinander kommunizieren, auch wenn die Meinungen darüber, wie auf Kritik reagiert werden sollte, auseinandergehen.

Gerade bei der Zusammenarbeit im Berufsleben ist es wichtig zu verstehen, dass mit Kritik unterschiedlich umgegangen wird und die eigene Kritikfähigkeit zu entwickeln eine wichtige Kompetenz darstellt, die nicht jede/r von Anfang an mitbringt. Wenn man mit (vielen) Menschen zusammenarbeitet, kann es hilfreich sein, sich in diesem Bereich fortzubilden.

Weisen Sie TN – falls es nicht von ihnen selbst angesprochen wird – darauf hin, dass Kritikfähigkeit unterschiedlich verstanden werden kann: 1. als die Fähigkeit, selbst umsichtig und konstruktiv Kritik zu üben, 2. als die Fähigkeit, selbst Kritik anzunehmen und angemessen darauf zu reagieren. Sollten man im Berufsleben in die Situation kommen, jemanden auf ein Fehlverhalten hinweisen zu müssen, sind folgende Aspekte zu berücksichtigen:
- Kritik unter vier Augen äußern
- sachliche Formulierungen wählen
- konstruktiv kritisieren
- alternative Vorschläge kommunizieren.

Für die sprachliche Umsetzung eignet sich besonders der Konjunktiv, um Hinweise freundlich zu formulieren und alternative Vorschläge zu unterbreiten („Vielleicht könnten Sie nächstes Mal ...", „Es wäre schön, wenn Sie ...", „Wäre es denkbar, dass wir ..." usw.)

→ **KV 9–3**
Teilen Sie die KV aus und bitten Sie TN, alle Redewendungen zu lesen. TN setzen sich in KG (zu dritt) zusammen und versuchen gemeinsam, sich die Bedeutung der Redewendungen zu erschließen, indem sie zunächst diejenigen Aussagen finden, die zu den Illustrationen passen. Dann besprechen sie mögliche Bedeutungen und ordnen die Redewendungen zu. Fragen Sie anschließend im PL, ob es Redewendungen gibt, die nicht verstanden wurden oder zugeordnet werden konnten und klären Sie Fragen. Danach bietet sich ein Sprachvergleich an: Lassen Sie TN vergleichbare Redewendungen aus anderen Sprachen ins Deutsche übersetzen.

A2c
Geben Sie TN genügend Zeit, sich auf die Vorwürfe/Kritik vorzubereiten, damit das Gespräch nicht zu einseitig abläuft.

A2d
E
Im Anschluss an die Aufgabe können Sie zusätzlich im PL über eigene Erfahrungen mit Kritik sprechen und dabei die präsentierten Redemittel trainieren. Fragen Sie TN auch, wie diese sich Kritik an der eigenen Person wünschen würden.

→ **KV 9–4 (Portfolio)**
Teilen Sie die KV aus. Wiederholen/Klären Sie ggf. die Begriffe *die Ausrede, rechtfertigen, einen Fehler zugeben, jemanden auf etwas hinweisen, sich weiterentwickeln, mit etwas umgehen können*. TN bearbeiten den Fragebogen in EA. Anschließend Gespräche über Kritikfähigkeit in KG.

Grammatik-Rückschau

→ **KV 9–2**
Teilen Sie die KV aus. TN arbeiten zu dritt und entwerfen Dialoge. Während TN die Dialoge schreiben, gehen Sie als LK von KG zu KG und unterstützen TN bzw. kontrollieren, ob die Sätze mit den Modalpartikeln korrekt kontextualisiert werden. Die Dialoge werden im PL vorgelesen oder – je nach Zutrauen der TN – vorgespielt.

Wie geht's weiter?

Themen Im zehnten Kapitel dreht sich alles um die Zukunft der Arbeit, um Perspektiven und Alternativen. Was bleibt und was verändert sich in der Berufswelt?

Auftakt TN werden auf das Thema „neue Arbeitswelten" eingestimmt: Bedeutet eine sich verändernde Arbeitswelt grundsätzlich, dass aus analog digital wird?

Modul 1 Hier geht es um die Frage, welche Aufgaben Roboter für Menschen übernehmen könn(t)en und welche Vor- und Nachteile das mit sich bringt.

Modul 2 Wer sich selbstständig machen möchte, benötigt viele Informationen. Es geht um Voraussetzungen, Bedingungen, Hürden und Herausforderungen.

Modul 3 Wie verändern sich Berufsbilder im Lauf der Zeit? In diesem Modul wird näher betrachtet, wie zukunftssicher Berufe sind.

Modul 4 Lebenslanges Lernen ist ein wichtiges Thema. Die TN beschäftigen sich mit Möglichkeiten, Wünschen und Angeboten der Weiterbildung und wie sie sich sprachlich dazu äußern können..

KiB Wie sag ich's meinem Chef? Hier üben TN, in Personalgesprächen eigene Interessen zu formulieren und sich für diese starkzumachen.

Lernziele

Auftakt | über Veränderungen in der Arbeitswelt sprechen.
Modul 1 | über den Nutzen von Robotern in der Zukunft sprechen
Modul 2 | amtliche Bescheide verstehen und Widerspruch einlegen
Modul 3 | ein Interview über Zukunftsberufe analysieren
Modul 4 | Informationsmaterialien zu Fort- und Weiterbildungen verstehen
Modul 4 | über die eigenen beruflichen Pläne sprechen
KiB | eigene Interessen benennen und durchsetzen
Aussprache | Frage oder Aussage? (im ÜB)

Grammatik
Modul 1 | Partizipien als Adjektive
Modul 3 | Konnektor *während*, Präpositionen mit Genitiv

Auftakt

A1a Um zunächst individuell Wortschatz zu aktivieren und das Gruppengespräch vorzubereiten, bitten Sie die TN in EA, sich jeweils drei Stichwörter zu den Fotos 1–6 zu notieren. Anschließend im PL ins Gespräch gehen.

A1c
Mediation
Um das Zusammenfassen von Informationen zu trainieren, können Sie im Anschluss an die Gespräche in PA einzelne TN bitten, das Gespräch bzw. die beiden Meinungen aus dem Zweiergespräch zusammenzufassen und im PL vorzustellen.

A2 Natürlich können TN hier von ihren eigenen Berufen berichten: Was hat sich verändert, wie geht es weiter? Falls es TN grundsätzlich schwerfällt, zu dieser Aufgabe auf Beispiele zu kommen, können Sie ergänzend anregen: „Denken Sie an Ihre Kindheit: Was gab es da noch nicht, was es heute gibt? Wie verändert sich dadurch die Arbeitswelt?"

Ü1b Wenn Ü1a–b im Unterricht mündlich bearbeitet wurde, könnten die Begründungen zu den gewählten Stichwörtern als HA schriftlich festgehalten werden. Sie können auch fragen: „Was denken Sie: Was ist in der Zukunft nicht (mehr) so wichtig? Warum?"

Ü1c Fragen Sie die TN, wer bereits Fortbildungen für den Beruf besucht hat. Sollte sich niemand melden, können Sie die Frage auf den privaten Bereich ausweiten: „Haben Sie schon einmal – außer Ihren Deutschkursen – einen Kurs besucht, um etwas Bestimmtes zu lernen?" Bitten Sie dann diejenigen im PL, die sich auch hier noch nicht gemeldet haben, Fragen zu Fortbildungen zu sammeln. Notieren Sie die Fragen an der Tafel, z. B.:

10

> *Was war das Thema/Lernziel der Fortbildung?*
> *Wie lange hat die Fortbildung gedauert?*
> *Wer hat die Fortbildung gehalten?*
> *Wie viele Personen haben teilgenommen?*
> *Wie teuer war die Fortbildung?*
>
> *Wo hat sie stattgefunden?*
> *Hat die Fortbildung online oder als Präsenzveranstaltung stattgefunden?*
> *Wie hat Ihnen die Fortbildung gefallen?*
> *Was haben Sie gelernt?*

Danach (je nach Anzahl der TN, die Fortbildungserfahrung haben) KG bilden. Diejenigen, die von einer Fortbildung berichten können, werden befragt. Die Interviewer machen Notizen. Als HA ist die schriftliche Zusammenfassung der Mini-Interviews möglich.

Ü3
B

Sie können TN auch zunächst die einzelnen Wörter aus der Wörterschlange ermitteln lassen (Trennlinien einzeichnen lassen) und dann die Wörter an der Tafel einzeln (durch TN) anschreiben lassen. TN bestimmen dabei Wortarten und ergänzen Artikel:

Adjektive	Nomen
zukunftssicher, ökologisch, anonym, angenehm, selbstfahrend (Partizip!), ergonomisch	*die Entspannung (kein Plural!), der Ruheraum, die Technik, der Roboter*

Um den Wortschatz zu festigen, bildet je ein/e TN pro Wort einen eigenen Satz. TN sprechen ihre Sätze nacheinander laut aus.

Ü4
E
Interkulturelle Kompetenz

Sie können zunächst eine Mini-Umfrage im Kurs machen (z. B. über ein Online-Tool wie Mentimeter oder SurveyMonkey): „Haben Sie Angst vor der Zukunft?" So können Sie mit einem Stimmungsbild im Kurs in das Thema einsteigen. Oder Sie präsentieren das Ergebnis einer Umfrage zum Thema: https://de.statista.com/statistik/daten/studie/1233518/umfrage/corona-krise-zukunftsaengste-unter-jugendlichen/
Sammeln Sie die Gründe für Sorgen in Bezug auf die Zukunft an der Tafel: *Krankheit, Alter, Klimawandel, Technisierung, Arbeitslosigkeit, finanzielle Nöte, Inflation, steigende Lebenshaltungskosten* … Fragen Sie anschließend: „Was denken Sie: Haben Menschen, die in anderen Regionen der Welt leben, andere Sorgen in Bezug auf die Zukunft? Warum?"
(z. B. *Naturkatastrophen, Armut, unsichere Politik, Verfolgung, Krieg, Flucht*) und diskutieren Sie im PL. Sprechen Sie auch darüber, welche Sorgen die Menschheit global umtreiben.
Lassen Sie TN dann über positive Visionen sprechen: „Worauf freuen Sie sich, wenn Sie an die Zukunft denken?", „Was wird in Zukunft in der Arbeitswelt besser?"

Modul 1 Roboterwelt

A1
E

Sammeln Sie Verben zu den Tätigkeiten, die TN nennen, an der Tafel. Sprechen Sie darüber, ob die genannten Tätigkeiten einem bestimmten Berufsbild zuzuordnen sind, z. B.:

Foto 1: *Taxi-/Bus-/Bahn-/Lkw-Fahrer/in*   Foto 3: *Lehrer/in, Erzieher/in*
Foto 2: *Pflegekraft, Hauswirtschafter/in*   Foto 4: *IT-Fachkraft, Bürofachkraft*

Besprechen Sie, welche Unterschiede es zwischen den Tätigkeiten von Menschen und Robotern gibt. Was können Roboter/Menschen (nicht / noch nicht)?

A2a

Wiederholen Sie (als Vorbereitung auf A3b) die Passivformen, indem Sie TN diese aus den Texten heraussuchen lassen. Falls es TN auffällt, gehen Sie auf Satz 1 in Text A ein, der „werden" enthält, aber keine Passivform, sondern Futur I beinhaltet. Oder fragen Sie direkt: „Welcher Satz mit ‚werden' steht nicht im Passiv? Was ist hier anders?"

A2c
E

Sie können (ggf. als HA) die Verschriftlichung der eigenen Pro-/Kontra-Argumente üben lassen (z. B. je drei Sätze für Vor- bzw. Nachteile eines bestimmten Roboters).

A3a

Wiederholen Sie zum Einstieg die Partizipien (Partizip I: *Infinitiv + Endung -d*; Partizip II: *siehe Perfekt-Form*) und unterstreichen Sie ggf. in den Beispiel-Partizipien I die Endungen an der Tafel: *selbstfahrend, denkend, arbeitend*. Fragen Sie dann: „Warum haben die Partizipien in den

Wie geht's weiter?

	Beispielsätzen eine längere Endung?" (TN sollen möglichst selbstständig auf die Verwendung als Adjektivattribute kommen.) Dann die Regel ergänzen lassen.
E	Im Anschluss an die Einführung der Grammatik können Sie die TN bitten, je einen Satz mit einem als Adjektiv genutzten Partizip 1 bzw. Partizip II aufzuschreiben. Die Sätze mit dem Nachbarn / der Nachbarin austauschen und ggf. korrigieren lassen.
A3b	Ggf. kurze Wiederholung von Relativsätzen, sowohl nachgestellt als auch als Einschub. Sie können hierfür gleich den einleitenden Satz der Übung nehmen: „Aktive Handlungen oder Vorgänge, die gleichzeitig mit der Haupthandlung des Satzes passieren". Lassen Sie danach TN zur Wiederholung einige eigene Relativsätze bilden. Anschließend den Grammatik-Kasten lesen und ergänzen lassen.
Ü2a–d B	TN arbeiten in EA und gleichen ihre Ergebnisse zunächst in PA ab. Kontrollieren Sie diese anschließend im PL. Sie können TN Binnendifferenzierung auf zwei Weisen anbieten: 1. TN arbeiten nicht allein, sondern zu zweit. 2. Die Bearbeitungszeit ist dann beendet, wenn alle Ü2a–b (oder Ü2a–c) erledigt haben. Schnellere TN können zusätzlich auch (Ü2c und) Ü2d bearbeiten.
A3c	Sie können eine/n TN bitten, die Sätze, die TN bilden, an die Tafel zu schreiben. TN übertragen die (ggf. korrigierten) Sätze in ihre Hefte.
A3d	Lassen Sie TN die Übung in EA schriftlich erledigen und dann einzelne Beispiele vorlesen, die Sie ggf. korrigieren.
🖱	Zum weiteren Üben der Grammatik bietet sich das interaktive Tafelbild an.
Ü3 E	Sie können vor der Übung als Einstimmung zusätzlich ein kurzes Video zum Thema zeigen, z. B.: https://www.youtube.com/watch?v=0AosoDbcBSs
A4 B	Die Aufgabe kann ggf. kleinschrittiger angelegt werden, indem TN zunächst zu zweit Argumente sammeln und erst dann den Forumsbeitrag in EA verfassen. Erinnern Sie TN an die Redemittel aus A2c. Zusätzlich können Sie einen kleinen Film zum Thema „Roboter in der Pflege" zeigen, z. B.: https://www.youtube.com/watch?v=6ymaQlnnSSY Sprechen Sie im PL über Vor- und Nachteile. Fragen Sie anschließend, ob sich durch die Diskussion die eigene Meinung zum Thema evtl. verändert/erweitert hat.
V *Schlüssel- kompetenzen*	Um die digitale Kompetenz der TN zu trainieren, können diese die Forumsbeiträge auch online erstellen und posten, z. B. in einem Padlet oder einem Etherpad.

Modul 2	Ich mache mich selbstständig

*Arbeitswelt-
wissen*

> Wer nicht aus einem EU-Mitgliedsstaat, dem europäischen Wirtschaftsraum oder der Schweiz kommt, braucht, um sich in Deutschland selbstständig machen zu können, einen Aufenthaltstitel. Wichtig ist, zu klären, ob die Tätigkeit, die ausgeübt werden soll, zu den *freien Berufen* gehört oder ein *Gewerbe* ist. Eine gewerbliche Tätigkeit muss angemeldet werden. Gewerbetreibende müssen ihr Gewerbe beim Gewerbeamt anmelden und *Gewerbesteuern* an das Finanzamt zahlen.
> Zur Unterscheidung der Begriffe *Selbstständige/r* und *Freiberufler/in*: Gesetzlich ist genau festgelegt, welche selbstständigen Tätigkeiten zu den so genannten „freien Berufen" zählen (z. B. selbstständig ausgeübte künstlerische, unterrichtende oder wissenschaftliche Tätigkeiten). Ebenfalls wichtig ist Wissen über die sogenannte *Scheinselbstständigkeit*: Dies bedeutet, dass ein/e Selbstständige/r fast alle oder alle Einkünfte aus Arbeitsaufträgen für einen einzigen Arbeitgeber erwirtschaftet. Der/die Arbeitnehmer/in wäre dann eigentlich verpflichtet, den/die Selbstständige/n versicherungspflichtig anzumelden, also de facto bei sich in der Firma anzustellen. Scheinselbstständigkeit ist in Deutschland verboten.

vor A1a	Schreiben Sie die folgenden Begriffe an die Tafel: *der/die Selbstständige, der/die Freiberufler/in, der/die Angestellte, der/die Beamte/Beamtin*
	Lassen Sie TN so viele Informationen wie möglich zusammentragen, ggf. spekulieren sie auch zunächst nur. Unterstützen und ergänzen Sie TN dann bei der Klärung der Begrifflichkeiten (→ *Arbeitsweltwissen*).
A1a–b *Schlüssel- kompetenzen*	TN trainieren ihre Recherchekompetenz, indem sie in KG Informationen zum Thema „Selbst-ständigkeit in Deutschland" sammeln und präsentieren. Sie können die TN frei recherchieren lassen oder Quellen für die Recherche vorgeben wie z. B.: https://www.arbeitsagentur.de/fuer-menschen-aus-dem-ausland/existenzgruendung-in-deutschland https://www.bpb.de/politik/innenpolitik/arbeitsmarktpolitik/328982/selbstaendigkeit https://www.bmfsfj.de (Suchbegriff: *berufliche Selbstständigkeit*) https://www.make-it-in-germany.com/de/visum-aufenthalt/arten/selbststaendigkeit Die Recherche kann auch thematisch nach Schwerpunkten aufgeteilt werden wie z. B. – *Voraussetzungen für Selbstständigkeit in Deutschland* – *Wichtige Aspekte bei der Existenzgründung* – *Informations-/Beratungsangebote für Menschen, die sich selbstständig machen möchten* – *Beispiele für erfolgreiche Selbstständigkeit in Deutschland (ggf. Interview führen)* Lassen Sie die TN das Präsentationsmedium frei wählen, unterstützen Sie aber ggf. bei der Auswahl (Powerpoint-Folien, Plakat, Handout …)
Interkulturelle Kompetenz	Es kann sich auch ein interkultureller Vergleich anschließen, indem TN von Erfahrungen mit dem Thema „Selbstständigkeit" in anderen Ländern berichten bzw. diese mit Selbstständigkeit in Deutschland vergleichen.
Ü1	Prüfen Sie im PL, ob Berufe aus dem Rätsel im Kurs vertreten sind – oder ob jemand jemanden mit diesem Beruf kennt. Besprechen Sie: Was wissen TN über die genannten Berufe?
Ü2	TN schreiben ganze Sätze mit den Ausdrücken A–H.
A2c	Besprechen Sie im PL zu jedem Hindernis, wo und von wem man passende Unterstützung bekommen könnte. Hinweise zum Prüfungsteil *Sprechen Teil 1A* finden Sie in der → *Prüfungsvorbereitung* auf S. 168/169 und in der → *Übersicht* auf S. 350.
A3a–b	Nachdem A3a–b gelöst und besprochen wurde, können Sie noch die folgenden berufssprachlichen Aus-drücke an die Tafel schreiben und jeweils ein dazu passendes Nomen bzw. Verb von TN ergänzen lassen:

> *der Antrag – etwas beantragen*
> *die Gewährung – etwas gewähren*
> *die Entsprechung – etwas entsprechen*
> *die Erfüllung – etwas erfüllen*
> *die Angabe – etwas angeben*
>
> *die Gewährleistung – etwas gewährleisten*
> *der Widerspruch – etwas widersprechen*
> *die Einreichung – etwas einreichen*
> *der Auftrag – jemanden beauftragen*

Weisen Sie zusätzlich zur „Strategie" darauf hin, dass erhaltene Schreiben nach dem Finden von wichtigen Informationen auf alle Fälle noch einmal genau gelesen werden sollten, damit keine „versteckte" Information übersehen wird.

Ü4b	Sie können TN zur Anwendung des „Tipps" nach weiteren entsprechende Begriffen fragen. Aus dem Behördenkontext bieten sich z. B. an: *Feststellungsbescheid, Leistungsbescheid, Mahnbescheid, Bewilligungsbescheid, Rentenbescheid, Änderungsantrag, Antrag auf Zulassung zu einem Integrationskurs, Förderantrag, Antrag auf Wohngeld, Antrag auf Kindergeld, Antrag auf Elternzeit …*
Ü5	Sie können TN (ggf. als HA) ein konkretes Beispiel einer Antragstellung o. Ä. schriftlich erzählen lassen. TN verwenden alle oder einige der Formulierungen aus Ü5 und berichten davon, wie sie z. B. vorgegan-gen sind, um am Deutschkurs teilzunehmen/Förderung zu beantragen/sich arbeitslos zu melden usw.

Wie geht's weiter?

A4a–c	TN machen sich zunächst in EA Notizen, gleichen dann (A4b) in PA ihre Notizen ab und ergänzen, ebenfalls in PA, die Widerspruchsvorlage (A4c). Anschließend übertragen alle TN den gesamten Text in ihre Hefte.
Ü6 E	Lassen Sie TN berufssprachlichen Wortschatz im Text ermitteln. Schreiben Sie die Ausdrücke an die Tafel. Ergänzen Sie ggf. Wörter der jeweiligen Wortfamilie. Beispiele: *der Bescheid, das Aktenzeichen, die Berücksichtigung (berücksichtigen), prüfen (die Prüfung, prüfbar), bewilligen (die Bewilligung), hauptberuflich, selbstständig (die Selbstständigkeit)* … Zur „Info" können Sie TN fragen, ob sie solche unabhängigen Beratungsstellen kennen. Beispiele wären: *Industrie- und Handelskammer (IHK), Handwerkskammer (HWK)*, für Frauen: *bundesweite gründerinnenagentur (bga)*. Sie können auch gemeinsam eine der Webseiten besuchen und sich dort umsehen und informieren, z. B.: https://www.ihk.de/themen/existenzgruendung-und-unternehmensfoerderung

Modul 3 Berufe der Zukunft?

A1a V	Sie können TN auch nach neuen Berufen im Internet recherchieren lassen. Lassen Sie TN überlegen, welche Suchwörter sich hierfür eignen (*Berufe der Zukunft, modernisierte Berufe, zukünftige/neue/aktuelle Berufe, Trendberufe, Berufe + Digitalisierung* …)
A1c	Zunächst in PA abgleichen, dann im PL überprüfen.
Ü2 B	Sie können TN anbieten, die Sätze 1–2 in PA zu schreiben und die Sätze 3–5 in EA.
A2a–c E	Lassen Sie das Interview noch einmal und über eine Online-Plattform bzw. Konferenzsoftware (z. B. Zoom) laufen. Die TN können dabei in Echtzeit (→ Text in A1b) Fragen in den Life-Chat schreiben.
A3a–b B	TN können in KG (je nach Arbeitstempo) arbeiten: KG 1 markiert die Präpositionen und Genitiv-Formen in A2c. KG 2 markiert und ordnet in die Tabelle ein (A3a). KG 1 übernimmt anschließend (und ggf. nach Korrektur im PL) die von KG 2 in die Tabelle geordneten Präpositionen. Auch A3b kann binnendifferenziert angeboten werden: TN, die Unterstützung wünschen, können in PA arbeiten, andere in EA. Sie können auch alle TN die Sätze 1–2 in PA und die Sätze 3–5 in EA formulieren lassen.
Ü3–4	Diese Übungen lassen sich gut zunächst in PA oder KG vergleichen und korrigieren, bevor Sie im PL die Lösungen besprechen. Weisen Sie die TN darauf hin, dass die präpositionale Wortgruppe nicht unbedingt am Satzanfang stehen muss; es sind also verschiedene Satzbauversionen möglich und korrekt).
A4 E	Sie können TN auch recherchieren lassen, welche Berufe momentan als „Berufe mit Zukunft" angesehen werden, z. B. auf Seiten wie: https://www.azubiyo.de/berufe/berufe-mit-zukunft/ https://www.ausbildung.de/berufe/themen/mit-zukunft/ Um die Recherche zu strukturieren, können Sie folgende Leitfragen vorgeben: „Warum verschwinden Berufe?", „Welche Gründe gibt es für die Modernisierung von Ausbildungen?", „Welche Branchen sind in Zukunft gefragt?" Besprechen Sie danach, welche der genannten Berufe im Kurs vertreten sind bzw. angestrebt werden oder interessant für die TN sein könnten.
→ KV 10–1 *Schlüssel-kompetenzen Mediation*	Um die Schlüsselkompetenz „innersprachliche Mediation" zu trainieren, schreiben die TN anhand selbst ausgewählter Punkte eine Zusammenfassung des Textes über MINT-Berufe. Anschlussaufgabe: Lassen Sie TN im Text auf der KV nach Partizipien suchen, die als Adjektive gebraucht werden (*weitgehend, geprägt, zunehmend, steigend, abgeschlossen*).
Arbeitswelt-wissen	Die Abkürzung *MINT* im Kontext Schule, Ausbildung und Beruf setzt sich aus den Anfangsbuchstaben der Fachrichtungen *Mathematik, Informatik, Naturwissenschaften* und *Technik* zusammen und steht für die Gruppe der entsprechenden Unterrichts- und

Studienfächer bzw. Berufe. Aufgrund der wirtschaftlichen Bedeutung der MINT-Fächer und einem Prognosen zufolge in Zukunft herrschenden Fachkräftemangel in diesem Bereich gibt es viele (teilweise geförderte) Projekt und Initiativen (siehe z. B. hier: https://www.bildungsserver.de/Vereine-Stiftungen-und-Projekte-zur-MINT-Foerderung-12635-de.html) , um die Anzahl an qualifizierten Arbeitskräften in diesem Bereich zu steigern. Auf der Seite der Bundesagentur für Arbeit finden sich zahlreiche weiterführende Informationen wie z. B. zur Frauenquote in MINT-Ausbildungsgängen bzw. -Berufen.

Modul 4   Man lernt nie aus

A1
V

Weisen Sie TN, die noch unsicher sind, in welche Richtung es für sie beruflich gehen wird, darauf hin, dass sie auch Weiterbildungen und Schulungen in Bezug auf Schlüsselkompetenzen nennen können, d. h. fach- und feldübergreifende Angebote z. B. im Bereich Sprachen, Computerkenntnisse, Digitalkompetenz, Kommunikationstraining. Sie können auch – im Sinne lebenslangen Lernens – noch einen Schritt weitergehen und Weiterbildungen aus dem privaten Bereich aufnehmen: Schwimmkurs, Führerschein, Informationen über Altersvorsorge usw.
Sie können in zwei Spalten (für den Beruf / fürs Privatleben) Weiterbildungswünsche und -themen sammeln und anschließend darüber sprechen, welche Vorteile die jeweilige Weiterbildung auch für den jeweils anderen Bereich bietet (z. B. hat jemand privat Meditieren gelernt, was aber auch im Berufsleben für Stressreduktion gesorgt hat. Oder jemand, der beruflich andere anleitet, macht in einem hobbymäßig besuchten Sprachkurs nach langer Zeit selbst einmal wieder die Erfahrung, ganz am Anfang zu stehen, sich Lernroutinen aneignen zu müssen und (ggf. frustrierende) Lern-erfahrungen zu machen – was zu einem einfühlsameren Auftreten im eigenen Beruf führen kann).

Arbeitswelt-wissen

Umgangssprachlich werden die Begriffe *Fortbildung(en)* und *Weiterbildung(en)* oft als austauschbar betrachtet. Streng genommen wird zwischen beidem unterschieden:
Eine Fortbildung dient nach dem Berufsbildungsgesetz (BBiG) dem Ziel, sich konkret für einen erlernten und aktuell ausgeübten Beruf fortzubilden – somit ist sie nur Berufstätigen möglich. Eine Weiterbildung lässt sich dagegen jederzeit und unabhängig von einem bestimmten Beruf und einem bestehenden Beschäftigungsverhältnis verfolgen. Sie ist thematisch nicht an die derzeitige Arbeitsstelle oder überhaupt eine Arbeitstätigkeit gebunden, kann aber natürlich auch auf den Erwerb oder die Vertiefung von beruflichen Qualifikationen ausgerichtet sein.

E

Lassen Sie TN unter https://www.bildungspraemie.info/de/weiterbildungsgeschichten.php verschiedene authentische Weiterbildungsgeschichten lesen und Motivationsgründe für Weiterbildung sammeln (*Interesse, Spaß, Kompetenzzuwachs, Weiterentwicklung/mehr Verantwortung im Job, bessere Bezahlung, Vernetzung ...*)

A2a–d

Starten Sie mit A2a–b im PL und bitten Sie die TN anschließend, sich zu dritt zusammenzufinden. A2c–d lösen die TN in den KG.

Ü1a–b
E
Strategie

Bitten Sie die TN beim Lesen der Texte (Ü1a) drei unbekannte/unverständliche Wörter zu notieren. Sammeln Sie die wichtigsten an der Tafel, um sie zu erklären. Lassen Sie TN dabei so viele Begriffe wie möglich im PL untereinander klären (bzw. erraten!), bevor Sie als LK „im Notfall" einspringen. Fördern Sie Strategien wie Umschreiben und Erklären.
Ü1b eignet sich als HA. TN können ihre Texte am nächsten Kurstag in PA austauschen, lesen und Feedback geben. Einzelne TN sollten ihre Texte im PL vorlesen. Die anderen TN prüfen, ob alle wichtigen Infos enthalten sind und der Text gut verständlich ist.
Zum Thema „Bildungsprämie" können Sie TN den 4 Fragen umfassenden „Vorab-Check" unter https://www.bildungspraemie.info/de/vorab-check-23.php machen lassen, um den Umgang mit deutschsprachigen Online-Formularen zu üben.

Arbeitswelt-wissen

Einen *Bildungsprämiengutschein* kann erhalten, wer durchschnittlich mindestens 15 Stunden pro Woche erwerbstätig ist oder sich in Eltern- oder Pflegezeit befindet, über ein zu versteuerndes Jahreseinkommen von höchstens 20.000 Euro verfügt und die deutsche Staats-angehörigkeit besitzt oder in Deutschland arbeiten darf. (vgl. https://www.bildungspraemie.info)

Wie geht's weiter?

A2e TN können nach Berufsfeldern zusammenarbeiten und gemeinsam recherchieren. Legen Sie aber vorher fest, ob dennoch jede/r TN im Anschluss ein eigenes Weiterbildungsangebot vorstellt. Um die Vorgehensweise zu strukturieren, können Sie vor der Recherche gemeinsam festlegen, welche Informationen zur jeweiligen Weiterbildung recherchiert werden sollen: z. B. Inhalt, Dauer, Kosten usw.

A3a Lassen Sie ggf. TN mit Berufserfahrung in einem passenden Bereich berichten.

A3b Fordern Sie TN nach dem Hören auf: „Beschreiben Sie das Verhalten und die Reaktionen der Gesprächspartner", und thematisieren Sie, dass hier ein Interessenkonflikt deutlich wird und wie die beiden Gesprächspartner damit umgehen (*argumentieren, seine Interessen im Auge behalten / nicht schnell aufgeben, Gründe darlegen, neue Argumente suchen, Wünsche/Bedürfnisse äußern, sich Zeit zum Überlegen verschaffen* usw.).

Ü2b
Registertraining

Besprechen Sie einzelne Lösungen zu den Sätzen 1.–4. im PL und bewerten Sie gemeinsam die Angemessenheit der ausgewählten Reaktionen.
Zum „Tipp": Lassen Sie → TN als HA drei wichtige Ausdrücke aus Ü2a oder anderen Stellen des Kapitels heraussuchen, dazu lustige Sätze schreiben und diese dann auswendig lernen. Die TN stellen sich ihre Merksätze am nächsten Tag (auswendig!) vor.

A4 Sie können für diese Aufgabe TN auch in Vierer-KG einteilen, sodass zwei TN den Dialog spielen und zwei TN in der Beobachterrolle sind, um anschließend Feedback zum Rollenspiel geben zu können. Anschließend wechseln die Paare die Rollen. Inhaltlich können Sie TN auch anregen, ein Gespräch aus ihrem eigenen Berufsfeld statt der vorgegebenen Situationen zu spielen. Regen Sie vor dem Rollenspiel an, dass TN sich auch noch einmal die Redemittel aus Modul 1, A2c ansehen.

A5 Im Anschluss an die Gespräche in PA können Sie einzelne TN bitten, ihre Meinung bzw. die Meinung ihres/ihrer Gesprächspartner/in im PL kurz vorzustellen.

A6
→ **KV 10–2**

Sagen Sie: „Mitarbeitergespräche sind Feedback-Gespräche." Weisen Sie Ihre TN darauf hin, dass in vielen Firmen im Rahmen von Mitarbeitergesprächen Rückschlüsse gezogen werden, die für das Qualitätsmanagement von Bedeutung sind. Übertragen Sie dann die Situation auf das Unterrichtsgeschehen und erklären Sie, dass auch für Unterrichtsqualität unerlässlich ist, dass TN Rückmeldung geben und diese Rückmeldungen idealerweise bei der Unterrichtsgestaltung berücksichtigt werden. TN erhalten nun Gelegenheit zu Feedback zur Unterrichtsqualität und trainieren dabei, wie in einem Mitarbeitergespräch die eigene Sichtweise, Wünsche und Ziele zu kommunizieren.
Bitten Sie TN, ein solches Feedback-Gespräch anhand der Checkliste auf der KV vorzubereiten. TN können den Bogen im Unterricht oder auch zu Hause ausfüllen. Weisen Sie ggf. nochmals auf Feedback-Regeln wie angemessene Sprache, wertschätzenden Ausdruck und konstruktive Vorschläge hin, die ausdrücklich erwünscht sind.
Für kleine Feedback-Gespräche sollten Sie einen möglichst passenden Zeitpunkt (ohne Zeitdruck, in angenehmer Atmosphäre) wählen. Sie können Gespräche einzeln nach und nach außerhalb des Kursraums z. B. dann führen, wenn die anderen TN selbstständig beschäftigt sind. Bieten Sie TN, die kein solches Gespräch führen möchten, alternativ an, im PL einzelne Punkte anzusprechen oder auch den Fragebogen (anonym) abzugeben.

Ü3 Erwähnen Sie ggf., dass diese Sätze einzelne Rückmeldungen an die hauseigene Personalabteilung darstellen, kein direktes Feedback an den Anbieter (und somit nicht unbedingt den üblichen Feedbackregeln folgen).

A8 Geben Sie evtl. Leitfragen (z. B. an der Tafel) vor, um die Gespräche der TN anzuregen:

> *Wie zukunftsfähig ist Ihr Beruf(swunsch)?*
> *Brauchen Sie dafür ein Studium, eine Ausbildung oder eine Umschulung?*
> *Was möchten Sie in diesem Beruf erreichen?*
> *Wie können Sie sich weiterbilden?*

→ **KV 10–3**
(Portfolio)

Für das Formulieren von konkreten individuellen Zielvereinbarungen teilen Sie die KV aus. TN lesen den Text. Besprechen Sie im PL die SMART-Formel und klären Sie offene Fragen. Anschließend füllen TN in EA die Portfolio-KV aus und legen individuelle Ziele fest. Sollten TN Einwände haben bzw. sich noch nicht beruflich orientiert/festgelegt haben, können auch berufsübergreifende Weiterbildungsziele das Thema sein. Nach der schriftlichen Zielformulierung lassen Sie TN die SMART-Vorgaben noch einmal überprüfen und auf der KV abhaken. Anschließend in KG mündlicher Austausch über die notierten Ziele.

Ü4
P

Hinweise zu diesem Aufgabentyp finden Sie in der → Prüfungsvorbereitung auf S. 132.

Aussprache

Ü3
E

Im Anschluss an die Ausspracheübungen schreiben TN auf vorbereitete Zettelchen eine eigene Aussage oder Frage ohne Satzzeichen. Die Zettel werden gemischt und verteilt. Jede/r TN zieht ein Zettelchen und liest laut im PL vor, was darauf steht – einmal mit der Frage- und einmal mit der Aussagesatz-Intonation.

Kommunikation im Beruf

A1b

Achten Sie darauf, dass hier verschiedene Vorgehensweisen thematisiert werden. Der Einstieg könnte z. B. über Small Talk laufen, aber – aufgrund von Dringlichkeit – auch sehr direkt gewählt werden. Sprechen Sie mit TN darüber, welchen Einstieg ins Gespräch sie wählen würden und womit sie sich weshalb (nicht) wohlfühlen würden. Gehen Sie zusätzlich auf die Körpersprache ein, indem Sie TN zunächst beschreiben lassen, wie sie die Körperhaltung der Frau auf dem Bild sehen, und anschließend überlegen, wie mithilfe von Mimik und Gestik Signale für einen Gesprächsbeginn gesendet werden könnten.

A2b

Lassen Sie TN für dieses Gespräch die räumliche Situation möglichst authentisch nachempfinden (z. B. „Vorgesetzte/r" setzt sich an seinen/ihren Schreibtisch, „Angestelle/r" kommt in den Raum und setzt sich gegenüber).
Sprechen Sie mit TN auch über den „Tipp" in A2, indem Sie fragen: „Wie fühlt man sich, wenn man Kritik nur in Form einer Forderung von jemandem erhält?" Sprechen Sie darüber, was sich ändert, wenn jemand auch eine Idee zur Lösung eines Problems anbietet: „Warum kann es gut sein, sich vor einem Gespräch schon ein oder zwei Lösungsmöglichkeiten zu überlegen?" (*ein Zeichen konstruktiven Denkens, realistischen Mitdenkens, Lösungsorientiertheit statt nur Kritisieren, bessere Chance auf Erfolg …*)

A3
B

TN üben mit vorbereiteten Redemitteln und sprechen anschließend frei. Stärkere TN können direkt in das Gespräch einsteigen.

Interkulturelle Kompetenz

Thematisieren Sie im Anschluss im PL, ob Gespräche zwischen Mitarbeitenden und Vorgesetzten in anderen Kulturen anders ablaufen (können). Lassen Sie TN berichten. Sprechen Sie darüber, was für TN im deutschsprachigen Raum ggf. ungewohnt sein könnte.

Grammatik-Rückschau

▸

Der Job-Futuromat (https://job-futuromat.iab.de) ist ein Online-Tool, mithilfe dessen Berufe auf Automatisierbarkeit geprüft werden können. Lassen Sie TN die Kerntätigkeiten ihres jeweiligen Berufs (oder eines Berufs nach Wahl) auf die Veränderung durch Technologisierung prüfen. Aus der Liste der angezeigten Tätigkeiten wählen TN dann einzelne aus und schreiben dazu Sätze unter Verwendung des Konnektors *während* sowie von Genitiv-Präpositionen. Geben Sie persönliche Beispiele vor:
Während ich als DaZ-Lehrkraft im Unterricht nicht gut ersetzbar bin, könnten Tests von Robotern durchgeführt werden.
Aufgrund des Einsatzes von Lernplattformen können Aufgaben online gestellt werden.
Wegen der digitalen Herausforderungen besuche ich immer wieder Weiterbildungen.
TN können nach Interesse weiter auf der Internetseite recherchieren. Sprechen Sie im PL über spannende Aspekte.

Prüfungstraining A

Lesen Teil 2: Einweisungen und Unterweisungen verstehen

vor A1 Sprechen Sie mit TN darüber, wie die Prüfungstrainingsseiten im KB aufgebaut sind: Die Aufgaben folgen nicht der Reihenfolge der Prüfungsaufgaben im DTB, sondern orientieren sich an den Inhalten der vorhergehenden Kapitel. Sie können eine Übersicht über die einzelnen Prüfungsteile zugrunde legen und darin zeigen, an welcher Stelle welcher Aufgabentyp in der schriftlichen Prüfung steht. Nehmen Sie die erste Überschrift als Beispiel: Hier geht es um den Subtest *Lesen Teil 2* mit dem Lernziel „Einweisungen und Unterweisungen verstehen". (Die Titel bzw. Lernzielformulierungen sind im DTB immer dieselben.)

Sehen Sie sich gemeinsam mit TN den Aufbau und die Darstellung auf den Prüfungstrainingsseiten an. TN sollen erkennen, dass sie hier anhand der Aufgabenstellungen sowie der „Strategie"-Hinweise und „Tipps" gezielt den Umgang mit den auf weißem Fond abgebildeten exemplarischen Prüfungsaufgaben trainieren. Ziel ist das Kennenlernen und Üben der Aufgabenstellungen und der Umgang mit ihnen. Geben Sie den weniger lerngewohnten TN genug Zeit, sich in PA mit der Darstellung auf den Prüfungstrainingsseiten vertraut zu machen. Sprechen Sie anschließend im PL über den Aufbau und das Layout der Seiten:
- *Die tatsächlichen Prüfungsaufgaben sind weiß unterlegt. Die Aufgabenstellung ist dabei immer kursiv abgebildet. Die weiteren Aufgabeninhalte folgen Stück für Stück.*
- *Alle Aufgabeninhalte und Anlösungen sind in schwarzer Schrift gedruckt (wie aus den Kapiteln gewohnt).*
- *Die Arbeitsanweisungen für das Prüfungstraining sind in grüner Schrift gedruckt. Sie entsprechen den sonst in den Kapiteln blau gedruckten Arbeitsanweisungen.*
- *Hinweise, Hilfestellungen und Erklärungen sind rot gedruckt.*
- *Auszüge aus dem Prüfungs-Antwortbogen sind (wie auch im Original in der Prüfung) rot unterlegt.*
- *Am Ende eines Abschnitts findet sich ein blauer Verweis auf weitere Aufgaben des jeweiligen Formats im Buch.*

A1a TN ermitteln, dass es zwei Teil-Aufgabenstellungen sind, die hier in einer Aufgabe zusammengefasst werden. Zunächst soll erkannt werden, ob eine Aussage richtig oder falsch ist, anschließend soll die am besten passende Antwort aus drei Möglichkeiten ermittelt werden.
Gehen Sie zur Sicherheit, auch wenn das Format aus dem DTZ bekannt sein dürfte, auf das Vorgehen mit dem Antwortbogen ein. Nehmen Sie ggf. den Antwortbogen aus einem Modelltest zur Demonstration zu Hilfe. Zeigen Sie TN, wie die Datenfelder auf dem Antwortbogen der Prüfung auszufüllen sind.

A1b Betonen Sie, dass es in diesem Teil der Prüfung immer zwei Texte aus Willkommensmappen zu lesen gilt und keine andere Textsorte vorkommen kann. Dies kann TN Sicherheit vermitteln, auch wenn die Auswahl der Themen variiert. Weisen Sie darauf hin, dass deshalb die in dieser Aufgabe geforderte Themensammlung eine gute Vorbereitung darstellt. Die Themensammlung kann auch in KG erfolgen und anschließend im PL zusammengeführt werden. Erläutern Sie TN, dass es sinnvoll ist, alle gesammelten Themen für die Prüfungsvorbereitung abzulegen und immer wieder einmal Wortschatz zu den Themen zu wiederholen und diesen stetig zu erweitern.

A2 Für schwächere TN ist es ggf. wichtig sicherzustellen, dass das Wort *Stelle* in der Aufgabenstellung richtig verstanden wird (da im Berufskontext manche TN evtl. an die Bedeutung „Arbeitsplatz" denken statt an Textstellen und dann die Aufgabenstellung missverstehen). Fragen Sie explizit nach: „Was bedeutet das Wort *Stelle*?" (Anhand dieses Beispiels können Sie mit TN über Semantik ins Gespräch kommen und zeigen, dass auf den ersten Blick „klare" Schlüsselwörter allein nicht „funktionieren", sondern immer im Kontext gelesen und verstanden werden müssen.)
Wiederholen Sie die aus den Kapiteln bekannte Strategie, Schlüsselwörter zu markieren. Für schwächere TN kann diese Strategie eine Herausforderung darstellen, aber gerade deshalb sollte sie unbedingt regelmäßig geübt werden. TN können nach dem Markieren der Schlüsselwörter in EA ihre Ergebnisse in PA zunächst abgleichen, um das Erkennen wichtiger Wörter in einem Text bzw. einer Aufgabenstellung zu trainieren und ggf. Unterschiede zu anderen TN zu sehen. Das „Aushandeln" von Schlüsselwörtern ist eine gute Übung und gleichzeitig ein Argumentationstraining.

Gehen Sie dann darauf ein, warum die hier vermittelte, rot gedruckte Strategie „Aufgaben zuerst lesen" heißt – obwohl dies auf den ersten Blick von TN vielleicht für selbstverständlich gehalten wird. Fragen Sie: „Warum ist es wichtig, eine Aufgabe genau zu lesen?"
- *Man weiß dann bereits vor dem Lesen des gesamten Textes, worauf man achten muss und welche Items vorkommen – bei der knappen Zeit in der Prüfung spart das evtl. einen Lesedurchgang. Mit Vorwissen ist man beim Lesen des Textes anders fokussiert.*
- *Es hilft, nichts zu überlesen (z. B. einen Teil der Aufgabenstellung) oder zu vergessen.*
- *Es ist wichtig, nichts falsch zu verstehen.*

Überlegen Sie gemeinsam im PL, wie man trainieren kann, Aufgaben in Ruhe und aufmerksam zu lesen (ggf. das Lesen mit dem Finger unterstützen, laut/langsam lesen). Sie können in diesem Zusammenhang TN auch zu „Lesetypen" befragen: Gibt es TN, die dazu neigen, zu oberflächlich zu lesen und voreilig zu antworten? Oder TN, die sich lange und akribisch bei Aufgabe 1 oder einer schwer lösbaren Aufgabe aufhalten und denen am Ende Zeit fehlt? usw. – Ein Bewusstsein dafür kann in Prüfungen wichtig sein, um mit den eigenen Schwächen umgehen zu können.

Weisen Sie TN – ohne zu sehr darauf einzugehen – ggf. auch darauf hin, dass in manchen Aufgabenstellungen Feinheiten einen großen Unterschied machen (z. B. wenn Verneinungen zu beachten sind oder bei vermeintlichen Schlüsselwörtern) und gerade daran die Sprachkompetenz der TN gemessen wird.

Um Irritation bei TN vorzubeugen, können Sie im PL noch einmal darüber sprechen, dass beide Vorgehensweisen (1. Text überfliegen, Schlüsselwörter markieren, 2. Schlüsselwörter im Kontext prüfen) sich nicht ausschließen, sondern ergänzen.

TN können nach Beispielen für Synonyme im Text suchen (z. B. *im In- und Ausland = international; die Belohnung = die Prämie; das Stellenangebot = die Stellenanzeige*).

A3 Nach der PA können Sie auch noch einmal im PL fragen, welche Vorgehensweisen sich als zielführend herausgestellt haben. Auf diese Weise üben TN auch, ihre jeweiligen Strategien beim Lösen von Aufgaben in eigenen Worten zu erklären. Bestenfalls führt es zudem dazu, dass TN sich bewusst werden, welches Vorgehen strategisch sinnvoll war, um die Strategie künftig erneut anzuwenden. Fragen Sie auch: „Haben Sie beim Lösen der Aufgabe Fehler gemacht? Welche?", und überlegen Sie gemeinsam im PL, wie es z. B. zu einem Missverständnis kam. Dabei geht es gar nicht so sehr darum, zu zeigen, dass Fehler verhindert werden können, als vielmehr darum, dass Sie TN empowern: Zeigen und sagen Sie, dass Fehlermachen zum Lernen dazugehört, dass Fehler passieren und gemacht werden dürfen. Sie können auf diese Weise eine positive Fehlerkultur im Kurs fördern und die Sorge reduzieren, die Prüfung nicht zu bestehen. Gehen Sie wertschätzend damit um, wenn TN ihre Fehler zeigen. Regen Sie an, über Lernschwierigkeiten zu sprechen, um daran arbeiten zu können. Fragen Sie, ob bei der Besprechung der Lösung alles schlüssig erklärt werden konnte, und gehen Sie erst dann weiter zur nächsten Aufgabe.

Hören Teil 2: Argumentationen nachvollziehen

vor A4 Gehen Sie auf das Verb *nachvollziehen* in der Überschrift zu diesem Prüfungsteil ein. TN sammeln Synonyme (*verstehen, kapieren, sich in ... hineindenken, sich in ... einfühlen, nachfühlen*). Weisen Sie TN dann darauf hin, dass es in diesem Prüfungsteil immer 4 Zuordnungsaufgaben zu lösen gibt. Es geht darum, einer innerbetrieblich stattfindenden informellen Diskussion zu folgen und die darin vorgebrachten Argumente zu verstehen.

A4 TN lesen die Aufgabenstellung und erklären die Aufgabenstellung dann in PA dem/der jeweils anderen TN in eigenen Worten. Ein/e oder zwei TN nennen anschließend im PL noch einmal alle Informationen, die aus der Aufgabenstellung entnommen werden können.
Sie können noch einmal darauf hinweisen, dass das DTB-Prüfungsformat an dieser Stelle immer 4 Zuordnungsaufgaben beinhaltet: Man hört 4 Gespräche, jedem muss ein Satz zugeordnet werden.

A5a Gehen Sie auf den „Tipp" ein. Wichtig ist, dass TN wissen, dass nur das, was auf dem Antwortbogen steht, in die Bewertung der Prüfung einfließt. Es ist zulässig, die Prüfungsunterlagen als Arbeitsmaterial zu sehen und Notizen sowie Unterstreichungen oder Markierungen vorzunehmen.

Prüfungstraining A

Diese Eintragungen werden nicht bewertet. Weisen Sie darauf hin, dass TN hier für sich selbst sorgen und individuelle Hervorhebungen nach Bedarf nutzen sollten.
Die Aufgabenstellung „Um welches Thema geht es?" sollte zunächst ganz reduziert von TN beantwortet werden (*Betriebsfeiern, Ausflug mit Kollegen und Kolleginnen, Firmenfeier, (Firmen-) Veranstaltung*). TN soll dabei bewusst werden, dass sie aus dem Lesen der Sätze das Hauptthema aller 4 Gespräche bereits ermitteln können. Dies unterstützt das anschließende Hörverstehen.

A5b Fragen Sie TN: „Warum machen wir diese Übung?", und sammeln Sie Antworten (*Wortschatz trainieren, aktivieren, wiederholen, raten; Synonyme suchen; passende Wörter finden …*). Zu 4. sollten TN Beispielsätze bilden, um die hier genannten Verben selbst in passendem Zusammenhang zu üben (z. B. *Ich fühle mich gezwungen, an der Feier teilzunehmen.*).

vor A6 TN lesen die rotgedruckte „Strategie". Fragen Sie anschließend: „Finden Sie die Strategie gut?", „Machen Sie es beim Hören auch so oder gehen Sie anders vor?", „Möchten Sie die Strategie ausprobieren?", und gehen Sie dann über zu A6.

A6 Hinweis: Bei den Tracks 1.14 und 1.15 sind die in der Prüfung vorgesehenen Pausen zwischen den Nummern nicht mit aufgenommen – Sie müssen also für einen authentischen Ablauf jeweils für 10 Sekunden die Pausentaste drücken.
Achten Sie darauf, dass bei Höraufgaben Ruhe im Raum herrscht. Erläutern Sie, dass es für Menschen unterschiedlich schwer ist, sich zu konzentrieren, und auch, dass nicht alle TN gleich gut hören. Aus diesem Grund ist es wichtig, Rücksicht zu nehmen und sich für die eigene Konzentration und die der anderen TN still zu verhalten, solange der Hörtext läuft und auch danach, während die Aufgabe bearbeitet wird.
Der Abgleich der Lösung (A6b) erfolgt in PA und auch das Markieren (A6c) sollte in PA erfolgen, damit der richtige Umgang mit dem Antwortbogen geübt wird. Fragen Sie anschließend: „Haben Sie die Strategie genutzt?", „Wie hat es geklappt?" TN tauschen sich im PL aus.
Weisen Sie TN ggf. nochmalig darauf hin, dass alle Hörtexte des Lehrwerks auch allein geübt und beliebig häufig wiederholt werden können.

Sprachbausteine Teil 1: Rückfragen zu Bewerbungen stellen

vor A7 Im Prüfungsteil *Sprachbausteine Teil 1* ist stets gefordert, die Beherrschung von formelhaften Wendungen im Rahmen von schriftlicher Korrespondenz unter Beweis zu stellen, indem Wörter in einen Lückentext eingefügt werden.

A7 Die Hauptschwierigkeit liegt für viele TN wahrscheinlich darin, dass die in der Aufgabe angebotenen Wörter nicht alle in den Text passen und somit eine Auswahl „frei" getroffen werden muss, dass also das Ausschlussverfahren nicht angewendet werden kann. Sollten TN andere Schwierigkeiten benennen, nehmen Sie diese mit auf. So könnten z. B. Verwechslungen ein Thema sein (*wann/wenn*) oder auch Unsicherheit in Bezug auf den Satzbau oder die Wortart usw.
Sie können TN darauf hinweisen, dass in diesem Teil des DTB immer sechs Wörter zugeordnet werden müssen.

A8 Nachdem TN in PA die Lösung ermittelt und über den Lösungsweg gesprochen haben, gleichen Sie im PL kurz die richtigen Ergebnisse ab. Bilden Sie – falls Unklarheiten/Fragen bestehen – auch mit den nicht passenden Wörtern Beispielsätze, sodass die Verwendung und Bedeutung des jeweiligen Wortes geklärt wird.

A9a Hier sollten TN noch nicht die Wörter a–j verwenden, sondern frei überlegen, welche Wörter in die Lücken passen könnten.

A9b Nachdem die Aufgabe bearbeitet wurde, fordern Sie TN auf:
„Versuchen Sie, sich genau zu erinnern, wie Sie diese Aufgabe gelöst haben. Welche Schritte sind Sie nacheinander gegangen? Sprechen Sie zu zweit. War das gut, wie Sie vorgegangen sind?"
TN lesen im Anschluss die Strategie. Fragen Sie: „Hat das mit dem Sprachgefühl in A9a funktioniert?

Sind Sie zu zweit so vorgegangen wie in der Strategie beschrieben oder anders?" Sprechen Sie im PL und gehen Sie gemeinsam konkrete Beispielsätze durch, um herauszuarbeiten, wie die Lösung gefunden wurde.

Zu Punkt 3 können Sie TN noch raten, bei einer Lücke, die man nicht auf Anhieb schließen kann, erst einmal weiterzugehen zu den folgenden Lücken. Nach deren Bearbeitung sind weniger Wörter übrig, zwischen denen TN sich bei der noch offenen Lücke dann entscheiden können.

Hinweis: In den didaktischen Hinweisen zu K3, M1, Ü1 ist Punkt 2 der Strategie in der „Erweiterung" genauer ausgeführt.

Schreiben Teil 3: Meinungen begründen und durch Argumente stützen

A10a In diesem Teil des DTB ist grundsätzlich immer das Schreiben eines Forumsbeitrags gefordert, d. h. Textproduktion in Form von Online-Konversation bzw. -Diskussion. Zwei Themen stehen zur Wahl. (Im KB und ÜB findet sich an entsprechenden Stellen am Rand ein „P"-Piktogramm mit dem Wort „Thema" darunter.) Fragen Sie TN: „Was bedeutet es, dass Sie zwei Themen zur Wahl bekommen? Was ist gut daran?", und sammeln Sie im PL Argumente für diese Aufgabenstellung (*Entscheidung für eine Themenvorliebe ist möglich; individuelle Entscheidung, welches Thema leichter fällt bzw. worüber es leichter ist, mehr zu schreiben, bzw. wozu man mehr Informationen/Ideen hat; …*)
Klären Sie im PL, ob die Aufgabenstellung klar ist, und fragen Sie: „Was bedeutet es, einen Text in sinnvolle Abschnitte zu teilen?" Sammeln Sie im PL. TN lesen anschließend die Fragen 1–3 und sprechen in KG. Tragen Sie die Ergebnisse zum Schluss gemeinsam im PL zusammen.

A10b TN können hier in PA zunächst über beide Themen sprechen.

A11a TN sammeln in PA Wortschatz zu beiden Themen. Das Brainstorming (und der gesammelte Wortschatz) dient als Grundlage für die Pro-/Kontra-Liste. Wenn Sie binnendifferenziert vorgehen möchten, schlagen Sie TN vor, dass sie sich bereits hier für eines der Themen entscheiden und Argumente sammeln können (als HA kann dann ggf. immer noch zum zweiten Thema gesammelt werden).
TN lesen den „Tipp". Stellen Sie sicher, dass TN verstehen, was es heißt, „sich Sachen auszudenken". Geben Sie ggf. Beispiele, z. B. (Kontra:) *Die Entfernung der Snackautomaten vom Gelände ist sehr teuer.*

A11b TN arbeiten zunächst in EA und ordnen die Sätze zu. Abgleich im PL. Klären/Wiederholen Sie ggf. die Verben *vermeiden* und *angehalten sein, etwas zu tun*. Besprechen Sie anschließend im PL, welcher Satz in eine Einleitung und welcher am Schluss passt. TN können weitere Sätze bilden, die in die Einleitung bzw. an den Schluss passen, z. B.:

Einleitung	Schluss
Hallo, mich interessiert mal eure Meinung. Guten Morgen, ich wüsste gern, wie ihr darüber denkt: … Hallo, wisst ihr schon, dass …?	Ich freue mich, wenn ihr auch was dazu schreibt. Wie ist eure Meinung dazu? Hat jemand mehr Informationen dazu?

A12 Lesen Sie die Strategie im PL. Ein/e TN kann ggf. die Strategie laut vorlesen. Fragen Sie TN, ob das Vorgehen klar ist. Fragen Sie auch, ob TN Probleme bei dieser Aufgabe sehen, und wenn ja, welche. Besprechen Sie ggf. Schwierigkeiten und überlegen Sie gemeinsam, welche Übungen und Vorbereitungen auf diese Aufgabe Sie während des Unterrichts umsetzen können. Fragen Sie TN nach ihren Wünschen.
Alternativ können Sie auch TN in KG zu jedem der drei Punkte Ideen sammeln lassen, bevor sie sich dann im PL austauschen. Ggf. unterstützen Sie mit Leitfragen:
– „Ist es manchmal schwierig, sich schnell für ein Thema zu entscheiden? Warum? Was kann dabei helfen?"
– „Was hilft Ihnen dabei, schnell Argumente zu finden? Was ist der Vorteil, wenn Sie sich zunächst Notizen machen?"
– „Was können Sie tun, wenn Sie merken, dass Ihr Forumsbeitrag weniger als 100 Wörter hat?"

Prüfungstraining B

Lesen Teil 4: Aufgaben und Aufgabenverteilung nachvollziehen

vor A1a	Gehen Sie ggf. auf die Abkürzung *TOP* ein (→ Hinweis zu Kapitel 3, Modul 4, A2b). Weisen Sie TN darauf hin, dass es im Prüfungsteil *Lesen Teil 4* um innerbetriebliche Kommunikation geht und darum, einen Text möglichst genau (detailliert) zu lesen, um Einzelheiten exakt zu verstehen.
A1a	TN ermitteln zunächst ganz allgemein, um welche Art von Sitzung es sich handelt, indem sie sich für eine Lösung entscheiden. Weisen Sie TN darauf hin, dass dieser Prüfungsteil immer aus 5 Multiple-Choice-Aufgaben besteht und es zu den Fragen jeweils 3 Antwortmöglichkeiten gibt, von der eine am besten passt.
A1b	TN arbeiten in PA. Fordern Sie TN dazu auf, die Schlüsselinformationen im Text zu markieren bzw. zu unterstreichen. Abgleich der Lösung im PL.
A1c	TN versuchen zunächst in EA, die Aufgaben zu lösen. Besprechen Sie anschließend im PL die richtige Lösung und bilden Sie ggf. ganze Sätze mit den jeweiligen Formulierungen, um diese berufssprachlich zu kontextualisieren und zu üben.
A2a	Bitten Sie TN zunächst, die Aufgabe 1 zum Protokoll zu lesen und sprechen Sie im PL über die Lösung. Lesen Sie dann gemeinsam den Tipp. Gehen Sie danach über zur Strategie „systematisch vorgehen" in A2b.
A2b	TN lösen die Aufgaben zunächst in EA und vergleichen dann in KG zu dritt die Reihenfolge, bevor Sie im PL die Auflösung besprechen. Weisen Sie TN explizit darauf hin, dass sie nun ein strategisches Vorgehen gleich einem „Fahrplan" oder „Rezept" besprochen haben und die Aufgaben 2–4 jetzt nach dieser Vorgabe gelöst werden sollen.
A2c	TN lösen die Aufgaben in EA. Besprechen Sie die Lösung im PL und fragen Sie auch, ob TN das strategische Vorgehen als sinnvoll empfunden haben. Lesen Sie dann gemeinsam den Hinweis unten auf der Seite. Geben Sie TN Zeit, sich den Umfang des Protokolls auf → S. 62/63 anzusehen.

Hören Teil 1: Arbeitsabläufe, Probleme und Vorschläge verstehen

vor A3a	Besprechen Sie mit TN, dass diese Aufgabenstellung immer aus zwei Aufgabentypen besteht: 3 Richtig-/Falsch-Aufgaben und 3 Multiple-Choice-Aufgaben, bei der die am besten passende Antwort markiert werden muss. Es geht dabei darum, in einem Gespräch ein Thema zunächst global zu verstehen und dann ein Detail zu identifizieren. Sprechen Sie im Anschluss über potenzielle Schwierigkeiten beim Lösen der Aufgabe (z. B. dass der Hörtext nur einmal gehört wird).
A3c	Weisen Sie darauf hin, dass TN das Gespräch noch einmal zu zweit in eigenem Tempo hören können.
A4a	Nennen Sie hier erneut den Begriff „Schlüsselwörter". Fragen Sie ein, zwei TN vor dem Hören, welche Wörter diese markiert haben.
A4b	Diese Aufgabe kann gut zunächst in EA gelöst und dann in KG verglichen werden.
A5	Bitten Sie eine/n TN, die Aufgabenstellung laut vorzulesen, um sicherzustellen, dass alle TN darauf vorbereitet sind, dass der Hörtext nur einmal gehört wird. Anschließend lesen TN die „Strategie". Stellen Sie sicher, dass TN die Strategie verstanden haben, indem Sie eine/n TN bitten, anhand eines Beispiels zu demonstrieren, wie genau vorgegangen werden soll. (Hinweis: Die Gespräche sind in der Audiodatei bereits ohne Pause aufgenommen.) Machen sie TN abschließend darauf aufmerksam, dass bei diesem Prüfungsteil oft über Aufgaben bzw. die Aufgabenverteilung im Team gesprochen wird und die Zahl der Sprechenden zwischen 2 und 4 schwankt. Oft sind die Sprechenden Kolleginnen und Kollegen oder Auftraggebende und Auftragnehmende.

Sprechen Teil 2: Mit Kolleginnen und Kollegen sprechen

vor A6 Weisen Sie TN darauf hin, dass es im Prüfungsteil *Sprechen Teil 2* um soziale Kontakte am Arbeitsplatz geht. Hier treten immer Kollegen und Kolleginnen in Beziehung miteinander. Es geht um Dialog und Kooperation im Gespräch. Dazu gehört auch ein ausgeglichener Sprecherwechsel. Gehen Sie die Bewertungskriterien für den Prüfungsteil *Sprechen* an der Tafel nacheinander durch, indem TN benennen (und Sie als LK ergänzen), was mit den einzelnen Punkten gemeint ist:

> – kommunikative Aufgabenbewältigung – formale Richtigkeit
> – Aussprache/Intonation – Spektrum sprachlicher Mittel

A6a Geben Sie ausreichend Zeit, damit viele verschiedene Themen zur Sprache kommen. Sie können eine/n TN bitten, die Themensammlung an der Tafel zu notieren, während im PL gesammelt wird. Wichtig ist, dass Sie TN explizit darauf hinweisen, dass es in diesem Teil der Prüfung um ein informelles Gespräch am Arbeitsplatz geht. Hierfür erhält ein/e TN in der Prüfung eine Frage, die das Thema vorgibt und die entweder vorgelesen oder in eigenen Worten an den/die Gesprächspartner/in gestellt werden kann (→ Tipp S. 71). Beide Prüfungsteilnehmenden sprechen über das Thema, danach erhält der/die andere TN eine andere Frage, mit der diese/r ein weiteres Gespräch einleitet. Weisen Sie darauf hin, dass in den vorgegebenen Fragestellungen zwar geduzt wird, dass TN sich in der Prüfung aber auch siezen dürfen.

A6b Diese Aufgabe kann ohne Eingreifen von Ihnen als LK in den KG durchgeführt werden. Ziel ist, dass TN sich zutrauen, frei über ein Thema zu sprechen und selbst feststellen, was bereits gut möglich ist und bei welchen Themen z. B. noch Redemittel fehlen. Fragen Sie im Anschluss: „Gab es ein Thema, das Ihnen schwerfiel? Warum?", und gehen Sie im PL in den Austausch. Dies dient der Vorbereitung auf A6c.

A6c Sprechen Sie im PL über die Gesprächsanfänge und darüber, ob sich die vorgestellte Strategie auf die Themen übertragen ließe, die TN zuvor (A6b) genannt hatten. Spielen Sie den Einsatz jeder Strategie mindestens einmal, ggf. öfter durch.

A7a Für diese Aufgabe können Sie TN Paare bilden lassen. TN stoppen die Zeit, in der sie problemlos über das Thema sprechen können, und tauschen sich anschließend aus. Gehen Sie dann in die Metakommunikation und überlegen Sie im PL:
– „Macht es einen Unterschied für den Gesprächsverlauf, ob man sein Gegenüber (gut) kennt? Warum (nicht)?",
– „Konnten Sie beim Sprechen Strategien aus A6c anwenden?", „Hat das funktioniert?",
– „Haben Sie die Frage abgelesen oder umformuliert?"
Ggf. üben Sie weitere Durchläufe, indem Sie TN selbst weitere vergleichbare Prüfungsfragen entwerfen lassen. Sie können auch verschiedene Themen aus A6a auf Karten schreiben und im Unterricht immer wieder mal ein solches Prüfungsgespräch simulieren. Dies kann parallel in PA geübt werden oder auch (gelegentlich), indem ein Paar ein Prüfungsgespräch simuliert und andere TN das Gespräch beobachten und anschließend Feedback geben.
Weisen Sie TN darauf hin, dass in der Prüfung das Gespräch nicht beide Male von der-/demselben TN eröffnet wird. Wer beim ersten Thema begonnen hat, hat beim zweiten Gespräch also die Rolle des Gegenübers und hört erst einmal zu.

A7b Lassen Sie TN, die zuvor miteinander gesprochen hatten, die einzelnen Punkte der Strategie „locker bleiben" reflektieren. Sprechen Sie anschließend im PL über die Erfahrungen.

A7c Weisen Sie nochmals darauf hin, dass hier der-/diejenige TN das Gespräch eröffnen soll, der/die in A7a diese Rolle nicht hatte.
Achten Sie darauf, dass Handyaufnahmen, die TN von anderen auf ihrem Handy gemacht haben, wieder gelöscht werden, wenn die Aufgabe bearbeitet und beendet ist. Alternativ zu diesem Vorgehen (Handyaufnahme) können in 4er-KG zwei TN das Prüfungsgespräch spielen und zwei TN beobachten und geben anschließend konstruktives Feedback. TN berichten im PL über das Gelingen.

Prüfungstraining C

Hören Teil 3: Betriebsbezogene Informationen nachvollziehen

vor A1a	Weisen Sie TN darauf hin, dass es in der Prüfungsaufgabe *Hören Teil 3* grundsätzlich immer darum geht, einer Besprechung folgen und Details verstehen zu können.
A1a	TN sammeln in KG Themen. Sie können dies entweder handschriftlich oder, um Medienkompetenz zu trainieren, auch online tun (→ Hinweis zu Kapitel 1, Modul 1, Ü2b). Anschließend können jeweils zwei KG ihre Mindmaps abgleichen und entsprechend erweitern.
A1b	Erläutern Sie, dass das rasche Lesen/Überfliegen eine Technik ist, die Übung benötigt und die man bewusst durchführt. Stellen Sie einen Timer auf 1 Minute und sagen Sie TN, dass sie häufiger mit Zeitvorgaben arbeiten sollen, um ein Gefühl dafür zu entwickeln, wie viel Zeit man für welche Aufgabenstellung benötigt, z. B. bei den Hausaufgaben. Sie können das auch zur Routine im Kurs werden lassen, dass TN ihre Bearbeitungszeit notieren und sich im Kurs darüber austauschen. Unnötiger Druck sollte vermieden werden, aber TN sollten das jeweilige Zeitfenster für Prüfungsaufgaben gut kennen, um es nicht zu unterschätzen.
A2a	TN sollten erst die Aufgabe 1 hören und zu lösen versuchen und erst dann den Tipp lesen, um die erkannte Reihenfolge mit der Beschreibung im Tipp abgleichen zu können.
A2b	Die hier vorstellten Strategien sind für schwächere TN ggf. eine Herausforderung. Von der Aufforderung, mehreres gleichzeitig zu tun (Punkt 1: Ansage hören, Aufgabe lesen, Schlüsselwörter markieren), fühlen sich manche TN evtl. überfordert. Weisen Sie deshalb wiederholt darauf hin, dass dieses Vorgehen viel Übung erfordert und nicht auf Anhieb gelingt. Weisen Sie ggf. auf den Zeitraum bis zur Prüfung hin, um zu demonstrieren, wie viel Zeit für entsprechendes Training vorhanden ist. Gerade Punkt 4 und Punkt 5 sollten auch für schwächere TN ein umsetzbares Vorgehen darstellen und Rückhalt geben.
A3a	Weisen Sie TN darauf hin, dass diese nun gut vorbereitet sind, die Aufgabe in EA zu lösen und ein Gefühl dafür zu bekommen, wie gut das strategische Vorgehen klappt. Beachten Sie, dass TN nach dem Hören von Track 2.24-25 30 Sekunden Zeit zum Ankreuzen haben.
A3b	Besprechen Sie die Lösungen im PL. Gehen Sie auf Fehler ein, indem Sie sie nicht als problematisch darstellen, sondern gemeinsam im PL so gut es geht ermitteln, weshalb eine Teilaufgabe nicht richtig gelöst wurde bzw. was missverstanden wurde. Weisen Sie TN darauf hin, dass dieses Vorgehen allen TN potenzielle Fehlerquellen bewusst machen kann.

Lesen Teil 1: Informationen zum Arbeitsmarkt suchen

vor A4	Der Prüfungsteil *Lesen Teil 1* bezieht sich immer auf das Handlungsfeld „Arbeitssuche und Bewerbung". Im Fokus der Aufgabe steht stets das schnelle und orientierende Lesen, weshalb das strategische Lösen der Aufgabe besonders relevant ist (vgl. A5a).
A4a	Hier sollten TN in PA zunächst ganz frei assoziieren. Im PL können dann einige Ideen genannt werden.
A4b	TN lesen die Artikel-Überschriften zunächst in EA. Anschließend können Sie im PL die einzelnen Überschriften durchgehen und TN darüber spekulieren lassen, was jeweils inhaltlich im Artikel vorkommen könnte. Sie können TN auch darauf hinweisen, dass dies eine gute Mediations-Übung ist, weil sie die Kurzüberschriften in eigenen Worten ausführen. TN aktivieren und nutzen dabei Wortschatz, denken sich in ein Thema ein (→ Prüfungsteil *Sprechen Teil 1A*: „Über ein Thema sprechen") und erklären dieses genauer bzw. umschreiben es. Lesen Sie im PL gemeinsam den Tipp „Überschriften geben Orientierung" und sichern Sie das Verständnis, indem Sie z. B. fragen: „Was könnte beim Lesen der Überschriften ein Problem sein? Was können Sie dann tun?"

vor A5a	TN bilden Paare. Leiten Sie das Vorgehen (→ A5a) an: Sagen Sie, dass TN sich S. 102 ansehen und die „Strategie" (A5a) lesen sollen. Anschließend soll beim Lösen der Aufgabe (A5b) die Zeit genommen werden. Das können TN in PA selbst tun (z. B. mit dem Timer auf dem Handy). Zunächst aber sollten TN in PA über die Strategie-Schritte sprechen und überlegen, ob sie so oder anders vorgehen.
A5a	Eine alternative Strategie für den Fall, dass der erste Artikel beim Lesen nicht zur Person passt, wäre, dass TN zunächst mit einer anderen Person weitermachen. Auch können TN einen Artikel streichen, der auf gar keinen Fall zu irgendwem passt (im Modelltest der Artikel mit den Rezepten); dadurch, dass TN diesen Artikel gar nicht lesen müssen, sparen sie Zeit. Nachdem TN sich über die strategischen Schritte ausgetauscht haben, bereiten sie sich auf das Lösen von A5b in EA und mit Zeitkontrolle vor.
A5b	Nach dem Lösen der Aufgabe können Sie einzelne TN fragen, wie viel Zeit sie für die Aufgabe benötigt haben, ohne dies zu bewerten. Achten Sie auch darauf, dass TN wertschätzend miteinander umgehen, unabhängig davon, wie lange jemand für die Aufgabe gebraucht hat. Reflektieren Sie den Lösungsvorgang der Aufgabe, indem Sie z. B. fragen: „Was hat Sie beim Lesen viel Zeit gekostet?", „Wobei brauchen Sie noch Training?"/„Was ist schwierig für Sie?", „Was war leicht?" usw.
A5c	TN können in PA die Kurzbeschreibungen auf Kärtchen schreiben und dann austauschen. Ggf. können die Kärtchen auch noch im PL herumgegeben werden, damit TN möglichst viele unterschiedliche Beschreibungen lesen.

Sprachbausteine Teil 2: Auf Anfragen reagieren und Angebote machen

vor A6a	Der Prüfungsteil *Sprachbausteine Teil 2* widmet sich angemessener Ausdrucksweise und der Beherrschung von formelhaften Wendungen. Der Kontext, in dem sprachliche Konventionen geprüft werden, kann sowohl im Bereich innerbetriebliche Kommunikation als auch im Bereich Außenkontakte verortet sein.
A6a	Klären Sie zunächst die Bedeutung des Wortes *der Ausdruck* in der Aufgabenstellung (*die Wendung; mehrere Wörter, die sinngemäß zusammengehören*). TN sollten die Frage dann zunächst in EA lösen. Gehen Sie ggf. auf den Begriff *Sprachstil* ein, indem Sie fragen „Was bedeutet das?" und Beispiele sammeln (*Sprachregister, Ausdruck, Sprechtempo, Wortwahl* usw.). Falls TN fälschlicherweise *Grammatik* als Antwort nennen, gehen Sie ein Beispiel aus A7 durch und demonstrieren Sie, dass es hier keine Unterschiede in der grammatikalischen Form der vorgeschlagenen Ausdrücke gibt wie bei anderen Sprachbaustein-Aufgaben.
A6b	TN nähern sich den verschiedenen Textsorten, indem sie die Aufgabe in EA lösen. Stellen Sie sicher, dass die Begriffe 1–5 allen TN bekannt sind. Ggf. wiederholen Sie Wortschatz.
A7	Raten Sie TN, die Strategie Schritt für Schritt „abzuarbeiten". Lesen Sie hierzu jeweils gemeinsam im PL nacheinander die Punkte 1 bis 3. Nach dem Lesen von Punkt 1 befolgen TN diesen, danach folgt Punkt 2 und dann Punkt 3. Nach Bearbeitung der Aufgabe gehen Sie die richtigen Ausdrücke im PL durch und klären bei falsch eingesetzten Ausdrücken wenn möglich die Fehlerquelle. Berufsbezogener Wortschatz, der evtl. zu klären oder zu wiederholen ist: im Text: *saisonal, gemäß, anpassen, vorerst* in den Antwortmöglichkeiten: *großzügig, das Entgegenkommen, die Dringlichkeit, die Angelegenheit, die Priorität, die Tätigkeitsaufstellung, die Veranlassung, die Mahngebühr, der Monatsletzte* TN können sich Wortschatz nach Bedarf in ihre Hefte notieren. Als HA könnten TN den Wortschatz üben, indem sie selbst berufsbezogene Sätze mit den Begriffen formulieren.

Prüfungstraining D

Hören Teil 4: Anliegen und Bitten erfassen

A1a Weisen Sie TN darauf hin, dass im Fokus des Prüfungsteils *Hören Teil 4* das genaue Hören von Sprachnachrichten steht. Dazu gehört auch, sich schnell von einer auf eine ganz andere kommunikative Situation einstellen zu können, als Hörer/in also die Schlüsselkompetenz Flexibilität zu zeigen.

A1b TN sollen hier in PA zunächst spekulieren, um sich so auf das Hören vorzubereiten. Besprechen Sie im PL, dass es zu diesem Aufgabentyp gehört, im Vorfeld Annahmen zu bilden. Gleichzeitig ist wichtig, zu berücksichtigen, dass diese beim Hören jeweils bestätigt, aber auch widerlegt werden können.

A2 TN lesen vor dem Hören die Strategie „Zeit nutzen". Sprechen Sie in Bezug auf den 3. Punkt („Achten Sie auf Details.") im PL über die verschiedenen Hörstile: global, selektiv, detailliert. Wiederholen Sie ggf. die Bedeutung und lassen Sie TN Beispiele nennen.
Anschließend lösen TN die Aufgabe. Sie können zu Übungszwecken den Hörtext auch erneut abspielen, aber weisen Sie dann darauf hin, dass dies in der Prüfungssituation nicht der Fall ist.
Hinweis: TN haben in der Prüfung 30 Sekunden Zeit zum Ankreuzen, die auf der Audiodatei nicht enthalten sind.

Lesen und Schreiben Teil 1: Beschwerden und Anweisungen verstehen

vor A3 Erläutern Sie TN, dass es sich hier um die erste Fertigkeiten kombinierende Aufgabe auf den Prüfungstrainingsseiten handelt: *Lesen und Schreiben*. Das Lernziel, das bei diesem Aufgabentyp gefordert ist, lautet „auf Kundenbeschwerde nach Anweisung der Teamleitung antworten"; dabei handelt es sich um eine von drei Mediationsaufgaben in der Prüfung (die anderen sind *Hören und Schreiben* sowie *Sprechen Teil 1C*). Sehen Sie sich gemeinsam im PL die Übersicht des Testformats an und suchen und markieren Sie ggf. die Mediationsaufgaben. Weisen Sie evtl. nochmalig darauf hin, dass Aufgaben zur Mediation in der Prüfung vorkommen, um der in der Berufs- und Arbeitswelt relevanten Sprachmittlung gerecht zu werden.
Die Aufgabe in diesem Prüfungsteil besteht immer aus einem sogenannten *Eingangs*-, einem *Anforderungs*- und einem *Ausgangstext*. Sie können folgende Informationen an der Tafel auflisten, um TN die verschiedenen Bestandteile der Aufgabe in einer Übersicht zu verdeutlichen (auch wenn es zunächst nur um *Teil 1* geht und die anderen Teile an anderer Stelle auf den Prüfungsvorbereitungsseiten stehen):

> *Eingangstext:* formelle Mail mit Beschwerde eines Kunden / einer Kundin
> *Anforderungstext:* halb-/informelle Anweisung bezüglich einer Antwort auf die Beschwerde von der Teamleitung
> *Ausgangstext:* formelle Antwort-Mail auf Eingangstext nach Anweisung im Anforderungstext an den Kunden/die Kundin

An dieser Stelle können Sie mit TN besprechen, worin die Herausforderung der (hier schriftlichen) Mediation besteht: *der Text der Teamleitung muss kundenorientiert aufbereitet werden, passendes Sprachregister muss gewählt werden, höflicher und sachlicher Ausdruck sind wichtig* usw.

A3a Sie können hier noch einmal kurz auf das Wort *überfliegen* eingehen, indem ein/e TN in seinen/ihren Worten erklärt, was das bedeutet. Fragen Sie z. B.: „Was passiert beim Überfliegen eines Textes?" (*schnelles, lückenhaftes Lesen; Schlüsselwörter suchen bzw. identifizieren; nicht Wort für Wort lesen; querlesen, um Erwartungen an den Text bilden zu können …*)

A3b Sobald TN gemerkt haben, dass sich die Aufgaben auf die zweite Mail beziehen, können Sie im PL den „Tipp" lesen und besprechen. Wichtig ist, dass es sich hier um eine Hilfestellung für die Prüfung handelt. TN können es als verlässlich erleben, dass die Aufgaben sich immer auf die zweite Mail beziehen. Der „Tipp" streicht zudem heraus, dass die Aufgaben zur Verständnissicherung dienen, bevor TN sich an die Schreibaufgabe machen.

Nach dem Lösen und Abgleichen der Aufgaben 1 und 2 können Sie im PL berufsbezogenen Wortschatz aus den Mails filtern und wiederholen bzw. klären. Dies könnte z. B. sein:

die Wiedergutmachung die Vormerkung der Ersatz (aus der Aufgabenstellung)	mangelhaft anspruchsvoll entsprechend	ordern vertrösten ein gutes/schlechtes Licht auf etw./ jn. werfen

Weisen Sie TN darauf hin, dass es in dieser Prüfungsaufgabe (*Lesen und Schreiben Teil 1*) immer „nur" 2 Multiple-Choice-Aufgaben zu lösen gibt.

Lesen und Schreiben Teil 2: Auf Beschwerden reagieren

A4a TN gleichen die in EA markierten Informationen in PA ab.

A4b TN ergänzen in PA die genannten Gründe und die gesammelten Gründe werden anschließend im PL vorgestellt. Sollten Gründe genannt werden, die nicht passen, besprechen Sie im PL, warum dies so ist, um mögliche Missverständnisse zu beseitigen.

A4c Die Aufgabe kann in PA gelöst werden. Wichtig ist, dass Sie im PL anschließend über die verschiedenen Lösungsmöglichkeiten sprechen. Ggf. wiederholen/klären Sie (vgl. A3b) Wortschatz:

die Entschädigung der (Preis-)Nachlass der Ersatz die Gutschrift die Wiedergutmachung die Erstattung	mangelhaft deutlich beschädigt umgehend	angebracht sein entgegenkommen reduzieren um … ersetzen

Als zusätzliche Übung können Sie im PL oder als HA auch zu einigen der Wörter Wortfamilien bilden lassen (z. B. *die Gutschrift, gutschreiben, gutgeschrieben*), z. B. indem Sie TN bitten, hierfür individuell drei Wörter auszuwählen.

A5 Fragen Sie TN zunächst nach einem Synonym für das Adjektiv *angemessen* (*passend, stimmig, sinnvoll, geeignet*). TN finden anschließend in PA die nicht angemessenen Ausdrücke in der Mail und formulieren diese neu.
Auswertung im PL, um möglichst viele verschiedene Lösungsmöglichkeiten zu hören. Sprechen Sie darüber, warum manche Lösungen passender sind als andere, und diskutieren Sie über das Thema „sprachlicher Ausdruck". Fragen Sie z. B.: „Macht es einen Unterschied, ob ich statt *happy glücklich, zufrieden* oder *begeistert* sage? Welchen?" (*graduelle Unterscheidung, Angemessenheit, Kontext, persönliche Vorliebe*).

A6a Berücksichtigen Sie bei dieser Aufgabe, dass Sie TN genügend Bearbeitungszeit geben. Das Lesen und Verstehen der Strategie „auf eine Beschwerde antworten" erfordert bereits Aufmerksamkeit und Zeit, wenn diese umfassend verstanden und umgesetzt werden soll. Sichern Sie das Verständnis und unterstützen Sie TN beim Verstehen der Strategie, indem Sie TN nach dem Lesen bitten, die genannten Punkte zunächst in eigenen Worten wiederzugeben, bevor sich TN an das Schreiben der Mail machen.
Weisen Sie TN darauf hin, dass sie die eigene Mail noch einmal lesen und ggf. korrigieren sollten, bevor sie sie an eine/n Partner/in weitergeben, um Feedback zu erhalten.
Sie können auch im PL zunächst eine Checkliste an der Tafel sammeln, die das Feedback erleichtert. Hierfür können Stichpunkte sammeln wie

Prüfungstraining D

> - Angemessenheit / formelle Sprache
> - Höflichkeit
> - Anrede, Grußformel
> - Sie-Form
> - Grund genannt?
> - Entschädigung genannt?
> - Zeitform?
> - Groß-/Kleinschreibung?
> - Satzzeichen?

Sprechen Teil 3: Lösungswege diskutieren

vor A7a Weisen Sie TN darauf hin, dass es im Prüfungsteil *Sprechen Teil 3* um die Groblernziele „Kommunikation und Kooperation am Arbeitsplatz" geht. Es handelt sich um eine innerbetriebliche Gesprächssituation unter Mitarbeitenden, in der zielorientiert über Lösungswege diskutiert wird. Weisen Sie noch einmal auf die für den Prüfungsteil *Sprechen* wichtigen Kriterien hin (→ Hinweis Prüfungstraining B, *Sprechen Teil 3*, vor A7a).

A7a Je nach zeitlicher Kapazität können TN die drei hier vorgeschlagenen Situationen auch zu verschiedenen Zeitpunkten bzw. in KG (je eine Situation parallel zu den anderen KG) bearbeiten. Die verschiedenen Lösungen sollten im PL vorgestellt und ggf. (im Hinblick auf die Kriterien Brauchbarkeit und Angemessenheit) diskutiert werden, damit alle TN möglichst viele kreative Ideen hören.

A7b TN arbeiten in EA. Spielen Sie die Gesprächsausschnitte ggf. mehrmals ab. Besprechen Sie die Lösungen im PL und ggf. auch, warum manche Reaktionen nicht passen.

A8a Weisen Sie TN darauf hin, dass es hier sinnvoll ist, zunächst in EA zu überlegen, um dann Ideen in PA zusammenzustellen. In diesem Teil der Aufgabe geht es erst einmal nur um das Sammeln von Stichpunkten.

A8b TN lesen die „Strategie". Klären Sie ggf. offene Fragen zum Ablauf der Prüfungsaufgabe. TN stellen sich dann einen Timer (Handy) und sprechen vier Minuten lang.
Schreiben Sie anschließend folgende Fragen an die Tafel, anhand deren Sie im PL reflektieren können, wie das Gespräch gelaufen ist:

> - Wie hat der Gesprächseinstieg geklappt?
> - Gab es während des Gesprächs Probleme/Missverständnisse?
> - Haben beide Partner/innen ungefähr gleich viel gesprochen?
> - Wie hat der Sprecherwechsel geklappt?
> - Haben Sie zu einer gemeinsamen (!) Lösung gefunden?
> - Haben Sie nur über Ihre Stichworte gesprochen oder auch über anderes?
> - Waren Sie beide (!) zufrieden mit dem Gespräch?
> - Was würden Sie beim nächsten Üben anders machen?
> - Was wünschen Sie sich als Übung für diese Prüfungsaufgabe?

Planen Sie ggf. gemeinsam im PL die nächste Übung in Bezug auf den Prüfungsteil *Sprechen Teil 3*.

Hören und Schreiben Teil 1 und 2: Kundenanfragen entgegennehmen und dokumentieren

vor A1a	Der Prüfungsteil *Hören und Schreiben Teil 1 und 2* besteht im Schreiben einer Telefonnotiz, die Handlungsanweisungen für Kollegen und Kolleginnen enthält. Es sind in dieser Prüfungsaufgabe beim Hören immer drei der gehörten Informationen aufzuschreiben. Namen und Telefonnummern sind ebenfalls zu notieren. Für diese Aufgabe hat der Antwortbogen die Form eines Formulars zum Ausfüllen.
A1a	Besprechen Sie zunächst die Aufgabenstellung. Anschließend lesen TN den „Tipp" und sehen sich das Formular an, anhand dessen sie die Anzahl der Aufgaben ermitteln.
A1b	TN lösen die Aufgabe in EA und gleichen dann in PA die Ergebnisse ab.
A1c	TN kreuzen in EA die Antwort an. Warten Sie mit der Besprechung der Lösung. TN bearbeiten erst A1d.
A1d	TN gleichen ihre Einschätzung (A1c) mit den gehörten Sätzen ab.
A2a	Nach dem Hören und Notieren können Sie eine/n TN bitten, die gehörten Infos an die Tafel zu schreiben. Andere TN gleichen ab und korrigieren ggf. Zur Kontrolle evtl. erneutes Hören.
A2b	Diese Aufgabe können Sie so oder ähnlich immer wieder mal als „Pausenfüller" im Unterricht einbauen. Um das nicht zu vergessen, können Sie auch als Routine einführen, dass im Kurs jede/r TN einmal einen Namen und eine Telefonnummer den anderen TN im Kurs diktiert (z. B. pro Kurstag ein/e TN).
A3a	Weisen Sie TN darauf hin, dass die Notizen auf jeden Fall in EA anzufertigen sind. Dann Abgleich in PA.
A3b	Die Sortierung der Informationen kann gut in PA erfolgen, damit ggf. über die Zuordnung diskutiert werden kann.
A4a	Erklären Sie TN, dass es in dieser Aufgabe um zwei Schritte geht: Zum einen werden (nach dem Lesen der „Strategie") Tipps gesammelt, die sich für die Prüfungsvorbereitung eignen. Anschließend sollen diese Tipps noch einmal auf Tauglichkeit geprüft werden, indem ein Austausch in PA stattfindet, was sich gut üben lässt. Sie können auch eine Mediationsübung anschließen und ein oder zwei TN bitten, die vorgestellten strategischen Schritte in eigenen Worten noch einmal darzustellen und die Ergebnisse aus dem Partnergespräch im PL vorzustellen. Ggf. weisen Sie auf die Strategie des Notizenanfertigens hin (→ Hinweis zu Kapitel 1, Modul 4, Ü2b).
A4b	Weisen Sie TN darauf hin, in EA vorzugehen, um ein Gefühl dafür zu entwickeln, was zu hören/verstehen/aufzunehmen ist und was nicht. Auch für diesen Prüfungsteil ist es wichtig, Selbstsicherheit zu entwickeln, um auf das zu vertrauen, was gehört werden kann. Wichtig ist, dass Sie TN wie in der Prüfung vor dem Hören 30 Sekunden Zeit lassen und nach dem Hören dann 1 Minute Zeit geben für das Ausfüllen des Antwortbogens. Diese Pausen sind in der Audiodatei noch nicht enthalten.
A4c	Geben Sie TN ausreichend Zeit zur Reflexion der Aufgabe in PA. Erst danach nochmaliges Hören und ggf. Austausch über Schwierigkeiten im PL.

Lesen Teil 3: Rahmenbedingungen der Arbeit verstehen

A5a	Wie hier beschrieben, entstammen die Fragen und Tipps in diesem Prüfungsteil immer einem Online-Forum aus dem beruflichen Kontext. Das Hauptthema sind Regularien am Arbeitsplatz. TN lesen die Aufgabe und den Tipp und sammeln in KG Themen und Fragen, die sich für ein solches Forum eignen könnten. Anschließend die gesammelten Ideen im PL zusammenführen.
A5b	Hier kann es auch sinnvoll sein, (anschließend an die Gespräche in KG) im PL zu diskutieren, um verschiedene Aspekte zu beleuchten (*angemessene Sprache, Inhalt, Relevanz der Antwort für wen?* usw.)

Prüfungstraining E

A6a TN sollten in PA alle Punkte (A–D) durchgehen und besprechen. Räumen Sie dafür genügend Zeit ein. Es ist wichtig, sich das persönliche Vorgehen beim Lösen von Aufgaben bewusst zu machen, auch in Abgrenzung zur Vorgehensweise anderer TN.

A6b TN lesen die „Strategie" und besprechen in PA, inwieweit das eigene Vorgehen und die vorgeschlagenen Punkte sich entsprechen. Fragen Sie anschließend im PL: „Sind Sie einverstanden mit den Vorschlägen im Buch? Oder haben Sie andere/weitere Vorschläge zum Lösen der Aufgabe?"

A6c Halten Sie sich als LK zunächst zurück, sodass TN in KG so lange diskutieren, bis eine „feststehende" Lösung erarbeitet wurde. Hier kann von KG zu KG unterschiedlich viel Zeit nötig sein, bis ein Konsens erreicht ist.
Wenn alle KG fertig sind, können Sie im PL Artikel zu berufsbezogenen Nomen (und Komposita) von S. 167 wiederholen:

die Kündigung	das Monatsende	das Arbeitslosengeld
der Kündigungsschutz	die Probezeit	die Sperrfrist
der Mutterschutz	die Frist	der Tarifvertrag
die Elternzeit	der Vertrag	das Jobcenter
die Zwischenzeit	die Regelung	die Behinderung
der/die Berufsanfänger/in	das Arbeitsrecht	die Schwierigkeit
der Auftrag		

Sprechen Teil 1A: Über ein Thema sprechen

vor A7 Weisen Sie TN darauf hin, dass es in der mündlichen Prüfung an keiner Stelle Vorbereitungszeit gibt, dass es aber (→ A7a und Übersicht zum Prüfungsformat *Sprechen Teil 1A* auf S. 350) feststehende Themen gibt, auf die TN sich während der Kursdauer vorbereiten können, sodass spontanes und freies Sprechen in der Prüfung möglich wird.

A7a TN können sich in KG über die Themen austauschen. Sie können anregen, dass TN kleine Arbeitsgruppen für die Recherche zu bestimmten Themen bilden und sich später austauschen und ergänzen, um möglichst viele Informationen/Ideen im Kurs zusammenzutragen.

A7b Hier wird eines der acht Themen konkret vorgeschlagen. Geben Sie TN zunächst Zeit, sich in EA zu überlegen, über wen sie hier sprechen wollen/könnten. Unterstützen Sie ggf. TN, die Schwierigkeiten haben, eine Person zu finden, über die sie sprechen könnten, indem Sie zunächst im PL das TN-Umfeld scannen: *Freunde, Bekannte, Mitlernende, Nachbarschaft, (Kinder-)Arzt/Ärztin, Erzieher/in, Verkäufer/in, Friseur/in, Lehrer/in* usw.

A7c–d Diese Aufgabenteile können TN nur in EA individuell erledigen. Die Notizsammlung sowie die Redemittel-Auswahl kann auch gut in Ruhe als HA vorbereitet werden.

A7e Der Vortrag kann, wie in der Aufgabe vorgeschlagen, zunächst (zu Hause) mit dem Handy aufgenommen werden. Sie können aber anbieten, dass einzelne TN ihren Vortrag direkt (und auch wiederholt) im Kurs halten, um Feedback anderer TN zu erhalten.
Besprechen Sie unbedingt die Strategie „einen Vortrag vorbereiten" und betonen Sie, dass in der Prüfung kein auswendig gelernter Text präsentiert werden, sondern frei gesprochen werden soll. Dies erfordert Übung, bedeutet aber auch, dass Fehler erlaubt sind. Weisen Sie darauf hin, dass es immer erkennbar ist, wenn ein Text auswendig gelernt und nicht natürlich vorgetragen wird. Sie können den Unterschied im Kurs auch demonstrieren, indem Sie einen kurzen Text (selbst) zunächst ablesen und anschließend noch einmal frei erzählen. Fragen Sie TN anschließend: „Was ist anders?" und „Was gefällt Ihnen besser? Warum?" Achten Sie darauf, dass TN den Unterschied in der Intonation erkennen, und besprechen Sie noch einmal Merkmale gesprochener Sprache, die einen Vortrag lebendig machen.

Sprechen Teil 1B: Prüferfragen

A8 Zunächst findet hier ein Brainstorming der TN in PA statt. Dabei handelt es sich um einen wichtigen Perspektivwechsel: TN denken sich in Prüfende hinein und überlegen, welche Fragen zum Thema gestellt werden könnten. Dieser Perspektivwechsel kann zu jedem der acht Themen während der gesamten Kursdauer durchgeführt und geübt werden, damit TN ein Gefühl für mögliche Fragestellungen entwickeln. Je nach Übungsintention können die Fragen mündlich oder schriftlich gesammelt werden.
Lesen Sie im PL den „Tipp" und sprechen Sie darüber, was *ausführlich* bedeuten kann. Thematisieren Sie auch, dass die Aufforderung „Zeigen Sie, was Sie können" natürlich relativ ist, dass sich aber jede/r TN ermutigt fühlen sollte, seine/ihre Kompetenz zu zeigen. Weisen Sie darauf hin, dass spontanes Sprechen hier vor allem bedeutet, den Redefluss aufrechtzuerhalten und Gedankengänge in Sprache umzusetzen. Natürlich sollte die Sprache so korrekt wie möglich sein, aber Spontansprache zeichnet sich auch durch z. B. Einschübe und Selbstkorrektur aus. Dies noch einmal hervorzuheben, kann TN in Bezug auf die Prüfungsvorbereitung entlasten.

Sprechen Teil 1C: Erläuterung eines Aspekts

A9a Zur besseren Visualisierung können TN die einzelnen Schritte auch auf Kärtchen/Papierstreifen schreiben und dann auf dem Tisch in der richtigen Reihenfolge untereinander-/nebeneinanderlegen. (Oder Sie bereiten Kärtchen/Papierstreifen vor und teilen diese aus.) Gehen Sie durch den Kursraum und sprechen Sie mit TN über die Anordnung. Sie können auch an dieser Stelle schon ins Gespräch darüber gehen, welche Teilaufgaben für TN eine besondere Herausforderung darstellen oder was davon gut vorbereitet werden kann usw.

A9b Weisen Sie TN darauf hin, dass in diesem Prüfungsteil der Fokus auf der Fertigkeit Mediation liegt und es hier (wie im „Tipp" beschrieben) wieder um das freie Sprechen geht. Was sich jedoch gut vorbereiten lässt, sind Redemittel, mit denen sich anhand von Notizen die Aussagen der/des anderen TN in der Prüfung wiedergeben lassen.
TN können zur bewussten Wahrnehmung der Zeit auch mit dem Timer arbeiten und diesen auf eine halbe Minute einstellen.
Das genaue Zuhören, Notizenanfertigen und das anschließende Wiedergeben von Informationen einer anderen Person in eigenen Worten sollte im Unterricht immer wieder explizit als Prüfungstraining stattfinden. Sie können es z. B. auch üben, indem Sie TN bitten, eine tagesaktuelle Nachricht in den Kurs „mitzubringen" und in eigenen Worten den anderen TN zu berichten.
Hier in der Aufgabenstellung wird zudem vorgeschlagen, die Antwort aufzunehmen. Sie können auch dies immer wieder im Unterricht bzw. als HA vorschlagen, um bei TN das Bewusstsein für ihren eigenen sprachlichen Ausdruck zu fördern.

A10 TN können auch andere Themen aus den 8 Optionen wählen, damit es nicht langweilig wird. Nach dieser Aufgabe sollten Sie unbedingt in die Metakommunikation gehen und die simulierte Prüfungssituation im PL reflektieren. Hierbei können folgende Leitfragen helfen:

> - *Wie hat Ihr Vortrag geklappt? Was war gut? Was kann verbessert werden?*
> - *Vergleichen Sie Ihre Notizen. Wie viele Notizen haben Sie sich gemacht? Waren die Notizen, die Sie gemacht haben, hilfreich?*
> - *Wie war Ihr Zeitgefühl während der Aufgaben?*
> - *Wenn Fragen an Sie gestellt wurden: Konnten Sie die Fragen beantworten? Wenn nicht: Was haben Sie gemacht?*

Ich stelle mich vor – meine Mindmap

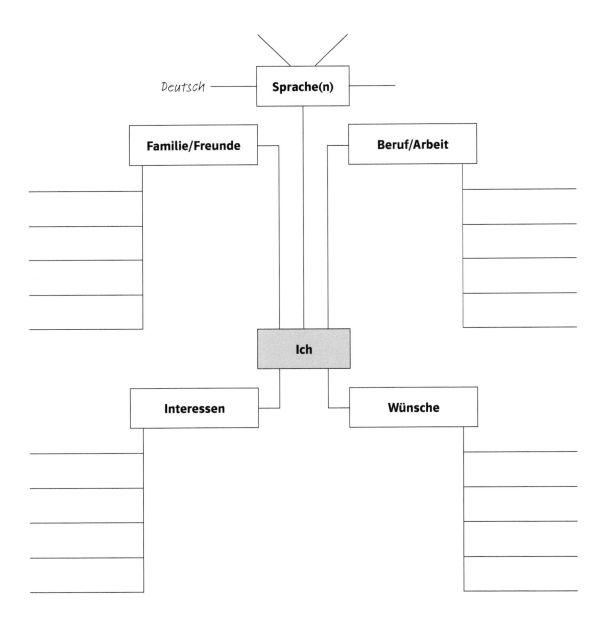

Mein Lebenslauf

Name _____

Adresse _____

Telefon _____

E-Mail _____

Geburtsdatum und -ort _____
_____

Berufserfahrung
_____
_____
_____

Ausbildung
_____
_____
_____

Kenntnisse
_____
_____
_____

Interessen
_____
_____
_____

Kennen Sie diese Berufe? Wer macht was?

Agiler Coach	Er/Sie unterstützt Teams, Firmen oder Organisationen bei der Einführung und Umsetzung bestimmter Methoden und sorgt damit für effektive Abläufe.
Datenschutzbeauftragte/r	Er/Sie arbeitet z. B. in einem Unternehmen oder einer Organisation und überwacht und kontrolliert dort den Umgang mit personenbezogenen Daten.
Fachverkäufer/in Zweiradhandel	Er/Sie präsentiert und verkauft Fahrräder, Motorroller, Motorräder, Zubehör und Ersatzteile. Auch Beratung und Warenbestellung gehören dazu.
Gärtner/in – Friedhofsgärtnerei	Er/Sie legt Grabstätten und Friedhofsgärten an, bepflanzt und pflegt diese.
Baugeräteführer/in	Er/Sie arbeitet im Hoch-, Straßen- und Tiefbau und bedient Maschinen und Fahrzeuge für Bauaufgaben.
Sales Manager/in	Er/Sie plant, koordiniert und kontrolliert Verkaufsaktivitäten von Produkten oder Dienstleistungen.
Unternehmensberater/in	Er/Sie arbeitet als externe/r Dienstleister/in, der/die die Abläufe in Unternehmen, z. B. für die Steigerung des wirtschaftlichen Erfolgs analysiert.
Pannendienstfahrer/in	Er/Sie hilft bei Pannen, macht liegen gebliebene Fahrzeuge wieder betriebsbereit oder kümmert sich um das Abschleppen.
Zerspanungsmechaniker/in	Er/Sie fertigt Bauteile durch Verfahren wie Drehen, Fräsen, Bohren oder Schleifen. Er/Sie arbeitet mit maschinell gesteuerten Werkzeugmaschinen oder Fertigungssystemen.
Kindergartenhelfer/in	Er/Sie hilft pädagogischen Fachkräften bei der Betreuung und Erziehung von Kindern in Kindergärten oder -tagesstätten.
Osteopath/in	Er/Sie behandelt mittels Zug- und Drucktechniken Menschen mit Beschwerden, die aus Verspannungen und Blockaden im menschlichen Körper resultieren.
Raumausstatter/in	Er/Sie gestaltet, fertigt und montiert Dekorationen, Bodenbeläge und Polstermöbel nach Kundenwünschen.

Präsens

Die Ausbildung zur Köchin dauert drei Jahre.

Ich stelle meine Bewerbungsunterlagen fertig.

Herr Cho fährt mit dem Rad zur Arbeit.

Sie übt jeden Tag zehn Minuten Vokabeln.

Ich gehe auf eine Abendschule.

Perfekt

Sie ist aufs Gymnasium gegangen.

Frau Albert hat Physik studiert.

Der Kurs hat abends stattgefunden.

Wir haben die Stunden angegeben.

Die Weiterbildung ist richtig gut gelaufen.

Futur I

Wann werden Sie die neue Stelle antreten?

Er wird keinen Tag fehlen.

Die Kandidatin wird sich am Mittag melden.

Sie werden das Projekt genau erklären.

Diese Arbeit wird nicht zu mir passen.

KV 2-1

Mindestlohn in Deutschland

B1/B2

1. Recherchieren Sie in Kleingruppen zum Thema „Mindestlohn in Deutschland" und beantworten Sie die folgenden Fragen.

1. Wofür steht die Abkürzung BMAS? _____
   _____

2. Wie lautet der Slogan des BMAS für Mindestlohn? _____
   _____

3. Wie hoch ist aktuell der Mindestlohn in Deutschland? _____

4. Warum wurde in Deutschland ein Mindestlohn eingeführt? Und wann war das?
   _____
   _____
   _____

5. Gilt der Mindestlohn auch für Minijobber/innen? _____

6. Es kann passieren, dass der Mindestlohn anderen, tarifvertraglichen Regelungen nicht entspricht. Was gilt dann?
   _____
   _____
   _____

7. Wie wird sichergestellt, dass der Mindestlohn auch gezahlt wird?
   _____
   _____
   _____

8. Was passiert, wenn sich Arbeitgeber nicht an die Vorschriften zum Mindestlohn halten?
   _____
   _____
   _____

2. Vergleichen Sie Ihre Ergebnisse mit einer anderen Gruppe und ergänzen Sie sich gegenseitig.

3. Was denken Sie: Welche Tätigkeiten werden besonders häufig nach Mindestlohn bezahlt? Warum ist das so? Sprechen Sie miteinander.

4. Recherchieren Sie weitere Informationen zum Thema „Mindestlohn" auf der Seite www.statista.de (Stichwort: „Mindestlohn"). Wie sieht es mit Mindestlöhnen in Europa und im internationalen Vergleich aus?

5. Erstellen Sie im Kurs eine Wörterliste (maximal 10 Wörter) zum Thema „Lohn".

Lernplakate gestalten

1. Was ist wichtig, wenn man ein Lernplakat macht? Ergänzen Sie die Lücken.

Druckschrift	entfernt	Funktion	Grafiken	Hervorhebung	hochkant	Sätze
	selbsterklärend	Struktur	Themen	überlastet	Überschrift	

Ein gutes Lernplakat

Ein gutes Plakat braucht eine grosse und leserliche _____.

Das _____ soll auf den ersten Blick erkennbar sein.

Ein Plakat ist nicht in Schreibschrift, sondern in _____ geschrieben.

Die Schrift muss auch gut lesbar sein, wenn man etwas weiter _____ sitzt.

Das Plakat kann _____ oder im Querformat gestaltet sein.

Beim Aufbau eines Plakats ist die _____ wichtig.

Damit ein Plakat nicht _____ wirkt, braucht es viel Weissraum.

Bei der Gestaltung eines Plakats werden Farben zur _____ genutzt.

Man schreibt am besten keine oder nur kurze _____.

_____, Abbildungen und Zeichnungen können Informationen unterstützen.

Abbildungen und Grafiken sollten eine _____ haben und nicht nur Lückenfüller sein.

Ein Plakat kann eine Präsentation unterstützen oder auch _____ sein.

2. Kennen Sie noch andere wichtige Regeln, Tipps oder Merksprüche für jemanden, der ein Lernplakat macht? Sammeln Sie im Kurs.

- In der Kürze liegt die Würze!
- In Maßen, nicht in Massen!
- Konzentration auf das Wesentliche!
- Weniger ist mehr!

Eine Grafik beschreiben

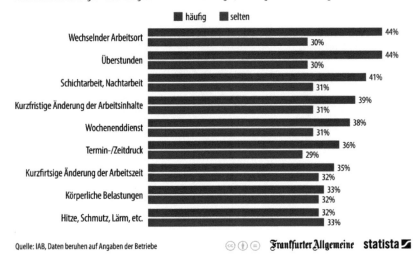

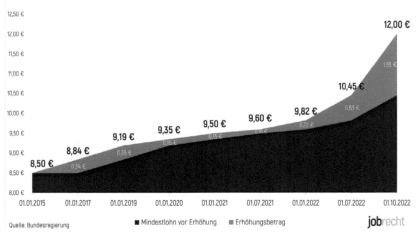

KV 2-4

da	darum	sodass	denn	deshalb
weil	obwohl	deswegen	trotzdem	JOKER!

	1	2	3	4
START →	Ich mache nie Überstunden, …	Herr Maser wird nicht kündigen, …	Sie wollte die Mail nicht abschicken, …	Das Gespräch lief gut, …
9 Die Zeitarbeitsfirma hat angerufen, …	**8** Der Aushilfsjob hat viel Spaß gemacht, …	**7** Sie zahlen den gesetzlichen Mindestlohn, …	**6** Der Praktikumsplatz war sofort vergeben, …	**5** Nachtschichten mag ich nicht, …
10 Eine Tätigkeit in dieser Firma wäre ideal, …	**11** Meine Bewerbung ist verschickt, …	**12** Es waren andere Voraussetzungen gewünscht, …	**13** Die Beratung war hilfreich, …	**14** Wir brauchen Verstärkung im Team, …
19 Ein gepflegtes Auftreten ist wichtig, …	**18** Die Firma braucht flexible Mitarbeiter/innen, …	**17** Fachleute werden gesucht, …	**16** Die Anzeige ist interessant, …	**15** Man kann sich online bewerben, …
20 Sie müssen Ihre Kontaktdaten angeben, …	**21** Der Antrittstermin ist im Juni, …	**22** Er verfügt über die nötigen Qualifikationen, …	**23** Das Unternehmen ist innovativ, …	**24** Die Stundenzahl lässt sich reduzieren, …
29 Es gibt ein Zeiterfassungssystem, …	**28** Die Bezahlung ist nicht sehr gut, …	**27** Sie fordert ein höheres Gehalt, …	**26** Frau Marx kennt sich mit Computern aus, …	**25** Es gibt eine Probezeit, …
30 Er bewirbt sich um die Stelle, …	**31** Sie ist neu in der Abteilung, …	**32** Die Mittagspause dauert 30 Minuten, …	**33** Die Firma hat Gleitzeit, …	**34** Die Preise sind gesunken, …
ZIEL	**38** Die Cafeteria ist zurzeit geschlossen, …	**37** Sein Gespräch ist gut gelaufen, …	**36** Herr Manzetti ist ab September einsatzbereit, …	**35** Viele Deutsche machen Überstunden, …

Auch Lernen ist Arbeit!

Schreiben Sie einen Arbeitsablauf für Ihren Deutschkurs. Wie läuft Ihr Unterrichtstag ab? Was wiederholt sich? Wie sind die Rahmenbedingungen?

- Beantworten Sie zuerst die unten stehenden Fragen.
- Sprechen Sie zu dritt darüber und machen Sie Notizen.
- Bringen Sie dann die Informationen in eine logische Reihenfolge.
- Zuletzt schreiben Sie den Text (jede/r allein). Stellen Sie sich vor, Sie beschreiben den Unterrichtsablauf für jemanden, der/die Ihren Deutschkurs nicht kennt.

1. **Mitarbeitende:** Wer ist beteiligt?

2. **Aufgaben:** Was wird getan?

3. **Arbeitsablauf:** Wie wird die Arbeit getan?

4. **Arbeitsmittel:** Womit wird gearbeitet?

5. **Ziel, Zweck:** Wofür wird gearbeitet?

6. **Ort, Arbeitsplatz:** Wo findet die Arbeit statt?

7. **Zeit, Dauer:** Wann und wie lange wird gearbeitet?

8. **Qualität:** Wie gut wird gearbeitet?

9. **Sicherheit:** Wie sicher wird gearbeitet?

Branchen- und berufsspezifischer Wortschatz: Nomen

Branche: _____

Beruf: _____

Singular	Arbeitsmittel	Plural

Singular	Arbeitsorte	Plural

Singular	Produkte/Dienstleistungen	Plural

Singular	Arbeitsbedingungen u. a.	Plural

KV 3-3

Ich bin krank!

Lesen Sie die folgenden drei Krankmeldungen und ergänzen Sie die Lücken sinnvoll. Tauschen Sie dann die Krankmeldungen im Kurs und lesen Sie Varianten Ihrer Mitlernenden.

Hallo Herr Katzenberger,

hiermit möchte ich _____, dass ich heute aus gesundheitlichen _____

leider nicht _____ kann. Ich werde schnellstmöglich _____

_____ und Sie im Anschluss unverzüglich über die voraussichtliche _____

_____ meiner Arbeitsunfähigkeit informieren.

Die _____ schicke ich Ihnen schnellstmöglich zu, sodass diese Ihnen

_____ der nächsten drei Tage vorliegt.

Mit freundlichen Grüßen

David Spenner

Sehr geehrte Frau Mühlenberg,

ich kann heute nicht zur Arbeit kommen, weil _____. Ich war gestern beim

Arzt und er hat bestätigt, dass _____. Mir geht es gut, aber

ich bin ansteckend, deshalb _____. Ich habe Herrn Zaster

bereits _____, dass er für mich _____.

Für dringende _____ bin ich per Mail erreichbar.

Im Anhang habe ich _____. Ich bitte um

Weiterleitung an die Personalabteilung. Danke!

Beste Grüße

Marianne Marquart

Guten Morgen Frau Samson,

ich schreibe Ihnen, weil _____. Ich bin nicht in

der Lage, _____ und werde _____.

Ich hoffe aber, _____. Falls nicht,

werde ich morgen _____ und _____.

Vielen Dank für _____.

Viele Grüße

David Tock

nächste Woche	ab	morgen	für	10 Tage	zum	Jahres-ende	bei
das Quartal	um	9.00 Uhr	nach	dem Urlaub	seit	gestern	von
des Dienst-plans	am	Wochen-ende	vor	dem Sommer	ab	dem 19. April	zum
Dienstag	innerhalb	der Schicht	zum	Feier-abend	nach	der Arbeit	während
eine Woche	am	Donners-tag	bis	Monats-ende	um	die Mittags-zeit	für
Unter-richt	für	Samstag	außer-halb	über-morgen	am	14 Uhr	über
Meeting	vor dem	heute Morgen	für	Quartals-ende	bis	der Woche	gegen
dem Dienst	bis	zwei Jahre	nach	vor-gestern	am	4.12.2024	bis

Erfolgreich einen Onlineshop gründen

Wie gründet man einen Onlineshop? Was muss man bedenken?
- Recherchieren Sie im Internet und sammeln Sie Informationen zu den folgenden Stichwörtern/Themen.
- Notieren Sie dabei passenden Wortschatz.

Geschäftsidee	Finanzen

Businessplan	Unterstützung

Gründung	Marketing

Internet-Auftritt	Zertifizierung

Technik	Versicherung

Katalog für TN A

> TEXTER Kugelschreiber
Einwegkugelschreiber, transparent, blaue Kappe mit Clip.

Best.-Nr.	Farbe	Packung mit	€/Pck.
2266	schwarz	50 St.	8,79
2267	blau	50 St.	8,79
2268	rot	50 St	8,79

> COLLECTOR Büroklammern
Die Büroklammer, die alle Papiere zusammenhält. Galvanisch behandelt und rostfrei.

Best.-Nr.	Größe	Packung mit	€/Pck.
1235	26 mm	100 St.	1,19
1236	26 mm	500 St.	4,99

> PUSH Locher professionell
Metalllocher für den täglichen Gebrauch, bis zu 30 Seiten Stanzleistung.

Best.-Nr.	Farbe	€/St.
663321	blau	6,19
663322	grau	6,19

> STICKY Klebeband
Durchsichtiges Klebeband, beste Haftung, geruchsneutral. Länge: 30 Meter.

Best.-Nr.	Breite	€/St.
40442	10 mm	1,29
40443	20 mm	2,29

Katalog für TN B

> TEXTER Kugelschreiber
Einwegkugelschreiber, transparent, blaue Kappe mit Clip.

Best.-Nr.	Farbe	Packung mit	€/Pck.
2266	schwarz	50 St.	8,79
2267	~~blau~~ ausverkauft	50 St.	8,79
2268	rot	50 St	8,79

> COLLECTOR Büroklammern
Die Büroklammer, die alle Papiere zusammenhält. Galvanisch behandelt und rostfrei.

Best.-Nr.	Größe	Packung mit	€/Pck.
1235	26 mm	100 St.	1,29
1236	26 mm	500 St.	4,99

Rabatt ab 5 Packungen: 10 %

> PUSH Locher professionell
Metalllocher für den täglichen Gebrauch, bis zu 30 Seiten Stanzleistung.

Best.-Nr.	Farbe	€/St.
663321	blau	4,19 Sonderangebot
663322	grau	6,19

> STICKY Klebeband
Durchsichtiges Klebeband, beste Haftung, geruchsneutral. Länge: 30 Meter.

Best.-Nr.	Breite	€/St.
40442	10 mm	1,39
40443	20 mm	2,39

Ich möchte das stornieren.

1. Lesen Sie den Text, bis Sie das Gefühl haben, jemandem erklären zu können, wie eine Stornierung abläuft.

Mein Konto
Bestellungen stornieren

Sie möchten Ihre Bestellung rückgängig machen? Wenn die bestellten Artikel noch nicht im Versandprozess sind, ist das kein Problem!

> Meine Bestellungen → Artikel stornieren → Artikel Nr. ... **X** → Ausgewählte Artikel aus der Bestellung entfernen

Wir führen Sie Schritt für Schritt durch den Stornierungsablauf.

1. Melden Sie sich mit Ihrem Kundenkonto an.
2. Gehen Sie zu **Meine Bestellungen**. Dort finden Sie Ihre Bestellhistorie.
3. Gehen Sie zu der Bestellung, deren Artikel Sie stornieren möchten. Öffnen Sie die betreffende Bestellung durch Doppelklick auf die Bestellnummer oder über den Button **Öffnen**. Sie erhalten eine Übersicht über Ihre bestellten Artikel.
4. Klicken Sie anschließend auf **Artikel stornieren**. Sie können nun einzelne Artikel über die Kontrollkästchen auswählen. Wenn Sie die gesamte Bestellung stornieren möchten, lesen Sie weiter bei Punkt 6.
5. Wählen Sie durch Ankreuzen der Kontrollkästchen diejenigen Artikel aus Ihrer Bestellung aus, die Sie stornieren möchten. Klicken Sie anschließend **Ausgewählte Artikel aus der Bestellung entfernen**.
6. Wenn Sie die gesamte Bestellung stornieren möchten, nutzen Sie den Button **Alle Artikel dieser Bestellung stornieren**.
7. Wichtig: Bestellte Artikel können nur bis 30 Minuten nach Absenden der Bestellung storniert werden. Liegt das Absenden der Bestellung mehr als 30 Minuten zurück, können Sie zwar eine Stornierungsanfrage stellen, diese wird aber nur bearbeitet, sofern sich die Bestellung noch nicht im Versandprozess befindet.
8. Sie erhalten spätestens innerhalb von zwei Werktagen nach dem Absenden Ihrer Stornierung eine Bestätigung, ob die Stornierung erfolgen konnte. Sie können zudem jederzeit unter **Meine Bestellungen** einsehen, ob Ihre Stornierung durchgeführt werden konnte. Gehen Sie dazu auf **Meine Stornierungen**. Wenn Ihre Bestellung mit der entsprechenden Bestellnummer dort zu finden ist, konnte sie erfolgreich storniert werden.
9. Sollte sich Ihre Bestellung bereits auf dem Versandweg befinden, können Sie eine Stornierung der Lieferung vornehmen. Hierzu müssen Sie eine Rücksendung an den Absender beantragen. Gehen Sie hierzu auf **Meine Bestellungen** und dann auf **Sendungsverfolgung**. Dort nutzen Sie den Button **Lieferung stornieren**.
10. Falls Ihre Bestellung und auch die Lieferung nicht mehr storniert werden konnte, können Sie bei der Auslieferung des Pakets an Ihrer Haustür die Annahme der Sendung verweigern. Angenommene Sendungen können Sie zurückschicken. Fordern Sie dazu unter **Meine Bestellungen** ein **Rücksendeformular** an.

2. Arbeiten Sie zu zweit. Erklären Sie sich gegenseitig in eigenen Worten, was Sie verstanden haben. Versuchen Sie gemeinsam, den gesamten Stornierungsprozess zu verstehen.

3. Suchen Sie sich eine neue Partnerin oder einen neuen Partner. Sprechen Sie frei. Nutzen Sie Ihre eigenen Wörter, um zu erklären, wie man bei diesem Online-Händler eine Bestellung stornieren kann.

Absurde Ideen?

Geben Sie höfliche Antworten im Konjunktiv II (würde/sollte/könnte/müsste/dürfte/bräuchte).

Ich will auf den Mond fliegen.

Der Gast will Hummer bestellen.

Er will nie wieder arbeiten.

Frau Krach will einen Handstand können.

Sandra will nur noch Schokolade essen.

Ich will Profi-Fußballer sein.

Ahmad will doppelt so viel Gehalt.

Herr Cho will J.Lo heiraten.

Die Zeit soll stehen bleiben.

Sie will auf einem Baum leben.

Wir wollen perfekt Deutsch sprechen.

Er will zehn Jahre jünger aussehen.

Frau Sams will eine zehnstöckige Torte backen.

Ich will einen Jagdschein machen.

Sie will Bundespräsidentin werden.

Er will mit einem Oldtimer um die Welt reisen.

Die Kinder wollen nie Salat essen.

Wir wollen den Weltfrieden.

Martin will zu den Olympischen Spielen.

Olga will ohne Internet leben.

Ilit will den Papst sprechen.

Er will den Himalaya besteigen.

Frau Hartmann will jeden Tag eine Postkarte bekommen.

Du bräuchtest viel Geld!

Der Gast sollte in ein anderes Restaurant gehen.

…

STECKBRIEF ➡

Ich heiße _____

_____

Meine Muttersprache(n):

_____

Weitere Sprachen:

_____

_____

Hier können Sie sich zeichnen oder ein Foto hinkleben ☺

Diese Erfahrungen bringe ich mit (Lebens- und Berufserfahrung):

_____
_____
_____
_____
_____

Das mache ich gern:

_____
_____
_____
_____

Das wünsche ich mir für die Zukunft:

_____
_____
_____
_____

- Ich arbeite seit drei Jahren aus gesundheitlichen Gründen selbstständig zu Hause.
- Die Unterlagen gehen heute noch wegen eines Termins per Kurier ins Hauptlager.
- Nina hat ihre Handtasche gestern wegen eines Anrufs aus Versehen im Büro gelassen.
- Sie hat sich nach ihrem Urlaub schnell und problemlos an den Umbau im Supermarkt gewöhnt.
- Marcel wird nächstes Jahr aus privaten Gründen nach Montenegro ziehen.
- Die Firma hat letztes Jahr aufgrund von Fehlern umgehend ihren Katalog korrigiert.
- Herr Mantel informiert nachher die neue Praktikantin über die Helmpflicht in der Werkstatt.
- Er soll jeden Abend aus Sicherheitsgründen die Bürofenster schließen.
- Die Praxis ist im August aufgrund von Urlaub komplett geschlossen.
- Frau Kalkowski muss übermorgen wegen eines Angebots überraschend nach Brighton reisen.
- Wir schenken Niko nächsten Monat wegen seines Firmenjubiläums zwei Konzertkarten.
- Er hat sich letzte Woche eigenständig um die Datensicherung gekümmert.

KV 1–3 Portfolio

Meine Kompetenzen

➡ Selbstkompetenz	+++	++	+	–
Ich treffe eigene Entscheidungen.				
Ich übernehme Verantwortung für meine Entscheidungen.				
Ich übernehme selbstständig Aufgaben.				
Ich kann nachfragen und um Hilfe bitten.				
Ich kann gut mit neuen Situationen umgehen.				
Ich kann mehrere Aufgaben parallel erledigen.				
Ich finde neue Ideen gut.				
Ich kann schnell von einer Aufgabe zu einer anderen wechseln.				
Ich finde Lösungen für Probleme.				
Ich kann mir selbst helfen.				
Ich probiere neue Wege aus.				
Ich habe oft neue Ideen.				
➡ **Sozialkompetenz**				
Ich kann mich mündlich und schriftlich gut ausdrücken.				
Ich frage nach, wenn ich etwas nicht verstanden habe.				
Ich kann gut zuhören.				
Ich bewerte Menschen nicht sofort.				
Ich kann Nein sagen.				
Ich akzeptiere andere Meinungen.				
Ich kann konstruktives Feedback geben und annehmen.				
Ich kann über Konflikte sprechen.				
Ich akzeptiere getroffene Entscheidungen.				
Ich kann mich in einer Gruppe auch zurückhalten.				
Ich kann in einer Gruppe Verantwortung übernehmen.				
Ich kann mit anderen zusammen an Lösungen arbeiten.				
➡ **Methodenkompetenz**				
Ich weiß, wie ich an Informationen komme.				
Ich kann mich gut konzentrieren.				
Ich kann meine Kräfte gut einteilen.				
Ich kann länger an einer Sache arbeiten.				
Ich mache mir Pläne und kontrolliere sie.				
Ich kann Zusammenhänge in meiner Arbeit sehen.				
Ich kann Konsequenzen abschätzen.				
Ich kann Prioritäten setzen.				

Ordnen Sie folgende Schlüsselkompetenzen den Frageblöcken zu:

(1) Arbeitsorganisation (2) Teamfähigkeit (3) Flexibilität (4) Selbstständigkeit
(5) Konfliktfähigkeit (6) Kommunikationsfähigkeit (7) Kreativität (8) Lern- und Arbeitstechniken

Diese Kompetenzen sind bei mir stark ausgeprägt:

KV 2-1 Portfolio

Mein Werdegang bis heute: Wichtige Stationen in meinem Leben

(Jahr bzw. Datum)

(Jahr bzw. Datum)

(usw.)

KV 2–2 Portfolio

Meine Pro- und Kontra-Argumente

	Pro	Kontra
duale Ausbildung		
duales Studium		
schulische Ausbildung		

KV 2-3

Arbeiten Sie zu zweit und bilden Sie Sätze. In jedem Satz muss ein zweiteiliger Konnektor vorkommen. Bilden Sie so viele Sätze wie möglich und benutzen Sie so viele Wörter aus dem Kasten wie möglich. Wie viele Sätze schaffen Sie? Welches Team hat am Ende keine Wörter übrig?

nicht nur … sondern auch …	weder … noch	je … desto/umso …
entweder … oder …	zwar … aber …	einerseits … andererseits …

das Büro · die Tasche · der Computer · das Fahrrad · die Bahn · der Stift · die Bewerbungsmappe · der Termin · die Praxis · die Klinik · das Lager · die Gummibärchen · der Kaffee · die Schokolade · das Wasser · das Internet · die Weiterbildung · die Beratung · die EDV-Kenntnisse · die Sprachkenntnisse · das duale Studium · die Ausbildung · die Berufserfahrung · das Großraumbüro · der Konferenzraum · die Küche · der Kopierer · der Drucker · das Diensthandy · die Privatnummer · der Kalender · der USB-Stick · der Laptop · der Schrottplatz · der Container · die Flasche · die Verpackung

vereinbaren · absagen · treffen · telefonieren · besprechen · klären · lernen · verstehen · suchen · finden · lesen · besuchen · essen · aufräumen · benutzen · erwerben · öffnen · fahren · schreiben · sitzen · trinken · notieren · absolvieren · geben · organisieren · nehmen · geben

abwechslungsreich · anstrengend · flexibel · teamfähig · heute · morgen · ukrainisch · portugiesisch

_____

_____

_____

_____

_____

b. w.

Vergleichssätze

Ergänzen Sie die Satzanfänge.

1. Je mehr man arbeitet, …

2. Je mehr Überstunden man macht, …

3. Je besser man die Sprache beherrscht, …

4. Je mehr man verdient, …

5. Je älter man ist, …

6. Je länger die Ausbildung dauert, …

7. Je netter die Kollegen und Kolleginnen sind, …

8. Je schöner der Arbeitsplatz ist, …

9. Je leckerer die Brötchen in der Cafeteria schmecken, …

10. Je früher man morgens anfängt, …

11. Je länger man in einem Job tätig ist, …

12. Je weiter Arbeitswege sind, …

Winter	Sommer	Technik	Podcast	Wochenende
Sport	Möbel	Spazierengehen	Stadt	Natur
Lieblingsessen	Wetter	Schauspieler/in	Transportmittel	Haustier
Musik	Kleidung	Restaurant	Lieblingsort	Einkaufen
Film	Buch	App	Reiseziel	Hobby

KV 3-3 Portfolio

1. Sehen Sie sich die Aufgabenbeschreibungen auf S. 44/45 und 51 im Kursbuch noch einmal an. Wählen Sie dann Wörter und Ausdrücke aus, die für Ihren Beruf oder Sie persönlich besonders wichtig sind. Notieren Sie diese in Kategorien:

5 Nomen mit Artikel und Pluralform

- _____
- _____
- _____
- _____
- _____

5 Verben

- _____
- _____
- _____
- _____
- _____

5 Nomen und passende Verbindungen

- _____
- _____
- _____
- _____
- _____

2. Schreiben Sie mit den Nomen und Verben je einen Satz. Wählen Sie möglichst einen Kontext mit persönlichem Bezug, der Ihnen hilft, sich die Verbindung zu merken.

- _____
- _____
- _____
- _____
- _____

Mord im Homeoffice

Es regnet ……………………………………………………………………………………………………

………………………………………… Plötzlich klingelt es an der Tür ……………………

………………… Hat er es eilig? ……………………………………………………………………

…………………………………………………… Es gibt keinen ……………………………………

Er findet es nicht leicht, ………………………………………………………………………

Aber es ist wichtig, ……………………………………………………………………………………

……………………………………………………………………………………… Jetzt ist es dunkel.

………………… Es ist völlig unklar, …………………………………………………………………

Es hat keinen Sinn, ……………………………………………………………………………………

Wenn es nicht aufhört, ………………………………………………………………………………

Vielleicht handelt es sich um …………………………………………………………………

KV 4-1 Portfolio

Auch eine Lösung: Das Harvard-Konzept

Das Ziel der Harvard-Methode ist ein friedliches Gespräch in Konfliktsituationen. Dabei soll am Ende eine Einigung und Win-win-Situation aller Beteiligten erreicht werden.

1. Besprechen Sie in der Gruppe die einzelnen Phasen des Konfliktgesprächs.
2. Überlegen Sie sich eine konkrete Situation und gehen Sie alle 5 Phasen an diesem konkreten Beispiel gemeinsam durch. Was genau könnten die Beteiligten sagen/fragen? Notieren Sie passende Redemittel aus A3b im Kursbuch und ergänzen Sie diese.

Vorbereitung	• Eigene Gefühle, Bedürfnisse und Ziele klären • In Konfliktpartner hineinversetzen • Rahmen gestalten (Wo und wann den Konflikt ansprechen?)
Einstieg	• Kontakt herstellen • Anlass und Ziel des Gesprächs nennen • Vorgehensweise abstimmen
Klärung	• Konflikt konstruktiv ansprechen (SAG ES!) • Auf Konfliktpartner eingehen (offen fragen, aktiv zuhören) • Verlangsamten Dialog führen (Verstehen sicherstellen)
Lösungen	• Wünsche und Bedürfnisse äußern • Lösungsideen sammeln • Vereinbarungen treffen
Abschluss	• Klären, ob alles besprochen wurde • Das Gespräch reflektieren • Positiven Abschluss finden

Rollenkarte A

Sie arbeiten für das Unternehmen „Schöner als zu Hause" und vermieten Ferienwohnungen in Berlin. Sie treffen die neuen Feriengäste (Mieter/in und zwei Kinder) direkt in der Ferienwohnung zur Schlüsselübergabe. Sie haben noch ein paar Informationen für die Gäste:

- Es gibt zwei Schlüssel. Ein Schlüssel (der größere) ist fürs Haus, der zweite (kleinere) ist für die Wohnung. Die Wohnung muss beim Verlassen immer doppelt abgeschlossen werden. Das ist wichtig für die Versicherung.
- Die Nachtruhe (22.00–6.00 Uhr) ist unbedingt einzuhalten.
- Der Müll ist zu trennen. Müllbeutel sind unter der Spüle. Volle Müllbeutel kommen in die Mülltonnen im Hof.
- Nach dem Aufenthalt soll der Schlüssel in den Briefkasten des Hauses geworfen werden. Am Briefkasten steht der Name „Heinze".
- Fragen Sie, ob es noch Fragen gibt.
- Übergeben Sie eine Visitenkarte mit einer Telefonnummer für Notfälle.

Rollenkarte B

Sie haben für sich und Ihre zwei Kinder (3 und 8 Jahre alt) für eine Woche eine Ferienwohnung in Berlin gemietet. Bisher haben Sie alles online organisiert. Jetzt treffen Sie den/die Mitarbeiter/in von der Vermietung „Schöner als zu Hause" direkt in der Ferienwohnung zur Schlüsselübergabe.
Sie brauchen neben dem Schlüssel noch folgende Informationen:

- Gibt es in der Nähe ein gutes einfaches Restaurant?
- Wo befindet sich die nächste Einkaufsmöglichkeit für Lebensmittel?
- Fragen Sie, ob Sie auf dem Hof parken dürfen und ob das etwas kostet.
- Da es in den nächsten Tagen kalt werden soll, möchten Sie wissen, ob es Extradecken irgendwo in der Wohnung gibt.
- Sie müssen am letzten Tag sehr früh abreisen. Deshalb können Sie die Wohnung nicht selbst putzen wie ursprünglich geplant. Fragen Sie, ob Sie nachträglich eine Endreinigung buchen können.
- Fragen Sie, ob es noch etwas Wichtiges gibt, das Sie wissen müssen.

TAGESPROTOKOLL

Datum: Protokollant/in:

Abwesende Teilnehmer/innen (ggf. mit Zeitangabe):

Unterrichts-stunde	Unterrichts-inhalt	Lehrwerk mit Seitenangabe und Aufgaben	Hausaufgabe	zu erledigen bis:

Wichtige Informationen (Termine, Exkursionen, Projekte, Tests …):

KV 4-4

Redensarten

Wie heißen die Redensarten? Verbinden Sie.

Wer mit Vergnügen anfängt,	der rostet.
Wer arbeitet,	soll morgen mitfahren.
Wer andern eine Grube gräbt,	der schämt sich des Lernens.
Wer rastet,	dem tut die Arbeit nicht weh.
Wer sich des Fragens schämt,	wird davon nicht müde.
Wer ohne Werkzeug arbeitet,	der muss auch mit arbeiten.
Wer vorher nicht reich gewesen,	hat die Arbeit halb getan.
Wer die Arbeit kennt und sich nicht drückt,	muss auch schärferen Wind vertragen können.
Wer heute rudert,	der sich in aller Welt ernährt.
Wer der Arbeit zusieht,	der muss ziehen.
Wer mit essen will,	hat keine Langeweile.
Wer auf höhere Berge steigen will,	ermüdet doppelt so schnell.
Wer Arbeit liebt und sparsam zehrt,	fällt selbst hinein.
Wer sich anspannen lässt,	der ist verrückt.

Lösung:

Wer mit Vergnügen anfängt, hat die Arbeit halb getan.
Wer arbeitet, hat keine Langeweile.
Wer andern eine Grube gräbt, fällt selbst hinein.
Wer rastet, der rostet.
Wer sich des Fragens schämt, der schämt sich des Lernens.
Wer ohne Werkzeug arbeitet, ermüdet doppelt so schnell.
Wer vorher nicht reich gewesen, dem tut die Arbeit nicht weh.
Wer die Arbeit kennt und sich nicht drückt, der ist verrückt.

Wer heute rudert, soll morgen mitfahren.
Wer der Arbeit zusieht, wird davon nicht müde.
Wer mit essen will, der muss auch mit arbeiten.
Wer auf höhere Berge steigen will, muss auch schärferen Wind vertragen können.
Wer Arbeit liebt und sparsam zehrt, der sich in aller Welt ernährt.
Wer sich anspannen lässt, der muss ziehen.

Der Drogeriemarkt _____

1. Wo befindet sich der Stammsitz des Unternehmens? _____

2. Handelt es sich um ein ☐ regionales oder ☐ überregionales Unternehmen?
In welchen Regionen oder Bundesländern hat das Unternehmen Filialen?

_____
_____
_____

3. Welche Bereiche umfasst das Sortiment des Unternehmens?

_____
_____
_____

4. Wie kann man als Kunde oder Kundin bei diesem Drogeriemarkt einkaufen?

☐ direkt in der Filiale   ☐ online unter _____

☐ online bestellen und in der Filiale abholen   ☐ Lieferservice liefert nach Hause

5. Gibt es besondere Programme für bestimmte Zielgruppen? Falls ja, nennen Sie ein Beispiel.

_____
_____

6. Nennen Sie drei Aufgaben, die der Kundenservice übernimmt!

_____   _____   _____

7. Suchen Sie auf der Website des Unternehmens nach FAQ. Wessen Fragen werden dort beantwortet? Wählen Sie drei Fragen aus und notieren Sie diese. Formulieren Sie dann eine eigene Frage, die Sie an das Unternehmen richten könnten.

_____
_____
_____

Meine Frage: _____

8. Recherchieren Sie, woher das Wort „Drogerie" stammt.

_____
_____

in der Werkstatt	in der Lagerhalle	im Büro	im Konferenzraum	unterwegs
der Eimer	der Führerschein	der Ordner	der Beamer	das Navi
die Schraube	die Waage	der Schreibtischstuhl	die Akte	die Tankstelle
das Gitter	der Gabelstapler	der Locher	das Kabel	die Fahrkarte
die Leiter	der Lieferschein	die Büroklammer	der Kaffeeautomat	der Dienstwagen
der Müll	das Regal	das Telefon	die Fernbedienung	die Versicherung

KV 5-3 Portfolio

Gegenstände aus dem Berufsalltag einer/eines … ?

1. Sehen Sie sich die Bilder an. Benennen Sie die Gegenstände. (Sie kennen das Wort für den Gegenstand nicht? Dann beschreiben Sie, was man damit machen kann.)

2. In welchen Berufen werden die Gegenstände benötigt? Sammeln Sie!

3. Machen Sie eine Wörterliste mit 10 Begriffen von Gegenständen, die Sie in Ihrem Beruf oder einem für Sie interessanten Beruf brauchen.

Das darf doch nicht wahr sein!

**Sie kommen aus dem Urlaub zurück an Ihren Arbeitsplatz und sind schockiert: Es ist sehr viel Arbeit liegen geblieben. Sie sind ratlos, wie Sie darauf reagieren sollen. Deshalb wenden Sie sich an eine befreundete Kollegin und berichten ihr von Ihrem Problem.
Schreiben Sie in der Mail, was alles nicht erledigt wurde. Nutzen Sie dabei Passiv- und Passiversatzformen.**

Liebe Martha,

ich will mich kurz melden, denn heute bin ich ja den ersten Tag aus dem Urlaub zurück. Die Woche an der Ostsee war super! Aber stell dir vor, was in meiner Abwesenheit passiert ist. Oder besser: Was nicht passiert ist! ☹ Meine Mails wurden nicht gelesen! Mein Kalender ist nicht auffindbar. _____

_____

Womit fange ich an? Was würdest du tun?

Viele Grüße und bis bald!

KV 6–1 Portfolio

Sprache am Arbeitsplatz

Beruf: _____

1. Überlegen Sie sich drei Situationen, die für Ihren Beruf typisch sind:

1. _____
   _____

2. _____
   _____

3. _____
   _____

2. Wer spricht mit wem in diesen Situationen?

1. _____
2. _____
3. _____

3. Was soll in diesen Situationen sprachlich erreicht werden? Sammeln Sie Verben (zum Beispiel *etwas bestellen, etwas mitteilen, etwas ankündigen* …).

1. _____
   _____
   _____

2. _____
   _____
   _____

3. _____
   _____
   _____

Leitfragen zur Planung eines Team-Events

1. Welches Ziel hat das Event?

2. Wie viele Menschen nehmen teil?

3. Ist es ein Indoor-/Outdoor-/Online-Event?

4. Gibt es ein konkretes Thema oder Problem, das mit dem Event bearbeiten werden soll?

5. Hat das Event ein Motto?

6. Welcher Termin bietet sich für das Team-Event an? Warum?

7. Wie lange wird das Event dauern?

8. Wie viel kostet das Event?

9. Wie ist die Verpflegung organisiert?

10. Muss auf Einschränkungen der Teilnehmenden Rücksicht genommen werden, z. B. bei Anfahrt, körperlichen Aktivitäten oder beim Essen?

11. Gibt es wichtige Informationen, die vor dem Event kommuniziert werden müssen, z. B. zur Kleidung oder Ausrüstung?

12. Wird das Team-Event dokumentiert? Wenn ja, wie?

13. Wie soll das Event später ausgewertet werden?

Eigenständig neuen Wortschatz zu einem Thema erarbeiten

1. **Suchen Sie** (z. B. im Internet) nach einem Text, der von Ihrem Beruf oder einem Beruf handelt, der Sie interessiert.
2. **Lesen Sie** den Text und markieren Sie wichtigen und/oder neuen Wortschatz.
3. **Notieren Sie** die für Ihren (Wunsch-)Beruf wichtigen Wörter. Recherchieren Sie die Bedeutung der Wörter und schreiben Sie sie dazu. Ordnen Sie die Wörter nach Wortarten (z. B. Nomen, Verben, Adjektive).

> Wichtig: Notieren Sie nicht zu viele Wörter. Treffen Sie eine Auswahl, indem Sie sich fragen: Welche Wörter kann ich brauchen? Welche Wörter werde ich nutzen?

4. **Ergänzen Sie wichtige Informationen:**
   - **bei Nomen: Artikel und Pluralform** (Beispiel: *die Buchung, -en*)
   - **bei Verben: Zeitformen** (Beispiel: *er liest, er las, er hat gelesen*)
   - **bei Adjektiven: Steigerungsformen** (*zufrieden, zufriedener, am zufriedensten*)
5. **Lernen Sie** „Ihre" Wörter.

Nomen

Verben

Adjektive

andere

KV 7–1 Portfolio

Kommunikation: synchron und asynchron

Mein Beruf: _____

Mein Arbeitsplatz: _____

1. Überlegen Sie, wann in Ihrer beruflichen Tätigkeit synchron und wann asynchron kommuniziert wird. Benennen Sie die Situationen möglichst genau.

2. Notieren Sie die Vorteile und Nachteile von synchroner und asynchroner Kommunikation anhand eines selbst gewählten Beispiels aus Ihrem Berufskontext.

Synchrone Kommunikation

Vorteile	Nachteile

Asynchrone Kommunikation

Vorteile	Nachteile

3. Stellen Sie Ihr Beispiel im Kurs vor.

KV 7-2

Der Weg zu einer Bestellung

☐ Wenn die Ware geliefert wird, liegt ihr meistens ein **Lieferschein** bei. Damit kann man kontrollieren, ob alles geliefert wurde. Manchmal muss man das Dokument bei der Lieferung auch unterschreiben und so den Erhalt der Ware bestätigen. (A)

☐ Der Anbieter erstellt bei Interesse am Auftrag ein **Angebot** oder einen **Kostenvoranschlag**. Darin stehen die zu leistenden Arbeiten sowie alle Nettopreise, die Steuern (Umsatzsteuer) und der Bruttopreis. (B)

☐ Wenn dem/der Käufer/in ein Angebot zusagt, beauftragt er/sie die Firma und schreibt eine **Bestellung** oder eine **Auftragserteilung**. (C)

☐ Mit der Lieferung oder separat bekommt der/die Käufer/in die **Rechnung** mit allen wichtigen Daten und Informationen und dem **Zahlungsziel**, also dem Zeitpunkt, bis wann gezahlt werden muss. (D)

☐ Der/Die Käufer/in stellt eine schriftliche oder mündliche **Anfrage** an verschiedene Anbieter. Darin bittet man um ein Angebot für ein bestimmtes Produkt oder eine Dienstleistung. (E)

☐ Die beauftragte Firma schickt dem/der Käufer/in jetzt die formelle Bestätigung der Bestellung: eine **Auftragsbestätigung** oder **Bestellbestätigung**. Diese enthält noch einmal alle Informationen zu Angebot und Bestellung. (F)

1. **Bringen Sie die Vorgänge in die richtige Reihenfolge.**

2. **Notieren Sie die fett gedruckten Wörter mit Artikel und Pluralform in Ihr Heft.**

3. **Erklären Sie folgende Wörter in einem ganzen Satz:** *der Erhalt (A), der Kostenvoranschlag (B), der Nettopreis/ der Bruttopreis (B).*

4. **Finden Sie Synonyme (andere ähnliche Wörter) für die Wörter** *separat (B), zusagen (C), formell (F).*

5. **Fassen Sie den Ablauf in ganzen Sätzen zusammen. Sie können dies in folgenden Schritten tun:**
   - Bringen Sie die fett gedruckten Nomen in eine chronologische Reihenfolge.
   - Finden Sie passende Verben.
   - Nutzen Sie Wörter, mit denen Sie den Textzusammenhang herstellen können.

6. **Sprechen Sie zu dritt oder zu viert: Wann haben Sie im Beruf oder privat mit einem oder mehreren der beschriebenen Vorgänge zu tun?**

KV 7-3

Bestellung

Absender

Empfänger

Zahlungsbedingungen

Nr.

Datum

Unser Zeichen

Liefertermin

Ihr Angebot

Versandart

Menge	Gegenstand	Einzelpreis	Gesamtpreis

Endbetrag enthält

_____ % MwSt./Betrag

Stempel

Piktogramme überall: Schilder, Programme, Apps, Emojis, …

Welche Symbole kennen Sie (nicht)? Sprechen Sie zu zweit und erklären Sie die jeweilige Bedeutung. Sie dürfen auch raten!

Wer Fehler finden will, findet sie auch im Paradies. (Henry David Thoreau)
Wer noch nie einen Fehler gemacht hat, hat sich noch nie an etwas Neuem versucht. (Albert Einstein)
Der größte Fehler, den man im Leben machen kann, ist, immer Angst zu haben, einen Fehler zu machen. (Dietrich Bonhoeffer)
Fehler sind das Tor zu neuen Entdeckungen. (James Joyce)
Es gibt keine Fehler, nur glückliche Unfälle. (Bob Ross)
Wer einen Fehler gemacht hat und ihn nicht korrigiert, begeht einen zweiten. (Konfuzius)
Einen Fehler durch eine Lüge zu verdecken, heißt, einen Flecken durch ein Loch zu ersetzen. (Aristoteles)
Suche nicht nach Fehlern, suche nach Lösungen. (Henry Ford)
Jeder Mensch macht Fehler. Das Kunststück besteht darin, sie dann zu machen, wenn keiner zuschaut. (Peter Ustinov)
Wer A sagt, der muss nicht B sagen. Er kann auch erkennen, dass A falsch war. (Bertolt Brecht)

KV 8-3 Portfolio

Notieren Sie zu jedem arbeitsrechtlichen Thema 1–3 Fragen, die sich auf Ihre eigene (zukünftige) berufliche Tätigkeit beziehen. (Sie können auch einen Beruf, der für Sie persönlich in der Zukunft interessant sein könnte, auswählen und dazu Fragen formulieren.)

1. Probezeit _____
   _____
   _____

2. Datenschutz _____
   _____
   _____

3. Arbeitsvertrag _____
   _____
   _____

4. Fahrzeit/-kosten _____
   _____
   _____

5. Kündigung _____
   _____
   _____

6. Urlaub _____
   _____
   _____

7. Betriebsrat _____
   _____
   _____

8. Krankmeldung _____
   _____
   _____

9. Nebentätigkeit _____
   _____
   _____

KV 9-1 Portfolio

Reflexionsfragen: Gesundheit am Arbeitsplatz

Beantworten Sie die folgenden Fragen so genau wie möglich.

1. Wie viele Stunden verbringe ich täglich …

    - sitzend

    - stehend

    - in Bewegung?

2. Wie lässt sich (mehr) Bewegung / Ruhe in den Arbeitsalltag bringen?

3. Neige ich eher zu aktiver oder passiver Erholung?

4. Welche Möglichkeiten der Beteiligung bietet meine Tätigkeit (z. B. im Team, bei betrieblichen Aktivitäten)?

5. Zu welcher Tageszeit bin ich besonders produktiv/kreativ?

6. Was gibt mir Kraft in belastenden Situationen?

7. In welchen Situationen nehme ich mir vor, um Hilfe zu fragen?

8. In welche Richtung möchte ich mich entwickeln? Was möchte ich gern lernen?

9. Habe ich einen konkreten Weiterbildungswunsch? Welchen?

Modalpartikeln? Aber ja doch!

Arbeiten Sie zu zweit. Lesen Sie die Sätze. Entscheiden Sie sich gemeinsam für zwei Sätze.
- Sprechen Sie die Sätze laut aus. Sind Sie unsicher mit der Betonung? Dann fragen Sie Ihre Lehrkraft.
- **Überlegen Sie gemeinsam, in welcher Situation der Satz passen könnte.**
- Schreiben Sie zu jedem Satz einen Dialog, in dem der gewählte Satz vorkommt.
- Lesen Sie Ihre Dialoge in der Gruppe vor. Achten Sie auf die richtige Betonung!

„Er wollte ihr ja nur helfen."

„Das ist ja praktisch!"

„Was hat sie denn gesagt?"

„Das hast du doch gewusst."

„Ich will mal nachsehen."

„Ihr müsst ja nicht alles mitnehmen."

„Das hat jetzt doch sehr lange gedauert."

„Eigentlich möchte ich das aber nicht."

„Das kann ja wohl nicht wahr sein!"

„Was soll das denn kosten?"

„Warum glauben Sie das denn?"

„Wir können ja mal fragen."

„Früher gab es ja nicht so viele Möglichkeiten."

„Haben Sie es denn gesehen?"

„Was ist denn hier los?"

„Das ist aber schön geworden!"

„Man kann es ja mal probieren."

KV 9-3

Kritik äußern und mit Kritik umgehen

1. Lesen Sie die Sätze. Zu welchen Aussagen passen die Zeichnungen? Notieren Sie.

Satz _____   Satz _____   Satz _____   Satz _____

A Das juckt sie nicht.

B Es nagt an ihm.

C Die/Den werde ich mir vornehmen!

D Sie redet nicht lange um den heißen Brei herum.

E Sie nimmt es sich sehr zu Herzen!

F Mit ihm habe ich noch ein Hühnchen zu rupfen.

G Die/Den werde ich mir vorknöpfen!

H Sie hat es ihm durch die Blume gesagt.

I Aber was kümmert es meinen Chef?

J Sie musste unbedingt Salz in die Wunde streuen.

K Dann haben sie sich gegenseitig etwas an den Kopf geworfen.

L Sie wollen es unter den Teppich kehren.

M Er hat ihr die Meinung gegeigt.

N Sie hat mich in die Pfanne gehauen.

O Sie haben kein gutes Haar an mir gelassen!

P Wie lange wollt ihr noch darauf herumreiten?

Q Der Chef nimmt kein Blatt vor den Mund.

R Wir müssen die Kuh vom Eis holen.

S Das geht zum einen Ohr rein und zum anderen wieder raus.

T Er musste ganz schön Federn lassen.

U Der/Dem werde ich den Kopf waschen!

2. Sprechen Sie über die Bedeutung der Sätze.

3. Wann passen die Redewendungen? Ordnen Sie zu.

So zeigt man, dass man Kritik üben will:	Man sagt aus, wie Kritik geäußert wird oder wurde:	So sagt man, wie jemand auf Kritik reagiert:

Selbstbefragung: Wie kritikfähig sind Sie?

1. Beantworten Sie folgende Fragen zu Ihrer Kritikfähigkeit.

	nie	selten	manchmal	häufig	meistens
1. Ich nehme Kritik nicht persönlich.	☐	☐	☐	☐	☐
2. Ich suche Ausreden, wenn ich einen Fehler gemacht habe.	☐	☐	☐	☐	☐
3. Andere dürfen merken, dass auch ich Fehler mache.	☐	☐	☐	☐	☐
4. Wenn ich kritisiert werde, verletzt mich das.	☐	☐	☐	☐	☐
5. Wenn ich kritisiert werde, möchte ich mich rechtfertigen.	☐	☐	☐	☐	☐
6. Ich habe Angst, Fehler zuzugeben.	☐	☐	☐	☐	☐
7. Wenn jemand anders einen Fehler macht, weise ich ihn/sie darauf hin.	☐	☐	☐	☐	☐
8. Ich erwarte von mir, dass ich fehlerfrei bin.	☐	☐	☐	☐	☐
9. Ich kann Kritik von Freunden gut annehmen.	☐	☐	☐	☐	☐
10. Ich nutze Kritik, um mich weiterzuentwickeln.	☐	☐	☐	☐	☐
11. Mit Verbesserungsvorschlägen von anderen kann ich gut umgehen.	☐	☐	☐	☐	☐
12. Mich stört es nicht, wenn jemand etwas besser kann als ich.	☐	☐	☐	☐	☐
13. Wenn jemand meine Sprache korrigiert, finde ich das gut.	☐	☐	☐	☐	☐
14. Es fällt mir schwer, andere zu kritisieren.	☐	☐	☐	☐	☐
15. Ich gebe mir Mühe, Kritik anzunehmen.	☐	☐	☐	☐	☐
16. Kritik von Menschen, die ich nicht gut kenne, ist mir nicht wichtig.	☐	☐	☐	☐	☐
17. Wenn mich jemand kritisiert, will ich auf jeden Fall reagieren.	☐	☐	☐	☐	☐
18. Wenn ich kritisiert wurde, spreche ich mit jemand anderem darüber.	☐	☐	☐	☐	☐
19. Ich bin dankbar für Kritik.	☐	☐	☐	☐	☐
20. Ich versuche, Kritik sachlich zu nehmen.	☐	☐	☐	☐	☐

2. Arbeiten Sie in Gruppen weiter: Lesen Sie die 20 Sätze noch einmal durch und einigen Sie sich auf Wortschatz und Redemittel, die zum Thema „Kritik" wichtig sind und die Sie lernen möchten. Übertragen Sie die Wörter oder Formulierungen in Ihr Heft.

3. Diskutieren Sie in der Gruppe: Worauf sollte man achten, wenn man Kritik übt? Und was ist wichtig, wenn an einem selbst Kritik geübt wird oder wurde?

Was sind MINT-Berufe und wie relevant sind sie? Schreiben Sie eine Zusammenfassung des Textes. Benutzen Sie eigene Wörter und Formulierungen. Geben Sie Informationen zu mindestens drei Aspekten aus dem Text.

MINT-Berufe: Das Wichtigste in Kürze

MINT steht für „**M**athematik, **I**nformatik, **N**aturwissenschaften und **T**echnik". Es handelt sich also nicht um eine homogene Berufsgruppe, der Begriff umfasst vielmehr eine Vielzahl unterschiedlicher Berufe, denen allen gemeinsam ist, dass für die Ausübung weitgehende technische, mathematische oder naturwissenschaftliche Kenntnisse oder Fertigkeiten notwendig sind.

In einer von Wissenschaft und Technik geprägten Gesellschaft erfährt der Arbeitsmarkt im Bereich MINT seit Jahren hohe Aufmerksamkeit. Die rasant zunehmende Digitalisierung erhöht dabei zusätzlich den Stellenwert von vielen MINT-Berufen. Die Sicherung des Fachkräftebedarfs ist deshalb von großer Bedeutung. In diesem Zusammenhang steht auch die Erhöhung des Frauenanteils in MINT-Berufen weiterhin im Fokus.

- Rund 7,9 Millionen MINT-Fachleute waren 2018 in Deutschland **sozialversicherungspflichtig beschäftigt.** Drei Fünftel der Beschäftigten sind Fachkräfte mit einer dualen oder schulischen Berufsausbildung.

- Die Beschäftigung hat sich in allen MINT-Berufsgruppen positiv entwickelt und ist 2018 im Vergleich zum Vorjahr gestiegen. Die Beschäftigung von Frauen – insbesondere der jüngeren Frauen – in MINT-Berufen ist dabei prozentual deutlicher gewachsen als die von Männern. Der Frauenanteil an den Beschäftigten in MINT-Berufen ist deshalb langsam steigend, jedoch mit 15,4 Prozent noch immer deutlich unterdurchschnittlich.

- Insgesamt ist die **Arbeitslosigkeit** in MINT-Berufen tendenziell rückläufig. 2018 waren 259.000 Arbeitslose mit MINT-Berufen gemeldet. Die Arbeitslosigkeit von Frauen ist in den letzten Jahren stärker gesunken als die der Männer. Der Frauenanteil an allen MINT-Arbeitslosen lag bei 13,5 Prozent.

- Insgesamt ist eine steigende **Nachfrage nach MINT-Arbeitskräften** festzustellen. 2018 waren bei der Bundesagentur für Arbeit 241.000 Stellen für MINT-Fachkräfte gemeldet. Insbesondere der Bedarf an technischen Fachkräften ist dabei stark gewachsen.

- Die Zahl der MINT-Engpassberufe steigt. Bei Fachkräften mit beruflicher Ausbildung könnte sich der **Fachkräftemangel** zukünftig weiter verstärken und ausweiten.

- Der **akademische Nachwuchs** erscheint gesichert: Die Zahl der MINT-Studierenden ist so hoch wie nie zuvor. Auch bei Frauen hat das Interesse an den MINT-Studienfächern weiter zugenommen. Der Frauenanteil fällt aber mit 29,3 Prozent weiterhin gering aus.

- Die Zahl der in einem MINT-Beruf neu abgeschlossenen dualen **Ausbildungsverträge** hat im Vergleich zum Vorjahr weiter deutlich zugenommen. Insgesamt haben 2018 rund 183.000 Personen eine duale MINT-Berufsausbildung begonnen. Der Frauenanteil lag hier bei lediglich 11,4 Prozent.

Quelle: https://statistik.arbeitsagentur.de/DE/Statischer-Content/Statistiken/Themen-im-Fokus/Berufe/Generische-Publikationen/Broschuere-MINT.pdf?__blob=publicationFile

Checkliste für ein Feedback-Gespräch

1. Welche konkreten Themen möchte ich ansprechen?

_____
_____
_____

2. Zu unserer Zusammenarbeit im Kurs möchte ich gern Folgendes sagen:

_____
_____
_____

3. Der Lehrperson möchte ich gern Folgendes sagen:

_____
_____
_____

4. Das ist mir für die Zukunft wichtig:

_____
_____
_____

5. Das sehe ich als Herausforderung:

_____
_____
_____

6. Das würde mir das Lernen erleichtern:

_____
_____
_____

7. Außerdem wünsche ich mir:

_____
_____
_____

Ziele setzen mit der SMART-Formel

1. Das S in SMART steht für SPEZIFISCH. Schreiben Sie einen Satz im Präsens mit einer konkreten (spezifischen) Zielformulierung auf. ☐

2. Das M in SMART steht für MESSBAR. Formulieren Sie Ihr Ziel so, dass Sie am Ende überprüfen können, ob Sie Ihr Ziel erreicht haben. Legen Sie dafür Kriterien (z. B. Zeit, Umfang, Anzahl) fest. ☐

3. Das A in SMART steht für ATTRAKTIV. Formulieren Sie Ihr Ziel so, dass es einen Anreiz für Sie bietet. ☐

4. Das R in SMART steht für REALISTISCH. Achten Sie darauf, dass Ihr Ziel grundsätzlich erreichbar ist. ☐

5. Das T in SMART steht für TERMINIERT. Es ist wichtig, dass Sie in Ihrer Zielformulierung festlegen, bis wann Sie Ihr Ziel zeitlich erreichen werden. ☐

Meine Zielformulierungen:

1. _____

2. _____

3. _____

4. _____

5. _____

Prüfungsübersicht B2

Deutsch-Test für den Beruf B2

Subtest	Ziel	Aufgabe	Zeit
LESEN			
Teil 1	Informationen zum Arbeitsmarkt suchen	5 Zuordnungsaufgaben	45 Min.
Teil 2	Einweisungen und Unterweisungen verstehen	2 Richtig/Falsch-Aufgaben 2 Multiple-Choice-Aufgaben	
Teil 3	Rahmenbedingungen der Arbeit verstehen	4 Zuordnungsaufgaben	
Teil 4	Aufgaben und Aufgabenverteilung nachvollziehen	5 Multiple-Choice-Aufgaben	
LESEN UND SCHREIBEN			
Teil 1	Beschwerden und Anweisungen verstehen	2 Multiple-Choice-Aufgaben	20 Min.
Teil 2	Auf Beschwerden reagieren	Eine Klärung ermöglichen	
HÖREN			
Teil 1	Arbeitsabläufe, Probleme und Vorschläge verstehen	3 Richtig/Falsch- und 3 Multiple-Choice-Aufgaben	20 Min.
Teil 2	Argumentationen nachvollziehen	4 Zuordnungsaufgaben	
Teil 3	Betriebsbezogene Informationen nachvollziehen	4 Multiple-Choice-Aufgaben	
Teil 4	Anliegen und Bitten erfassen	5 Multiple-Choice-Aufgaben	
HÖREN UND SCHREIBEN			
Teil 1	Kundenanfragen entgegennehmen	1 Multiple-Choice-Aufgabe	5 Min.
Teil 2	Kundenanfragen dokumentieren	Inhalte übertragen	
SPRACHBAUSTEINE UND SCHREIBEN			
Teil 1	Rückfragen zu Bewerbungen stellen	6 Zuordnungsaufgaben	35 Min.
Teil 2	Auf Anfragen reagieren und Angebote machen	6 Multiple-Choice-Aufgaben	
Teil 3	Meinungen begründen und durch Argumente stützen	Forumsbeitrag schreiben	
SPRECHEN			
Teil 1 A	Über ein Thema sprechen	Etwas monologisch beschreiben	**keine Vorbereitungszeit!** ca. 16 Min.
Teil 1 B	Prüferfragen	Anschlussfragen beantworten	
Teil 1 C	Erläuterung eines Aspekts	Relevante Aspekte vermitteln	
Teil 2	Mit Kolleginnen und Kollegen sprechen	Sich über Themen austauschen	
Teil 3	Lösungswege diskutieren	Eine Situation am Arbeitsplatz besprechen	